Die Politische Ökonomik der Deregulierung

Europäische Hochschulschriften
Publications Universitaires Européennes
European University Studies

Reihe V
Volks- und Betriebswirtschaft

Série V Series V
Sciences économiques, gestion d'entreprise
Economics and Management

Bd./Vol. 2989

PETER LANG
Frankfurt am Main · Berlin · Bern · Bruxelles · New York · Oxford · Wien

Katrin Sobania

Die Politische Ökonomik der Deregulierung

Eine Untersuchung am Beispiel der Sektoren Telekommunikation, Straßen- und Schienengüterverkehr sowie Landwirtschaft

PETER LANG
Europäischer Verlag der Wissenschaften

Bibliografische Information Der Deutschen Bibliothek
Die Deutsche Bibliothek verzeichnet diese Publikation in der Deutschen Nationalbibliografie; detaillierte bibliografische Daten sind im Internet über <http://dnb.ddb.de> abrufbar.

Zugl.: Potsdam, Univ., Diss., 2002

517
ISSN 0531-7339
ISBN 3-631-50772-0

www.peterlang.de

*"Wer erneuern will, hat alle die zum Feind,
denen es unter den alten Bedingungen gut ergangen ist."*

Niccolo Machiavelli (1531)

Vorwort

Die vorliegende Arbeit ist eine leicht überarbeitete Version meiner Dissertationsschrift. Sie entstand während meiner Tätigkeit als wissenschaftliche Mitarbeiterin an der Wirtschafts- und Sozialwissenschaftlichen Fakultät der Universität Potsdam und wurde im Wintersemester 2001/2002 angenommen. Sie spiegelt den Stand meiner Erkenntnisse zu diesem Zeitpunkt wider. Spätere Ereignisse konnten nicht berücksichtigt werden.

Ich möchte an dieser Stelle allen danken, die – auf die eine oder andere Weise – zum Gelingen der Arbeit beigetragen haben. An erster Stelle gilt mein Dank natürlich meinem Doktorvater Herrn Prof. Dr. Eickhof, der mich zur Bearbeitung des Themas anregte und den Werdegang der Arbeit betreut hat. Herrn Prof. Dr. Paul J. J. Welfens danke ich für die freundliche Übernahme des Zweitgutachtens.

Ferner möchte ich mich bei meinen ehemaligen Kollegen Herrn Dr. rer. pol. Dieter Kreikenbaum, Herrn Dipl.-Kfm., Dipl.-Vw. Andreas Schulze und Herrn Dr. rer. pol. Daniel Strecker für die gute fachliche Zusammenarbeit sowie das freundschaftliche Arbeitsklima am Lehrstuhl bedanken. Vor allem die Gespräche mit Herrn Dr. Gerd Habermann vom Unternehmerinstitut bei der Arbeitsgemeinschaft Selbständiger Unternehmer e. V. haben mich zur wissenschaftlichen Arbeit angeregt.

Zur guten Arbeitsatmosphäre haben auch die studentischen Hilfskräfte und die am Lehrstuhl tätigen Sekretärinnen beigetragen. Ich habe sehr gern mit Ihnen zusammengearbeitet. Vor allem meiner Freundin Dana Tschirpig möchte ich für ihre zahlreichen Einsätze zum Ausgleich von Motivationsdefiziten Dank sagen.

Den größten Dank aber verdient meine Familie. Ihrer Unterstützung konnte ich zu jeder Zeit und in jeder Form gewiss sein. Ihnen ist dieses Buch gewidmet.

Inhaltsverzeichnis

Abbildungsverzeichnis

Abkürzungsverzeichnis

Abb.	Abbildung
Art.	Artikel
BAG	Bundesanstalt für den Güterfernverkehr
Bd.	Band
BDF	Bundesverband des Deutschen Güterfernverkehrs
BDG	Bundesverbände des Deutschen Güterkraftverkehrs
BDI	Bundesverband der Deutschen Industrie
BMPT	Bundesministerium für Post und Telekommunikation
BMV	Bundesministerium für Verkehr
BSE	Bovine Spongiforme Enzephalopathie
BSL	Bundesverband Spedition und Lagerei
BSP	Bruttosozialprodukt
bspw.	beispielsweise
bzw.	beziehungsweise
COPA	Comité des Organisations Professionelles Agricoles de la C. E.
DB	Deutsche Bundesbahn
DB AG	Deutsche Bahn Aktiengesellschaft
DBP	Deutsche Bundespost
DBV	Deutscher Bauernverband
DEGT	Deutscher Eisenbahngütertarif
ders.	derselbe
DIHT	Deutscher Industrie- und Handelstag
DPG	Deutsche Postgewerkschaft
DR	Deutsche Reichsbahn
DRP	Deutsche Reichspost
DT AG	Deutsche Telekom Aktiengesellschaft
EAGFL	Europäischer Ausrichtungs- und Garantiefonds für die Landwirtschaft
EBA	Eisenbahnbundesamt
ebd.	ebenda
EDV	Elektronische Datenverarbeitung
EEA	Einheitliche Europäische Akte
EG	Europäische Gemeinschaft
EGV	EG-Vertrag
engl.	englisch
EP	Europäisches Parlament
EU	Europäische Union
EuGH	Europäischer Gerichtshof
EWG	Europäische Wirtschaftsgemeinschaft
EWGV	EWG-Vertrag

FAZ	Frankfurter Allgemeine Zeitung
GAP	Gemeinsame Agrarpolitik
GATT	General Agreement on Tariffs and Trade
GdED	Gewerkschaft der Eisenbahner Deutschlands
GWB	Gesetz gegen Wettbewerbsbeschränkungen
i. d. F.	in der Fassung
IMF	International Monetary Fund
insbes.	insbesondere
ISDN	Integrated Service Digital Network
IuK	Information und Kommunikation
MIÖ	Moderne Institutionenökonomik
NIÖ	Neue Institutionenökonomik
NPÖ	Neue Politische Ökonomik
OECD	Organization for Economic Cooperation and Development
o. J.	ohne Jahr
Ordo	Jahrbuch für die Ordnung von Wirtschaft und Gesellschaft
o. V.	ohne Verfasser
RegTP	Regulierungsbehörde für Telekommunikation und Post
Rs.	Rechtssache
TAL	Teilnehmeranschlußleitung
TESGN	Transeuropäisches Schienengüterverkehrsnetz
TK	Telekommunikation
Tz.	Textziffer
VATM	Verband der Anbieter von Telekommunikations- und Mehrwertdiensten
VDMA	Verband Deutscher Maschinen- und Anlagenbau
VdP	Verband der Postbenutzer
WiSt	Wirtschaftswissenschaftliches Studium
WSA	Wirtschafts- und Sozialausschuß der Europäischen Gemeinschaften
WTO	World Trade Organization
Zf.	Ziffer
ZVEI	Zentralverband Elektrotechnik- und Elektronikindustrie
ZDH	Zentralverband des Deutschen Handwerks

TEIL I: EINLEITUNG

1. Einführung

Lange Zeit bestand ein breiter gesellschaftlicher Konsens über die volkswirtschaftliche Berechtigung ordnungspolitischer Ausnahmeregelungen. Doch seit den achtziger Jahren des 20. Jahrhunderts stellen theoretische Konzepte und empirische Beobachtungen die Effizienz dieser Maßnahmen immer stärker in Frage. Weltweit ist eine ordnungspolitische Wende zu beobachten, die verschiedene Ausnahmebereiche verstärkt der Koordination und Kontrolle durch den Markt-Wettbewerbs-Prozeß unterwirft. So übernahmen die USA bereits in den siebziger Jahren eine Vorreiterrolle mit weitreichenden Deregulierungen in verschiedenen Verkehrsbereichen, der Telekommunikation sowie auf den Finanzmärkten. Weltweit fanden umfangreiche Liberalisierungen jedoch erst in den achtziger Jahren statt. Hier machte vor allem Neuseeland mit konsequenten Wirtschaftsreformen von sich reden. Auch in Großbritannien kam es nach der Regierungsübernahme durch Margaret Thatcher im Jahre 1979 zu einer Welle von Privatisierungen und Deregulierungen.

Deutschland fand vergleichsweise spät Anschluß an den internationalen Trend. So wurden erst in den neunziger Jahren insbesondere Netzsektoren liberalisiert. Die staatlichen Monopole im Bereich Postdienste und Telekommunikation sowie das Bahnmonopol wurden in privatwirtschaftliche Organisationsformen überführt und im Falle des Schienen- und Telekommunikationsnetzes für Konkurrenten geöffnet.[1] Der Straßengüterverkehr wurde 1998 vollständig dereguliert, und die öffentliche Diskussion um die Reform des Energiewirtschaftsrechts mündete 1998 in einen neuen Rechtsrahmen, der Wettbewerb in der leitungsgebundenen Energieversorgung ermöglichte.[2] Die aktuelle politische Auseinandersetzung mit der ordnungspolitischen Sonderstellung der öffentlich-rechtlichen Kreditinstitute[3] und der Wasserwirtschaft[4] zeigt weitere Deregulierungs- und Privatisierungspotentiale auf. Und auch die sechste Novelle des Gesetzes gegen Wettbewerbsbeschränkungen (GWB) von 1998 zeugt mit der Einschränkung bzw. der Aufhebung kartellrechtlicher Branchenfreistellungen von einer Grundtendenz zu mehr Wettbewerb.[5] Die vorliegende Arbeit widmet sich der Untersuchung dieser Deregulierungsprozesse.

---

1 Wobei im Schienenverkehrsbereich eine faktische Marktöffnung noch immer auf sich warten läßt.

2 Vgl. dazu näher Eickhof/Kreikenbaum (1998).

3 Vgl. ausführlich Frankfurter Institut (2001); Möschel (2000).

4 Siehe beispielsweise Ewers et al. (2001).

5 Der allgemeine Liberalisierungstrend zeichnet sich auch auf dem bislang stark abgeschotteten Arbeitsmarkt mit der Aufhebung des staatlichen Alleinvermittlungsrechts der Bun-

2. Begriffsklärung und Themenabgrenzung

Im Zusammenhang mit den oben genannten Prozessen fallen immer wieder die Begriffe Deregulierung, Privatisierung und Liberalisierung. Sie alle betreffen das Verhältnis von Markt und Staat, doch ihre Abgrenzung erfolgt in der ökonomischen Literatur sehr unterschiedlich. Im folgenden Abschnitt sollen diese für die vorliegende Arbeit zentralen Termini näher bestimmt und eine Abgrenzung des Untersuchungsgegenstandes vorgenommen werden. Das untenstehende Schaubild gibt einen ersten Überblick über die wesentlichen Begriffe.

Abb. I.1: Begriffsbestimmung

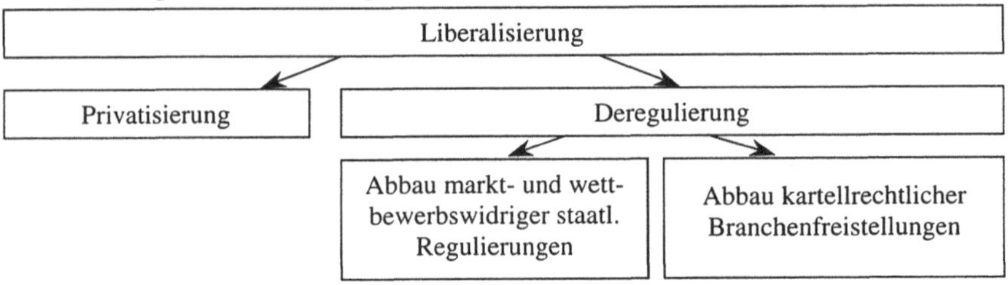

Unter **Privatisierung** ist der Rückzug des Staates aus eigener Wirtschaftstätigkeit zu verstehen.[6] In erster Linie ist damit der teilweise oder vollständige Verkauf von Staatseigentum an Private im Sinne einer sog. materiellen Privatisierung gemeint. Dagegen liegen – oftmals als Vorstufen materieller Privatisierungen – sog. formelle Privatisierungen vor, wenn öffentliche Unternehmen lediglich in privatrechtliche Eigentumsformen überführt werden,[7] sich aber weiterhin in Staatseigentum befinden.

Deregulierung hingegen bezeichnet eine Abschwächung oder Abschaffung ordnungspolitischer Ausnahmeregelungen, d. h. markt- oder wettbewerbswidriger Regulierungen bzw. kartellrechtlicher Branchenfreistellungen, um die Freiheitsspielräume der Marktteilnehmer zu erweitern und das Wettbewerbspotential auf Märkten zu mobilisieren. Zum einen werden einzelne Branchen von staatlichen Regulierungen[8] (Preis-, Marktein- und Marktaustrittskontrollen, staatlichen

desanstalt für Arbeit und der Zulassung einer gewerbsmäßigen Arbeitsvermittlung durch private Agenturen ab. Aber auch erweiterte Ladenöffnungszeiten und die Abschaffung des Rabattgesetzes aus dem Jahre 1933 stellen aktuelle Beispiele für Liberalisierungen dar.

6 Vgl. dazu Möschel (1997), S. 351.

7 Zu weiteren Privatisierungsbegriffen vgl. Laux (1993), Sp. 749; Grossekettler (1989), S. 437.

8 Unter dem Begriff staatliche Regulierung verstehen wir in Anlehnung an Eickhof (1985), S. 64, "die direkte Kontrolle ... der ökonomischen Aktivitäten erwerbswirtschaftlich tätiger

Reglementierungen der Kapazitäten, aber auch beispielsweise Kontrahierungszwängen) befreit. Sie unterliegen damit nurmehr dem allgemeinen Wettbewerbsrecht sowie branchenspezifischen Sicherheitsvorschriften. Zum anderen wird die Sonderstellung einzelner Wirtschaftsbereiche, die als kartellrechtliche Branchenfreistellungen von den wettbewerbsrechtlichen Regelungen des GWB ganz oder teilweise ausgenommen sind,[9] eingeschränkt bzw. ganz aufgehoben.

Im Zuge dieses Prozesses können gleichzeitig neue Formen staatlicher Regulierungen eingeführt werden, sog. **Re-Regulierungen**. Angesprochen sind neue, marktorientierte Wettbewerbsregeln im Sinne positiv-gestaltender Eingriffe,[10] dic nicht mehr darauf ausgerichtet sind, Schutz vor Wettbewerb zu bieten, sondern – im Gegenteil – sektorspezifischen Schutz vor Wettbewerbsbeschränkungen. Sie sind insbesondere in der Übergangsphase zu freiem Wettbewerb von großer Bedeutung für die Etablierung nachhaltiger Wettbewerbsprozesse.[11]

Liberalisierung als Oberbegriff umfaßt sowohl Privatisierung als auch Deregulierung. Die Übergänge sind fließend. Die deutsche Wirtschaft ist durch eine Mixtur aus regulierten Bereichen in enger Nachbarschaft mit öffentlichem Unternehmertum gekennzeichnet. In vielen Sektoren erfolgten bereits – zumindest formelle – Privatisierungen, die jedoch in einigen Fällen (beispielsweise im Wassermarkt) ergänzende Deregulierungsschritte vermissen lassen. Beide Prozesse stehen oft in engem Zusammenhang, sie können jedoch auch einzeln und unabhängig voneinander stattfinden und unterschiedlichen Zielsetzungen dienen: Deregulierungen beinhalten eine Reform von Marktordnungen zur Schaffung größerer wettbewerblicher Freiräume. Der Privatisierungsprozeß hingegen soll mit höherer Kostentransparenz und dem Wegfall der Defizitabdeckung öffentlicher Unternehmen für eine effizientere Leistungserbringung sorgen, was sich jedoch – im Gegensatz zu Deregulierungen – nur mittelbar auf die Freiheit im Wettbewerbsprozeß auswirkt.

Unternehmen in einzelnen Wirtschaftsbereichen durch staatliche Institutionen oder deren Beauftragte".

9 Es handelt sich in diesem Fall nicht um staatliche Regulierung, sondern um die staatliche Erlaubnis zu privaten Wettbewerbsbeschränkungen. Diese werden im folgenden mit den staatlichen Regulierungen in Anlehnung an Eickhof (1993a), S. 204, unter dem Oberbegriff ordnungspolitische Ausnahmeregelungen zusammengefaßt.

10 Vgl. etwa Möschel (1999), S. 833; Cerny (1991), S. 177.

11 So wurde etwa im Telekommunikationsmarkt das vor Wettbewerb geschützte staatliche Telekommunikationsunternehmen nicht nur privatisiert und von staatlichen Regulierungen befreit. Die Einführung wettbewerbsorientierter Re-Regulierungen, etwa bezüglich der Netzzusammenschaltung und der Durchleitungsentgelte war nötig, da ansonsten ein privates Monopol entstanden wäre, das über vielfältige Möglichkeiten verfügt hätte, den Marktzutritt potentieller Konkurrenten abzuwehren.

Der vorliegende Beitrag untersucht auf Gütermärkten zu beobachtende Deregulierungsprozesse in der Bundesrepublik Deutschland. Ähnliche Vorgänge auf Arbeits- und Gesundheitsmärkten sowie entgegengesetzte Entwicklungen im Umweltbereich werden nicht in die Betrachtung einbezogen. Ebenso sind mit Deregulierungen einhergehende Privatisierungen nicht primär Untersuchungsgegenstand, obgleich die folgenden Aussagen in weiten Teilen übertragbar sind.

3. Zielsetzung und Gang der Untersuchung

Die Gründe der Einführung und langjährigen Beibehaltung ordnungspolitischer Ausnahmeregelungen wurden in unzähligen politökonomischen Modellen (insbesondere den Ansätzen der ökonomischen Theorie der Regulierung) erforscht. Demgegenüber werden die aktuellen Liberalisierungsprozesse bislang fast ausschließlich unter normativen Gesichtspunkten untersucht. Zudem erfolgen die daraus resultierenden Handlungsempfehlungen an die Politik in der Regel ohne Berücksichtigung der Rahmenbedingungen, unter denen die angestrebten Liberalisierungen tatsächlich politisch durchsetzbar sind. Konkrete politische Handlungsempfehlungen aber müssen auf Untersuchungen basieren, die auch die Zielsetzungen und Verhaltensweisen der Akteure sowie das institutionelle Anreizsystem, in dem diese sich bewegen, berücksichtigen.

Diese positiven Aspekte bilden den Hauptgegenstand der vorliegenden Untersuchung. Die zentrale Frage der Arbeit lautet: Warum finden die beobachtbaren Deregulierungen (gerade heute) statt? Um Mustervoraussagen darüber abzuleiten, wann tatsächlich nachhaltige Deregulierungsprozesse ausgelöst werden, müssen ihre Bestimmungsfaktoren identifiziert und deren Auswirkungen auf das politökonomische Kräfteverhältnis analysiert werden.

In Teil II werden zunächst die theoretischen Grundlagen der Arbeit erörtert. Hierzu zählen normative Begründungsversuche für ordnungspolitische Ausnahmeregelungen, die den wirtschaftspolitischen Handlungsbedarf aufzeigen. Doch in der wirtschaftspolitischen Praxis bestehen zahlreiche darüber hinausreichende Ausnahmeregelungen. Deren Vorhandensein wird mit verschiedenen positiven Ansätzen der Modernen Institutionenökonomik (MIÖ) erklärt, die anschließend auch zur Erklärung von Deregulierungsprozessen herangezogen werden. Die bestehenden Erklärungsansätze werden in der vorliegenden Arbeit erweitert, indem zusätzlich externe Determinanten explizit in die Analyse integriert werden.

Die Validität unserer theoretischen Grundüberlegungen wird im Anschluß anhand einer Sektorenanalyse empirisch geprüft. Diese wird in den Teilen III, IV und V exemplarisch an den Bereichen Telekommunikation, Straßengüterverkehr, Eisenbahn und Landwirtschaft vorgenommen. Ausgehend von einer kritischen Diskussion der sektorspezifischen normativen Begründungsversuche wird der aus volkswirtschaftlicher Sicht tatsächlich bestehende Handlungsbedarf aufgezeigt. Anschließend erfolgt eine kurze Darstellung der Marktordnungen. Diese gehen in allen betrachteten Fällen weit über den normativ legitimierbaren wirtschaftspolitischen Handlungsbedarf hinaus. Im Rahmen einer positiven Betrachtung werden dann Erklärungen für die Einführung und langjährige Beibehaltung der ordnungspolitischen Ausnahmeregelungen vorgestellt, um im Anschluß die Gründe für das Zustandekommen der beobachteten Liberalisierungsprozesse in den drei erstgenannten Sektoren zu untersuchen.

In Teil V werden demgegenüber Erklärungen für den stockenden Reformprozeß im Agrarbereich aufgezeigt. Weitere Wirtschaftsbereiche, in denen ebenfalls Liberalisierungen stattfanden bzw. gerade ablaufen, werden aus Platzgründen nicht in die Untersuchung einbezogen. Im abschließenden Teil VI erfolgt eine Präsentation der Analyseergebnisse.

TEIL II: THEORETISCHE GRUNDLAGEN

1. Grenzen der normativen Theorie ordnungspolitischer Ausnahmeregelungen

1.1. Grundsätzliche Legitimationskriterien

In einer marktwirtschaftlichen Ordnung stehen staatliche Interventionen in den Wirtschaftsprozeß im Widerspruch zu den grundlegenden Prinzipien Markt und Wettbewerb. Sie sind demnach grundsätzlich begründungspflichtig – wobei die Legitimationserfordernisse mit steigender Ordnungs- bzw. Systeminkonformität der Maßnahmen zunehmen.[12] Prinzipiell sind die Handlungen des Staates auf ordnungskonforme Maßnahmen zu beschränken. Die in der wirtschaftspolitischen Praxis auftretenden staatlichen Preis-, Marktzutritts- und Investitionsregulierungen sowie kartellrechtliche Branchenfreistellungen verstoßen jedoch gegen marktwirtschaftliche Prinzipien. Von politischer Seite werden zur Begründung solcher ordnungspolitischen Ausnahmeregelungen vor allem sog. Branchenbesonderheiten sowie Gemeinwohlverpflichtungen herangezogen. Aus volkswirtschaftlicher Sicht sind derartige Ausnahmeregelungen indes nur beim Vorliegen von Markt- und/oder Wettbewerbsversagen zu rechtfertigen.

Doch allein die Diagnose von Markt- und/oder Wettbewerbsversagen führt nicht zwangsläufig zur Legitimation ordnungspolitischer Ausnahmeregelungen. Die Grenze zwischen Markt- und Wettbewerbsversagen und erst durch staatliche Interventionen ausgelösten Effizienzverschlechterungen (Staatsversagen) ist sehr schmal. Im Rahmen eines **Comparative institution approach**[13] ist deshalb zu untersuchen, ob staatliches Handeln tatsächlich anstelle marktlicher Prozesse treten sollte: Zunächst sollten ordnungskonforme wirtschaftspolitische Maßnahmen (allgemeine wettbewerbspolitische Maßnahmen, Subventionen, Steuern) zur Aufrechterhaltung von Markt- und Wettbewerbsprozessen herangezogen werden.[14] Erst wenn sich diese Instrumente nicht als geeignet zur Beseitigung eines behaupteten Markt- oder Wettbewerbsversagens erweisen, können eingriffsintensivere Maßnahmen (staatliche Regulierungen, kartellrechtliche Branchenfreistellungen) als hinreichend gerechtfertigt angesehen werden.

Diese müssen allerdings zu einer Verbesserung gegenüber der Ausgangslage führen – ansonsten sollten jegliche staatliche Aktivitäten unterlassen werden. Vor jedem staatlichen Eingriff ist demnach zu überprüfen, ob die damit verbun-

---

[12] Zu den Begriffen siehe näher Tuchtfeld (1960).

[13] Vgl. Demsetz (1969), S. 1.

[14] Vgl. Bögelein (1990), S. 224 f., 306 f.

denen (Transaktions-)Kosten tatsächlich geringer sind als sein Nutzen. Es muß somit auch beim Vorliegen von Markt- und/oder Wettbewerbsversagen im Einzelfall zwischen dem Status quo und den Kosten eines wirtschaftspolitischen Eingriffs abgewogen werden. Die wichtigsten politischen und volkswirtschaftlichen Rechtfertigungsversuche sollen im folgenden vorgestellt und ihre Eignung zur Begründung ordnungspolitischer Ausnahmeregelungen diskutiert werden.

1.2. Politische Begründungen

Von seiten der Regierungen, Behörden, Verbände und Gerichte werden ordnungspolitische Ausnahmeregelungen durchweg mit sog. **Branchenbesonderheiten** begründet. Diese wirken sich nachteilig auf den Markt-Wettbewerbs-Prozeß aus und fallen zum Teil mit behaupteten Markt- oder Wettbewerbsversagensfällen zusammen. Als solche werden etwa im landwirtschaftlichen Sektor unter anderem die Länge der Produktionsdauer, die Ungewißheit des Produktionserfolges, die Tendenz zu anomalen Angebotsreaktionen der Landwirte sowie die mangelhafte Fähigkeit der Landwirte zu Strukturanpassungen aufgrund hoher Marktaustrittsschranken angeführt.[15] Im Verkehrsbereich wurde insbesondere auf Eigenschaften wie die Unpaarigkeit der Verkehrsströme mit daraus resultierenden hohen Leerfahrtenanteilen, die anteilsmäßig hohen Fixkosten und langlebigen Investitionen, die geringen Preiselastizitäten der Nachfrage, die sehr starken Unternehmensgrößenunterschiede und die Unmöglichkeit der Vorratsproduktion von Transportleistungen verwiesen.[16]

Die Argumente der Besonderheitenlehre sind äußerst vielfältig. Bei eingehender Betrachtung bieten die angeführten Begründungen größtenteils jedoch keine tragfähige Grundlage für ordnungspolitische Sonderstellungen. Besonders verhaltensbezogene Argumente, wie die anomale Angebotsreaktion der Landwirte, sind unzutreffend. Darüber hinaus bestehen finanzielle und technische Besonderheiten sowie "besondere" einzelwirtschaftliche Risiken auch in zahlreichen anderen Wirtschaftsbereichen, ohne daß hier Regulierungsbedarf angemeldet wurde.[17] Letztlich verbleiben nur wenige Branchenbesonderheiten, bei denen wirtschaftspolitische Eingriffe gerechtfertigt erscheinen. Insgesamt sollten sie jedoch nur erfolgen, wenn dies auch aus volkswirtschaftlicher Sicht zweckmäßig erscheint. Aber auch dann ist im Rahmen einer vergleichenden Institutionenanalyse auf eine weitestgehende Ordnungskonformität des Mitteleinsatzes zu achten.

---

[15] Vgl. statt vieler Bartling (1984), S. 27 ff. Siehe näher dazu auch Kapitel 2 in Teil V dieser Arbeit.
[16] Vgl. Hamm (1964), S. 77 ff. Siehe dazu näher Kapitel 2.1. in Teil IV der vorliegenden Arbeit.
[17] Vgl. Eickhof (1993a), S. 206.

Neben den sog. Branchenbesonderheiten gilt der Hinweis auf die Nichterfüllung übergeordneter **gesamtwirtschaftlicher Ziele** unter dem Stichwort Daseinsvorsorge als die älteste politische Rechtfertigung für ordnungspolitische Ausnahmeregelungen.[18] Er bildet die Grundlage für die Etablierung staatlicher Monopole, etwa im Post- und Telefonverkehr, im Bereich der leitungsgebundenen Energieversorgung und der Wasserver- und Abwasserentsorgung sowie im Bahnbereich, die durch zahlreiche ordnungspolitische Ausnahmeregelungen vor Wettbewerb geschützt waren bzw. immer noch sind. Abgesehen von den mit diesem Begriff verbundenen Definitions- und Abgrenzungsproblemen müssen diese Leistungen aber auch nicht von öffentlichen Monopolunternehmen erbracht werden. Auch hier eignen sich weniger eingriffsintensive ordnungskonforme Maßnahmen bei grundsätzlicher Aufrechterhaltung von Markt- und Wettbewerbsprozessen besser zur Zielerreichung. So bieten sich Ausschreibungsverfahren an, bei denen der Anbieter mit dem geringsten Subventionsbedarf den Zuschlag erhält.[19]

1.3. Volkswirtschaftliche Rechtfertigungen

Aus volkswirtschaftlicher Sicht werden ordnungspolitische Ausnahmeregelungen mit dem Vorliegen von Marktversagen begründet. Dieser Begriff wird traditionell im allokativen Sinne verwandt.[20] Demzufolge liegt Marktversagen bei Abweichungen vom neoklassischen Allokationsoptimum vor.[21] Dieses ist aber nur unter sehr restriktiven Prämissen erreichbar, die im allgemeinen nicht realisierbar und in der Regel auch nicht erwünscht sind. Da das angestrebte Optimum in realen Märkten nicht erreichbar ist, läge demnach stets Marktversagen im obigen Sinne vor[22] – und damit wirtschaftspolitischer Handlungsbedarf.

Demgegenüber wird in der vorliegenden Arbeit auf die Marktwirklichkeit abgestellt. Die **neuere Markt- und Wettbewerbstheorie** löst sich von der statischen

---

[18] Der Begriff geht zurück auf Forsthoff (1938), S. 5, der dort jedoch nicht eindeutig abgegrenzt wird. Forsthoff zählt dazu alle staatlichen Tätigkeiten, die dem modernen Menschen sein Dasein im weitesten Sinne ermöglichen, vgl. ders. (1958), S. 6 f. Der Autor selbst belegte den Begriff später mit geänderten Inhalten, vgl. Forsthoff (1973), S. 370. Siehe dazu auch Scheidemann (1991), S. 6 ff.

[19] Zur Kritik an der Daseinsvorsorge als Regulierungsbegründung vgl. ausführlich BDI (2000).

[20] Vgl. zum Marktversagen im wohlfahrtstheoretischen Sinne Sohmen (1976), S. 100.

[21] Einen Katalog von Versagenstatbeständen im allokativen Sinne findet der interessierte Leser beispielsweise bei Müller/Vogelsang (1979), S. 36 ff. Siehe auch die Übersicht bei Bögelein (1990), S. 25 ff.

[22] So auch Eickhof (1993a), S. 208. Er verweist an dieser Stelle auf Demsetz (1969), S. 1, der hier von einem sog. Nirwana Approach des Marktversagens spricht.

Betrachtung der Neoklassik und zieht als Beurteilungskriterien die unterschiedlichen Funktionen von Markt- und Wettbewerbsprozessen heran. So erfolgt die Koordination individueller Wirtschaftspläne zu einer spontanen Handelnsordnung über Märkte,[23] die in der Regel eine Gleichgewichtstendenz aufweisen.[24] Und der Wettbewerbsprozeß wird als dynamisches Such- und Entdeckungsverfahren mit offenem Ausgang begriffen,[25] das zu einer effizienzorientierten Unternehmensselektion sowie zu einer Verbesserung der Marktergebnisse führt. Werden diese Funktionen nicht erfüllt, spricht man entweder von Markt- oder von Wettbewerbsversagen.[26] In Anlehnung an diese Sichtweise sind verschiedene Fälle von Markt- oder Wettbewerbsversagen zu unterscheiden, von denen im folgenden einige ausgewählte exemplarisch diskutiert werden.

1.3.1. Einzelne Marktversagensfälle

In der Literatur werden öffentliche Güter, hohe Transaktionskosten, marktliche Koordinationshindernisse und externe Effekte als Marktversagensfälle diskutiert. Beim Vorliegen dieser Tatbestände ist die marktliche Koordination von Angebot und Nachfrage eingeschränkt (partielles Marktversagen) oder ein Marktaustausch bleibt völlig aus (totales Marktversagen).[27] Eine ausführliche Diskussion sämtlicher Marktversagensfälle ist an dieser Stelle nicht notwendig. Hier soll lediglich auf die für die folgenden sektorspezifischen Untersuchungen relevanten Aspekte – marktliche Koordinationshindernisse und externe Effekte – eingegangen werden.[28]

Wenn **marktliche Koordinationshindernisse** in Form von Koordinationslücken oder Instabilitäten im Koordinationsprozeß auftreten, kann es zu Marktversagen kommen.[29] **Koordinationslücken** entstehen beispielsweise auf Märkten, auf denen Angebot und Nachfrage voneinander abweichen und völlig preisunelastisch sind. Diese Fälle treten allerdings in der Regel nur kurzfristig auf bzw. sind gänzlich unrealistisch. Sie betreffen in erster Linie Märkte für periodisch anfallende, nicht lagerfähige Güter, die zudem lebensnotwendig und nicht sub-

---

[23] Vgl. Hayek (1980), S. 60 ff.
[24] Vgl. Hoppmann (1981), S. 221 ff.
[25] Vgl. Hayek (1969), S. 1 ff.
[26] Vgl. dazu näher Eickhof (1993a), S. 209.
[27] Vgl. Eickhof (1993a), S. 210.
[28] Zur Darstellung und Kritik der öffentlichen Güter und des transaktionalen Marktversagens vgl. ausführlich Eickhof (1993a), S. 210 ff.; Bögelein (1990), S. 110 ff. und 127 ff.; Bartling (1983), S. 328 ff.
[29] Vgl. zum folgenden Eickhof (1993a), S. 211 ff.; Bögelein (1990), S. 115 ff., die sich insbesondere auf Külp u. a. (1984), S. 23 ff., beziehen.

stituierbar sind. Auch starke Preisänderungen rufen hier keine Mengenreaktionen hervor. Die Anbieter können jedoch selbst zu einer Beseitigung des Marktversagens beitragen. So bewirken technische Neuerungen und Substitutionsangebote notwendige Mengenanpassungen – die durch staatliche Regulierungen und kartellrechtliche Branchenfreistellungen nur behindert würden.

Bei **Instabilitäten im Koordinationsprozeß** findet zwar ein Marktaustausch statt, eine Gleichgewichtstendenz bleibt jedoch aus. Gründe dafür können etwa anomale Angebots- und/oder Nachfragereaktionen auf Preisänderungen sein, die größer als die Normalreaktion der jeweiligen Marktgegenseite sind. Eine weitere Ursache instabiler Marktprozesse sind Angebotsverzögerungen, dic nichtkonvergierende Cobweb-Prozesse (sog. Schweinezyklen) hervorrufen. Derartige Angebotsverzögerungen wurden zwar in der Vergangenheit für verschiedene landwirtschaftliche Erzeugnisse beobachtet.[30] Die Instabilitäten aufgrund nichtkonvergierender Cobweb-Prozesse basieren jedoch auf unrealistischen Annahmen, so daß davon ausgegangen werden kann, daß dieser Fall heute nicht mehr auf Gütermärkten auftritt.[31] Auch anomale Reaktionen auf Preisänderungen betreffen lediglich Teilmärkte, wie etwa Arbeitsmärkte mit immobilen, schlecht ausgebildeten Arbeitnehmern. Auf diesen kann eventuell eine staatliche Preisregulierung in Form von Mindestlöhnen angezeigt sein, wenn ordnungskonforme Maßnahmen zur Förderung der Mobilität der Arbeitnehmer nicht den gewünschten Effekt erzielen.

Als weiteres Argument zur Begründung ordnungspolitischer Ausnahmeregelungen dient häufig die Existenz negativer und positiver technologischer **externer Effekte**. Diese entstehen definitionsgemäß, wenn von der Produktion oder dem Konsum eines Gutes Vor- oder Nachteile für Dritte ausgehen, die nicht über den Markt-Preis-Mechanismus abgegolten werden.[32] Zunächst ist festzustellen, daß bezüglich der jeweiligen Hauptprodukte der Marktaustausch funktioniert. Er unterbleibt lediglich im Hinblick auf die Externalitäten als Neben- bzw. Kuppelprodukt. Ursache hierfür sind unvollständig definierte Verfügungsrechte bei der Nutzung von Umweltgütern. So werden Umweltschäden als negative externe Effekte der Produktion nicht im Preissystem berücksichtigt. Da keine Preise existieren, die Knappheiten anzeigen können, bleibt die Koordinationsleistung

---

[30] Vgl. Hanau (1930, Originalausgabe 1927).

[31] Zu empirischen Untersuchungen auf Agrarmärkten vgl. Bartling (1984), S. 22. Siehe dazu auch Kapitel 2.3. in Teil V der Arbeit.

[32] Neben den hier angesprochenen technologischen gibt es auch sog. pekuniäre externe Effekte, die aber über den Markt-Preis-Mechanismus abgegolten werden und deshalb kein Marktversagen begründen. Diese Unterscheidung geht zurück auf Scitovsky (1954); vgl. dazu auch Sohmen (1976), S. 222.

des Marktes – jedoch nur in bezug auf den externen Effekt, nicht aber auf das Hauptprodukt – aus.[33]

In der Regel verhindern relativ hohe Transaktionskosten[34] oder die unzureichende Zuweisung von Property rights die Internalisierung externer Effekte mittels privater Verhandlungslösungen.[35] Zur Reduzierung des Marktversagens aufgrund gravierender Externalitäten sollten statt ordnungspolitischer Ausnahmeregelungen alternative marktkonforme Instrumente herangezogen werden, die im Sinne einer First best-Lösung direkt an den Ursachen ansetzen.

Der älteste Ansatz zur Internalisierung externer Effekte ist die auf Pigou zurückgehende Steuerlösung, bei der die Verursacher der externen Effekte mit einer Abgabe in Höhe der Differenz zwischen den privaten und den sozialen Grenzkosten belastet werden.[36] Neuere, pragmatischere Vorschläge beziehen sich auf eine verursachungsgerechte finanzielle Be- bzw. Entlastung der Produktion bzw. des Verbrauchs mittels handelbarer Zertifikate.[37] Darüber hinaus erscheinen auch staatliche Regulierungen, etwa gesetzliche Ge- und Verbote in Form von umwelt- und sicherheitstechnischen Mindeststandards,[38] zur Internalisierung externer Effekte geeignet – nicht aber kartellrechtliche Bereichsausnahmen.

1.3.2. Einzelne Wettbewerbsversagensfälle

Im folgenden werden einige Fälle unterschieden, die im allgemeinen als Marktversagenstatbestände erwähnt werden, in denen jedoch der Wettbewerbsprozeß seine Funktionen – effizienzorientierte Unternehmensselektion und Verbesserung der Marktergebnisse – nicht erfüllt und die hier demnach als Wettbewerbsversagenstatbestände behandelt werden: Ruinöser Konkurrenzkampf und das Vorliegen eines natürlichen Monopols. Daneben kann Wettbewerbsversagen auch auftreten, wenn die Transaktionskosten, konkret die Informationskosten,

---

[33] Vgl. näher Eickhof (1995), S. 20.

[34] Etwa in Form von Such- und Informationskosten, Verhandlungs- und Entscheidungskosten sowie Durchführungs- und Kontrollkosten, vgl. Richter/Furubotn (1999), S. 50 ff.

[35] Siehe dazu ausführlich Coase (1960), S. 15 ff.

[36] Zur Diskussion dieses Ansatzes vgl. Suntum (1986), S. 80 ff. Große Probleme bestehen jedoch noch bei der Erfassung und monetären Bewertung der externen Effekte sowie der (politischen) Festlegung der tolerierbaren Gesamtbelastung, vgl. dazu ausführlich Fritsch/Wein/Ewers (2001), S. 163 ff.; Willeke (1994), S. 156 ff.

[37] Vgl. Ewers/Stackelberg (1998), S. 1165.

[38] Vgl. Weimann (1991), S. 109 ff.

relativ hoch sind. Diese Art von Wettbewerbsversagen wird hier wegen ihrer geringen Relevanz für die folgende Untersuchung nicht detailliert erörtert.[39]

Ruinös übersteigerter Wettbewerb wird im allgemeinen als ein Fall von Wettbewerbsversagen angesehen. Doch schon über den Begriff **ruinöse Konkurrenz** besteht keine Einigkeit in den Wirtschaftswissenschaften, er ist dem der Struktur- bzw. Branchenkrise sehr ähnlich. Ursache für Strukturkrisen sind aus Nachfragerückgängen oder Produktivitätsfortschritten resultierende marktweite Überkapazitäten. Infolgedessen kann es leicht zu Preisverfällen, Unternehmensverlusten und Marktaustritten kommen. Die Gefahr derartiger Prozesse besteht insbesondere auch auf Märkten mit geringen Konzentrationsgraden und besonderen Kostenstrukturen. Kommt es beispielsweise bei kleinbetrieblichen Anbieterstrukturen, etwa Familienbetrieben mit einer starken individuellen Bindung an das Unternehmen (Sunk cost-Charakter), zu deutlichen Nachfragerückgängen, versuchen diese Unternehmen, ihre Kapazitäten weitgehend auszulasten, um ein bestimmtes Ertragsniveau zu halten – sie reagieren mit Preiszugeständnissen (inverses Angebotsverhalten).[40]

Die daraus resultierenden Marktaustritte wirken sich im allgemeinen nicht nachteilig auf die Erfüllung der Funktionen von Markt- und Wettbewerbsprozessen aus. Wettbewerbsversagen ist erst festzustellen, wenn effizientere vor weniger effizienten Unternehmen aus dem Markt ausscheiden oder wenn mehr Kapazitäten verlorengehen als langfristig erforderlich. In diesen Fällen kommt es zu Wettbewerbsversagen: Es erfolgt keine effizienzorientierte Unternehmensselektion bzw. die Marktversorgung verschlechtert sich.

Ein diagnostiziertes Wettbewerbsversagen ist – wenn überhaupt – zunächst mit Hilfe wettbewerbsfördernder Maßnahmen zu beseitigen, beispielsweise mit Subventionen zur Erleichterung notwendiger Umstellungs- und Anpassungsprozesse. Staatliche Regulierungen und kartellrechtliche Branchenfreistellungen sind dagegen nicht geeignet, die Ursachen von Wettbewerbsversagen aufgrund von Strukturkrisen zu bekämpfen. Sie setzen lediglich an den Symptomen an. Grundsätzlich sollten statt dessen innovatorische Unternehmensaktivitäten durch Maßnahmen zum Schutz der Wettbewerbsfreiheit unterstützt werden.[41]

Als traditionelle Regulierungsbegründung für Sektoren, in denen Dienste über Leitungs- bzw. Netzsysteme angeboten werden (Telekommunikation, Energie-

---

[39] Vgl. hierzu näher Bögelein (1990), S. 209 ff.

[40] Vgl. dazu ausführlich Eickhof (1982), S. 25 ff., siehe auch die Übersichten bei Willeke (1977) und Tolksdorf (1971).

[41] Vgl. Eickhof (1993a), S. 218, und ders. (1982), S. 99 ff.

versorgung, Schienenverkehr etc.), dient das Vorliegen eines sog. **natürlichen Monopols**. Ein solches liegt definitionsgemäß vor, wenn die auf einem relevanten Markt nachgefragte Menge am kostengünstigsten von einem einzigen Hersteller angeboten werden kann.[42] Dessen Kostenvorteil gegenüber der Produktion durch eine beliebige Anzahl miteinander konkurrierender Unternehmen ist auf die strikte **Subadditivität** der Kostenfunktion zurückzuführen.[43] Diese ergibt sich beispielsweise aus den mit zunehmender Produktionsmenge sinkenden langfristigen Durchschnittskosten,[44] die vor allem aus den Vorteilen des Netzverbundes (Größen- und Verbundvorteile)[45] resultieren.

Traditionell wird argumentiert, daß in diesem Fall die Produktion durch mehrere im Wettbewerb stehende Anbieter zu einer gesamtwirtschaftlich ineffizienten Kostenduplizierung führen würde.[46] Die besondere Kostenstruktur des natürlichen Monopols beinhalte jedoch auch Gefahren für den Wettbewerbsprozeß: Zunächst sei es dem natürlichen Monopolist aufgrund seiner permanent fallenden, über den Grenzkosten liegenden Durchschnittskosten nicht möglich, (wohlfahrtsoptimale) Grenzkostenpreise zu verlangen. Zur Vermeidung von Unternehmensverlusten müsse ihm deshalb anstelle einer (First best-)Grenzkosten-Preisbildung wie im Wettbewerb eine Second best-Preisbildung (sog. Ramsey-Preissetzung)[47] erlaubt werden. Wird dem Alleinanbieter eine solche, an den ge-

---

42 Vgl. Eickhof (1986a), S. 474; Soltwedel et al. (1986), S. 5.

43 Vgl. Sharkey (1982), S. 54 ff.

44 Eine subadditive Kostenfunktion kann allerdings auch vorliegen, wenn die totalen Durchschnittskosten wieder ansteigen, und zwar solange die Aufteilung der Nachfrage auf mehrere Unternehmen höhere Kosten verursacht als die Produktion durch ein einzelnes Unternehmen (sog. Unsustainability-Fall), vgl. Bögelein (1990), S. 185 f.

45 Größen- bzw. Bündelungsvorteile (economies of scale) beruhen im allgemeinen auf technologischen Faktoren: Beispielsweise sind steigende Netzkapazitäten bei unterproportionaler Zunahme der Kosten möglich (Zweidrittel-Effekt). Weitere Größenvorteile resultieren aus dem mit wachsendem Nachfragevolumen abnehmenden Bedarf an Reservekapazitäten, da sich Schwankungen der Einzelnachfragen stärker ausgleichen (stochastischer Durchmischungseffekt), vgl. ausführlich Blankart/Knieps (1992), S. 74 ff. Auch hohe Fixkosten können unter Unmständen zu sinkenden Durchschnittskosten führen, vgl. Bögelein (1990), S. 186 f. Neben den angeführten Größenvorteilen bei der Ein-Gut-Produktion führen im realistischeren Fall der Mehr-Güter-Produktion sog. Verbundvorteile und Vorteile aus einer Kuppelproduktion zu sinkenden Durchschnittskosten (economies of scope – hier sind die volkswirtschaftlichen Kosten der verbundenen Bereitstellung mehrerer Güter in einem Unternehmen geringer als bei getrennter Bereitstellung durch mehrere Unternehmen), vgl. Monopolkommission (1981), S. 92.

46 Vgl. Gröner (1983), S. 227.

47 Dabei werden die Preise gerade so weit oberhalb der Grenzkosten angesetzt, daß die Vollkosten mit dem geringstmöglichen Verlust an Konsumentenrente gedeckt werden. Im Konzept der Ramsey-Preise wird hierzu die Gesamtnachfrage in mehrere Gruppen aufgeteilt, die sich durch unterschiedliche Nachfrageelastizitäten auszeichnen. Von denjenigen

samten Durchschnittskosten orientierte Preisdifferenzierung in Verbindung mit interner Subventionierung gestattet, wäre es nach Auffassung der neoklassischen Preistheorie für Newcomer attraktiv, den Markt zu betreten und ausschließlich profitable Netzbereiche zu betreiben ("Rosinenpicken", "cream skimming").[48] Da die Marktversorgung aber definitionsgemäß am kostengünstigsten durch einen Alleinanbieter erfolgt, resultiere daraus eine Verschlechterung der Marktversorgung.[49]

Netzsektoren seien demnach als natürliche Monopole vor dem Marktzutritt potentieller Konkurrenten zu schützen, beispielsweise durch eine staatliche Marktzutrittsregulierung (etwa die Vergabe von Monopollizenzen) oder die Erlaubnis zu privaten Wettbewerbsbeschränkungen (Ausschließlichkeitsverträge). Dadurch wird das Monopolunternehmen jedoch in die Lage versetzt, monopolistische Preisspielräume auszunutzen. Den sich daraus ergebenden preislichen Nachteilen für die Nachfrager begegnet man wiederum mit weiteren ordnungspolitischen Ausnahmeregelungen, konkret: Preisregulierungen, bzw. mit der Verstaatlichung von Monopolunternehmen.

Insbesondere unter Einbeziehung dynamischer Markt- und Wettbewerbsprozesse in die Betrachtung ist aber allein das Vorliegen von Subadditivität als Regulierungsbegründung nicht hinreichend. Denn aus dem staatlichen Monopolschutz resultieren im allgemeinen unterlassene technische Neuerungen, eine mangelhafte Ausnutzung von Rationalisierungspotentialen und X-Ineffizienzen im Monopolunternehmen.[50] Inwieweit die Größen- bzw. Verbundvorteile tatsächlich realisiert werden, hängt erheblich von der Kontrolle des natürlichen Monopols durch den Wettbewerb ab: Die aktuelle Konkurrenz ist zwar zum Stillstand gekommen – die potentielle Konkurrenz wirkt jedoch weiterhin disziplinierend auf den Monopolisten. Wenn ein natürlicher Monopolist der ständigen Bedrohung durch potentielle Konkurrenten unterliegt, verfügt er auch nicht mehr über die Möglichkeit monopolistischer Preissetzungsspielräume. Deshalb

---

mit relativ unelastischer Nachfrage werden verhältnismäßig höhere Preise verlangt als von Gruppen mit relativ preiselastischer Nachfrage, vgl. Baumol/Bradford (1970), S. 265 ff., und ausführlich Brown/Sibley (1986). Zu den mit der Ramsey-Preissetzung verbundenen Informationsproblemen vgl. kritisch Weizsäcker (1982), S. 328 f.

48 Vgl. neben anderen Kaufer (1981), S. 67.

49 Darüber hinaus ist mit dem Markteintritt potentieller Konkurrenten bei u-förmigem Verlauf der Durchschnittskostenkurve zu rechnen, wenn sich die Marktnachfrage bereits im Bereich steigender Durchschnittskosten befindet (sog. Unsustainability-Fall). In diesem Fall werden potentielle Konkurrenten angeregt, im Betriebsoptimum zu produzieren und den Monopolisten preislich zu unterbieten. Dieser kann die restliche Nachfrage jedoch nur noch zu höheren Kosten befriedigen, so daß sich auch in diesem Fall gesamtwirtschaftliche Ineffizienzen ergeben, vgl. dazu ausführlich Bögelein (1990), S. 188 ff.

50 Vgl. etwa Leibenstein (1973), S. 771 ff.

ist bei der Beurteilung der Wettbewerbssituation aus neuerer wettbewerbstheoretischer Sicht zusätzlich auf die disziplinierende Wirkung potentieller Konkurrenz abzustellen.

Das Konzept der angreifbaren Märkte (Contestable markets)[51] zeigt Bedingungen auf, unter denen potentielle Wettbewerber den fehlenden Wettbewerb zwischen aktuellen Konkurrenten auf Märkten zu ersetzen vermögen. Entscheidendes Kriterium für die Angreifbarkeit einer Monopolstellung ist die Abwesenheit von **Irreversibilitäten.**[52] Signifikante Irreversibilitäten führen zu sog. versunkenen Kosten (Sunk costs), die zum Markteintritt notwendig sind, bei einem Marktaustritt aber vollständig abgeschrieben werden müssen. Sie beinhalten ein hohes finanzielles Risiko, das für Etablierte nicht mehr, für potentielle Anbieter jedoch sehr wohl entscheidungsrelevant ist, und somit den Marktzutritt potentieller Wettbewerber unwahrscheinlich werden läßt. Werden Letztgenannte infolge von signifikanten Irreversibilitäten vom Markteintritt abgeschreckt, spricht man von einem **nicht angreifbaren Monopol**. Wettbewerbspolitische Probleme ergeben sich, wenn infolge hoher Marktzutrittsschranken die Angreifbarkeit einer natürlichen Monopolstellung nicht gegeben ist. In diesem Fall kommt neben dem aktuellen auch der potentielle Wettbewerb zum Stillstand und der Alleinanbieter unterliegt keinen Anreizen mehr, so effizient wie möglich zu produzieren und kann monopolistische Preise setzen.

Regulierungsobjekt eines minimalistischen Regulierungsansatzes ist allein die in diesen (durch das gleichzeitige Auftreten von Subadditivität und Irreversibilität gekennzeichneten) Engpaßbereichen (Monopolistic bottlenecks) vorliegende Marktmacht.[53] In allen anderen monopolistischen Märkten sei auf die Disziplinierungswirkung potentieller Konkurrenz verwiesen, womit zahlreiche staatliche Regulierungen und insbesondere kartellrechtliche Branchenfreistellungen als

---

[51] Vgl. dazu Baumol/Panzar/Willig (1988). Zur Kritik am Konzept vgl. etwa Shepherd (1990), S. 282 ff.; Fehl (1985), S. 44. Insbesondere deren Einwand, das Konzept sei ein statisches Gleichgewichtsmodell, ist nicht zutreffend. Indem der Marktzutritt in den Mittelpunkt gestellt wird, wird der Dynamik von Wettbewerbsprozessen indirekt Rechnung getragen. Zur Prämissenkritik und der Reaktion darauf vgl. Baumol/Sidak (1994).

[52] Irreversibilitäten bezeichnen die Kosten bestimmter Produktionsfaktoren bzw. -verfahren, die für eine bestimmte ökonomische Verwendung spezifisch sind. Alternative Verwendungsmöglichkeiten sind völlig ausgeschlossen oder nur mit signifikanten Produktivitäts- bzw. Wertverlusten zu realisieren. Daneben müssen auf einem relevanten Markt insbesondere die Kriterien freier Marktzutritt und Bertrand-Nash-Verhalten (d. h. potentielle Wettbewerber unterbieten den Preis des Etablierten und die Nachfrager reagieren – bei vollständiger Information – schon auf kleine Änderungen der Preise) erfüllt sein, um diesen als "angreifbar" zu qualifizieren, vgl. Fritsch/Wein/Ewers (2001), S. 210 ff.; Kruse (1985), S. 41.

[53] Vgl. ausführlich dazu Knieps (2000).

volkswirtschaftlich nicht legitimierbar bzw. sogar kontraproduktiv anzusehen und somit abzubauen sind.

Zudem stellen natürliche Monopole in **dynamischer Sicht** keine unveränderlichen Tatsachen dar. Insbesondere technologische und Nachfrageveränderungen führen oft zu einer Auflösung der natürlichen Monopoleigenschaft, so daß Wettbewerb zwischen mehreren Unternehmen gesamtwirtschaftlich vorteilhaft wird. Unter diesem Gesichtspunkt war es beispielsweise in der leitungsgebundenen Energieversorgung ordnungspolitisch nicht gerechtfertigt, die regionalen Gebietsmonopole dauerhaft institutionell abzusichern. Der Wettbewerb benachbarter Gebietsmonopolisten um Kunden in den jeweiligen Randlagen ihrer Märkte führt dazu, daß sich die Grenzen der regionalen Monopole entsprechend der Effizienz der Anbieter verschieben, so daß dieser sog. Randzonenwettbewerb zu gesamtwirtschaftlichen Vorteilen führt.[54]

Ist ein solcher Wettbewerb im Markt nicht möglich, bietet sich als Alternative ein Wettbewerb um den Markt an. So ist ein periodischer Wettbewerb um bestimmte Versorgungsgebiete (Franchise bidding) möglich.[55] Darüber hinaus kann Marktmacht beispielsweise im Schienenverkehr teilweise durch die intermodale Konkurrenz von Straßenverkehr, Flugverkehr oder Binnenschiffahrt begrenzt werden. Gleiches trifft für verschiedene Energieträger zu oder den Wettbewerb zwischen Mobilfunk- und Festnetztelefonie.

1.4. Fazit: Abweichungen zwischen normativer Theorie und ordnungspolitischer Praxis

Vorstehend wurden Argumente vorgestellt, die ordnungspolitische Ausnahmeregelungen normativ rechtfertigen sollen. Die Analyse ergab, daß politische Begründungen insgesamt nicht tragfähig sind. So sind Branchenbesonderheiten entweder unzutreffend oder zu unspezifisch, und die angesprochenen gesamtwirtschaftlichen Ziele können mit ordnungskonformen Instrumenten ebensogut erreicht werden.

Aus volkswirtschaftlicher Sicht können staatliche Eingriffe nur mit dem Vorliegen von Markt- oder Wettbewerbsversagen gerechtfertigt werden. Dann ist zunächst unter Beachtung der marktwirtschaftlichen Grundentscheidung zu prüfen, ob das Markt- oder Wettbewerbsversagen mit Hilfe ordnungskonformer Maß-

---

[54] Vgl. Eickhof/Kreikenbaum (1997), S. 281; Härtel u. a. (1995), S. 224; Eickhof (1993a), S. 216, und ders. (1986b), S. 211.

[55] Vgl. zum letzten Punkt Demsetz (1968), S. 55 ff.

nahmen beseitigt werden kann. Erst wenn dies nicht möglich ist, können eventuell staatliche Regulierungen zur Korrektur des behaupteten Markt- oder Wettbewerbsversagens herangezogen werden. Diese Ausnahmen vom wettbewerblichen Prinzip sollten jedoch sehr restriktiv eingesetzt werden. Sie laufen der marktwirtschaftlichen Grundordnung zuwider, und Markt- und Wettbewerbsversagen können im Zeitablauf auch wieder an Bedeutung verlieren. Staatliche Regulierung ist demnach in einzelnen Fällen angezeigt, aber im allgemeinen nicht in dem in der Praxis bestehenden Ausmaß und in ihrer traditionellen Intensität. Kartellrechtliche Branchenfreistellungen hingegen können normativ überhaupt nicht gerechtfertigt werden.

Ungerechtfertigte staatliche Regulierungen sowie kartellrechtliche Branchenfreistellungen führen zu Ineffizienzen im marktwirtschaftlichen System. Deregulierungen sind nun ordnungspolitisch geboten, wenn es von vornherein keine ausreichenden Regulierungsgründe (Markt- und Wettbewerbsversagen) gab, oder wenn diese im Zeitverlauf durch Änderungen der marktlichen oder technologischen Bedingungen an Bedeutung verloren haben.

Die abschließende Diagnose lautet, daß normative Ansätze nicht in der Lage sind, die zahlreichen ordnungspolitischen Ausnahmeregelungen in der praktischen Politik hinreichend zu begründen. Deren Vorhandensein läßt sich nur mit dem Bestehen interessengeleiteter Politikentscheidungen erklären, die Untersuchungsgegenstand der positiven Theorie sind. Deren Grundelemente werden im folgenden Kapitel vorgestellt. Anhand positiver Modelle werden zunächst das Zustandekommen und der Bestand von Regulierungen erklärt, um im Anschluß diese Modelle auch auf Liberalisierungen anzuwenden. Da die bestehenden Ansätze allein nicht in der Lage sind, die beobachteten Liberalisierungsprozesse hinreichend zu erklären, erfolgt eine Erweiterung des Modellrahmens, indem externe Datenänderungen explizit in die Untersuchung einbezogen werden.

2. Die Moderne Institutionenökonomik als weiterführender Erklärungsansatz

2.1. Grundelemente

Die folgende positive Untersuchung basiert auf dem Theoriegebäude der Modernen Institutionenökonomik (MIÖ). Zu dessen Teilbereichen zählen neben anderen Ansätzen die Neue Politische Ökonomik (NPÖ) und die Neue Institutionenökonomik (NIÖ). Politökonomische Ansätze werden bisweilen (in weiter

Abgrenzung) als Teilbereich der NIÖ angesehen.[56] Zwischen den beiden Theoriegebäuden bestehen zwar enge Wechselbeziehungen, und sie beruhen auf den gleichen Prämissen. Doch während die NPÖ die Tauschbeziehungen auf (wirtschafts-)politischen Märkten betrachtet, bezieht sich die NIÖ insbesondere auf die damit verbundenen Vertragsbeziehungen.[57] Das untenstehende Schaubild gibt einen Überblick über die Grundbausteine des Analyserahmens.

Abb. II.1: Gemeinsame Prämissen und Bestandteile der MIÖ-Modelle

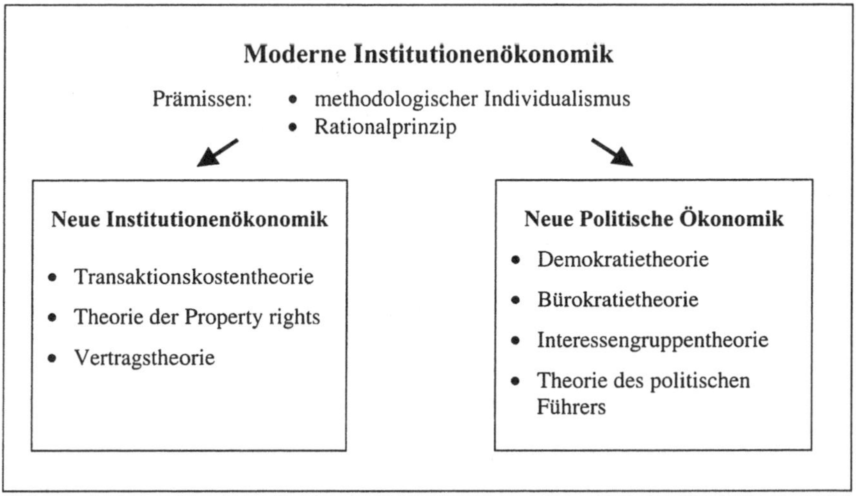

2.1.1. Das Prämissengebäude der Modernen Institutionenökonomik

Die Beschäftigung mit Institutionen setzt zunächst eine Abgrenzung des Institutionenbegriffs voraus. Dieser umfaßt ein System von Normen, deren gemeinsame Funktion darin besteht, die Interaktion der Mitglieder einer Gesellschaft zu ordnen, d. h. zu regulieren und zu koordinieren.[58] Von Institutionen zu unter-

---

[56] Vgl. beispielsweise Erlei/Leschke/Sauerland (1999), S. 42 ff.; Richter/Furubotn (1999), S. 35.

[57] Vgl. Behrends (2001), S. 97.

[58] Je nachdem, ob Institutionen kodifiziert sind oder nicht und ob eine hierarchische Organisation der Sanktionsgewalt besteht oder nicht, werden informale Institutionen, wie Sitten, Konventionen, Gebräuche und Moralvorstellungen, und formale Institutionen, wie Gesetze, Verträge und Eigentumsrechte, wozu auch sektorspezifische Marktordnungen zählen, unterschieden, vgl. Richter/Furubotn (1999), S. 3; North (1992, engl. Originalausgabe 1990), S. 43 ff.

scheiden sind Organisationen. Sie werden als die "persönliche Seite der Institution"[59] oder als "Institution mitsamt ihren Benutzern"[60] bezeichnet.

Damit erfolgt eine Abgrenzung gegenüber der – institutionenlosen – Neoklassik, die den institutionellen Rahmen als vorgegebene, nicht beeinflußbare Größe betrachtet.[61] Die MIÖ behält zwar grundsätzliche neoklassische Annahmen, wie das Rationalverhalten der Akteure und die Konzentration auf Gleichgewichtsstrukturen, bei. Die hier vereinten Ansätze erweitern jedoch den Anwendungsbereich der neoklassischen Analyse, indem sie sich von deren restriktiven Annahmen lösen. Während die Neoklassik ausschließlich Produktionskosten betrachtet, bezieht die MIÖ in das Modell rational handelnder Individuen zusätzlich **Transaktionskosten** ein. Diese werden durch die Errichtung, Erhaltung und Modifikation von Institutionen verursacht. Die mit der Vertragsgebundenheit von Institutionen verbundenen Probleme werden in Principal agent-Modellen untersucht. Und im Mittelpunkt der Modelle stehen nicht mehr Güter und Faktoren, sondern vielmehr die Rechte an diesen (Property rights).

Die theoretische Basis aller Ansätze bilden der **methodologische Individualismus** und das **Rationalprinzip**: Die Handlungen von Organisationen werden auf das Verhalten ihrer Mitglieder zurückgeführt. Damit erfolgt eine Abkehr von der Sichtweise der Organisation ("der Staat", "das Unternehmen") als nutzen- bzw. profitmaximierendes Gebilde hin zu einer Betrachtung der in diesen Organisationen agierenden Individuen als kleinste Analyseeinheit.[62] Das Verhalten rational handelnder Individuen orientiert sich an ihrer persönlichen Nutzenmaximierung (sog. Eigennutzaxiom). Dabei geht man über das neoklassische idealistische Nutzenmodell des homo oeconomicus hinaus – der sich nicht nur durch uneingeschränkt rationales Verhalten und ein widerspruchfreies Zielsystem auszeichnet, sondern der zudem über vollkommene Informationen verfügt und ohne zeitliche Verzögerung reagiert – und bezieht sich auf ein weiterführendes Nutzenkonzept.

---

[59] Schmoller (1900), S. 61.

[60] Richter/Bindseil (1995), S. 321. Auch in diesem Fall kann zwischen informalen, spontanen Organisationen, wie Marktgemeinschaften, und formalen Organisationen, wie Unternehmen, unterschieden werden.

[61] Der institutionelle Rahmen beeinflußt hier zwar die Ergebnisse des Wirtschaftsprozesses, doch auf welche Weise dies geschieht, wird nicht hinterfragt.

[62] Der Begriff des methodologischen Individualismus geht auf Popper (1992), S. 116, zurück, der hierzu konstatiert, daß "alle sozialen Phänomene, insbesondere das Funktionieren der sozialen Institutionen, immer als das Resultat der Entscheidungen, Handlungen und Einstellungen menschlicher Individuen verstanden werden sollte und daß wir nie mit einer Erklärung auf Grund sogenannter 'Kollektive' (Staaten, Nationen, Rassen usw.) zufrieden sein dürfen", vgl. auch Schumpeter (1908), S. 88 f.

Hier wird ein Mensch betrachtet mit eingeschränkten Fähigkeiten, der im Hinblick auf seinen relativen Vorteil handelt. Dabei werden beispielsweise auch Nutzendimensionen wie Macht, soziales Prestige etc. berücksichtigt.[63] Die Auswahl geeigneter Handlungsalternativen erfolgt unter "rationaler Unwissenheit", d. h. vor dem Hintergrund von Entscheidungsunsicherheit und Nutzen-/Kostenanalysen, die auch Informationskosten und begrenzte Informationsverarbeitungskapazitäten des Individuums berücksichtigen. Demzufolge strebt der Einzelne nun ein Informationsniveau an, das in bezug auf sein individuelles Anpruchsniveau zu befriedigenden Lösungen führt; die begrenzte Rationalität des Handelns tritt an die Stelle der uneingeschränkten Rationalität in der Neoklassik.[64]

Die grundsätzlich auf ökonomischen Verhaltensannahmen basierende MIÖ klammert darüber hinausreichende psychologische Erklärungsansätze weitgehend aus. Diese Vorgehensweise unterliegt zwar von Zeit zu Zeit starker Kritik,[65] aber die Einbeziehung aller möglichen Einflußfaktoren in die Betrachtung würde die Zielerreichung der vorliegenden Arbeit – die Erarbeitung von Mustervoraussagen über das Zustandekommen von Liberalisierungsprozessen im Kontext politökonomischer Modelle – weitgehend einschränken, so daß von diesen Faktoren abstrahiert wird.[66]

2.1.2. Die Neue Institutionenökonomik

Der institutionelle Rahmen ist für die Entscheidungen der am politischen Prozeß beteiligten Akteure von großer Bedeutung. Die NIÖ versucht, die "Wirkung von Institutionen jeglicher Art" im Hinblick auf "wesentliche Verhaltensweisen der Akteure auf Märkten und im politischen Sektor"[67] zu erklären. Zwischen Institutionen und ökonomischen Handlungen besteht eine zweifache Beziehung: Institutionen stellen einerseits die Rahmenbedingungen dieser Handlungen dar, und vice versa beeinflußt ökonomisches Handeln den Wandel von Institutionen. Das Theoriegebäude der NIÖ ist nicht eindeutig abgegrenzt. Es vereint ver-

---

[63] Vgl. Tietzel (1981), S. 219.

[64] Vgl. dazu näher Simon (1957).

[65] Zur Kritik an der Aussagefähigkeit politökonomischer Modelle vgl. Voeth (1996), S. 40; Knieps (1985), S. 78. Mueller (1997), S. 15, führt hierzu aus: "Public choice scholars have sometimes been too quick to adopt simple (naive) behavioral assumptions and too slow to abandon them when confronted with contradictory evidence, tendencies that carry over from economics."

[66] Heinemann (2001), S. 96 ff., beispielsweise versucht, die Status quo-Präferenz von Individuen anhand psychologischer Ansätze zu erklären.

[67] Vgl. Erlei/Leschke/Sauerland (1999), S. VII.

schiedene Ansätze, die die Anreizmechanismen institutioneller Arrangements im Markt sowie im politischen Sektor thematisieren. Gegenstand der Analyse sind in erster Linie Transaktionskosten, Property rights und vertragstheoretische Untersuchungen, wobei insbesondere Principal agent-Ansätze eine wichtige Rolle spielen.

Der Begriff **Transaktionskosten**[68] wurde bereits im Zusammenhang mit den allgemeinen Grundannahmen der MIÖ-Modelle angesprochen. Diese Kosten fallen sowohl bei Markttransaktionen als auch bei unternehmensinterner Koordination an. Markttransaktionskosten äußern sich insbesondere in Form von Such-, Informations- und Verhandlungskosten bei der Vertragsanbahnung sowie Entscheidungskosten beim Abschluß von Verträgen. Hinzu treten Überwachungs- und Durchsetzungskosten bei der Vertragseinlösung.[69] Diese Kosten resultieren aus den grundlegenden Modellannahmen, beispielsweise unvollständigen Informationen und Unsicherheit über die zukünftigen Umweltbedingungen oder opportunistischem Verhalten der Vertragspartner nach Vertragsabschluß. Mit transaktionskostentheoretischen Erkenntnissen erklärt Williamson beispielsweise das bevorzugte Koordinationsverfahren: Mit zunehmender Spezifität und Häufigkeit der Transaktionen werden marktliche Koordinationen durch unternehmensinterne, hierarchische Organisationsformen ersetzt.[70]

Die Existenz von Transaktionskosten bewirkt in der Regel eine Veränderung bestehender Eigentums- und Verfügungsrechte (**Property rights**).[71] Diese umfassen ein Bündel von Nutzungsmöglichkeiten, die mit dem Eigentum an einem Gut verbunden sind und begründen damit erst seinen Nutzen.[72] Die Ausgestaltung der Verfügungsrechte beeinflußt wiederum die Höhe der Transaktionskosten. Dies wird insbesondere bei der Gestaltung dieser Rechte in Unternehmen deutlich. So wirkt sich beispielsweise in staatlichen Unternehmen die Gestaltung der Verfügungsrechte negativ auf die Eigentümerkontrolle und damit die Effizienz dieser Unternehmen aus: Hier können die Eigentümer (die einzelnen Gesellschaftsmitglieder) keine Verfügungsrechte geltend machen. Diese wurden

---

68 Die Bedeutung von Transaktionskosten wurde zuerst von Coase (1960) und (1937) herausgearbeitet. Eine umfassende Analyse erfolgte jedoch erst durch Williamson (1990, engl. Originalausgabe 1985), (1975) und (1973).

69 Siehe dazu näher Richter/Furubotn (1999), S. 50 ff.; Williamson (1990), S. 22 ff., unterscheidet je nach Entstehung der Kosten vor oder nach dem Vertragsabschluß Ex post- und Ex ante-Transaktionskosten.

70 Vgl. Behrends (2001), S. 89 f.; Williamson (1990), S. 77 ff.

71 Diese Ansätze gehen ebenfalls auf Coase (1960) und (1937) zurück und wurden später durch Demsetz (1967) und Alchian (1961) weiterentwickelt.

72 Vgl. Feldmann (1999), S. 54. Property rights beinhalten die Rechte, Ressourcen zu nutzen, ihre Erträge einzubehalten, ihre Form und Substanz zu verändern oder sie zum Teil oder vollständig zu veräußern, vgl. Eger/Nutzinger (1999), S. 25; Mummert (1995), S. 44.

auf die Politiker bzw. die Staatsbürokratie übertragen, die sie zur Verfolgung ihrer eigenen Ziele instrumentalisieren. Aufgrund hoher Kontrollkosten können die Gesellschaftsmitglieder auch in ihrer Eigenschaft als Wähler keine wirksame Kontrolle ausüben.[73] Hier wird deutlich, daß nur die eindeutige Zuweisung von Property rights einen hinreichenden Effizienzdruck bei der Produktion erzeugt.

Die Übertragung von Verfügungsrechten erfolgt in Form von Verträgen. Die damit verbundenen **Vertragsbeziehungen** stellen ein drittes wesentliches Element der NIÖ dar.[74] Sie sind in den meisten Fällen mit einem Vertreterproblem (**Principal agent-Problem**) verbunden. Dieses resultiert daraus, daß in einer arbeitsteiligen Gesellschaft nicht der Eigentümer (Prinzipal) selbst die Property rights wahrnimmt, sondern diese Aufgabe Dritten überträgt (Agent). So werden Unternehmen häufig nicht von den Eigentümern (Aktionären) selbst gelenkt, sondern durch bezahlte Manager bzw. Geschäftsführer. Weitere typische Principal agent-Beziehungen bestehen etwa zwischen Arbeitnehmer und Arbeitgeber, zwischen Steuerzahler und Politiker oder zwischen Finanzierungsagentur (Parlament) und Bürokrat. Probleme resultieren nun insbesondere daraus, daß deren Ziele nicht übereinstimmen, daß der Agent über Informationsvorsprünge gegenüber dem Prinzipal verfügt und daß die Risikoneigung beider Akteure divergiert.[75] Die aus dem Agency-Problem resultierenden Kontrollkosten können nur durch eine optimale Ausgestaltung der vertraglichen Beziehungen zwischen den genannten Akteuren reduziert werden.[76] Hierzu eignen sich etwa eindeutige Zielformulierungen und effizienzsteigernde institutionelle Anreiz- und Kontrollsysteme.

2.1.3. Die Neue Politische Ökonomik

Die Neue Politische Ökonomik[77] wendet das theoretische Grundgerüst der MIÖ auf den politischen Entscheidungsprozeß in einer Konkurrenzdemokratie an.

---

[73] Vgl. Feldmann (1999), S. 118 f.

[74] Der Begriff geht zurück auf Ross (1973), S. 134. Für einen Überblick vgl. Richter/Furubotn (1999), S. 197 ff.

[75] Vgl. Feldmann (1999), S. 132 ff.

[76] Vgl. Behrends (2001), S. 93. Zu den Agency-Kosten vgl. ausführlich Jensen/Meckling (1976), S. 308.

[77] Die Begriffe "Neue Politische Ökonomik", "Ökonomische Theorie der Politik" und (im anglo-amerikanischen Sprachraum) "Public choice" werden in Anlehnung an Behrends (2001), S. 3 f.; Frey (1988), S. 658; u. a. als gleichbedeutend angesehen. Andere Autoren nehmen eine Differenzierung zwischen diesen Begriffen vor, etwa Jäger (1994a), S. 5, dessen begrifflicher Trennung jedoch nicht gefolgt wird.

Dabei erfolgt eine explizite Einbeziehung der Erkenntnisse der NIÖ.[78] Sie vereint verschiedene Ansätze, die von einer Analogie zwischen Markt und demokratischer Politik ausgehen und ökonomische Verhaltensmodelle auf den politischen Bereich übertragen. Dabei werden auch die wechselseitigen Beziehungen zwischen Wirtschaft und Politik betrachtet.

Grundgedanke ist die These, daß sich politische Prozesse über dieselben Prinzipien wie Marktprozesse erklären lassen – das Prinzip der Interaktion und das Wettbewerbsprinzip. Der Wettbewerbscharakter des politischen Systems wurde bereits von Schumpeter hervorgehoben, der Demokratie als "diejenige Ordnung der Institutionen zur Erreichung politischer Entscheidungen, bei welcher Einzelne die Entscheidungsbefugnis vermittels eines Konkurrenzkampfes um die Stimmen des Volkes erwerben"[79], bezeichnet. Analog findet das marktliche Tauschprinzip Anwendung auf politische Märkte – hier werden beispielsweise Wählerstimmen gegen politische Güter (Wahlversprechen, politische Renten) "getauscht".[80]

Im Vordergrund der Analyse stehen die Handlungen von Politikern, regulierenden Behörden und organisierten Interessengruppen. Die grundlegenden Arbeiten stammen von Downs,[81] Niskanen[82] und Williamson[83] sowie von Olson[84]. Alle Modelle berücksichtigen bei der Untersuchung des politischen Prozesses verschiedene Restriktionen, denen die Akteure unterworfen sind. So sind Politiker auf ihre Wiederwahl angewiesen, und der Handlungsspielraum von Bürokraten wird durch die Größe des zur Verfügung stehenden Budgets bestimmt. Als weitere Nebenbedingungen wirken der geltende Rechtsrahmen, der Einfluß anderer Organisationen sowie die Kontrolle durch Medien, die die Öffentlichkeit über eventuelles Fehlverhalten von Politikern und Bürokraten informieren.[85]

---

[78] Die NPÖ integriert neben der NIÖ auch weitere neuere Entwicklungen in der ökonomischen Theorie wie die Constitutional Economics oder die ökonomische Analyse des Rechts, vgl. Schenk/Schmidtchen/Streit/Vanberg (1999), S. V.
[79] Schumpeter (1993, engl. Originalausgabe 1942), S. 428.
[80] Vgl. etwa Groser (1981), S. 121.
[81] Vgl. Downs (1968, engl. Originalausgabe 1957).
[82] Vgl. Niskanen (1974a).
[83] Vgl. Williamson (1975).
[84] Vgl. Olson (1992, engl. Originalausgabe 1965).
[85] In Anlehnung an Perschau (1997), S. 192.

2.1.3.1. Die Ökonomische Theorie der Demokratie

Einer der ersten Entwürfe der NPÖ ist das Demokratiemodell von Downs, der – bezugnehmend auf Schumpeter[86] – das Verhalten von politischen Entscheidungsträgern (Regierung)[87] und deren Beziehungen zu Wählern in den Mittelpunkt seiner Untersuchungen stellt.[88] Politiker streben gemäß dem Eigennutzaxiom nach Einkommen, Prestige und persönlicher Macht.[89] Die Verwirklichung dieser Ziele hängt jedoch von dem von ihnen bekleideten Amt und somit ihrer (Wieder-)Wahl ab, so daß ihr Hauptziel in der Erlangung möglichst vieler Wählerstimmen besteht. Im Downsschen Modell des politischen Wettbewerbs konkurrieren Politiker[90] mit Hilfe ihrer Parteiprogramme um Wählerstimmen.[91]

Eine rational handelnde Regierung wird nun die größtmögliche Stimmenzahl realisieren, indem sie einzelne Wählergruppen begünstigt, die ihr einen möglichst hohen Stimmengewinn versprechen. Im Bereich wirtschaftspolitischer Maßnahmen werden tendenziell Produzenteninteressen gegenüber Konsumenteninteressen bevorzugt.[92] Dies resultiert aus dem unterschiedlichen Informationsgrad der Wählergruppen. Der rationale Wähler wird sich nach Downs bei der Wahlentscheidung vor allem auf die Bereiche konzentrieren, in denen seine Informationskosten gering sind und ihm seine Einflußnahme den größten Nutzen stiftet. Dies seien solche "Bereiche, auf die er sich als Produzent spezialisiert hat, da ihm aus ihnen sein Einkommen zufließt und er von vornherein schon sehr viel über sie weiß",[93] während er in seiner Eigenschaft als Konsument in der Regel "rational ignorant" bleibt.[94]

---

86 Vgl. Schumpeter (1993).

87 Downs (1968), S. 25, klammert parteiinterne Interessenunterschiede aus und behandelt jede Partei – analog dem methodologischen Individualismus – wie eine Einzelperson.

88 Interessengruppen kommt in diesem Modell "nur" eine vermittelnde Stellung zu, vgl. Behrends (2001), S. 31.

89 Vgl. Downs (1968), S. 27.

90 Sie lassen sich – analog zu Unternehmern im Markt – als "politische Unternehmer" charakterisieren. Der Begriff "politischer Unternehmer" wird in der Literatur unterschiedlich ausgelegt, vgl. etwa unten Frohlich/Oppenheimer (1970/71).

91 Vgl. Downs (1968), S. 34.

92 Regierungen neigen auch dazu, Einkommensumverteilungen von hohen zu niedrigen Einkommensgruppen vorzunehmen. Der Stimmengewinn der – zahlenmäßig weitaus größeren – Gruppe von Geringverdienern dürfte die Stimmenverluste der relativ wenigen Gutverdienenden bei weitem übersteigen, vgl. Downs (1968), S. 198.

93 Downs (1968), S. 253.

94 Nach Downs (1968), S. 210, investiert der Wähler solange in die Beschaffung von Informationen, bis der Grenzertrag der Informationen ihren Grenzkosten entspricht. Der Grenznutzen eines durchschnittlichen Wählers, dessen Stimme nur einen infinitesimal geringen Einfluß auf das Wahlergebnis hat, entspricht schon durch die unentgeltliche Informationsbereitstellung durch politische Parteien, die Regierung, Interessengruppen, Massenmedien

Interessengeleitete Politikentscheidungen werden also durch ein typisches Principal agent-Problem zwischen Wählern und Politikern ermöglicht.[95] Die Politiker (Agenten) verfügen aufgrund mangelnder Kontrollmöglichkeiten der Wähler (Prinzipale) bei ihren Entscheidungen über diskretionäre Handlungsspielräume, die sie zur Befriedigung von Gruppeninteressen einsetzen können. Demnach kann es bei unvollkommener Information für Regierungen rational sein, bestimmte gut informierte Wählergruppen zu begünstigen und von deren Stimmenzuwachs zu profitieren, ohne auf die Stimmen der Wählermehrheit verzichten zu müssen.

2.1.3.2. Die Ökonomische Theorie der Bürokratie

Neben den von Downs ausschließlich berücksichtigten Akteuren (Politiker und Wähler) kommt den (Staats-)Bürokraten große Bedeutung im politischen Prozeß zu. Deren Verhaltensweisen gegenüber der Legislative (Parlament)[96] bei der Vorbereitung und der Umsetzung politischer Entscheidungen[97] werden insbesondere von Niskanen und Williamson in der modernen Ökonomischen Theorie der Bürokratie untersucht. Deren Modelle rücken unterschiedliche Aspekte in den Vordergrund:

Niskanen geht davon aus, daß auch Bürokraten persönliche Ziele wie "Gehalt, Nebenbezüge, öffentliches Ansehen, Macht" etc. verfolgen, doch "alle diese Variablen ... sind eine positiv monotone Funktion des Gesamtbudgets des Amtes"[98]. Das zentrale Ziel einer jeden Behörde bestehe somit in der Maximierung

---

etc. den Grenzkosten, so daß er keinen Anreizen unterliegt, darüber hinausgehende Informationen zu beschaffen.

95 Vgl. Moe (1990), S. 213 ff.

96 Demgegenüber existieren auch Erklärungsansätze für das Verhalten von Bürokraten innerhalb der Bürokratie, auf die hier jedoch wegen ihres geringen Erklärungsbeitrages zum Thema nicht näher eingegangen werden soll, vgl. näher dazu etwa Downs (1974, engl. Originalausgabe 1965); Tullock (1965).

97 Sogenannte politische Beamte treffen auch selbst politische Entscheidungen, obwohl sie nicht über Wahlen legitimiert sind. Sie verfügen bei ihrer Tätigkeit über weite Ermessensspielräume und werden nur für einen begrenzten Zeitraum berufen. Dies trifft etwa auf Leitungspositionen in US-amerikanischen Regulierungskommissionen oder die Kommissare in der Europäischen Kommission zu. Aber auch Minister und Staatssekretäre in den Bundes- und Landesministerien der Bundesrepublik Deutschland erfüllen "politische" Aufgaben. Dies unterscheidet sie von "klassischen Beamten", die lediglich ausführende Tätigkeiten ausüben, vgl. hierzu näher Grottian (1974), S. 2 ff.

98 Niskanen (1974b, engl. Originalausgabe 1968), S. 209.

ihres Budgets, wobei die Budgetzuweisung aber vom Parlament bewilligt werden muß.[99]

Das Güterangebot der Behörde wird als unteilbare Einheit gegen ein Gesamtbudget des Parlaments getauscht. Diese Beziehung läßt sich als bilaterales Monopol charakterisieren.[100] Beide Organisationen sind voneinander abhängig: Das Parlament von der Behörde, da nur sie eine gewünschte spezifische Leistung erbringen kann, und umgekehrt die Behörde vom Parlament, da es keine andere Finanzierungsagentur gibt. Die Beziehung ist jedoch durch eine erhebliche Informationsasymmetrie gekennzeichnet, da nur die Behörde allein die Kosten ihrer Gütererstellung genau kennt. Diesen Informationsvorsprung gegenüber dem Parlament nutzen die Bürokraten zur Ausweitung ihres Budgets und ihrer persönlichen Zielverfolgung aus.[101] Daraus resultiert tendenziell eine Überproduktion der Leistungen von öffentlichen Verwaltungen und Ämtern, beispielsweise in Form von Regulierungen.[102]

Niskanens Argumentation läßt sich durch eine institutionenökonomische Betrachtung untermauern: Die Beziehung zwischen Parlament und Regulierungsbehörden beruht auf dem Abschluß unvollständiger Verträge. Somit besteht zwischen den Vertragspartnern ein typisches Principal agent-Problem.[103] Hinzu kommt die Problematik eingeschränkter Verfügungsrechte: Die Politiker wachen in ihrer Eigenschaft als Prinzipale über den Einsatz von Mitteln, die nicht ihr persönliches Eigentum sind. Da sie im Gegensatz zu privaten Anteilseignern nicht in vollem Maße mit den ökonomischen Konsequenzen ihrer Entscheidungen konfrontiert sind, unterliegen sie weniger starken Anreizen zur Kostenkontrolle.[104]

Williamson geht demgegenüber von der Verhaltenshypothese aus, daß Bürokraten ihre diskretionären Spielräume ausschöpfen und auf diese Weise ihren individuellen Nutzen maximieren. Dies wird ihnen durch die mangelnde Kontrolle seitens der Gerichte, der Legislative und der Öffentlichkeit ermöglicht:[105]

---

[99] Vgl. Frey (1988), S. 664. Niskanen (1974a), S. 24, spricht bei der budgetzuweisenden Behörde auch von einer sog. Finanzierungsagentur. Dies kann das Parlament sein, aber auch eine übergeordnete Behörde.

[100] Vgl. Niskanen (1974a), S. 24.

[101] Niskanens Ansatz läßt jegliche Betrachtung von Vertragsbeziehungen, die auf Verfügungsrechten basieren, außer Acht, vgl. Rowley/Elgin (1988), S. 285.

[102] So Niskanen (1974a), S. 36 ff.

[103] Zum daraus resultierenden Kontrollverlust für die Politiker vgl. ausführlich Breton/Wintrobe (1975), S. 199 ff.

[104] Vgl. McCormick/Tollison (1981), S. 6.

[105] Vgl. Williamson (1975) und ders. (1964).

Die Leistungserstellung basiert oft auf unbestimmten Rechtsbegriffen (Daseinsvorsorge etc.), die eine rechtliche Kontrolle erschweren. Wie bereits angeführt ist das Parlament auf die Leistungen der Behörden angewiesen und somit nicht an Konflikten interessiert. Darüber hinaus stellen die Verwaltungsleistungen öffentliche Güter dar, die nicht über Marktpreise bewertet werden. Somit steht kein wirksames Effizienzmaß zur Kontrolle der Behördenleistungen zur Verfügung. Und auch die Öffentlichkeit besitzt oft nicht die notwendigen Informationen zur Beurteilung der Verwaltungsleistungen. Zudem sind Interessengruppen in der Regel ebenso wie Politiker an einer konfliktfreien Beziehung zu "ihrer" Behörde interessiert.

2.1.3.3. Die Ökonomische Theorie der Interessengruppenbildung

Neben Politikern, Wählern und Bürokraten bilden wirtschaftliche Interessengruppen einen weiteren Ansatzpunkt politökonomischer Modelle. Hier geht es um die Frage, wie kollektive Interessen überhaupt organisiert werden können. Olson legte den Grundstein für die Verbandsanalyse.[106] Er erklärt die Entstehung und Stabilität von Verbänden, die die Partikularinteressen ihrer Mitglieder gegenüber Regierung, Parlament, Verwaltung und Öffentlichkeit vertreten, mit der Art der Güter, die sie produzieren.[107] Bei der Vertretung spezifischer Interessen durch Verbände handelt es sich um **Kollektivgüter** (öffentliche Güter), die Nichtmitgliedern nicht vorenthalten werden können. Für letztere besteht damit die Möglichkeit, unentgeltlich an den Verbandsleistungen teilzuhaben (Trittbrettfahrerverhalten, Einnahme einer Free rider-Position).

Die Bereitschaft eines individuell rational handelnden Individuums, einen Beitrag zur Bereitstellung des Kollektivgutes zu leisten – und damit im Sinne kollektiver Rationalität zu handeln –, hängt nach Olson entscheidend von der **Gruppengröße** ab. Mit zunehmender Größe der Gruppe nimmt die Bereitschaft des Einzelnen ab, sich an der Bereitstellung des Kollektivgutes zu beteiligen – und damit die Wahrscheinlichkeit der Gruppenbildung bzw. ihre Fähigkeit, die gemeinsamen Interessen ihrer Mitglieder zu fördern.

---

[106] Vgl. Olson (1992).

[107] Damit verdeutlicht er, daß allein das Vorhandensein gemeinsamer Interessen keine hinreichende Bedingung für die Verbandsbildung darstellt und daß die Chancen zur Gruppenbildung ungleich verteilt sind. Damit wendet er sich gegen Galbraiths Theorie der "Coutervailing power", vgl. Galbraith (1952), und gleichgerichtete Ansätze, die von einer gleich guten Organisationsfähigkeit aller Gruppen ausgehen, was auf ein Machtgleichgewicht zwischen den Gruppen hinausläuft, vgl. dazu etwa Truman (1967); Bentley (1908). Mit Olsons Theorie können auch Verstaatlichungen erklärt werden, wenn Bürokraten und Politiker als Interessengruppen angesehen werden, vgl. Blankart (1990), S. 136.

In **kleinen Gruppen**, "die durch einen beträchtlichen Grad an Ungleichheit gekennzeichnet sind – das heißt in Gruppen mit Mitgliedern unterschiedlicher 'Größe' oder verschieden starkem Interesse am Kollektivgut –"[108] ist die Wahrscheinlichkeit am größten, daß das Kollektivgut bereitgestellt wird. Denn je größer das Interesse irgend eines Mitglieds an der Bereitstellung des Gutes ist, desto größer ist auch sein Anteil am Gesamtnutzen, den das Gut stiftet – und desto wahrscheinlicher wird, daß dieses eine Mitglied für die Bereitstellung sorgt, auch wenn es allein die gesamten Kosten tragen muß. Bei unterschiedlicher Mitgliedergröße besteht auch in kleinen Gruppen die Möglichkeit, die Trittbrettfahrerposition einzunehmen. Das Mitglied mit dem größten Nutzen trägt definitionsgemäß auch den höchsten Kostenanteil an der Bereitstellung des Kollektivgutes. Hier zeigt sich nach Olson eine Tendenz zur "Ausbeutung der Großen durch die Kleinen"[109]. Insgesamt steht in kleinen Gruppen eigennutzorientiertes und zweckrationales Verhalten der Bereitstellung eines Kollektivgutes nicht entgegen.[110]

Dagegen ist bereits bei **mittelgroßen Gruppen** das Ergebnis unbestimmt. Hier ist der Gewinn eines Einzelnen aus der Bereitstellung des Kollektivgutes nicht so groß, daß er sich – bei einer Verweigerungshaltung anderer Gruppenmitglieder – veranlaßt sähe, das Gut trotzdem bereitzustellen. Andererseits bestehen noch spürbare Interdependenzen zwischen den Gruppenmitgliedern, so daß die Free rider-Haltung eines Einzelnen auch Auswirkungen auf die Bereitschaft der anderen hätte, sich an der Kollektivguterstellung zu beteiligen. Über die Kollektivguterstellung in Gruppen dieser Größe lassen sich keine verläßlichen Aussagen treffen, "... aber in keinem Fall kann ein Kollektivgut ohne irgendwelche Gruppenübereinkunft oder -organisation erlangt werden"[111].

In **großen** (nach Olson: latenten) **Gruppen**, die sich durch die weitgehende Abwesenheit von Verhaltensinterdependenzen zwischen den Gruppenmitgliedern auszeichnen, ist der Beitrag eines Einzelnen zur Erreichung des Gruppenziels in jedem Fall gering. Die Verweigerung seines Beitrags zur Verbandsbildung hätte keine Auswirkungen auf das Verhalten der anderen Gruppenmitglieder. In großen Gruppen verhält sich der Einzelne deshalb rational, wenn er sich nicht an den Bereitstellungskosten beteiligt. Da sich alle Gruppenmitglieder so verhalten, resultiert aus dem eigennützig-rationalen Handeln aller Gruppenmitglieder nach Olson die Unfähigkeit latenter Gruppen zur Verbandsbildung.[112] Zur Lösung dieses Dilemmas sind selektive Anreize nötig, die Mitglieder laten-

---

[108] Olson (1992), S. 33.
[109] Olson (1992), S. 27 f.
[110] Vgl. Olson (1992), S. 33 f.
[111] Olson (1992), S. 49.
[112] Vgl. Olson (1992), S. 49.

ter Gruppen zu kollektivem Handeln bewegen.[113] Beim Fehlen dieser Anreize sind diese Gruppen trotz gewichtiger gemeinsamer Interessen nicht in der Lage, sich zu organisieren und ihre Interessen im politischen Prozeß zu vertreten.

2.1.3.4. Die Ökonomische Theorie des politischen Unternehmer/Führers

Trotz der breiten Anerkennung der Dienste Olsons zur Erklärung von Gruppenphänomenen ist seine pessimistische Sichtweise in bezug auf die Organisationsfähigkeit großer Gruppen auf Kritik gestoßen. Hier sei – quasi als Gegenthese zu Olson – auf die Figur des "politischen Unternehmers" und des "politischen Führers" als alternative Koordinationsmechanismen verwiesen.[114] Mit diesen können auch latente Gruppen im politischen Prozeß Berücksichtigung finden. So verweist Wagner in seiner Kritik an Olsons isolierter Betrachtung von Interessengruppen auf die Bedeutung des politischen Entscheidungsprozesses.[115] In Anlehnung an Downs bezieht er den Wettbewerb politischer Parteien um Wählerstimmen in seine Betrachtung ein. Demnach lohne es sich für **politische Unternehmer**, wahlwirksame Wählergruppen zu entdecken und durch entsprechende (wirtschafts-)politische Maßnahmen zu gewinnen.[116] Dadurch finden auch die Interessen latenter Gruppen im politischen Prozeß Berücksichtigung.

Nur wenig später erfuhr Wagners Ansatz eine Erweiterung durch Salisbury[117] sowie Frohlich, Oppenheimer und Young.[118] Als mögliche Koordinationsmechanismen zur Überwindung der Organisationsprobleme verweisen sie auf die Person eines **politischen Führers**, der seine persönlichen Fähigkeiten dazu ein-

---

[113] Vgl. Olson (1992), S. 49 f., der positive und negative selektive Anreize, etwa in Form von zusätzlichen privaten Gütern oder Zwang, unterscheidet.

[114] Olson kommentiert später im Anhang des Wiederabdrucks seiner "Logik des kollektiven Handelns", (1971), S. 176, die Figur des politischen Führers und befürwortet ausdrücklich deren Einführung in seine Theorie: "(T)he incorporation of the concept of entrepreneurship in the provision of collective goods into the model developed in this book does not contradict its logic or invalidate its conclusions, but rather enriches the argument, and makes it a better tool for the study of organization leadership and change".

[115] Vgl. Wagner (1966), S. 165.

[116] Vgl. Wagner (1966), S. 164. Als Beispiele führt Wagner die dynamische Rente und die Lebensmittelgesetzgebung an, obwohl weder Rentner noch Konsumenten über einflußreiche Interessenvertretungen verfügen. Ein aktuelles Beispiel wäre die Umstrukturierung des deutschen BMELF in Ministerium für Verbraucherschutz, Ernährung und Landwirtschaft, dessen Hauptaugenmerk sich seit der BSE-Krise insbesondere auf die große Gruppe der Verbraucher richtet, vgl. näher dazu Kapitel 5.4. in Teil V.

[117] Vgl. Salisbury (1969), S. 1 ff.

[118] Vgl. Frohlich/Oppenheimer (1978) und (1970/71); Frohlich/Oppenheimer/Young (1971).

setzt, gleichgerichtete Interessen zu bündeln.[119] Er erzielt – eigennützig-rational – ein hohes Einkommen und soziale Anerkennung dadurch, daß er potentielle Gruppenmitglieder zum Beitritt und zur Bereitstellung eigener Beiträge anhält.[120] Dadurch werden auch große Gruppen in die Lage versetzt, ihre gemeinsamen Interessen zu vertreten.

Vor allem Stigler, Peltzman und Becker haben die NPÖ-Modelle auf Regulierungs- und Deregulierungsfragen angewendet.[121] Deren Ansätze betrachten vor allem die Konkurrenz von Interessengruppen um politische Begünstigungen. Sie werden im folgenden vorgestellt, um im Anschluß in einer politökonomischen Betrachtung Mustervoraussagen für das Zustandekommen von Deregulierungsprozessen abzuleiten.

2.2. Die Ökonomische Theorie der Regulierung

2.2.1. Der politische Markt für Regulierungen

Der Regulierungsmarkt-Ansatz geht davon aus, daß ein Markt für ordnungspolitische Ausnahmeregelungen besteht.[122] Stiglers empirischen Beobachtungen zufolge bieten staatliche Entscheidungsträger[123] auf Initiative von rentensuchenden

---

[119] Salisbury (1969), S. 11 f., unterscheidet erstmals konsistent zwischen dem "entrepreneur" und den übrigen Gruppenmitgliedern. Frohlich/Oppenheimer (1970/71), S. 114 ff., führen als mögliche Koordinationsmechanismen auch Tradition und Kulturmuster in Verbindung mit ethischen Prinzipien an, die im Gegensatz zum politischen Führer aber nur temporär Anwendung finden.

[120] Vgl. Frohlich/Oppenheimer (1970/71), S. 119. Sie lehnen sich damit an den Downs'schen Stimmenmaximierer an. Damit erfolgt keine Abgrenzung zwischen der Figur des "politischen Unternehmers" in Sinne von Downs und dem "politischen Führer" als Begründer und Führer einer Kollektivgutorganisation.

[121] Für einen Überblick vgl. Romer/Rosenthal (1987). Die Autoren gehen im allgemeinen von der US-amerikanischen Regulierungspraxis aus. Zur Unterscheidung gegenüber dem deutschen System vgl. Sobania (2000), S. 9 f., siehe auch Steunenberg (1996) und (1994).

[122] Vgl. Stigler (1971), S. 3 ff. Stigler u. a. orientieren sich an dem sehr weit gefaßten Regulierungsbegriff von Posner (1974), S. 335, demzufolge Regulierung "taxes and subsidies of all sorts as well as ... explicit legislative and administrative controls over rates, entry, and other facets of economic activity" beinhaltet. Somit sind die folgenden Aussagen sowohl auf staatliche Regulierungen als auch auf kartellrechtliche Branchenfreistellungen übertragbar. Zur Kritik an diesem Ansatz vgl. etwa Müller/Vogelsang (1979), S. 113.

[123] Dabei erfolgt keine Differenzierung zwischen legislativem und administrativem Bereich. Dennoch ist davon auszugehen, daß sich der Begriff "Politiker" lediglich auf die Legislative (hier Kongreßmitglieder) bezieht, vgl. Romer/Rosenthal (1987), S. 78.

Produzentengruppen ordnungspolitische Sonderregelungen an.[124] Diese sind aufgrund von Organisationsproblemen oft nicht in der Lage, private Wettbewerbsbeschränkungen in Form von Kartellen durchzusetzen, und fragen deshalb staatliche Wettbewerbsbeschränkungen (sog. Cartel policies) nach.[125] Diese werden aufgrund ihrer geringeren Merklichkeit als effizienterer Weg zur Erzielung politischer Renten angesehen als direkte Beihilfen. Auf der Angebotsseite stehen politische Parteien, die ordnungspolitische Sonderregelungen zugunsten derjenigen Interessengruppen schaffen, die viele Wählerstimmen bzw. Geldmittel zum Erwerb von Wählerstimmen mobilisieren können.[126]

Die Kritik an Stiglers Ansatz bezieht sich vor allem auf die Einseitigkeit seiner Betrachtung. Er erklärt nicht, warum wirtschaftspolitische Sonderregelungen gerade Produzenteninteressen begünstigen, ohne daß benachteiligte Gruppen dagegen opponieren. Peltzman generalisiert Stiglers einfachen Regulierungsansatz, indem er Implikationen der Downsschen Demokratietheorie und Olsons Interessengruppenmodell in seine Analyse einbezieht.[127]

Eigennutzorientierte Politiker richten demnach von sich aus Umverteilungsangebote an verschiedene Wählergruppen. In Anlehnung an Downs verweist Peltzman auf die Bedeutung von Informationskosten[128] und, bezugnehmend auf Olson, auf die geringeren Organisationskosten kleiner, homogener Gruppen. Damit unterliegen Produzenteninteressen zum einen stärkeren Anreizen, Regulierungen nachzufragen, und zum anderen verfügen sie über bessere Möglichkeiten, politische Unterstützung auszuüben. Große Gruppen mit heterogenen Interessen, beispielsweise Konsumenten und Steuerzahler, neigen aufgrund hoher Organisations- und Informationskosten zu politischer Ineffizienz. Demnach maximieren Politiker ihre Wählerstimmen, indem sie Regulierungen zugunsten

---

124 Stiglers (1971), S. 3, zentrale These lautet, daß "as a rule, regulation is aquired by the industry and is designed and operated primarily for its benefit".

125 Vgl. Stigler (1971), S. 6.

126 Vgl. Stigler (1971), S. 12.

127 Vgl. zum folgenden Peltzman (1976). Kritik an Peltzmans Ansatz übt etwa Weingast (1981), S. 149.

128 Die meisten Wähler sind über berufliche Belange besser informiert als in Konsumentenfragen. Hinzu kommt, daß einzelne Wähler die Kosten ordnungspolitischer Ausnahmeregelungen um so weniger wahrnehmen, je breiter sie gestreut sind. Bernstein (1966, engl. Originalausgabe 1955), S. 254, spricht in diesem Zusammenhang von einer "concentrated-benefits – diffuse-costs story". Folgt man der Theorie der Rational ignorance von Downs, werden Verbraucher und Steuerzahler es selten als lohnend erachten, sich als Gegenkraft zu Regulierungen zu organisieren, vgl. Peltzman (1976), S. 212.

kleiner, homogener Produzentengruppen einführen, und große, heterogenen Gruppen bei der "Versorgung" mit Regulierungen benachteiligen.[129]

2.2.2. Das Verhalten der Regulierungsbürokratie

Im Vordergrund der Ansätze von Stigler und Peltzman steht der politische Prozeß der Regulierung. Sie vernachlässigen weitgehend die regulierenden Organisationen. Diese sind für die Durchführung von Regulierungen zuständig, was sie zu einem Teil der Interessenkoalition werden läßt. Die Bürokraten in den regulierenden Behörden weisen gemäß Niskanens Budgetmaximierungstheorie ein starkes Eigeninteresse am Fortbestand sowie an einer Ausweitung branchenspezifischer Sonderregelungen auf.

Diese Hypothese führt zu einem weiteren Erklärungsansatz für das Verhalten der Regulierer: Die sog. Capture-Theorie[130] besagt, "daß jede regulierende Behörde früher oder später von der zu beaufsichtigenden Industrie eingefangen wird, ihre speziellen Interessen zu vertreten"[131]. Weiterführende Ansätze von Hilton, Russel und Shelton betonen die Präferenzen der Bürokraten für ein "Quiet life", d. h. eine Konfliktminimierung im Umgang mit den regulierten Unternehmen. Davon versprechen sie sich Karrierechancen in den Unternehmen für die Zeit nach ihrer Regulierungstätigkeit.[132]

Zusammenfassend lassen sich Interessenübereinstimmungen zwischen regulierten Unternehmen, Regulierungsbehörden und Politikern diagnostizieren. Diese "Regulierungsallianz" wirkt als Bestandsschutz für ordnungspolitische Ausnahmeregelungen zugunsten einzelner Produzentengruppen. Die begünstigten

---

[129] Vgl. Peltzman (1976), S. 214. Oftmals ist auch die Allgemeinheit eher an einer sicheren Versorgung und damit am Bestandsschutz als an einer Beseitigung ordnungspolitischer Ausnahmeregelungen interessiert, etwa wenn im Konkursfall die Versorgung gefährdet erscheint und noch höhere Preise drohen, vgl. Eickhof (1997), S. 566. Insbesondere das Argument der Versorgungssicherheit kann einen gewissen Lobbyismus der Verbraucher für ordnungspolitische Ausnahmeregelungen hervorrufen, selbst wenn letztere weit über das erforderliche Maß hinausgehen, vgl. Müller/Vogelsang (1979), S. 114.

[130] Vgl. Bernstein (1966), S. 83, vgl. auch Mitnick (1980), S. 45 ff., zur Kritik an diesem Modell.

[131] Kaufer (1981), S. 150. So auch Stigler (1971) in Anwendung auf die US-amerikanischen Regulierungskommissionen.

[132] Vgl. etwa Hilton (1972), dessen Modell von Russel/Shelton (1974) aufgegriffen und erweitert wurde. Siehe hierzu auch Joskow/Noll (1983). Die Ansätze beziehen sich jedoch insbesondere auf die US-amerikanischen Regulierungskommissionen und sind aufgrund unterschiedlicher Regulierungssysteme nur eingeschränkt auf andere Länder übertragbar. So sind deutsche Bürokraten zu einem großen Teil bis zu ihrem Ruhestand im Amt.

Gruppen erzielen ein höheres Einkommen durch die Generierung politischer Renten anstelle von Marktleistungen. Dem steht keine ausgeprägte Opposition der Kostenträger gegenüber.

2.2.3. Gesamtwirtschaftliche Effekte

Das Streben von Wirtschaftsgruppen nach politischen Renten als generelles Phänomen wird in Anlehnung an Krueger auch als Rent seeking bezeichnet.[133] Tullock untersucht die Bestimmungsgründe dafür, daß oftmals anstelle der Erzielung von Markteinkommen (Profit seeking) rentensuchendes Verhalten (Rent seeking) tritt. Zentrale Bestimmungsfaktoren für das Rent seeking von Produzenten sind die Kosten des Rentensuchens einerseits (Informations-, Organisations-, Beeinflussungskosten) und andererseits der dadurch erzielbare Gewinn (zusätzliche Erlöse durch die staatliche Regulierung). Eigennützig-rational handelnde Individuen versuchen nun solange, politische Renten zu erzielen, bis der Grenzertrag des Rent seeking dem des Profit seeking entspricht.[134] Mit der Zeit werden jedoch auch die benachteiligten Gruppen versuchen, politische Renten zu erhalten, so daß sich die Gesellschaft zu einer "Rent seeking-Society" entwickelt.[135] Dieser politische Prozeß führt zu ineffizienten Lösungen, die sich im Laufe der Zeit verstärken.

Als Konsequenz nimmt nach Olson die vorhandene Regulierungsdichte in einer Volkswirtschaft im Laufe der Zeit zu.[136] Die Summe der Investitionen in Rent seeking-Aktivitäten steigt ebenfalls an. Die in Rent seeking investierten Mittel und die daraus resultierenden Umverteilungen gehen dem wirtschaftlichen Prozeß verloren. Je länger ein Land stabil ist, desto stärker zeigen sich die negativen

---

[133] Vgl. Krueger (1974), S. 291. Der Begriff des Rent seeking bezieht sich auf alle Lebensbereiche, in denen Individuen nach politischen Renten streben – nicht allein auf wirtschaftspolitische Entscheidungen.

[134] Vgl. Tullock (1967), S. 227 ff.

[135] Siehe dazu den Überblick bei Buchanan/Tollison/Tullock (1982); Tollison (1982).

[136] Vgl. Olson (1991, engl. Originalausgabe 1982), der sich wiederum nur auf den wirtschaftspolitischen Bereich bezieht. Er bezieht den Faktor Zeit explizit in sein Modell des kollektiven Handelns ein. Ausgangspunkt seiner Betrachtung ist ein Land mit unveränderten Grenzen, das kontinuierlich gesellschaftlich stabil ist. In diesem Land bilden sich im Laufe der Zeit Interessengruppen. Dabei können sich kleine Gruppen relativ schnell konstituieren. Große Gruppen brauchen in der Regel sehr lange, um eine stabile Organisation aufzubauen. Sind die Verbände erst einmal gegründet, bleiben sie bestehen, bis sich irgendeine Form von sozialer Instabilität einstellt, beispielsweise in Form eines Aufruhrs, Krieges oder einer hoheitlichen Integration. In dem betrachteten – stabilen – Modelland kommt es somit allmählich zu einer zunehmenden Zahl von Interessenverbänden, vgl. Olson (1991), S. 46 ff.

Auswirkungen dieser Entwicklung, insbesondere in Form von verringerten gesamtwirtschaftlichen Wachstumsraten. Aber auch das politische Leben wird in wachsendem Ausmaß durch Sonderinteressen beeinflußt. Die Beachtung einer zunehmenden Zahl an Vereinbarungen zwischen Interessengruppen und Politikern kann in der Unmöglichkeit münden, politische Entscheidungen zu treffen. Olson nennt diese Erscheinungen Versteinerung und Sklerose.[137]

Erschüttern dagegen Instabilitäten die Modellgesellschaft, verändern sich die politischen Strukturen. Interessenverbände müssen sich umorganisieren und verlieren an Einfluß oder werden ganz aufgelöst. Olson nennt als Beispiel für Instabilitäten eine hoheitliche Integration, etwa die Gründung des Zollvereins und später des Deutschen Reiches, die Errichtung der Vereinigten Staaten von Amerika oder die Gründung der Europäischen Wirtschaftsgemeinschaft. Diese bewirkten Unterbrechungen des Prozesses sich kumulierender gesamtwirtschaftlicher Ineffizienzen.[138] Olsons dynamisches Totalmodell läßt sich somit auch zur Erklärung von Deregulierungen heranziehen: Vor allem in den Phasen nach diesen "Brüchen" sind die Voraussetzungen für gesamtwirtschaftlich vorteilhafte Deregulierungen günstig. Dann können politische Unternehmer bestehende Rentenpositionen abbauen, wogegen sich die – vorübergehend – geschwächten Rentensucher nur eingeschränkt zur Wehr setzen können.

Den Implikationen der positiven Regulierungstheorie zufolge wären die seit den siebziger Jahren weltweit zu beobachtenden Deregulierungsprozesse insgesamt jedoch nicht vorstellbar. Die Kostenträger – große, heterogen zusammengesetzte Gruppen – sind nicht als Gegenkraft organisierbar. Und selbst politisch durchsetzungsfähige Produzenteninteressen sind nicht als Liberalisierungsbefürworter aufgetreten, wie empirische Beobachtungen belegen. Man muß also nach weiteren Ansätzen suchen, die nun vice versa das Zustandekommen gesamtwirtschaftlich effizienter Lösungen – Deregulierungen – erklären können.

2.3. Positive Analyse von Deregulierungen

Zunächst werden Erklärungsansätze vorgestellt, die versuchen, anhand derselben Modelle der NPÖ, die bereits zur Erklärung von Regulierungen herangezogen wurden, nun zu erklären, wann es demgegenüber zu Deregulierungen kommt. So muß Rent seeking nicht zwangsläufig zu einer beschäftigungs- und

---

[137] Vgl. Olson (1991), S. 61, 102 ff. Vgl. dazu auch die Ausführungen bei Habermann (2000), S. 103.

[138] Vgl. Olson (1991), S. 158 ff.

entwicklungshemmenden Verkrustung beitragen.[139] Becker vertritt hier eine grundsätzlich positivere Sichtweise. Auch nach Peltzman eignet sich die positive Theorie grundsätzlich zur Erklärung von Deregulierungsprozessen.

2.3.1. Beckers Modell des Interessengruppenwettbewerbs

Becker betrachtet in einem formalen politischen Gleichgewichtsmodell das Verhalten von Interessengruppen (Pressure groups) im Wettbewerb um Wohlfahrtstransfers.[140] Der von den Gruppen ausgeübte politische Druck[141] bestimmt die Gleichgewichtsstruktur ihrer Begünstigungen und Belastungen, zu denen neben Subventionen und Steuern auch Regulierungen zählen.[142] Die Aufgabe der Politiker besteht darin, Begünstigungen und Belastungen gemäß dem politischen Einfluß der Interessengruppen zu verteilen unter der Nebenbedingung, daß ihre Wiederwahl von der Höhe der für Umverteilungen zur Verfügung stehenden Mittel abhängt.[143]

Der Redistributionsprozeß ist in engem Zusammenhang mit Nettowohlfahrtseinbußen zu sehen. Diese wirken als natürliches Hemmnis für ineffiziente Regulierungen. Ein wachsendes Ausmaß an Umverteilungen zugunsten rentensuchender Interessengruppen und damit steigende Nettowohlfahrtseinbußen führen zwangsläufig zu abnehmenden Zuwachsraten der Renten sowie zu einer stark zunehmenden Belastung der Finanzierer der Umverteilung. Letztere verstärken ihren politischen Druck[144] und bewirken schließlich effizienzsteigernde Maßnahmen, so daß lediglich in solchen Bereichen Ausnahmeregelungen bestehen bleiben, in denen Markt- und Wettbewerbsversagen tatsächlich zu Ineffizienzen führen.[145] Damit wird der Wettbewerb von Interessengruppen um politische Renten – analog zum marktlichen Wettbewerbsprozeß – zum Entde-

---

[139] Dieser Mechanismus wird auch als pathologisches Lernen bezeichnet, vgl. Donges/Freytag (2001), S. 218.

[140] Zum folgenden vgl. Becker (1985), (1983).

[141] Darunter versteht Becker (1983), S. 372, alle Maßnahmen, die die Stimmenzahl der Regierungsparteien bei den nächsten Wahlen beeinflussen.

[142] Becker unterstellt, "that regulations, taxes and subsidies are near perfect substitutes", Rowley (1992), S. 82.

[143] Darüber hinaus übt der "Akteur" Staat selbst keinerlei Einfluß aus, er ist nur eine Umverteilungsinstanz. Das Eigeninteresse von Politikern und Bürokraten findet in Beckers Modell demnach keine Berücksichtigung, vgl. Folkers (1998), S. 190, deutlicher Freytag (1998), S. 233.

[144] Wobei Becker (1983), S. 377, bezugnehmend auf Olson (1992), auf die bessere Organisationsfähigkeit kleiner Gruppen hinweist.

[145] Vgl. Becker (1985), S. 334 ff.

ckungsverfahren für effiziente Politiken.[146] Effizienzsteigernde institutionelle Reformen treten etwa in Form von Deregulierungen auf.[147]

Bezüglich der Konsequenzen von Rent seeking vertritt Becker somit eine erheblich positivere Sichtweise als Olson, Stigler, Tullock, Buchanan u. a. Er geht mit seiner Darstellung der Interaktion von Interessengruppen über die Analyse von Olson hinaus, der lediglich eine isolierte Betrachtung einzelner Interessengruppen vornimmt, die in der dargelegten pessimistischen Beurteilung mündet. Zwar stimmt er mit Olson dahingehend überein, daß kleinere Gruppen aufgrund der geringeren Organisationskosten ihre Interessen im politischen Prozeß besser durchsetzen können. Aber auch große Gruppen haben nun die Möglichkeit, politischen Druck auszuüben. Trotz hoher Organisationskosten erlangen letztere politisches Gewicht, wenn beispielsweise politische Führer viele Individuen für ihre Belange gewinnen können, etwa indem diese von den langfristigen Vorteilen der Interessenvertretung überzeugt oder auf die negativen Folgen des Rent seekings kleiner Gruppen hingewiesen werden.[148]

Voraussetzung für die Handlungen der Interessengruppen in Beckers Modell ist jedoch, daß sie das sich verändernde Muster der Dead weight losses vollständig antizipieren.[149] In der Realität haben die belasteten Gruppen zwar Informationen über Subventionen und Steuern, aber kaum eine Vorstellung über die Kosten und Erträge von ordnungspolitischen Ausnahmeregelungen.[150] Abgesehen von Informationsproblemen müssen die kumulierten Nettowohlfahrtseinbußen einen handlungsrelevanten Schwellenwert erreichen. Zudem wird sich erst dann eine stimmenwirksame "Gegenmacht" bilden, wenn die aus der Umverteilung resultierenden Nettowohlfahrtseinbußen als ineffizient identifiziert und effizientere Maßnahmen als politische Handlungsalternativen "entdeckt" werden. Die aus-

---

[146] So auch Folkers (1998), S. 190.

[147] Becker selbst (1985), S. 339 ff., verweist jedoch mit Blick auf die Deregulierungsbestrebungen in den westlichen Industriestaaten, darauf, daß sich die dazu notwendige "Gegenmacht" oft erst über einen längeren Zeitraum hinweg aufbaut.

[148] Siehe hierzu näher Erlei/Leschke/Sauerland (1999), S. 360. Döring (1998), S. 229, kritisiert, daß es Becker mit diesem Verweis gelingt, sein Modell gegen empirische Kritik zu immunisieren, da so auch ineffiziente Ergebnisse des politischen Wettbewerbs erklärt werden können.

[149] Vgl. Ellig (1991), S. 267. Zur Kritik an Beckers Modell siehe ausführlich Folkers (1998) sowie die Kommentare von Döring und Freytag im selben Band.

[150] Crew/Rowley (1988) und Posner (1971) weisen darauf hin, daß politische Entscheidungsträger oftmals Regulierungen anstelle von direkten Steuern einsetzen, weil die dadurch entstehenden Kosten für die Steuerzahler schwerer durchschaubar sind. Dem entspricht inhaltlich die Untersuchung von Buchanan/Wagner (1977) in bezug auf eine Finanzierung von Umverteilungen über staatliche Schuldenaufnahme anstelle von direkter Besteuerung. Siehe dazu auch Bernholz/Breyer (1994), S. 181.

schließlich komparativ-statische Analyse Beckers bedarf demnach einer Ergänzung um dynamische Elemente.[151]

2.3.2. Peltzmans erweiterter Deregulierungsansatz

Peltzman versucht, mit Hilfe einer Weiterentwicklung seiner positiven Regulierungstheorie Deregulierungen zu erklären.[152] Er führt "changes in the 'politics' and changes in the 'economics' of the regulated industries"[153] als Ursachen für schwindende Vorteile rentengenerierender Ausnahmeregelungen an. Wenn die Kosten des Rent seeking die Erträge aus den politischen Renten übersteigen, lohnt es sich für rentensuchende Interessengruppen nicht mehr, Regulierungen nachzufragen.

Veränderungen des politischen Einflusses ('politics') werden durch Verschiebungen im relativen Kräfteverhältnis konkurrierender Gruppen, etwa infolge verbesserter Organisations- und Informationsmöglichkeiten einzelner Gruppen, hervorgerufen. So kann beispielsweise eine bessere Information der Konsumenten durch die Medien dazu führen,[154] daß diese latente Interessengruppe für politische Unternehmer interessant wird und ihre Interessen stärkere politische Berücksichtigung finden. Dies impliziert höhere Kosten für bisher begünstigte Produzentengruppen bei der Ausübung politischen Drucks, so daß deren Renten schrumpfen, und sie nicht mehr über genügend Anreize verfügen, politische Renten nachzufragen.

Peltzmans Augenmerk richtet sich jedoch hauptsächlich auf Veränderungen der Marktbedingungen ('economics'). Kommt es etwa in einer Branche mit staatlich regulierten Preisen zu enormen Kostensteigerungen, so schmelzen die Renten der Produzenten. Verfügen diese nicht mehr über genügend Kapital für effektiven und permanenten politischen Einfluß, werden sich Politiker nach anderen Alternativen zur Erlangung von Wählerstimmen umsehen. Als alternative Strategie bieten sich auch Deregulierungen an.[155]

---

[151] So auch Döring (1998), S. 228.
[152] Vgl. zum folgenden Peltzman (1989), S. 1 ff.
[153] Peltzman (1989), S. 19.
[154] Zur Rolle der Medien bei der Beeinflussung von wirtschaftspolitischen Entscheidungen siehe Wentzel (1998), S. 731 ff.
[155] Noll (1989a), S. 1260, betont, daß politische Entscheidungen zugunsten von Deregulierungen erfolgen, wenn die Kosten der Beibehaltung einer Regulierung die Summe der Transaktionskosten der Abschaffung und der Kosten des übriggebliebenen Marktversagens übersteigen.

Peltzman überprüft die Validität seiner Ausgangsthese anhand von Branchenstudien in verschiedenen deregulierten Bereichen in den USA.[156] Seine These, daß die Erosion von Renten zu Deregulierungen führt, trifft in einigen der deregulierten Bereiche zu, jedoch nicht in allen. Die Erfahrungen im US-amerikanischen Bahnbereich,[157] im Flugverkehr, im Wertpapierhandel und im Bankenbereich stützen seine Theorie. Zur Erklärung der Deregulierungen des Telefonferngesprächsbereichs und im Straßengüterverkehr läßt sich sein Modell jedoch nicht heranziehen. In beiden Bereichen kam es zu Deregulierungen, ohne daß dem eine Erosion der Renten vorangegangen wäre. Das Modell erklärt zwar, daß bestehende Regulierungen hinfällig werden, wenn sie den Begünstigten keine Vorteile mehr bringen. Es liefert jedoch keine Erklärung dafür, in welchen Fällen es zu Deregulierungen kommt und wann statt dessen weitere Regulierungen ausgelöst werden.[158]

2.3.3. Zwischenfazit

Die Weiterentwicklungen des Regulierungsmarkt-Ansatzes von Becker und Peltzman eignen sich somit nur bedingt zur Erklärung von Deregulierungen. Beckers endogener Erklärungsansatz zeigt zwar, wie es zu Verschiebungen im politischen Kräfteverhältnis kommt, er macht jedoch keine Aussagen über den Zeitpunkt, zu dem Deregulierungen tatsächlich ausgelöst werden. Und auch Peltzmans Modell läßt keine Mustervorhersagen darüber zu, wann Deregulierungen nun wirklich zustande kommen.[159]

Die Kritik an der bisherigen komparativ-statischen Analyse verdeutlicht, daß weitere – insbesondere externe – Faktoren explizit in die Betrachtung von Deregulierungsprozessen einbezogen werden müssen. Im nächsten Kapitel erfolgt der Versuch einer Systematisierung von Faktoren, deren Vorhandensein zu Veränderungen im politischen Kräfteverhältnis führt, so daß Deregulierungen tatsächlich ausgelöst werden. Die folgenden Ausführungen konzentrieren sich gemäß den Modellen der NPÖ insbesondere auf Nutzen-Kosten-Kalküle als handlungsbestimmende Determinanten. Aber auch die institutionellen Anreizsysteme, d. h. die Aussagen der NIÖ-Modelle zur Transaktionskosten-, Property rights- und Principal agent-Problematik, fließen in die Betrachtung ein.

---

[156] Vgl. ausführlich Peltzman (1989), S. 21 ff.

[157] Levine (1989), S. 42 ff., und Noll (1989b), S. 48 ff., halten Peltzmans empirische Überprüfungen zum Teil nicht für überzeugend. So fuhren die Bahngesellschaften lange Zeit Verluste ein bevor Deregulierungen ausgelöst wurden.

[158] So Peltzman (1989), S. 41, selbst zu seinem Modell.

[159] Zudem werden politische Entscheidungsträger und Regulierungsbehörden in den Modellen weitgehend vernachlässigt, so auch McCormick/Tollison (1981), S. 9.

2.4. Ein weiterführender Erklärungsansatz

2.4.1. Grundthese der Arbeit

Im Laufe der Zeit wurde deutlich, daß oft weniger die Märkte, für die Sonderregelungen eingeführt wurden, versagten, sondern vielmehr das inflexible Regulierungssystem selbst. Die hierdurch hervorgerufenen Ineffizienzen nehmen vielfältige Ausprägungen an: So verzögern sektorspezifische Begünstigungen einzelwirtschaftlich die Anpassung unternehmerischer Aktionsparameter an gesamtwirtschaftliche Datenänderungen, der technische Fortschritt wird gehemmt, und die mit den ordnungspolitischen Ausnahmeregelungen verbundenen Transaktionskosten beeinträchtigen die Produktivität und die Qualität der Angebotspalette. Für die Konsumenten resultieren daraus Einschränkungen in ihrer Auswahlfreiheit, und es kann zu spürbar überhöhten Verbraucherpreisen kommen. Ferner behindern markt- und wettbewerbswidrige Regulierungen die Such- und Entdeckungsfunktion freier Wettbewerbsprozesse und führen somit auch gesamtwirtschaftlich zu Ineffizienzen, insbesondere in Form von Wachstumseinbußen.

Staatliche Eingriffe in den Markt-Wettbewerbs-Prozeß erfolgen in der Regel mit der Begründung, Ineffizienzen aufgrund eines behaupteten Markt- und/oder Wettbewerbsversagens zu verringern bzw. zu beseitigen. Die normative Analyse zeigt jedoch, daß es nur sehr wenige Fälle gibt, in denen ein solches tatsächlich vorliegt. Statt dessen werden – wie die positive Analyse gezeigt hat – ordnungspolitische Sonderregelungen oft von wählerstimmenmaximierenden Politikern zur Verfolgung individueller Ziele in Bereichen eingesetzt, in denen kein Markt- bzw. Wettbewerbsversagen – und somit keine überzeugende ökonomische Regulierungsbegründung – vorliegt.

Diese ungerechtfertigten wirtschaftspolitischen Eingriffe führen – im Gegenteil – erst zu Markt- oder Wettbewerbsversagen, mit deren Vorhandensein dann wiederum staatlicher Handlungsbedarf legitimiert wird. Damit einher gehen gesamtwirtschaftliche Ineffizienzen, die nicht auf ein Markt- oder Wettbewerbsversagen zurückzuführen sind, sondern auf ein sog. Staatsversagen. Überall dort, wo die normative Regulierungstheorie keine überzeugenden Regulierungsgründe für ordnungspolitische Ausnahmeregelungen aufzuzeigen vermag, bestehen nun Deregulierungspotentiale.[160] Die daraus resultierenden Ineffizienzen sind

---

[160] So auch Soltwedel et al. (1986), S. 17. Demgegenüber kann Staatsversagen in einem weiteren Sinne verstanden werden "als das institutionell und instrumentell bedingte Verfehlen staatlicher Wirtschaftspolitik, vorgegebene Ziele zu erreichen, und zwar unabhängig davon, ob und inwieweit diese durch das sog. Marktversagen verursacht wurden oder nicht", Schmitt (1985), S. 10.

unter normativen Gesichtspunkten eine **notwendige Voraussetzung** für Deregulierungen.

Doch allein das Vorhandensein von Ineffizienzen führt noch nicht zu Deregulierungen. Wäre dies der Fall, hätten sie in vielen Fällen schon bedeutend früher erfolgen müssen. Im folgenden wird davon ausgegangen, daß Deregulierungen zusätzlich eines bzw. mehrerer auslösender Momente im Sinne einer **hinreichenden Bedingung** bedürfen. Deregulierungsprozesse werden in aller Regel durch externe Faktoren ausgelöst bzw. begünstigt, beispielsweise wenn technologische Fortschritte marktlich-ökonomische Veränderungen herbeiführen, die das politische Kräfteverhältnis beeinflussen, und/oder wenn übergeordnete politische Entscheidungen den Status quo verändern. Damit werden veränderte Umwelt- bzw. Rahmenbedingungen explizit in die Analyse integriert.

Diese Faktoren bilden ein breites Spektrum. So zeigen die Beispiele Neuseeland und Großbritannien, daß ordnungspolitische Reformen erst in Verbindung mit einer ausgeprägten Finanzkrise der öffentlichen Hand realisierbar waren[161] – jedoch nicht in der langanhaltenden, bereits durch zahlreiche Ineffizienzen geprägten Periode zuvor. Und auch die US-amerikanischen Eisenbahnen wurden trotz jahrzehntelanger Ineffizienzen erst dereguliert, als in den späten siebziger Jahren mehrere Eisenbahngesellschaften Bankrott anmelden mußten.[162] Im Energiesektor der Vereinigten Staaten kam es infolge neuer Kraftwerkstechnologien und der Ölpreiskrisen zu Liberalisierungen,[163] und im Luftverkehr und im Telekommunikationsbereich wurden Reformen ebenso durch technologischen Fortschritt in Gang gesetzt.[164]

Beim Auftreten dieser Faktoren wird der Anpassungsbedarf akut; der politische Status quo kann nicht mehr aufrechterhalten werden. Die Auswirkungen der genannten externen Faktoren auf Liberalisierungsprozesse können mit Hilfe der vorgestellten positiven Ansätze analysiert werden. Denen zufolge maximieren rational handelnde Wirtschaftssubjekte ihren Eigennutz unter Nebenbedingungen. Die folgende Betrachtung widmet sich vor allem diesen Restriktionen, d. h. dem Einfluß Umwelt- und institutionellen Rahmenbedingungen auf Liberalisierungsprozesse.

---

[161] Vgl. näher Knorr (1997), S. 15 f.
[162] Vgl. Keeler (1984), S. 110.
[163] Vgl. dazu ausführlich White (1996), S. 201 ff.
[164] Vgl. ausführlich statt vieler Knieps (1988), S. 259 ff.; Müller (1988), S. 305 ff.

2.4.2. Determinanten von Deregulierungsprozessen

In den folgenden Abschnitten werden einzelne externe Auslöser vorgestellt. Im Vordergrund der Betrachtung stehen der technologische Fortschritt, der zunehmende Druck der Globalisierung, internationale Handelsabkommen und der europäische Integrationsprozeß. Diese Faktoren stehen in der Regel in enger Interdependenz bzw. bedingen sich gegenseitig, so daß die Grenzen zwischen diesen Determinanten fließend verlaufen. Sie beeinflussen sowohl den institutionellen Rahmen und somit indirekt, aber auch direkt das Verhalten der am politischen Prozeß beteiligten Akteure und führen unter den oben genannten Voraussetzungen – einzeln oder in Kombination – zu Liberalisierungsprozessen. Die untenstehende Abbildung gibt einen Überblick über die im folgenden zu erläuternden Faktoren.

Abb. II.2: Deregulierungsdeterminanten

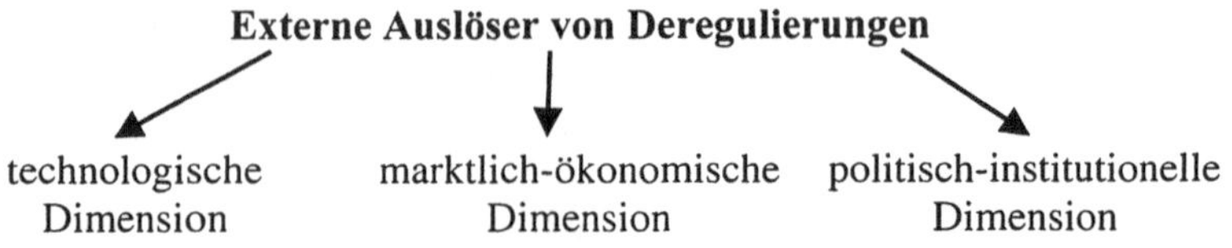

2.4.2.1. Die technologische Dimension

Neue Technologien sind häufig Auslöser für wirtschaftspolitische Reformen. Sie ermöglichen Wettbewerb vor allem in Wirtschaftsbereichen, die traditionell als natürliche Monopole angesehen wurden, vor allem in den sog. Netzsektoren Telekommunikation, Energieversorgung und (Schienen-)Verkehr. Innovative, kostengünstigere Produkte oder Verfahren führen zum Aufbrechen tradierter Monopole und monopolistisch geprägter Bereiche. Welfens betont, daß diese Entwicklung in den oben genannten Schlüsselindustrien auch auf andere Wirtschaftsbereiche ausstrahlt.[165]

Beispielhaft für diesen Prozeß sind Telekommunikationsmärkte: Mit funk- und satellitenbasierten Systemen entstanden Alternativen zu den herkömmlichen terrestrischen Technologien, die den Nutzern sowohl neue Anwendungsmöglichkeiten eröffneten als auch den Substitutionswettbewerb verschärften. Darüber hinaus führten technische Neuerungen im Festnetz, etwa Breitbandkabeltechnologien und digitale Übertragungsmechanismen, zu neuen, vielfältigen Ange-

---

[165] Vgl. Welfens (1996a), S. 36.

boten und damit zu einem starken Nachfrageanstieg auch nach kabelgebundenen Telekommunikationsleistungen.[166] Dadurch wurde die Subadditivitätseigenschaft in weiten Bereichen aufgelöst und Wettbewerb ermöglicht.

Im politökonomischen Kontext resultiert aus Innovationen ein technisch-ökonomisch bedingter Veränderungsdruck. Infolge der technologischen Entwicklung treten neue Anbieter auf, die etablierte Marktpositionen angreifen. Große geschäftliche Nachfragergruppen drängen darauf, die Vorteile kostengünstigerer Technologien und neuer Anwendungsmöglichkeiten in Anspruch nehmen zu können. Und auch die etablierten Anbieter selbst entwickeln sich zu Reformbefürwortern, etwa wenn sie sich durch die bestehenden Marktordnungen von neuen, profitträchtigen Bereichen ausgeschlossen sehen. In Teil III soll dieser Prozeß am Beispiel der Liberalisierung des deutschen Telekommunikationsmarktes erläutert werden.

Der flächendeckende Einsatz neuer Informations- und Kommunikations-(IuK-) Technologien erleichtert auch den internationalen Handel und die Vornahme von Direktinvestitionen, indem die damit verbundenen Transaktionskosten gesenkt werden. Beispielsweise verbilligt der Zugang zum Internet die Gewinnung von Informationen über Preise und Konditionen und läßt somit weltweite elektronische Märkte entstehen (beispielsweise Reservierungssysteme bei der Flug- oder Reisebuchung). Auch die Handelbarkeit von Dienstleistungen (beispielsweise die Erstellung von Bauplänen) nimmt durch den Einsatz von IuK-Technologien zu, so daß sich der Globalisierungsprozeß auch auf diese Märkte erstreckt. Darüber hinaus werden Direktinvestitionen dadurch gefördert, daß sich die Kommunikations- und Kontrollmöglichkeiten gegenüber Tochterunternehmen verbessern.[167] Die aus diesen Entwicklungen resultierenden Konsequenzen für nationale ordnungspolitische Ausnahmeregelungen werden im folgenden Abschnitt erläutert.

2.4.2.2. Die marktlich-ökonomische Dimension

Nicht zuletzt aufgrund der neuen IuK-Technologien ist die internationale Verflechtung der Güter- und Faktormärkte in den vergangenen Jahrzehnten stark vorangeschritten. Hinzu kommt ein zunehmendes internationales Engagement multinationaler bzw. potentiell multinationaler Unternehmen, die Direktinvesti-

---

[166] Einen Überblick über technologische Entwicklungen im Telekommunikationsbereich bietet beispielsweise Ware (1998), S. 65 ff.

[167] Vgl. die Übersicht bei Schaden (2000), S. 119.

tionen im Ausland tätigen.[168] Dieser internationale Wettbewerbsdruck macht sich nicht nur unmittelbar auf den Märkten für Waren und Dienstleistungen bemerkbar. Ergänzend hierzu konkurrieren die Anbieter institutioneller Arrangements um mobile Produktionsfaktoren.

Im sog. Standort-, System-, Ordnungs- oder auch **institutionellen Wettbewerb** wird mit den Rahmenbedingungen an Produktionsstandorten insbesondere um Investitionen multinationaler Unternehmen geworben.[169] Diese treten als aktive Investoren und damit als Nachfrager nach Standorten bzw. günstigen Standortbedingungen auf. Ihnen stehen auf der Angebotsseite die Mitglieder nationaler Regierungen gegenüber. Aufgrund seiner großen Bedeutung für Liberalisierungsprozesse sollen die Implikationen des Systemwettbewerbs hier näher behandelt werden. Zu den Implikationen zunehmender Warenexporte für Liberalisierungsprozesse siehe Kapitel 2.4.2.3.

Der Systemwettbewerb zwischen den Regierungen verschiedener Nationalstaaten ist analytisch vom politischen Wettbewerb zwischen nationalen Politikern um Wählerstimmen abzugrenzen. Hier werden verschiedene Personengruppen mit unterschiedlichen Zielsetzungen betrachtet: Die Vertreter von Staaten konkurrieren mit ausländischen Regierungen um international mobiles Kapital. Im politischen Wettbewerb hingegen konkurrieren Regierungs- und Oppositionsparteien um Wählerstimmen.[170] Der erstgenannte Prozeß kann jedoch als Parameter im politischen Wettbewerb um Wählerstimmen angesehen werden.[171]

---

[168] Zur Bedeutung von Direktinvestitionen für ordnungspolitische Reformen vgl. den Überblick bei Welfens (1999a), S. 31 ff.; Welfens/Addison/Audretsch et al. (1999).

[169] Systematisch erfaßt wurde dieses Phänomen erstmals von Tiebout (1956). Hier ist insbesondere das international mobile Realkapital angesprochen, womit technisches Wissen ebenso erfaßt ist, vgl. Monopolkommission (1998), S. 1; Sachverständigenrat zur Begutachtung der gesamtwirtschaftlichen Entwicklung (1996), S. 178 ff. In Grenzregionen wird außerdem um Konsumenten konkurriert. Die Konkurrenz um Arbeitskräfte spielt aufgrund ihrer vergleichsweisen Immobilität hingegen eine untergeordnete Rolle. Zudem ist Arbeit aufgrund der derzeit weit verbreiteten Massenarbeitslosigkeit keine Zielgröße. Lediglich hochqualifizierte Arbeitskräfte können als solche angesehen werden, mit ihnen werden allerdings nicht dieselben positiven Wirkungen wie mit Kapitalzuflüssen verbunden, vgl. Gerken (1999a), S. 17 f.; Seliger (1998), S. 263.

[170] Die Abgrenzung erfolgt in Anlehnung an Gerken (1999a), S. 20 f., der sich damit von der Sichtweise von Kiwit/Voigt (1998), S. 324 ff., distanziert, die von einer engen Verknüpfung der genannten Wettbewerbsprozesse ausgehen.

[171] Der Systemwettbewerb setzt jedoch – entgegen weitverbreiteter Ansicht, vgl. etwa Streit (1996a), S. 522; Streit/Mussler (1995), S. 76 f. – den politischen Wettbewerb nicht zwingend voraus. So ist ebenfalls denkbar, daß auch ein Diktator sich persönlich bereichern kann, wenn er mobile Produktionsfaktoren in sein Land lenkt, vgl. Gerken (1999a), S. 20 f.

International operierende Unternehmen suchen nach gewinnmaximierenden Unternehmensstandorten. Dabei stehen unterschiedliche institutionelle Arrangements zur Auswahl, die von den Regierungen der Nationalstaaten angeboten werden. Zentrale Wettbewerbsparameter sind die Standortbedingungen. Insbesondere die Leistungsfähigkeit des öffentlichen Sektors ist für die Attraktivität eines Produktionsstandortes von großer Bedeutung. Vor allem gesicherte Eigentumsrechte, eine geringe Steuerlast und eine leistungsfähige Infrastruktur sowie ein minimales Ausmaß an staatlichen Regulierungen beeinflussen die Investitionsentscheidungen von Unternehmen positiv.[172]

Als Übertragungsmechanismen zwischen ökonomischem und politischem Bereich dienen nach Hirschman sowohl die Abwanderung von Produktionsfaktoren (Exit), beispielsweise die Verlagerung des Produktionsstandortes bzw. von Neuinvestitionen ins Ausland, als auch der Widerspruch (Voice), d. h. die Androhung einer Abwanderung. Verbesserte Möglichkeiten mobiler Produktionsfaktoren (insbesondere von Kapital), die Exit-Option wahrzunehmen, führen nun zur Steigerung ihres Drohpotentials und erhöhen somit die Wirksamkeit der Voice-Option (Wandlung von Exit in Voice).[173] Der politische Druck ergibt sich nun nicht wie bei Olson aus der Organisierbarkeit der Gruppe, sondern aus dem Drohpotential mobiler Unternehmen. Aufgrund dessen bilden sie eine politisch besonders durchsetzungsfähige Gruppe, die jedoch nicht an der Generierung neuer Renten interessiert ist, sondern an einer **Verbesserung der Standortbedingungen**.

Eine Abwanderung mobiler Ressourcen hätte zunächst budgetäre Effekte für die Regierung, z. B. eine verminderte Steuerbasis. Damit verringern sich die Möglichkeiten der Regierungspartei, attraktive Wählerangebote in Form von öffentlichen Gütern und Subventionen zu unterbreiten.[174] Der politische Handlungsdruck wird jedoch erst dann akut, wenn Stimmenverluste bei den nächsten Wahlen zu erwarten sind.[175] Im Hinblick auf ihre Wiederwahlchancen sind nationale Regierungen nun gezwungen, die Standortbedingungen an die Präferenzen des mobilen Kapitals anzupassen. Dabei zählen **Deregulierungen** zu den wichtigsten Aktionsparametern. Systemwettbewerb führt somit zumindest mittelfristig dazu, daß Regierungsmitglieder ein Eigeninteresse an effizienten institutionellen Arrangements entwickeln. Hiermit sollen die Abwanderung von Kapital ins Ausland verhindert und Direktinvestitionen ausländischer Unternehmen im Land gefördert – und damit die eigenen Wiederwahlchancen erhöht – werden.

---

[172] Vgl. Straubhaar (1996), S. 224.
[173] Zu den Einzelheiten vgl. Hirschman (1970), S. 4 ff.
[174] Vgl. Wegner (1998), S. 288.
[175] Vgl. Mussler/Wohlgemuth (1994), S. 8.

Systemwettbewerb wirkt so – analog zum Wettbewerb auf Märkten – als Kontroll- und Entdeckungsverfahren im politischen Bereich.[176] Im Gegensatz zu Olsons pessimistischer Sichtweise wird im Systemwettbewerb eine übermäßige (d. h. ineffiziente) Ausdehnung des öffentlichen Sektors verhindert bzw. eingeschränkt. Er übt somit eine Kontrolle über die Handlungsspielräume der Politiker aus.[177] Politiker werden dazu angeregt, nach überlegenen, international konkurrenzfähigen institutionellen Arrangements zu suchen, um "politische Monopolrenten" zu erzielen. Dabei kommt es zur Entdeckung neuer, effizienter institutioneller Lösungen – analog zu ökonomischen Märkten wirkt auch der Systemwettbewerb als Entdeckungsverfahren.[178] Darüber hinaus regen die Erfolge bereits stattgefundener Reformen in anderen Ländern zur Imitation an, so daß Aufholprozesse stattfinden.[179]

Systemwettbewerb muß jedoch nicht zwingend zu verbesserten Standortbedingungen und Deregulierungen führen. Hier sei auf Informationsprobleme (Wird Exit von den Politikern als institutionelle Arbitrage interpretiert?) und Mobilitätshindernisse verwiesen. Die spezifischen Unvollkommenheiten des politischen Wettbewerbs (rationale Ignoranz der Wähler, Principal agent-Probleme, Rent seeking-Aktivitäten) können eine "perfekte Regulierungsarbitrage" verhindern und somit den Anreizen für nationale Regierungen, nach effizienteren institutionellen Arrangements zu suchen, entgegenstehen.[180]

2.4.2.3. Die politische Dimension

Der Globalisierungsprozeß steht in engem Zusammenhang mit der politischen Beseitigung von Handelshemmnissen. Protektionistische Handelsbeschränkungen sind in Freihandelszonen, Zollunionen und Gemeinsamen Märkten beseitigt, und weltweite Handelsvereinbarungen sind ebenfalls darauf ausgerichtet, ein System des freien Handels zu etablieren. Insbesondere das General Agreement

---

[176] Vgl. etwa Gerken (1999a), S. 31; Monopolkommission (1998), S. 6 ff.; Streit (1996b), S. 13 f.; Streit/Mussler (1995), S. 76 ff.

[177] Vgl. Streit/Mussler (1995), S. 79 ff.

[178] Vgl. Gerken (1999a), S. 30 ff.

[179] Vgl. Wegner (1998), S. 290. Heaver (1991), S. 95, beispielsweise zeigt die positiven Einflüsse US-amerikanischer Deregulierungen im Verkehrsbereich auf kanadische Deregulierungsprozesse auf.

[180] Vgl. etwa Theurl (1999), S. 42; Kronberger Kreis (1998), S. 40. Kritisch auch Wegner (1998), S. 291 ff. Systemwettbewerb kann seine positiven Effekte demnach nur entfalten, wenn eine geeignete Rahmenordnung geschaffen wird, siehe dazu etwa Hillebrand/Welfens (1998), S. 413 ff. und 432 ff.

on Tariffs and Trade (GATT-47)[181] und deren Nachfolgeorganisation, die World Trade Organization (WTO) sowie das europäische Integrationsprojekt hatten weitreichende Folgen für die in den letzten Jahrzehnten beobachtbaren Deregulierungsprozesse.

Das GATT-47 war ein **multilaterales Handelsabkommen** zwischen ursprünglich 23 Handelsnationen. Mit ihm wurde ein System von Ordnungsregeln für den internationalen Handel geschaffen, um die Vorteile weltweiter Arbeitsteilung zu nutzen.[182] Zu seinen Kernelementen zählen der Abbau von Handelsschranken und der Grundsatz der Nichtdiskriminierung. Letzterer findet Ausdruck in der Verpflichtung der Handelspartner zur Meistbegünstigung, d. h. zur Gleichbehandlung aller Mitgliedstaaten, und (mit Ausnahme von Zöllen) zur Gleichbehandlung in- und ausländischer Waren (Inländerprinzip)[183]. Darüber hinaus besitzen das Gebot der Gegenseitigkeit (Reziprozität) und das der Ausgewogenheit gegenseitiger Liberalisierungsangebote zentrale Bedeutung.[184] Die Handelsliberalisierungen haben in einem entscheidenden Ausmaß zu einer stärkeren Kontrolle nationaler Regierungen durch den Wettbewerb der Staaten beigetragen, wie er in Abschnitt 2.4.2.2. beschrieben wurde.

Die Wirtschaftspolitik der meisten europäischen Staaten wird entscheidend durch den **europäischen Integrationsprozeß** mitbestimmt. Ursprünglich führten vor allem sicherheitspolitische Erwägungen 1952 zur Gründung der Montanunion.[185] Die Römischen Verträge von 1957 sollten neben einer politischen Stabilisierung den wirtschaftlichen Wiederaufbau in Europa voranbringen. Die Errichtung der Europäischen Wirtschaftsgemeinschaft (EWG) schrieb die Verwirklichung und Sicherung eines gemeinsamen, wettbewerbsorientierten Binnenmarktes fest.

---

[181] Das GATT-47 bestand zwischen 1947 und 1995 als Vorgängerorganisation der WTO, die eine neue Organisation mit neuem Rechtsgehalt repräsentiert. Sie vereinigt alle bisherigen Vereinbarungen unter einem gemeinsamen Dach, wozu das ursprüngliche GATT-47 (jetzt als Warenhandelsabkommen GATT-94), das Abkommen über den Dienstleistungshandel GATS, das Abkommen über geistige Eigentumsrechte TRIPS u. a. zählen, vgl. Freytag (2001), S. 141 ff.; Koch (2000), S. 11; Gundlach et al. (1996), S. 46 ff.

[182] Vgl. dazu ausführlich Senti (1986).

[183] Das Inländerprinzip entspricht dem sog. Ursprungslandprinzip, dem zufolge es Nationalstaaten verwehrt ist, den Import ausländischer Erzeugnisse zu untersagen, wenn sie nicht den (höheren) inländischen Normen entsprechen, vgl. Gerken (1999b), S. 407.

[184] Vgl. Gundlach et al. (1996), S. 47.

[185] Die Abtretung von Souveränitätsrechten nationaler Regierungen an die Gemeinschaftsorgane wurde damals mit dem Argument der Friedenssicherung begründet. Insbesondere in den Bereichen Kohle und Stahl wurden Kriegsvorbereitungen dadurch als nicht mehr möglich angesehen, vgl. Kösters (1998), S. 382.

Damals setzte sich trotz der bei den Verhandlungen stark vertretenen sozialistisch-interventionistisch gesinnten Regierungen eine wirtschaftsliberale Grundorientierung durch. Diese Entscheidung "war die Konsequenz einer Vorsicht gegenüber nationalen Interventionen der anderen Länder"[186]. Als Absicherung gegen wirtschaftspolitischen Interventionismus anderer Mitgliedsländer sollten deren Handlungsspielräume streng begrenzt werden. Damit erklärten sich die Mitgliedstaaten bereit, auf Regulierungen zu verzichten, wenn auch die anderen Mitgliedstaaten so handeln.[187]

Im Zuge des Integrationsprozesses kam es zu einem weitreichenden Abbau zwischenstaatlicher Wettbewerbsbeschränkungen. Die wirtschaftliche Integration erfolgt grundsätzlich durch zwei Strategien: Durch eine **Harmonisierung** nationaler Rechtsvorschriften oder durch **Systemwettbewerb**. In den ersten Jahrzehnten konzentrierte man sich auf die erstgenannte Alternative, indem nationale Marktordnungen durch gemeinsame Regelungen ersetzt wurden. Deren Konstruktion basierte auf Kompromissen zwischen den Mitgliedstaaten, beispielsweise im Bereich der sektoralen Gemeinschaftspolitiken. Parallel dazu erfolgt die Integration auch über den Wettbewerb nationaler Wirtschaftsordnungen. Hier stellen die vier Freiheiten oder das Ursprungslandprinzip konstituierende Elemente dar, die insbesondere durch den Europäischen Gerichtshof (EuGH) fest verankert wurden. Diese werden durch das gemeinsame Wettbewerbsrecht untermauert, das beispielsweise eine Beihilfenkontrolle beinhaltet.[188]

Die Integrationsstrategie der Europäischen Kommission verlagert sich immer stärker von Harmonisierungen in Richtung Liberalisierungen. Dies erscheint auf den ersten Blick schwer verständlich. Die politökonomische Erklärung dafür ist in dem Machtstreben der Bürokraten in der Kommission zu suchen: Das Haushaltsbudget der EU ist vergleichsweise klein. Die meisten Haushaltsmittel werden direkt in den Mitgliedstaaten verwaltet, und das EU-Budget dient vor allem zur Finanzierung der Gemeinsamen Agrarpolitik und von strukturpolitischen Maßnahmen. D. h. die EU-Haushaltsmittel dienen nicht zur Finanzierung öffentlicher Güter, sondern hauptsächlich zu Umverteilungen.[189] Die Kommissionsmitglieder vergrößern ihren Nutzen nicht wie die nationalen Bürokraten durch eine Maximierung ihres Budgets, sondern durch eine Ausweitung ihrer Regulierungs- bzw. Umverteilungskompetenzen.

---

[186] Müller-Armack (1966), S. 405

[187] Blankart (1990), S. 144, und Weizsäcker (1984), S. 129 ff., sprechen bei einem solchen Prozeß von einer "Generalkompensation".

[188] Vgl. Theurl/Meyer (2001), S. 76 ff.

[189] Vgl. Vaubel (1994), S. 171.

Um die Ausübung dieser Regulierungskompetenzen konkurriert die Kommission mit den Mitgliedstaaten.[190] Als Parameter stehen ihr dabei nicht nur die Harmonisierung von Wettbewerbsbedingungen, sondern auch Liberalisierungsvorgaben zur Verfügung:[191] Die Kompetenzen der Kommission sind insbesondere im Bereich der Wettbewerbspolitik sehr weit ausgebaut. Von den allgemeinen wettbewerbsrechtlichen Vorschriften waren lange Zeit viele Wirtschaftsbereiche ausgenommen (beispielsweise Telekommunikation, Schienenverkehr), was insbesondere mit gemeinwirtschaftlichen Verpflichtungen begründet wurde. Indem im Zuge des Liberalisierungsprozesses immer mehr Sektoren den allgemeinen wettbewerbsrechtlichen Regelungen des EGV unterworfen werden, wachsen der Kommission diskretionäre Entscheidungsmacht bzw. mehr Regulierungskompetenzen zu.[192] Der Anteil politischer Renten, der potentiell von den Kommissionsbürokraten verteilt werden kann, nimmt damit zu – und somit ihre persönliche Macht.

Die Integrationsbestrebungen lassen europäisches Recht zum Teil auch in Bereichen entstehen, die von den nationalen Legislativorganen niemals (bewußt) auf die europäische Ebene übertragen wurden.[193] Ein Grund dafür besteht darin, daß bei den Beratungen zu den Römischen Verträgen die weitreichenden Auswirkungen der vier Grundfreiheiten und des europäischen Wettbewerbsrechts offensichtlich unterschätzt wurden. Zum Zeitpunkt des Vertragsabschlusses konnte kaum jemand die rechtlichen, politischen und ökonomischen Folgen der anti-interventionistischen Grundidee abschätzen.

Kompetenzverlagerungen auf die supranationale Ebene sind aber auch deshalb möglich, weil sich die nationalen Regierungen in bestimmten Politikbereichen auf diesem Wege einer parlamentarischen Kontrolle und anderen Schwierigkeiten des Regierens im Heimatland entziehen können.[194] Souveränitätsverzichte zugunsten supranationaler Organe sind zuweilen erwünscht, etwa wenn zur langfristigen Erhaltung der Wirtschaftsfähigkeit eines Landes kurzfristig unpopuläre Entscheidungen mit negativen Effekten auf die Wiederwahl getroffen werden müßten, denen die breite Öffentlichkeit ablehnend gegenübersteht (so daß damit Stimmenverluste sowohl bei den regulierten Unternehmen als auch bei der Wählermehrheit einhergingen).[195] Die Abtretung von Kompetenzen an

---

[190] Vgl. Buchwitz (1998), S. 562.
[191] Vgl. Vaubel (1994), S. 175.
[192] Vgl. Buchwitz (1998), S. 566.
[193] Vgl. Nienhaus (1998), S. 238.
[194] Vgl. etwa Genschel (1998), S. 65; Mestmäcker (1994), S. 158.
[195] Oder wenn Entscheidungen – z. B. in Deutschland im Bundesrat – nicht durchsetzungsfähig wären. Zu den Gründen für Souveränitätsverzichte der Nationalstaaten aus Sicht der NPÖ vgl. ausführlich Vaubel (1992). Siehe auch Möschel (1993), S. 13.

die Organe der Gemeinschaft kann die politischen (Opportunitäts-)Kosten von Liberalisierungen (Wählerstimmenverluste) vermindern und auf diese Weise nationalen Politikern zum Stimmerhalt dienen. Das sog. Demokratiedefizit auf europäischer Ebene ermöglicht somit Deregulierungen, die auf nationaler Ebene politisch nicht durchsetzungsfähig wären. Es kann sich damit langfristig positiv auf die gesamte europäische Wirtschaft auswirken.

Im europäischen Integrationsprozeß spielen auch rechtliche Entscheidungen, die Deregulierungen herbeiführen, eine wichtige Rolle. Der Europäische Gerichtshof soll die rechtmäßige Anwendung und Auslegung der Gemeinschaftsverträge sicherstellen.[196] Oberste Rechtsmaxime ist das in Art. 2 EGV verankerte Integrationsziel. Gemäß seinem Auftrag beseitigte der EuGH verschiedene Barrieren, die einer weiteren Integration entgegenstanden.[197] Er wurde neben der Kommission zu einem Motor der "Integration durch Liberalisierungen", indem er die vier Grundfreiheiten durch seine Urteile untermauerte und letztlich durchsetzte. Besondere Bedeutung erlangte in diesem Zusammenhang das Urteil im Falle Cassis de Dijon.

Das **Cassis-de-Dijon-Urteil**[198] setzte 1979 im innergemeinschaftlichen Handel das sog. **Ursprungslandprinzip** durch. Nationale Regierungen konnten fortan Warenimporte aus anderen EG-Ländern nicht mehr mit produktspezifischen Regulierungen verhindern. Daraus ergaben sich Vorteile für ausländische Unternehmen. Inländische Produzenten, die weiterhin strengen Regulierungen unterlagen, mußten Marktanteilseinbußen hinnehmen und sahen sich plötzlich benachteiligt.[199] Korrespondierend zu den Aussagen von Peltzmans Deregulierungsmodell schwanden die politischen Renten bislang begünstigter inländischer Unternehmen aus den nationalen Regulierungen. Zur Vermeidung dieser negativen Konsequenzen übten sie politischen Druck auf die heimischen Regierungen aus, um auch im Inland einen Abbau wettbewerbsbeschränkender Regulierungen zu bewirken.[200] Wiederwahlorientierte Politiker leisteten, wenn sie ihre

---

[196] Vgl. Nicolaysen (1991), S. 49.

[197] Vgl. Vaubel (1994), S. 176.

[198] Vgl. Europäischer Gerichtshof (1979), Rs. 120/78. Vgl. dazu ausführlich auch Hucke (2001), S. 69 ff. Eine zum Warenbereich analoge Entwicklung vollzog sich im Dienstleistungsbereich, und hier zuerst bei den Verkehrs- und Finanzdienstleistungen, wo ein Übergang vom Niederlassungs- zum Heimatlandprinzip stattfand, vgl. näher Scherpenberg (1996), S. 354 f. Zum positiven Einfluß des Cassis-de-Dijon-Urteils auf den politischen Wettbewerb vgl. auch Habermann (1999), S. 59.

[199] Davon waren vor allem inländische Produzenten betroffen, die ihre Güter ausschließlich im Inland herstellen und absetzen, vgl. dazu ausführlich Winkler (1998), S. 21.

[200] Vgl. etwa Basedow (1993), S. 29; Grossekettler (1993), S. 34. Im Gegensatz zum Systemwettbewerb besteht in diesem Zusammenhang nur die Möglichkeit des Widerspruchs, vgl. Gerken (1999b), S. 410.

Wiederwahl gefährdet sahen, diesen Bestrebungen Folge. Der in der wirtschaftswissenschaftlichen Literatur weit verbreiteten Auffassung, daß das Herkunftslandprinzip einen allgemeinen Wettbewerb der Deregulierungen eröffnete,[201] ist demnach uneingeschränkt zuzustimmen. In Teil IV der vorliegenden Arbeit wird dieser Prozeß exemplarisch anhand des Straßengüterverkehrsbereiches dargestellt. Die obige Argumentation ist analog auf das im Rahmen des GATT kodifizierte **Inländerprinzip** übertragbar.

Die europäische Integration wirkte sich wie oben beschrieben bis in die siebziger Jahre hinein positiv auf das Wirtschaftswachstum der Mitgliedstaaten aus. Dann machten sich die Kosten des im Laufe der Zeit zunehmenden Rent seeking auf der supranationalen Ebene bemerkbar. Anfang der achtziger Jahre war Europa durch Stagflation, geringen technischen Fortschritt und zunehmende Strukturkonservierung gekennzeichnet ("Eurosklerose").[202] Vor diesem Hintergrund und infolge des zunehmenden internationalen Wettbewerbsdrucks vor allem aus Japan und den neu industrialisierten Ländern Asiens kam es mit dem **Binnenmarktprogramm** zur Forcierung des Integrationsvorhabens: Die Europäische Kommission nahm die Argumentation des EuGH in ihrem Weißbuch zur Vollendung des Binnenmarktes[203] von 1985 auf und verlieh der Integrationspolitik damit eine neue, markt- und wettbewerbsorientierte Qualität. Mit der Ablösung der bisher bevorzugten Harmonisierungsstrategie durch einen Wettbewerb der Regulierungssysteme stellte das Binnenmarktprogramm die Leistungsfähigkeit nationaler Regulierungssysteme auf den Prüfstand.[204]

Mit der weiteren Durchsetzung der vier Freiheiten sanken die Mobilitätsbarrieren für mobile Produktionsfaktoren. Dadurch eröffneten sich neue Exit-Optionen insbesondere für mobiles Kapital. Die politischen Kosten interventionistischer, wettbewerbsfeindlicher Regulierungen stiegen mit der Möglichkeit, Investitionen ins Ausland zu verlagern. Hierdurch wurde die Konkurrenz staatlicher Regulierungssysteme angeregt, in deren Folge es zu Deregulierungen innerhalb der Mitgliedstaaten kam. Somit löste nicht nur der stark angewachsene Wettbewerb auf Gütermärkten, sondern auch der Wettbewerb der Staaten um Realkapitalinvestitionen Liberalisierungen in verschiedenen Bereichen aus.[205]

---

201 Vgl. etwa Giersch (1990), S. 25 ff.
202 Siehe näher dazu Welfens (1997), S. 282 ff.
203 Vgl. Kommission der Europäischen Gemeinschaften (1985a).
204 Prinzipiell eignen sich sowohl Harmonisierungen als auch das Ursprungslandprinzip zum Abbau implizit protektionistischer Handelshemmnisse. Harmonisierungen beruhen jedoch auf Kompromissen zwischen den Regierungen verschiedener Nationalstaaten und rufen in der Regel keine Deregulierungen hervor, vgl. Gerken (1999b), S. 407.
205 Wie in Kapitel 2.4.2.2. dargestellt.

Die Gründung der Europäischen Wirtschaftsgemeinschaft sowie das Binnenmarktprogramm können als Teilschritte einer hoheitlichen Integration betrachtet werden. In deren Folge kam es jeweils zu institutionellen Änderungen, die sich wie bei Olson beschrieben sowohl auf die europäische Verbandslandschaft als auch auf den Einflußbereich nationaler Verbände auswirkten. Insgesamt führten sie zur Um- und Neubildung von Interessengruppen.[206] Da der Prozeß Zeit beanspruchte, standen politischen Entscheidungen nach den "Brüchen" kaum starke Interessen entgegen. Vor allem in diesen Phasen waren Deregulierungen politisch durchsetzbar.

Die Europäische Integration wird immer wieder vor neue Herausforderungen gestellt. Projekte wie das Binnenmarktprogramm, die Währungsunion und die vorgesehene Osterweiterung schaffen einen selbstverordneten, breit wirksamen Reformdruck.[207] Bislang erfolgte die europäische Integration zu weiten Teilen durch eine Liberalisierungspolitik. Doch die Fortschritte auf dem Weg zu mehr Wettbewerb dürfen nicht darüber hinwegtäuschen, daß die politischen Akteure auf EU-Ebene ebenso wie die nationalen Politiker "Angriffspunkt" zahlreicher Beeinflussungsversuche von Interessengruppen sind. Die mangelnde Transparenz der Entscheidungsfindung im Ministerrat sowie unklare Kompetenzabgrenzungen zwischen nationaler und zentralstaatlicher Ebene begünstigen Interessenkoalitionen von nationalen und zentralstaatlichen Politikern mit rentensuchenden Interessengruppen zu Lasten von Konsumenten und Steuerzahlern – wie anhand der Gemeinsamen Agrarpolitik in Teil V der Arbeit eindrucksvoll gezeigt werden kann.

3. Abschließende Bemerkungen

Die grundlegenden Prinzipien einer marktwirtschaftlichen Ordnung – Markt und Wettbewerb – werden von einer Vielzahl ordnungspolitischer Ausnahmeregelungen durchbrochen. Letztere sind aufgrund ihres Ausnahmecharakters begründungsbedürftig. Normative Ansätze zeigen politische und ökonomische Begründungsversuche auf. So werden etwa von seiten der Regierung, der Behörden, der Verbände und der Gerichte sog. Branchenbesonderheiten und übergeordnete gesellschaftspolitische Ziele herangezogen. Aus volkswirtschaftlicher Sicht sind demgegenüber ordnungspolitische Sonderregelungen nur dann legitimierbar, wenn Markt- oder Wettbewerbsversagen vorliegt.

---

[206] Vgl. dazu die ausführliche Untersuchung bei Pfeifer (1995), S. 41 ff., und die dort angegebene Literatur.

[207] So auch Kronberger Kreis (1998), S. 12.

Doch normative Begründungsversuche können nur wenige der zahlreichen ordnungspolitischen Ausnahmeregelungen in der wirtschaftspolitischen Praxis legitimieren. Vor allem beziehen sie politische Entscheidungssysteme nicht in die Betrachtung ein. So werden zahlreiche empirisch zu beobachtende Regulierungen nicht zur Korrektur von Markt- oder Wettbewerbsversagen vorgenommen, sondern vielmehr zur Umverteilung zugunsten einflußreicher Interessengruppen. Zahlreiche Ausnahmen vom wettbewerblichen Prinzip sind nur im Rahmen der positiven Theorie mit interessengeleiteten Politikentscheidungen erklärbar, deren Bestand durch eine starke Interessenkoalition aus regulierten Unternehmen, Politikern und der Regulierungsbürokratie geschützt ist.

Seit den siebziger Jahren ist jedoch eine Trendwende beobachtbar. Die wettbewerblichen Ausnahmebereiche werden zurückgeführt, und Marktkräfte erlangen wieder eine größere Bedeutung. Warum kommt es nun zu Deregulierungen? In der vorliegenden Untersuchung wird von der These ausgegangen, daß gesamtwirtschaftliche Ineffizienzen aufgrund von Regulierungsversagen eine notwendige Voraussetzung darstellen. Zusätzlich bedarf es einer hinreichenden Bedingung in Form von auslösenden Faktoren. Mit technologischen Neuerungen, der Globalisierung, internationalen Handelsabkommen und der europäischen Integration wurden Beispiele für solche Faktoren dargestellt. Treffen diese externen Einflußfaktoren auf bestehende Ineffizienzen, können im Rahmen einer positiven Betrachtung verschiedene Akteure im politischen Kräftefeld ausgemacht werden, die auf regulatorische Reformen hinwirken.

In den folgenden Teilen III, IV und V soll die Validität der Ausgangsthese anhand verschiedener Branchenstudien überprüft werden. Der Telekommunikationsbereich und der Straßengüterverkehr gelten als Bereiche, in denen der Liberalisierungsprozeß erfolgreich verlaufen ist bzw. immer noch abläuft. Für den in enger Substitutionskonkurrenz zum Straßengüterverkehr stehenden Schienenverkehrsbereich trifft diese Aussage nur bedingt zu, und in der Landwirtschaft lassen tiefgreifende Reformen bislang auf sich warten.

Zunächst werden jeweils die normativen Begründungsversuche diskutiert und – unter Bezugnahme auf die neuere Markt- und Wettbewerbstheorie – der tatsächliche staatliche Handlungsbedarf abgeleitet. Sodann werden die Ineffizienzen der alten Marktordnungen aufgezeigt und anhand einer politökonomischen Analyse die Bestimmungsgründe für das "Regulierungsversagen" in den jeweiligen Wirtschaftsbereichen erörtert. Anschließend werden mögliche reformauslösende Faktoren und ihre Auswirkungen auf die eigennützig-rational handelnden Akteure erläutert. Im Rahmen einer positiven Betrachtung können nun in der Regel veränderte Verhaltensweisen der beteiligten Akteure bzw. das Auftreten neuer Interessengruppen beobachtet werden, wodurch mehr oder weniger einschneidende Liberalisierungen ermöglicht werden. Die Stärke der Liberalisierungsfortschritte hängt – wie auch gezeigt wird – in einem entscheidenden Maße von der institutionellen Rahmenordnung der einzelnen Wirtschaftsbereiche ab.

TEIL III: TELEKOMMUNIKATION

1. Einleitung

1.1. Die Bedeutung der Telekommunikation

Der deutsche Telekommunikationsmarkt zählte lange Zeit zu den ordnungspolitischen Ausnahmebereichen, und seine volkswirtschaftliche Bedeutung war rein infrastruktureller Art. Der staatliche Monopolist, die Deutsche Bundespost (DBP) bot zwar qualitativ hochwertige, jedoch wenig differenzierte Leistungen (Einheitstechnik) an. Die institutionelle Struktur wirkte sich in verschiedener Hinsicht innovationshemmend aus. So wurden seit den siebziger Jahren die Angebotsbreite und die Flexibilität im Bereich der "neuen Dienste", wie Daten- oder Mobilfunkdienste, und bei den Endgeräten im internationalen Vergleich als unterdurchschnittlich bewertet. Ebenso erfolgte Kritik am unzureichenden Service, den langen Wartezeiten bei Telefonanschlüssen sowie dem fast völligen Unvermögen der DBP, auf spezifische Anwenderwünsche einzugehen.[208] Die Telekommunikationsdichte lag in Westdeutschland noch im Jahre 1990 mit 50 Hauptanschlüssen pro 100 Einwohner weit im internationalen Vergleich zurück.[209]

Seit den achtziger Jahren entwickelten sich Telekommunikationsdienstleistungen aufgrund einer starken Technologiedynamik im IuK-Bereich zur Schlüsseltechnologie: Nicht nur das Wachstum der Beschäftigtenzahlen und der Umsatzvolumina auf Telekommunikationsmärkten selbst nahmen stark zu.[210] Gleichzeitig stieg der Einfluß von IuK-Dienstleistungen auf die Wettbewerbsfähigkeit anderer Branchen bzw. auf die Entwicklung der gesamten Gesellschaft.[211]

---

[208] Vgl. beispielsweise McKinsey & Company (1987); Möschel (1987), S. 536.

[209] Im Vergleich zu Schweden (70) und den USA (60), vgl. Jungmittag/Welfens (1996), S. 2.

[210] Für 2010 wird in Deutschland ein Anteil der IuK-Technologien an der Bruttowertschöpfung von 7 % prognostiziert, und in diesem Bereich werden ca. 2 Mio. Arbeitsplätze bestehen, vgl. BDI (2000), S. 33. In Deutschland reduzierte die DT AG (inkl. ihrer inländischen Tochtergesellschaften) im TK-Dienstleistungssektor zwar ihre Beschäftigtenzahlen von 179.200 (1998) auf 178.000 (2000), diejenigen der Wettbewerber nahmen dagegen von 46.500 (1998) auf 61.000 (2000) zu. Damit ergab sich insgesamt ein Beschäftigungszuwachs von 220.000 (1998) auf 239.000 (2000), vgl. RegTP (2000a). Das Umsatzvolumen im Festnetz betrug 1990 noch 34 Mrd. DM und stieg bis 1998 auf 46 Mrd. DM an. Die Werte für Mobilfunkdienste beliefen sich für den genannten Zeitraum auf 0,8 bzw. 19 Mrd. DM, vgl. RegTP (1999), S. 4. Die Umsatzerlöse insgesamt betrugen im Jahr 2000 bereits 109,9 Mrd. DM, vgl. RegTP (2000b), S. 9.

[211] Siehe dazu näher Auckes/Berndt/Tenzer (1990), S. 11 ff.

Viele Unternehmen können sich heute in einer zunehmend globalisierten Wirtschaft nur behaupten, wenn eine innovative und leistungsfähige Telekommunikationsinfrastruktur mit einem breiten, kostengünstigen Diensteangebot gewährleistet ist. Insbesondere das Zusammenwachsen mit dem Datenverarbeitungssektor bewirkte, daß moderne Telekommunikationssysteme zu einem der wichtigsten Standortfaktoren im nationalen und internationalen Wettbewerb geworden sind.[212] Die technischen Entwicklungen bewirkten einen ökonomischen und politischen Veränderungsdruck, so daß die herkömmliche Regulierungspraxis den veränderten technologischen Rahmenbedingungen nicht länger gerecht werden konnte. Seit Ende der achtziger Jahre ist der Telekommunikationssektor nun auch in Deutschland durch weitreichende ordnungspolitische Reformen gekennzeichnet.

1.2. Abgrenzung des Untersuchungsgegenstandes

1.2.1. Der Begriff Telekommunikation

Telekommunikation wird im allgemeinen definiert als Kommunikation mit Hilfe nachrichtentechnischer Übertragungsverfahren,[213] wobei Kommunikation den Austausch von Informationen umschreibt.[214] Diese Definition grenzt die Telekommunikation von körperlichen Formen der Fernkommunikation, wie die Beförderung von Briefen oder die mündliche Nachrichtenübermittlung durch Boten, ab.[215]

Als weiteres Abgrenzungsmerkmal ist die Art der Kommunikationsbeziehung zwischen (Informations-)Sender und (Informations-)Empfänger heranzuziehen. Man unterscheidet Individual- und Massenkommunikation, deren Grenzen sich mit neuen technischen Übertragungs- und Anwendungsmöglichkeiten jedoch immer mehr verwischen.[216] Erstere bezeichnet die – ein- oder zweiseitige – Kommunikation zwischen zwei Personen bzw. zwischen klar abgrenzbaren Personengruppen. Massenkommunikation hingegen erfolgt in der Regel einseitig und ist durch eine unbestimmte Menge von Empfängern charakterisiert. Individual- und Massenkommunikation finden nicht nur zwischen Individuen statt, sondern können auch zwischen Mensch und Maschine und vice versa erfolgen

---

212 Vgl. Faust u. a. (1999); Welfens/Graack (1997a), S. 206; Knieps (1985), S. 3.

213 Vgl. Kommission für den Ausbau des technischen Kommunikationsystems (1976), S. 21.

214 Siehe ausführlich dazu Herrmann (1986), S. 18 ff.

215 Vgl. Berger/Blankart/Picot (1990), S. 295.

216 Zur Charakterisierung von Individual- und Massenkommunikation siehe ausführlich Herrmann (1986), S. 22 ff. Analog findet auch das Begriffspaar individuell vermittelte vs. Verteilkommunikation Anwendung, vgl. Witte (1987), S. 22.

(z. B. Abruf von Informationen aus Datenbanken oder Telebanking).[217] Dabei können Sprache/Ton, Text, Stand- oder Bewegtbilder und Daten übertragen werden.

Abb. III.1: Telekommunikation als Teilbereich der Fernkommunikation

Informationsart	Komm.beziehung/Übermittlungsverfahren	**Teilbereiche der Fernkommunikation**	**Ton/ Sprache**	**Text**	**Bild**	**Daten**
Individualkommunikation	Beförderung	- Versand von Tonträgern	x			
		- Briefverkehr		x	x	
		- Versand von Bildern			x	
		- Versand von Filmen und Videoaufnahmen	x		x	
		- Versand von Datenträgern				x
	Übertragung	- Fernsprechen	x			
		- Mobilfunk	x	x		
		- Telexdienst		x		
		- Telefax		x	x	
		- Btx		x	x	x
		- Bildfernsprecher	x		x	
		- Videokonferenz	x		x	
		- Datex-L-, Datex-P-Dienst				x
		- Computerkonferenz		x	x	x
		- E-Mail		x	x	x
Massenkommunikation	Beförderung	- Verteilung von Tonträgern (Schallplatten, CDs)	x			
		- Verteilung von Büchern, Zeitungen und Zeitschriften, Verteilung von Handzetteln, Wurfsendungen		x	x	
		- Verteilung von Bildern			x	
		- Verteilung von Filmen, Videoaufnahmen	x		x	
	Übertragung	- Hörfunk	x			
		- Videotext		x	x	
		- Fernsehen	x		x	

Quelle: In Anlehnung an Walpuski (1995), S. 132; Herrmann (1986), S. 34.

[217] Vgl. Berger/Blankart/Picot (1990), S. 295. Zu einer ausführlichen Klassifizierung der Telekommunikationsdienste siehe Walpuski (1995), S. 132.

Die obenstehende Übersicht zeigt eine Abgrenzung der Telekommunikation gegenüber weiteren Teilbereichen der Fernkommunikation anhand der Kriterien Übermittlungsverfahren (technische Übertragung vs. körperliche Beförderung) und Kommunikationsbeziehung (Individual- vs. Massenkommunikation), unterteilt nach den Arten der zu übertragenden Informationen Sprache, Text, Bild und Daten.

Die anschließende Betrachtung umfaßt lediglich den Markt für **Individualkommunikation mit Hilfe nachrichtentechnischer Übertragungsverfahren** (grau unterlegter Bereich in Abb. III.1). Massenkommunikationsmärkte (etwa Rundfunkmärkte) sollen nicht in die Betrachtung einfließen. Ebenso wird auf andere Teilbereiche der individuellen Fernkommunikation (wie die Briefbeförderung) nur insoweit eingegangen, als sie in Zusammenhang mit dem Untersuchungsgegenstand stehen. Doch wie erfolgt nun Telekommunikation? Zur Veranschaulichung und zum weiteren Verständnis sollen an dieser Stelle die verschiedenen Komponenten eines Telekommunikationssystems erläutert werden.

1.2.2. Der Aufbau eines Telekommunikationssystems

Die zur Übertragung von Informationen notwendige technische Grundausrüstung wird als Telekommunikationsinfrastruktur bezeichnet. Der Informationsaustausch erfolgt über ein eigens errichtetes Verkehrsnetz mit technischen Übertragungs- und Vermittlungsstellen sowie sich jeweils auf Sender- und Empfängerseite befindender Endgeräte. Der Aufbau eines stilisierten Telekommunikationsnetzes ist in der nachfolgenden Abbildung skizziert.

Abb. III.2: Grundaufbau eines Telekommunikationsnetzes

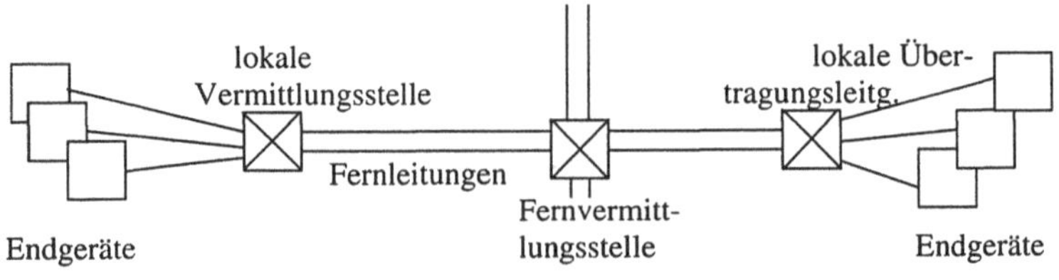

Quelle: In Anlehnung an Knieps (1985), S. 5.

Den Kernbereich von Telekommunikationsnetzen bilden die Übertragungs- und Vermittlungseinrichtungen. Alle Einrichtungen, die der Transmission der Signale dienen – Vermittlungseinrichtungen und Übertragungswege –, werden als

Netze (i. e. S.) bezeichnet.[218] Man unterscheidet lokale Übertragungssysteme (zwischen Endgerät und lokaler Vermittlungsstelle, auch geläufig unter den Begriffen Teilnehmeranschlußleitung – TAL, Local Loop, Letzte Meile etc.) und Fernleitungen (zwischen lokalen Vermittlungsstellen).[219] Sie lassen sich unter anderem hinsichtlich der Übertragungsart (analog oder digital)[220] und des physischen Übertragungsmediums unterscheiden. Als lokale Übertragungsmedien dienen traditionell Kupferkabel. Hinzu kommen als Fernleitungen Koaxialkabel und seit einiger Zeit optische Übertragungssysteme, etwa die leistungsstarken Glasfaserkabel. Von zunehmender Bedeutung sind drahtlose Übertragungsmedien. So können Nachrichten zwischen beweglichen Objekten (Mobilfunk), zwischen festen Punkten und über geringere Entfernungen (Richtfunk) oder an mehrere Empfänger gleichzeitig übertragen werden (Satellitenfunk).[221]

Daneben gibt es sog. Netzknoten: Lokale Vermittlungseinrichtungen, die lokale Übertragungswege mit Fernleitungen verbinden, und Fernvermittlungseinrichtungen, die der Verbindung von Fernleitungen untereinander dienen. Vermittlungseinrichtungen sind Hochleistungsrechner, die durch das Zusammenschalten von Übertragungswegen die Verbindung zwischen zwei oder mehreren Endgeräten herstellen. **Endgeräte** wandeln Sprache, aber auch Daten, Text und Bilder beim Sender in elektrische oder optische Signale um und decodieren sie beim Empfänger.[222] Bekannteste Beispiele sind Telefone und Telefaxgeräte.

Neben Netz- und Endgerätebereich als Infrastruktureinrichtungen bilden **Telekommunikationsdienste** die dritte Komponente von Telekommunikationssystemen. Diese umfassen "jede Übermittlung, jede Aussendung oder jeden Empfang von Zeichen, Signalen, Schriftzeichen, Bildern, Lauten oder Nachrichten jeder Art über Draht, Funk, optische oder andere elektromagnetische Systeme"[223]. Hier ist zwischen Basisdiensten und Mehrwertdiensten zu unterscheiden. Erstere bezeichnen den reinen Informationstransport ohne zusätzliche Leistungsmerkmale in einem Telekommunikationsnetz (Sprach- und Datenübertragung, Telegrafie). Mehrwertdienste (Value Added Network Service) sind auf

---

[218] Hierbei existierten technische Abgrenzungsprobleme: So wurden etwa Nebenstellenanlagen von der Bundespost dem Netzbereich, von Wissenschaftlern jedoch dem Endgerätebereich zugeordnet, vgl. dazu Knieps (1987), S. 148, und Weizsäcker (1980), S. 132. Zur Sicht der Bundespost siehe Tenzer (1985), S. 56.

[219] Vgl. dazu und zum folgenden Knieps (1985), S. 4 f.

[220] Analoge Signale werden als zeit- und wertkontinuierliche Schwingungen übertragen, während bei der digitalen Übertragung einzelne Abschnitte des Signals gemessen und in einen Binärcode transformiert werden, der in zeitlicher Abfolge übermittelt wird, vgl. näher dazu Albensöder (1990), S. 10 ff.

[221] Siehe dazu ausführlich Müller (1995), S. 24 ff.

[222] Vgl. Herrmann (1986), S. 31.

[223] International Telecommunications Union (1990), Anhang 2, Nr. 2019.

dem Telekommunikationsgrunddienst aufbauende, zusätzliche Informationsangebote sowie Speicher- und Verarbeitungsleistungen (z. B. Anrufweiterschaltung, Auskunfts- und Sprachspeicherdienste, E-Mail, Online-Datenbanken, elektronische Banküberweisungen und Reservierungs- und Bestellsysteme).[224] Bei der nachfolgenden Betrachtung des Liberalisierungsprozesses ist es zweckmäßig, zwischen den drei Teilmärkten Netze, Dienste und Endgeräte zu differenzieren,[225] da die normativen Begründungen und die graduellen Reformen in Deutschland diese Bereiche unterschiedlich stark tangieren.

1.3. Gang der Untersuchung

Im folgenden soll anhand der Liberalisierung des deutschen Telekommunikationsmarktes die Validität der Grundthese aus dem vorangegangenen Kapitel überprüft werden: Die zahlreichen ordnungspolitischen Ausnahmeregelungen in der wirtschaftspolitischen Praxis werden normativ mit Branchenbesonderheiten bzw. mit dem Vorliegen von Markt- oder Wettbewerbsversagen begründet. Diese Argumente sind jedoch entweder nicht zutreffend, oder eine Problemlösung kann ebensogut mit weniger eingriffsintensiven, ordnungskonformen Maßnahmen erfolgen. Einen geeigneten Erklärungsansatz für Entstehung und Bestand normativ ungerechtfertigter ordnungspolitischer Ausnahmeregelungen bildet eine positive Betrachtung. Der Ausgangsthese zufolge kommen Deregulierungen in Sektoren zustande, die zum einen durch jahrzehntelange Ineffizienzen aufgrund von Überregulierungen gekennzeichnet sind, und in denen zum anderen externe Faktoren Reformen erzwingen.

In Kapitel 2 werden zunächst die normativen Begründungen für ordnungspolitische Ausnahmeregelungen im Telekommunikationssektor dargestellt und auf ihre Stichhaltigkeit untersucht. Zum grundlegenden Verständnis wird in Kapitel 3 die historische Entwicklung der deutschen Telekommunikationsmärkte skizziert, bevor die bis zu den jüngsten Reformen geltenden Marktordnungen sowie die daraus resultierenden Ineffizienzen erläutert werden. Im anschließenden 4. Kapitel erfolgt eine politökonomische Betrachtung des Kräfteverhältnisses, das den Bestand ordnungspolitischer Ausnahmeregelungen im Telekommunikationsbereich über Jahrzehnte aufrecht erhielt.

Im 5. Kapitel werden die Auswirkungen verschiedener externer Determinanten, wie technologischer Entwicklungen, der zunehmenden Globalisierung und des

---

[224] Vgl. Fredebeul-Krein (2000), S. 6 f.; Stoetzer (1991), S. 1 ff.; Berger/Blankart/Picot (1990), S. 200 f.

[225] So auch Welfens/Graack (1996), S. 18.

europäischen Integrationsprozesses, auf die Telekommunikationsmärkte dargestellt und im Rahmen einer positiven Betrachtung untersucht, inwieweit sie das politische Kräfteverhältnis zugunsten von Deregulierungen beeinflußt haben. In diesem Zusammenhang erfolgt auch eine kurze Schilderung der stattgefundenen Deregulierungsschritte. Das abschließende 6. Kapitel faßt die Ergebnisse der Betrachtung zusammen.

2. Normative Rechtfertigungen für ordnungspolitische Ausnahmeregelungen im Telekommunikationsbereich

Zunächst diente das Postmonopol der Zensur der Nachrichtenströme. Im 19. und zu Beginn des 20. Jahrhunderts wurden militärische und fiskalische Ziele sowie die staatliche Gewährleistung des Post- und Briefgeheimnisses zur Rechtfertigung eines weitreichenden Post- und Fernmeldemonopols herangezogen. Nach der Gründung der Bundesrepublik Deutschland wurde das gesamte Fernmeldewesen als ordnungspolitischer Ausnahmebereich etabliert, wodurch insbesondere das staatliche Fernmeldemonopol vor dem Marktzutritt privater Wettbewerber geschützt werden sollte. Die politische und volkswirtschaftliche Legitimation ordnungspolitischer Ausnahmeregelungen im Telekommunikationsbereich erfolgte zum einen mit der Behauptung, die gesamte Telekommunikationswirtschaft stelle ein natürliches Monopol dar, und zum anderen habe die DBP bestimmte gesellschaftspolitische Zielsetzungen zu erfüllen. Die genannten Argumente sollen im folgenden diskutiert werden.

2.1. Wettbewerbsversagen aufgrund des Vorliegens eines natürlichen Monopols

Nach Ansicht der klassischen Regulierungstheorie führt das Vorliegen eines natürlichen Monopols im Telekommunikationsbereich zu Marktversagen.[226] Dieser Argumentation kann aus neuerer markt- und wettbewerbstheoretischer Sicht jedoch nicht uneingeschränkt zugestimmt werden.[227] Zur Begründung einer ordnungspolitischen Sonderstellung des Telekommunikationsbereichs mit dem Vorhandensein eines natürlichen Monopols müssen zunächst Subadditivitäten und Irreversibilitäten für den Telekommunikationsbereich insgesamt nachgewiesen werden. Für die folgenden ordnungstheoretischen Überlegungen erscheint eine getrennte Untersuchung von Infrastruktur (wobei Orts- und Fern-

---

[226] Vgl. etwa Kaufer (1981), S. 11, der wie andere Vertreter der neoklassischen Theorie keine Abgrenzung zwischen Markt- und Wettbewerbsversagen vornimmt.

[227] Siehe dazu ausführlich auch Kapitel 1.3.2. in Teil II der vorliegenden Arbeit.

netzebene zu unterscheiden sind) sowie Dienste- und Endgeräteebene zweckmäßig.

Subadditivität der Kostenstruktur ergibt sich in der Regel aus Größen- und Verbundvorteilen. Sie liegt keinesfalls im gesamten Telekommunikationsbereich vor. So existieren im Endgerätebereich und bei den Diensten keine Größenvorteile.[228] Lediglich im kabelgebundenen Orts- und Fernnetz liegen aufgrund der hohen Fixkosten **Größenvorteile** vor.[229] Diese sind jedoch allein im Bereich lokaler erdgebundener Netze relevant, nur hier würde die Installation von mehreren erdgebundenen Anschlüssen pro Haus zu einer Kostenduplizierung führen. In terrestrischen Fernverbindungen waren Größenvorteile seit den siebziger Jahren aufgrund von Nachfrageveränderungen im Regelfall mehrfach ausgeschöpft. Ein starker Nachfrageanstieg führte oftmals zur Vollauslastung der Netze, so daß parallele Netze gesamtwirtschaftlich vorteilhaft wurden. Die DBP betrieb bereits 1990 vielfach Parallelverbindungen, um dem stark wachsenden Verkehrsaufkommen gerecht zu werden.[230] Bei den neuen, nichtterrestrischen Übertragungsmedien (Mobilfunk-, Richtfunk- und Satellitenübertragung) spielen Größenvorteile kaum eine Rolle. Dort waren sie in Verbindung mit einem starken Nachfragewachstum bereits sehr früh voll ausgeschöpft,[231] so daß auch im Ortsnetzbereich mehrere Übertragungssysteme nebeneinander gesamtwirtschaftlich vorteilhaft wurden.[232]

Über das Vorliegen von **Verbundvorteilen** existieren in der Literatur sehr unterschiedliche Auffassungen. So werden zum Teil Verbundvorteile zwischen Orts- und Fernnetz vermutet, aufgrund derer sie eine Einheit als natürliches Monopol bilden.[233] Sie treten auch auf, wenn verschiedene Dienste (Sprach- und Mehrwertdienste) von einem einzigen Unternehmen über ein Netz angeboten werden.[234] Hier wird – in Anlehnung an Knieps u. a. – die Auffassung vertreten, daß seit den achtziger Jahren Subadditivitäten bestenfalls in lokalen kabelgebundenen Netzen bestehen.

---

[228] Vgl. Knieps/Weizsäcker (1989), S. 467.

[229] Zu den Ursachen von Größenvorteilen vgl. ausführlich Blankart/Knieps (1992).

[230] Vgl. dazu die Untersuchungen von Knieps (1997), S. 327; Kruse/Kiessling (1997), S. 18, sowie Knieps (1987), S. 157 f. Auch Mitchell/Vogelsang (1991), S. 14, bezeichnen Subadditivitäten im Fernnetz als "fragwürdig".

[231] Vgl. Blankart (1982), S. 34.

[232] Vgl. Blankart/Knieps (1989a), S. 153 f. Die Ansichten darüber differieren jedoch stark. Gegenteilig argumentieren Fredebeul-Krein (2000), S. 29; Kruse (1993), S. 124 ff.; Schön/Neu-
mann (1985), S. 492 f.

[233] Vgl. Schön/Neumann (1985), S. 492 f.

[234] Vgl. zu weiteren Beispielen Fredebeul-Krein (2000), S. 29.

Doch allein das Vorliegen von Subadditivitäten reicht zur Beurteilung des Wettbewerbspotentials nicht aus. Zur Abgrenzung des tatsächlichen Regulierungsbedarfs müssen die einzelnen Teilbereiche des Telekommunikationssystems zusätzlich auf das Vorhandensein von **Irreversibilitäten** untersucht werden. Diese liegen ausschließlich im Bereich kabelgebundener Orts- und Fernnetze vor.[235] Kabel und Kabelschächte sind nur mit sehr hohem Aufwand geographisch transferierbar und für andere Verwendungen in der Regel technisch nicht geeignet. Die folgende Übersicht faßt die obigen Aussagen noch einmal zusammen.

Abb. III.3: Subadditivität und Irreversibilität in verschiedenen Bereichen des Telekommunikationssystems

Teilbereich		Subadditivität	Irreversibilität	theoret. Regulierungsbedarf
kabelgeb. Netze	lokale Netze	ja	hoch	ja
	Fernnetze	nein	hoch	nein
nicht-terrestrische Netze		nein	gering	nein
Endgeräte		nein	gering	nein
Dienste		nein	nein	nein

Quelle: In Anlehnung an Kruse (1985), S. 66.

Aus den vorangegangenen Ausführungen ergeben sich nun lediglich für den Bereich kabelgebundener **Ortsnetze** zugleich Subadditivitäten und Irreversibilitäten. Allein für diesen **nichtangreifbaren Bereich** (Monopolistic bottleneck) wäre theoretisch Regulierungsbedarf ableitbar. Alle übrigen Teilmärkte sollten demgegenüber grundsätzlich dem Wettbewerb überlassen werden.[236] Ein wettbewerbspolitisches Problem besteht vor allem darin, daß sowohl Netzbetrieb als auch Diensteangebot in einem einzigen Unternehmen vertikal integriert sind. Die Marktmacht des Ortsnetzbetreibers ergibt sich daraus, daß nicht nur der Netzbetreiber selbst, sondern auch alle anderen Anbieter von Telekommunikationsdiensten bei ihrer Geschäftstätigkeit auf diese Infrastruktur (TAL) angewie-

---

[235] Siehe die Übersicht bei Kruse (1985), S. 66, der hier noch von Irreversibilitäten im Fernnetzbereich ausgeht. Dagegen stellen Kruse/Kiessling (1997), S. 17, für den Fernnetzbereich lediglich noch geringe Irreversibilitäten fest. Diese geänderte Sichtweise ist auf die durch technologischen Fortschritt neu etablierten Übertragungsmechanismen zurückzuführen (Digitalisierung des Fernmeldenetzes, schnurlose Übertragungstechniken usw.), die dort nicht von den traditionellen terrestrischen Techniken getrennt betrachtet werden. Irreversible Kosten fallen aber auch in Form von Ausgaben für Forschung und Entwicklung sowie für Werbung an, vgl. Welfens (2001a), S. 3; Fredebeul-Krein (2000), S. 32.

[236] So auch Eickhof (1993a), S. 217.

sen sind. Zur Etablierung von Wettbewerb auf der Diensteebene ergäben sich Regulierungserfordernisse entweder bezogen auf die Marktstruktur oder bezogen auf das Marktverhalten. Konkret bedarf es entweder einer vertikalen Desintegration von Netzen, Endgeräten und Diensten und horizontal von unterschiedlichen Bottleneck-Bereichen, etwa Orts- und Fernnetzen, oder der Gewährleistung eines diskriminierungsfreien Zugangs aller Diensteanbieter zur Infrastruktur.[237]

Zusammenfassend ist zu konstatieren, daß ein natürliches Monopol allenfalls temporär und in Teilbereichen des Telekommunikationssystems vorlag bzw. vorliegt. Doch selbst dies begründet weder einen umfassenden Monopolschutz für den gesamten Sektor noch die Bereitstellung von Telekommunikationsleistungen durch den Staat. Lediglich in Teilbereichen, in denen Subadditivitäten in Verbindung mit signifikanten Irreversibilitäten zu Marktmacht führen, besteht (temporär) Lenkungsbedarf. Da der etablierte Monopolist im Ortsnetzbereich bei erheblichen Sunk costs keine Marktzutritte fürchten muß, können die bestehenden institutionellen Marktzutrittsbeschränkungen abgebaut werden. Letztendlich muß nicht der Monopolist vor potentiellen Konkurrenten geschützt werden, sondern allein Nachfrager und potentielle Konkurrenten sind gegen die Marktmacht des Ortsnetzmonopolisten schutzbedürftig, der überhöhte Preise setzen oder den Zugang zum Netz diskriminierend handhaben kann.[238] Im Rahmen eines Comparative institution approach ist dabei zunächst die Zweckmäßigkeit ordnungskonformer Maßnahmen zu prüfen bzw. zu untersuchen, ob eine Beschränkung auf die allgemeine Wettbewerbsaufsicht zur Zielerfüllung ausreicht.

2.2. Gesellschaftspolitische Zielsetzungen

Die vorstehende Analyse zeigt, daß das Argument des natürlichen Monopols immer weniger geeignet war, die Monopolstellung der DBP ordnungstheoretisch zu begründen. So gewannen insbesondere in der jüngeren Vergangenheit Gesichtspunkte an Bedeutung, die eine staatliche Bereitstellung von Telekommunikationsleistungen rechtfertigen sollen. Sie lassen sich unter den Oberbegriffen gemeinwirtschaftliche Verpflichtungen, Daseinsvorsorge oder Infrastrukturauftrag zusammenfassen.

---

[237] Vgl. Kruse/Kiessling (1997), S. 20 ff., denen zufolge die erstgenannte Alternative in Deutschland im Gegensatz zur USA, wo eine Entflechtung von AT&T vorgenommen wurde, weder rechtlich noch politisch durchsetzbar ist, vgl. Kruse (2000), S. 403.

[238] Vgl. dazu auch Stoetzer/Wein (1997), S. 47.

Die operative Ausfüllung der gemeinwirtschaftlichen Verpflichtungen oblag der Bundesregierung. Aus dem Infrastrukturauftrag wurden sowohl quantitative als auch qualitative Anforderungen an das Leistungsangebot der DBP abgeleitet, etwa die Zulassungs- und Beförderungspflicht (Kontrahierungszwang), die Betriebspflicht und bestimmte Tarifpflichten. Der Kontrahierungszwang beinhaltet die Verpflichtung der DBP, jedermann die Benutzung der öffentlichen Netze zu gestatten.[239] Die Betriebspflicht erfordert ein flächendeckendes Angebot mit Post- und Telekommunikationsleistungen (sog. Universaldienst).[240] Zu den Tarifpflichten zählen Tarifeinheit und -publizität.[241] Unter Tarifeinheit im Raum ist die Verpflichtung der DBP zu verstehen, "sämtliche Post- und Fernmeldedienste überall im Bundesgebiet zu gleichen Bedingungen, Gebühren und in gleicher Qualität anzubieten, ohne Rücksicht auf die entstandenen Kosten"[242].

Die Tarifeinheit im Raum wurde zum gewichtigsten Argument, mit dem das staatliche Monopol vor dem Rosinenpickerverhalten potentieller privater Wettbewerber geschützt werden sollte. Letztere würden nämlich nur solche Dienstleistungen anbieten bzw. solche Regionen bedienen, die ihnen eine angemessene Verzinsung des eingebrachten Kapitals garantierten. Für die DBP verblieben dann nur noch verlustträchtige Marktsegmente, die sie aufgrund ihrer gemeinwirtschaftlichen Verpflichtungen zu bedienen hätte. Da die DBP jedoch zur Einnahmendeckung verpflichtet war,[243] hätte dies die Einstellung von Diensten bedeutet bzw. negative Effekte auf die Tarifstruktur gehabt, was wiederum den gesellschaftspolitischen Zielsetzungen – insbesondere dem Ziel einer flächendeckenden Versorgung – widersprochen hätte.[244]

Gegen diese Argumentation ist zunächst einzuwenden, daß im Bereich der Basisdienste eine flächendeckende Grundversorgung bereits Anfang der achtziger Jahre verwirklicht war.[245] Die flächendeckende Bereitstellung darüber hinausgehender spezieller Anwendungen ist dagegen nicht mit regional- und sozialpolitischen Argumenten begründbar.[246] An dieser Stelle sei darauf verwiesen, daß es in vielen ähnlichen Lebensbereichen die angestrebte Einheitlichkeit der Lebensbedingungen nicht gab und auch heute nicht gibt. So existieren bedeutende regi-

---

[239] Vgl. §§ 7 und 8 FAG, RGBl. I (1928), S. 8. Siehe dazu auch Rittershofer (1976), S. 19 ff.
[240] Vgl. Wegmann (1964), S. 39.
[241] Vgl. hierzu Plagemann (1988), S. 20 ff.
[242] Soltwedel et al. (1986), S. 134.
[243] Vgl. § 15 PostVwG, BGBl. I (1977), S. 676.
[244] Vgl. Soltwedel et al. (1986), S. 134.
[245] Vgl. Kronberger Kreis (1987), S. 27.
[246] "Man findet auch nicht in jedem Dorf ein Drei-Sterne-Restaurant.", Kronberger Kreis (1987), S. 27.

onale Unterschiede beispielsweise bei Wohnungsmieten, Wasser- und Strompreisen oder Immobilienpreisen.

Und auch das Argument der Daseinsvorsorge an sich ist als Begründung für die staatliche Tätigkeit im Post- und Fernmeldebereich nicht stichhaltig.[247] Die Leistungserstellung muß nicht ausschließlich durch die öffentliche Verwaltung erfolgen. Sie kann zu geringeren gesamtwirtschaftlichen Kosten auch von privaten Unternehmen im Wettbewerb erbracht[248] und eventuell vom Staat (mit-)finanziert werden. Eine wettbewerbliche Alternative für eine flächendeckende Versorgung wäre beispielsweise die Einführung eines Infrastrukturfonds. Hier erfolgt eine Trennung profitabler und defizitärer Teilnetze, wobei letztere von dem Anbieter mit dem geringsten Subventionsbedarf betrieben und über offen ausgewiesene, externe Subventionen finanziert werden. Die finanziellen Ausgleichsmittel für diese Universaldienstleistung werden von Anbietern mit nennenswerten Marktanteilen auf profitablen Teilnetzen in einen sog. Infrastrukturfonds eingebracht (sog. Universaldienstleistungsabgabe).[249] Dieses Verfahren macht die Universaldienstkosten transparent und deckt Kostensenkungspotentiale auf.[250] Die politisch angestrebten Verteilungswirkungen wären mit geringen Effizienzverlusten aber auch über direkte Transferzahlungen an infrastrukturell Benachteiligte erreichbar.[251]

2.3. Zwischenfazit

Die technisch-ökonomischen Begründungen für ein staatliches Monopol im Telekommunikationsbereich haben aufgrund von Nachfrageveränderungen und technologischen Innovationen im Laufe der Zeit ihre Stichhaltigkeit eingebüßt. Liberalisierungsgegner wichen daraufhin verstärkt auf Gemeinwohlziele als Regulierungsbegründung aus. Doch auch zu deren Erreichung bedarf es keinesfalls

---

[247] Zunächst ist festzuhalten, daß dieser Begriff im Laufe der Zeit inhaltlichen Wandlungen unterworfen war, was Interpretations- und Umsetzungsschwierigkeiten der praktischen Politik nach sich zog. Anknüpfend an neuere Diskussionen zur Daseinsvorsorge soll hier zwischen einer engen und einer weiten Begriffsabgrenzung unterschieden werden. Unter der erstgenannten ist die staatliche Eigenproduktion zu verstehen. Hier wird demgegenüber von einer weiten Begriffsabgrenzung ausgegangen. Demnach beinhaltet der Begriff Daseinsvorsorge die staatliche Verantwortung zur Errichtung geeigneter Rahmenbedingungen, um daseinsnotwendige Leistungen zu ermöglichen, vgl. dazu Löwer (1989), S. 114 f.

[248] Vgl. BDI (2000), S. 34.

[249] Zu diesem Vorschlag vgl. Blankart/Knieps (1994) sowie (1989a). Das Verfahren wird seit der Liberalisierung des deutschen Telekommunikationsmarktes praktiziert, vgl. dazu die §§ 19 bis 21 TKG, BGBl. I (1996), S. 1120.

[250] Vgl. Kruse/Kiessling (1997), S. 26.

[251] So auch Greiffenberg (1985), S. 213.

der Aufrechterhaltung eines staatlichen Fernmeldemonopols. Auch sie können mit wettbewerbskonformen, weniger eingriffsintensiven Instrumenten in liberalisierten Märkten erreicht werden.

Die traditionelle Marktordnung im Fernmeldebereich war insgesamt weder ordnungstheoretisch noch politisch zu rechtfertigen. Hier stellt sich daraufhin die Frage, wie das staatliche Monopol im Telekommunikationsbereich zustande kam, und warum es so lange bestehen konnte. Doch bevor in einer politökonomischen Untersuchung die tatsächlichen Gründe dafür aufgezeigt werden, wird im folgenden Kapitel zunächst zum allgemeinen Verständnis auf die historische Entstehung der deutschen Post- und Telekommunikationsmärkte eingegangen. Anschließend werden die bis 1989 geltenden Marktordnungen und deren gesamtwirtschaftliche Auswirkungen dargestellt.

3. Die deutsche Telekommunikationspolitik vor den Reformen

3.1. Die Entwicklung bis zur Gründung der Bundesrepublik Deutschland

Die staatliche Einflußnahme im Telekommunikationsbereich hat eine sehr lange Tradition. Da die Geschichte der Telekommunikation eng mit derjenigen der Post verwoben ist, soll zunächst kurz auf die historische Entwicklung des deutschen Postwesens eingegangen werden. Erste eigene Botendienste wurden im 15. Jahrhundert von den Städten, dem deutschen Ritterorden, der Kirche und von Kaufleuten unterhalten. Die Entwicklung eines einheitlichen Postdienstes begann mit dem Aufbau der Briefpost des Hauses Taxis (später Thurn und Taxis) im Auftrag des Habsburgischen Herrscherhauses – zunächst als Kurierdienst zwischen seinen unterschiedlichen Residenzen und zur Abwicklung seines diplomatischen Verkehrs, etwa mit dem päpstlichen Hofe.[252]

Schon 1516 wurde erstmals auch die Beförderung von Privatbriefen – vorläufig als Nebenerwerb des Hauses Taxis – durchgeführt, als man die damit verbundenen hohen Verdienstmöglichkeiten erkannte. Zwischen 1595 und 1597 verbot der Kaiser alle anderen Postdienste und proklamierte das Postwesen zu seinem Hoheitsrecht (Postregal).[253] Dies kann als die Einführung eines öffentlichen und

---

[252] Vgl. ausführlich Eidenmüller (1985); North (1974), S. 6 ff.

[253] Das Postregal, lat. regalis, bezeichnet Einnahmen (hier des Kaisers) aus (Post-)Verbrauchsteuern, die in Form von finanzmonopolistischen Zuschlägen erhoben werden. Die niederen Regalien (etwa Post-, Branntwein-, Fährregal) wurden auch zur Nutzung verliehen; so wurden die Postdienste 1615 der Familie Taxis in Erblehen übergeben, vgl. Kurtsiefer (1997), S. 6.

staatlichen Postdienstes im Deutschen Reich angesehen werden,[254] der im Grundsatz bis heute besteht. Schon damals lagen die wirklichen Ursachen für das kaiserliche Postregal weniger in den hohen Kosten der vielen Relaisstationen. Sie waren vielmehr innenpolitisch begründet: Die absolutistischen Herrscher konnten sich damit einen sehr guten Einblick in die Informations- und Nachrichtenströme des Volkes verschaffen.[255]

Die Geschichte der Telekommunikation begann im Jahre 1848 mit der Errichtung eines sternförmigen elektrischen Telegrafenverkehrs zwischen verschiedenen Großstädten (Hamburg, Breslau, Frankfurt am Main, Köln) und Berlin.[256] Dieser befand sich von Beginn an in der Hand verschiedener Landesverwaltungen, also in Staatsbesitz (aber noch kein Reichsregal), und diente zunächst ausschließlich politischen und militärischen Zwecken.[257] Im Jahre 1849 wurde er auch für die öffentliche Nutzung freigegeben. Diesem Schritt lagen fiskalische Motive zugrunde – durch Gebühreneinnahmen sollten die hohen Infrastrukturaufwendungen für ein Telegrafienetz leichter aufgebracht werden.[258] Damit war ein weiterer öffentlicher Kommunikationsdienst geschaffen – der Telegrammdienst.

Mit der Reichsgründung 1871 wurde das Reichsregal im Fernmeldebereich begründet. In den folgenden Jahren erfolgten zwei Schritte, die für die eng zusammenhängende Entwicklung von Post- und Telekommunikationswesen essentiell waren: Zum einen wurden 1876 die bislang getrennten Verwaltungen von Post und Telegrafie zusammengeschlossen und 1880 unter Reichspostmeister v. Stephan als oberste Reichsbehörde verselbständigt.[259] Zum anderen integrierte der Reichspostmeister den erst 1877 technisch ermöglichten Telefonverkehr als neuen Aufgabenbereich in seine Verwaltung.[260]

Damit erfolgte eine fast selbstverständliche Ausdehnung des staatlichen Telegrafenmonopols auf den Telefonverkehr, der sich als äußerst gewinnbringend für die Staatsfinanzen erwies.[261] Mit zunehmendem Fortschritt des Telegrafen-

---

[254] So Herrmann (1986), S. 88 f.
[255] Vgl. Kurtsiefer (1997), S. 6.
[256] Zur technischen Entwicklung der elektromagnetischen Telegrafie vgl. ausführlich Drogge (1983) und (1982). Unter Telegrafie oder Fernschreibekunst ist die Übermittlung schriftlicher Informationen mit Hilfe optischer, elektrischer oder anderer nachrichtentechnischer Übertragungsverfahren zu verstehen.
[257] Siehe dazu näher Oberliesen (1982), S. 47 ff.
[258] Siehe dazu Thomas (1989), S. 43, sowie ders. (1988), S. 181.
[259] Vgl. Herrmann (1986), S. 92 f.
[260] Vgl. dazu Basse (1981).
[261] Vgl. Thomas (1989), S. 45.

(einschließlich Telefon-)wesens führte die mangelhafte inhaltliche Festlegung des Reichsregals aus dem Jahre 1871 jedoch zu immer größeren Problemen bei der Abgrenzung zwischen hoheitlichem Bereich des öffentlichen Nachrichtendienstes und privatwirtschaftlich zu erbringenden Leistungen. Die diesbezügliche Diskussion resultierte 1892 im Telegrafengesetz, das das staatliche Monopol im Fernmeldebereich gesetzlich festschrieb.[262]

Die oben beschriebene Konstellation blieb in der Zeit der Weimarer Republik erhalten. Jedoch erbrachten die wirtschaftlichen Schäden der Kriegs- und Nachkriegszeit auch der Deutschen Reichspost (DRP) gravierende Verluste. Letztere bewirkten eine Neuregelung des Rechts- und Finanzverhältnisses zwischen dem Reich und der DRP: Mit dem Reichspostfinanzgesetz von 1924[263] erfolgte eine Ausgliederung der Reichspost aus dem allgemeinen Reichsvermögen.[264] Als Sondervermögen mit eigener Haushalts- und Rechnungsführung wurde die Reichspost zur Kostendeckung verpflichtet und mußte zunächst ihre Überschüsse, später einen bestimmten Prozentsatz ihrer Einnahmen, an den Reichshaushalt abführen. Für den Telekommunikationsbereich wurde 1928 das Fernmeldeanlagengesetz (FAG)[265] als Grundnorm erlassen. Dieses begründete das bis zu den jüngsten Reformen geltende Fernmeldemonopol der Deutschen Bundespost.

3.2. Die alte Marktordnung in der Bundesrepublik

In der frühen Nachkriegszeit lag das Hauptproblem im Wiederaufbau des deutschen Telekommunikationssystems. Das Fernmeldewesen wurde dezentral in den vier Besatzungszonen organisiert, und organisatorisch-politische Fragen waren für die Alliierten von untergeordneter Bedeutung. Da sich deren Aufmerksamkeit hauptsächlich auf die Schaffung eines Grundgesetzes und die Gründung der Bundesrepublik konzentrierte, bestanden für die involvierten Politiker viele Freiräume, die sie zum Wiederaufbau des Postmonopols in der traditionellen Form nutzten.[266]

---

[262] Vgl. RGBl. I (1892), S. 467.
[263] Vgl. RGBl. I (1924), S. 287.
[264] Als vergleichsweise kleines, sachkundiges Kontrollorgan fungierte fortan ein sog. Verwaltungsrat, der an die Stelle von Reichsrat, Reichstag und Reichsfinanzminsterium trat. Er setzte sich aus bis zu 40 Mitgliedern zusammen, die dem Reichstag, dem Reichsrat, der Wirtschaft und dem Verkehrsbereich sowie der Deutschen Reichspost entstammten, vgl. Kurtsiefer (1997), S. 10. Zur Rolle des Verwaltungsrates in der damaligen Zeit vgl. Rittershofer (1976), S. 45 ff.
[265] Vgl. RGBl. I (1928), S. 8.
[266] Vgl. hierzu und zum folgenden Werle (1990), S. 70 ff.

Das FAG von 1928 bildete weiterhin die zentrale Grundlage für das **Fernmeldemonopol der DBP**. Der Begriff Fernmeldeanlage wurde durch die DBP weit ausgelegt. So umfaßte das Monopol der DBP die folgenden vier Bereiche: Das Netzmonopol, das Dienstemonopol, das Endgerätemonopol und die alleinige Entscheidungsbefugnis über die technische Ausgestaltung sämtlicher Fernmeldeeinrichtungen (Zulassungsmonopol).[267] Ausnahmen bildeten lediglich innerbetriebliche Fernmeldeanlagen von Transport- und Versorgungsunternehmen (Elektrizitätswerke, Bundesbahn) sowie von Gebietskörperschaften, die jedoch nicht für eine öffentliche Nutzung zur Verfügung standen.[268] Die **Produktion von Fernmeldeanlagen** – d. h. die Entwicklung und Herstellung der Technik – verblieb demgegenüber in der Hand **privater Unternehmen**, die allerdings durch die erhebliche Nachfragemacht des staatlichen Fernmeldemonopols von diesem stark abhängig waren.

Die DBP hat ihr Monopolrecht in der Praxis in unterschiedlichem Ausmaß in Anspruch genommen. So beanspruchte sie bei den Endgeräten für den einfachen Fernsprechhauptanschluß ein Monopol, bei Nebenstellenanlagen, Telefaxgeräten und Modems (= Zusatzeinrichtungen zur Datenübertragung) beschränkte sie sich dagegen auf eine Wettbewerberposition, und in Märkten für Teletex- bzw. Telefaxgeräte nahm sie lediglich ihr Wartungsrecht in Anspruch.[269] Darüber hinaus genehmigte sie mehrere Spezialnetze für geschlossene Benutzergruppen.[270] Und im Datenkommunikationsbereich erlaubte die Bundespost private Netzkonfigurationen für weltumspannende Datennetze von Großunternehmen, wie Ford oder IBM, jedoch wiederum ausschließlich für den unternehmensinternen Gebrauch.[271] Es stand allerdings jederzeit im Ermessen der DBP, ihre Monopolrechte auch in Wettbewerbsbereichen geltend zu machen.

Den rechtlichen Rahmen für die formalen Einflußmöglichkeiten im Post- und Telekommunikationsbereich bildete bis 1989 das Postverwaltungsgesetz

---

[267] Der Monopolbereich erstreckte sich zudem nicht nur auf die bereits 1928 bekannten technischen Einrichtungen, sondern ebenfalls auf infolge von technischen Innovationen neu entstandene Übertragungswege, Dienste und Endgeräte. Diese dynamische Sichtweise bestätigte das Bundesverfassungsgericht (1978), S. 120 und 144, in seinem sog. Direktrufurteil.

[268] Darüber hinaus durften Private innerhalb ihrer Grundstücksgrenzen bzw. zwischen – nicht weiter als 25 Kilometer voneinander entfernten – Grundstücken für den internen Gebrauch Fernmeldeanlagen errichten und betreiben, vgl. §§ 2 und 3 FAG.

[269] Vgl. Knieps/Müller/Weizsäcker (1981); Monopolkommission (1981), S. 15.

[270] Dazu zählen etwa das sog. START-Netz der Tourismusbranche und das sog. SWIFT-Netz der Kreditinstitute sowie das sog. DATEV-Netz der Steuerberater.

[271] Vgl. Grande (1989), S. 22.

(PostVwG) von 1953.[272] Diesem zufolge war die DBP (mit den drei Unternehmensbereichen Postdienst, Postbank und Telekommunikation) als bundeseigene Verwaltung mit eigenem Verwaltungsunterbau zu führen und vom Bundesminister für das Post- und Fernmeldewesen unter Mitwirkung eines Verwaltungsrates zu leiten, wobei in bestimmten Bereichen Einvernehmensregelungen gegenüber anderen Kabinettsmitgliedern (etwa gegenüber dem Finanz- oder dem Wirtschaftsminister) bestanden. Ihre Beschäftigten unterlagen dem öffentlichen Dienstrecht, so daß der Personalpolitik enge Schranken gesetzt waren. Als Teil der Bundesverwaltung war die Bundespost in ihren Handlungen an gesetzliche Grundlagen bzw. Verordnungen gebunden (Fernsprechgebühren statt Preise) sowie von allgemeinen wettbewerbsrechtlichen Vorschriften ausgenommen (**kartellrechtlicher Ausnahmebereich**). Mit ihrer vom Bundeshaushalt unabhängigen Stellung als Sondervermögen des Bundes erhielt sie keine staatlichen Zuschüsse und hatte sämtliche Verpflichtungen aus ihren Einnahmen zu bestreiten. Die DBP war in ihrer Haushaltsführung demnach zur Eigenwirtschaftlichkeit verpflichtet.

Darüber hinaus hatte sie bestimmte **gemeinwirtschaftliche Aufgaben** zu erfüllen.[273] Diese fanden bereits früh Eingang in die deutsche Telekommunikationspolitik. Das PostVwG formuliert in § 2 I: "Der Bundesminister für das Post- und Fernmeldewesen ist dafür verantwortlich, daß die Deutsche Bundespost nach den Grundsätzen der Politik der Bundesrepublik Deutschland, insbesondere der Verkehrs-, Wirtschafts-, Finanz- und Sozialpolitik verwaltet wird."[274] Vor allem von den Bundesländern wurde das regionalpolitische Ziel einer flächendeckenden Versorgung mit Kommunikationsdiensten (sog. Universaldienst) betont, um dem Wohlfahrtsgefälle von den wirtschaftlichen Zentren zu den Randregionen entgegenzuwirken und einheitliche Lebensbedingungen überall in der Bundesrepublik zu gewährleisten.[275] Hinzu traten weitere Verpflichtungen der DBP wie die bevorzugte Vergabe von Beschaffungsaufträgen an die heimische Fernmeldeindustrie, eine Anpassung der Investitionen an konjunkturelle Schwankungen,

---

[272] Vgl. BGBl. I (1977), S. 676. Das PostVwG hatte seinen Vorläufer im Reichspostfinanzgesetz und wurde 1989 durch das Postverfassungsgesetz (PostVerfG) abgelöst. Zum folgenden vgl. die entsprechenden §§ des PostVwG.

[273] Siehe dazu ausführlich Kapitel 2.2.

[274] Bis zu den Postreformen bestand allerdings keine verfassungsrechtliche Vorgabe zur Erfüllung gemeinwirtschaftlicher Ziele. Erst 1994 wurde erstmals eine konkrete gemeinwohlorientierte Aufgabenstellung verfassungsrechtlich normiert. Nach Art. 87f I GG, i. d. F. v. 30.8.1994, BGBl I., S. 2245, "gewährleistet der Bund im Bereich des Postwesens und der Telekommunikation flächendeckend angemessene und ausreichende Dienstleistungen". Die Forderungen des PostVwG von 1953 nach einer Verwaltung der DBP nach den Grundsätzen der Verkehrs-, Wirtschafts-, Finanz- und Sozialpolitik wurden dabei nicht mehr aufrechterhalten.

[275] Vgl. Kronberger Kreis (1987), S. 27 f.

eine an der Inflationsentwicklung ausgerichtete Gebührenpolitik, die Orientierung der Unternehmenspolitik an sozialpolitischen Motiven (verbilligte Grundgebühr bei Telefonanschlüssen, gebührenreduzierte Anrufe bei der Telefonseelsorge), die Berücksichtigung der nationalen Sicherheit bei der Festlegung von Sicherheitsstandards sowie jährliche Ablieferungen an den Bund in Höhe eines politisch bestimmten Prozentsatzes ihrer Betriebseinnahmen.[276]

3.3. Gesamtwirtschaftliche Auswirkungen der Marktordnungen im Telekommunikationsbereich

Die Geschäftspolitik der Bundespost führte Anfang der sechziger Jahre zu erheblichen Verlusten bei gleichzeitigem Unvermögen, die steigende Nachfrage nach Telefonanschlüssen zu befriedigen.[277] Notwendige Investitionen wurden bereits seit den fünfziger Jahren unterlassen, da Überschüsse aus dem Fernsprechbereich zur Quersubventionierung defizitärer Postbereiche verwendet wurden und Gebührenerhöhungen politisch nicht realisierbar waren. Die Quersubventionierungen fanden zum einen innerhalb einzelner Unternehmensbereiche statt – etwa im Fernmeldebereich durch eine Subventionierung von Ortsgesprächen mit überhöhten Ferngesprächsgebühren.[278] Andererseits durfte auch zwischen den Teilbereichen Post, Postbank und Fernmeldewesen ein interner Kostenausgleich vorgenommen werden.[279]

Die Quersubventionierungen führten zu erheblichen Wettbewerbsverzerrungen, die enorme gesamtwirtschaftliche Ineffizienzen nach sich zogen.[280] So wurden nicht nur defizitäre Leistungen in Monopolbereichen subventioniert. Der Paketdienst etwa unterlag nicht dem Postmonopol. Durch die Finanzierung von Defiziten in diesem (Wettbewerbs-)bereich gewann die Post einen Vorteil im Wett-

---

[276] Vgl. dazu Jäger (1994a), S. 30 f.; Grande (1989), S. 65.

[277] So wurde 1962 ein Jahresumsatz von 6,3 Mrd. DM erwirtschaftet, der zu einer Kostenunterdeckung von 382 Mio. DM führte. Trotzdem wurde in diesem Jahr eine umsatzabhängige Ablieferung an den Bund in Höhe von 422,3 Mio. DM gezahlt, vgl. Witte (1999a), S. 63. Der Fehlbedarf an Telefonanschlüssen hatte sich bis zur Mitte der sechziger Jahre auf ca. 500.000 kumuliert, vgl. Deutscher Bundestag (1966), S. 74.

[278] Vgl. Monopolkommission (1981), S. 72.

[279] Vgl. Emmerich (1984), S. 55. Die Kostendeckungsgrade der drei Teilbereiche der Bundespost lagen 1986 für die Postdienste bei 86 %, für die Postbankdienste bei 100 % und für den Fernmeldebereich bei 111 %. Die Überschüsse im Fernmeldebereich wurden zur Verlustdeckung im Bereich Postdienste verwandt (1986 ca. 2,2 Mrd. DM). Darüber hinaus wurde im Fernmeldebereich in diesem Jahr ein Gewinn von 3,3 Mrd. DM erwirtschaftet, vgl. Witte (1987), S. 17 f.

[280] Vgl. dazu auch Kronberger Kreis (1987), S. 30.

bewerb mit privaten Paketbeförderern.[281] Ähnliche Wettbewerbsverzerrungen bestanden zwischen Postbank und privaten Banken.[282]

Durch die Quersubventionierungen entstanden für geschäftliche Nachfrager anderer Wirtschaftsbereiche Wettbewerbsnachteile gegenüber ausländischen Konkurrenten. Vor allem inländische Unternehmen mit einem hohem Kommunikationskostenanteil wurden durch die überhöhten Ferngesprächsgebühren benachteiligt. Ausländische Konkurrenten hatten oft geringere Telekommunikationskosten zu tragen und verfügten insbesondere in Bereichen, in denen diese einen hohen Gesamtkostenanteil ausmachten, etwa im Dienstleistungsbereich (Banken, Versicherungen, Touristikunternehmen), über Wettbewerbsvorteile.[283]

Die Tarifstruktur im Telekommunikationsbereich diskriminierte jedoch auch private Nachfrager. Telefonbenutzer in Ballungsgebieten erreichten im jeweiligen Ortsnetz im Vergleich wesentlich mehr Teilnehmer als Fernsprechteilnehmer auf dem Lande. Diese wurden aufgrund der geringen Besiedlungsdichte durch die überhöhten Ferngesprächstarife benachteiligt, was gemeinwirtschaftlichen Zielsetzungen, die auf die Einheitlichkeit der Lebensbedingungen im Raum abzielten, widersprach.[284]

Zudem behinderten die von der DBP gesetzten technischen Standards bzw. die Erfordernisse der Einheitstechnik den technischen Fortschritt. So wurde die Fortentwicklung fernmeldetechnischer Anlagen ebenso gehemmt wie die – bereits seit langem technisch mögliche und ökonomisch sinnvolle – Integration verschiedener Fernsprecheinrichtungen in ein Gerät. Statt dessen versuchte die DBP, ihr Fernmeldemonopol auch auf angrenzende Bereiche auszuweiten.[285]

---

[281] Vgl. dazu Busch (1987), S. 26, der jedoch auch einwendet, daß private Paketbeförderer ihre Dienste nicht flächendeckend anbieten.

[282] Zu den Einzelheiten vgl. Busch (1987), S. 26 f.

[283] Siehe dazu Monopolkommission (1981), S. 72 f. Im Jahre 1991 lagen die Telefonkosten bei deutschen Geschäftskunden in einem 23-Länder-Vergleich an 18. Position. In den Niederlanden waren die Telefonkosten 60 % niedriger, vgl. Busch (1992), S. 55. Er stützt sich auf empirische Untersuchungen der OECD (1990), die bereits die Preissenkungen der ersten Postreform enthalten.

[284] Vgl. dazu etwa Kronberger Kreis (1987), S. 29.

[285] Vgl. Monopolkommission (1981), S. 43 und 66 ff. So versuchte die DBP, ihren Monopolbereich auf den Markt für Anrufbeantworter (Zusatzgerät) auszudehnen, auf dem bis 1980 nur private Unternehmen tätig waren. Durch die Integration von Anrufbeantwortern in den Fernsprechapparat wurden sie in den Monopolbereich einbezogen. Darüber hinaus versuchte die DBP, nachträglich ihre Monopolrechte auf den Märkten für Telefaxgeräte sowie für Daten-Modems und schnurlose Telefone geltend zu machen, auf denen bereits private Anbieter gewinnbringend tätig waren. Dies wurde jedoch durch Initiativen von Wirt-

Der Wettbewerb im Telekommunikationsbereich war lange durch ordnungspolitische Ausnahmeregelungen beschränkt. Diese Marktordnungen führten zu gravierenden gesamtwirtschaftlichen Ineffizienzen. Das staatliche Monopolunternehmen bot überteuerte, wenig flexible und differenzierte Leistungen an. Die Quersubventionierungspraxis bewirkte überhöhte Ferngesprächsgebühren, und das staatlich geschützte Monopolunternehmen unterlag keinen Anreizen zu innovativem Verhalten. Dadurch konnten auch die Unternehmen der Zulieferindustrie an den internationalen Wachstumsraten im Telekommunikationsbereich nur unterproportional partizipieren, und nachgelagerte Industrien fielen aufgrund der überhöhten Ferngesprächsgebühren im internationalen Wettbewerb zurück. Trotz jahrzehntelanger Ineffizienzen unterlagen die Marktordnungen aber erst gegen Ende des 20. Jahrhunderts einem gravierenden Wandel. Im folgenden Abschnitt wird anhand einer politökonomischen Betrachtung erklärt, warum sie nicht bereits früher beseitigt wurden.

4. Die Beibehaltung des Status quo ante vor dem Hintergrund der politökonomischen Theorie

Der Hauptgrund für den Fortbestand der alten Marktordnung waren politische Vorteile bzw. Renten für die Nutznießer. Diese hatten erwartungsgemäß ein sehr starkes Interesse an der Beibehaltung des Status quo. Sie waren zudem im allgemeinen besser organisiert als die Kostenträger und konnten somit ihre Interessen im politischen Prozeß stärker zur Geltung bringen. Doch welche Interessen waren nun im einzelnen für die Konservierung der deutschen Telekommunikationsordnung verantwortlich und verhinderten entscheidende Reformen?

Die an diesem Prozeß Beteiligten bilden ein breites Spektrum. Die bedeutsamsten Nachfrager nach ordnungspolitischen Ausnahmeregelungen stellten neben der Geschäftsführung und der Belegschaft der DBP die nationalen Telekommunikationsausrüster dar, die ihre Interessen gegen schwache Widerstände privater Anbieter aus verwandten Branchen und geschäftlicher Nutzer durchsetzten. Auf der Angebotsseite standen ihnen wiederwahlorientierte Politiker gegenüber, die sich von einer interessengruppenspezifischen Telekommunikationspolitik eine Maximierung ihrer Wählerstimmen versprachen. Im folgenden werden die Ziele und Beweggründe der genannten Akteure dargestellt und in den politökonomischen Analyseansatz eingeordnet.

---

schaftsministerium und Europäischer Kommission verhindert, vgl. Jäger (1994a), S. 28; Grande (1989), S. 337 f.

4.1. Interessengruppen innerhalb der DBP und Politiker

Das Unternehmen Deutsche Bundespost läßt sich weder dem marktlichen noch dem politischen Bereich eindeutig zuordnen. Einerseits agierte es als Angebotsmonopol auf dem Fernmeldemarkt, andererseits war es gemäß Postverwaltungsgesetz durch ein enges Kompetenz- und Aufgabengefüge mit der Bundesregierung verbunden. Das folgende Schaubild zeigt die Beziehungen zwischen Unternehmens- und Regierungsebene auf, die in den folgenden Kapiteln näher erläutert werden.

Abb. III.4: Aufgaben- und Kompetenzverteilung gemäß PostVwG

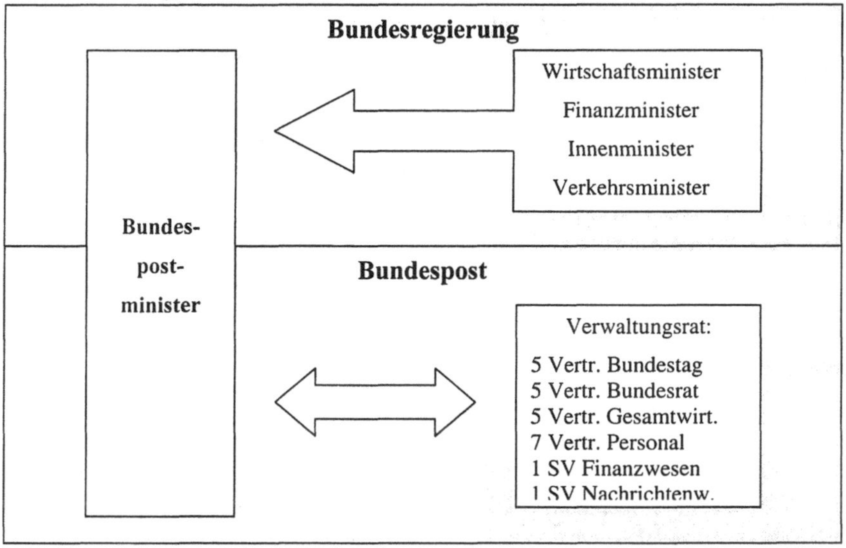

Zunächst werden mit der Unternehmensführung und weiteren, direkt in den telekommunikationspolitischen Prozeß involvierten Politikern die wichtigsten politischen Akteure vorgestellt. Im Anschluß wird auf die Rolle des gewerkschaftlich organisierten Personals eingegangen.

4.1.1. Der Minister für Post und Fernmeldewesen

Das staatliche Unternehmen Deutsche Bundespost wurde vom Bundespostminister geleitet. Die DBP war im Gegensatz zu staatlichen Behörden, die über periodische Budgetzuweisungen finanziert werden, gesetzlich zur Eigenwirtschaftlichkeit verpflichtet, so daß sie keine typische bürokratische Institution darstellte. Der Bundespostminister war demnach nicht als ein charakteristischer Vertreter der Bürokratie im Niskanenschen Sinne anzusehen:[286] Als Unternehmensvorstand strebte er nach einer Gewinnmaximierung, um somit seine persönlichen Ziele (Macht, Ansehen und soziales Prestige) zu verwirklichen. Im bestehenden politökonomischen Kontext erfolgte dies über eine Sicherung der Monopolrente. Er trachtete danach, das staatliche Monopol zu erhalten und auf neue, marktfähige Telekommunikationstechniken auszuweiten. Als Mitglied der Bundesregierung hatte der Bundespostminister dabei auch die "Wählerfreundlichkeit" seiner Unternehmensführung zu beachten. Dementsprechend verfolgte er das Ziel einer Verteidigung und Ausweitung der Monopolrechte unter der Nebenbedingung der Wählerstimmenmaximierung für seine Partei (i. d. R. die Regierungspartei).

Die Zielerreichung wurde durch die organisatorische Struktur der DBP unterstützt: So oblagen dem Bundespostminister sowohl die Leitung als auch – in seiner Eigenschaft als Mitglied der Bundesregierung – die Aufsicht über das Unternehmen.[287] Mit dieser Organisationsstruktur wurde eine sehr enge Verflechtung zwischen betrieblichem und hoheitlichem Bereich geschaffen. Die Synthese von Unternehmensleitung und Regierungsverantwortung des Bundespostministers beeinflußte auch die Personalpolitik: So erfolgte die Besetzung der Führungspositionen nicht in erster Linie nach der fachlichen Eignung, im Vordergrund standen statt dessen politische Kriterien wie Fragen der Parteizugehörigkeit oder der Koalitionsbildung.[288]

Mit der Leitung der Bundespost durch ein Regierungsmitglied konnte sie leichter zur Verfolgung politisch motivierter Ziele eingesetzt werden, was den Interessen des Unternehmens oftmals entgegenstand.[289] Andererseits konnte der Bundespostminister die Belange der DBP direkt in Bundesrat, Bundestag und Bundesregierung vertreten und somit Politik zugunsten "seines Unternehmens" machen.[290] Aus dieser engen organisatorischen Vernetzung und der staatlichen Eigentümerschaft resultierten neben dem Austausch individueller Vorteile gravierende Ineffizienzen: Die Vorteile der DBP aus der direkten Interessenvertretung konnten die Nachteile politischer Eingriffe in die Unternehmensführung nicht aufwiegen. Immer wieder traten Konflikte zwischen politischen und unternehmerischen Zielen bei der DBP auf. So hing die Amtszeit des Bundespostmi-

---

[286] In Anlehnung an Schulz (1995), S. 39 ff.
[287] Vgl. Steinmetz (1958), S. 9.
[288] Blankart (2001), S. 475, spricht hier von "Ämterpatronage", "bei der nicht die Fähigkeit, sondern das Parteibuch den Ausschlag über die Besetzung von Beamtenposten gibt".
[289] Vgl. Herrmann (1986), S. 126. Siehe dazu auch Frey (1981), S. 140.
[290] Vgl. Kurtsiefer (1997), S. 15.

nisters von derjenigen der Bundesregierung ab. Sie war meist viel zu kurz für eine kontinuierliche, rentabilitätsorientierte Unternehmenspolitik. Der jeweils amtierende Bundespostminister war im Hinblick auf die Wiederwahl seiner Partei gezwungen, kurzfristige Erfolge vorzuweisen und seine Geschäftsführung möglichst nicht der öffentlichen Kritik auszusetzen. So war sein Handeln im allgemeinen weniger am langfristigen Unternehmenserfolg orientiert als an einer kurzfristigen, wählerstimmenorientierten Unternehmenspolitik.

4.1.2. Weitere politische Interessen

Die DBP war jedoch nicht allein über den Bundespostminister mit der Politik verbunden. Als Teil der Bundesverwaltung war sie vollständig in den politischen Bereich integriert.[291] Der Unternehmenschef war in seiner Eigenschaft als Bundesminister an die vom Bundeskanzler festgelegten Richtlinien der Politik gebunden und hatte die Beschlüsse der Bundesregierung zu befolgen.[292] Zudem unterlagen fast alle unternehmerischen Entscheidungen der Zustimmungspflicht bzw. der Aufsicht durch andere Bundesministerien, die ihren Einfluß regelmäßig geltend machten.

Die Unternehmenstätigkeit der Deutschen Bundespost wurde von Abgeordneten des Bundestages im Postausschuß[293] (in Zusammenarbeit mit dem Postministerium) begutachtet, der darüber hinaus die Investitionspläne würdigte, Beschlußvorlagen vorbereitete und über die Entlastung des Bundespostministers entschied.[294] Die Abgeordneten verfügten als Mitglieder des Ausschusses über zusätzliche Handlungsspielräume, wobei denjenigen, die zugleich Mitglieder des Verwaltungsrates waren, noch größere Kontroll- und Steuerungsbefugnisse zukamen.[295]

Der Verwaltungsrat verfügte über gewisse Mitwirkungsrechte bei der Leitung der DBP, etwa Aufsichts- und Kontrollbefugnisse.[296] Mit der Ansiedlung von

---

[291] Gegenteilig dazu Jäger (1994a), S. 24. Seiner Meinung nach war die DBP mit ihrer Stellung als Sondervermögen des Bundes relativ autonom gegenüber direkter politischer Einflußnahme. Und auch der Einfluß des Parlaments sei von untergeordneter Bedeutung. Auch Webber (1986), S. 399, stellt fest, daß die Telekommunikationspolitik weitgehend am Bundeskabinett vorbeilief.

[292] Vgl. Art. 65 GG.

[293] Ausschuß für Post und Telekommunikation, bis 1989: Ausschuß für das Post- und Fernmeldewesen, vgl. dazu näher Schulz (1995), S. 45 f.

[294] Zu den Einzelheiten siehe Werle (1990), S. 143.

[295] Vgl. Schulz (1995), S. 46.

[296] Vgl. §§ 1, 12 ff. PostVwG.

Beschlußkompetenzen beim Verwaltungsrat wurde eine doppelte Verflechtung zwischen dem Unternehmen DBP und der Bundesregierung geschaffen. Mit seiner Einrichtung wurde der Zweck verfolgt, den am Post- und Fernmeldewesen beteiligten Gruppen in einem kleinen Gremium Gehör zu verschaffen.[297] Dieser Zielsetzung entsprechend setzte er sich aus 24 Mitgliedern zusammen, die dem Bundestag (5), dem Bundesrat (5), den gewerblichen Spitzenverbänden (5) und der Postgewerkschaft (7) entstammten, ergänzt durch zwei Sachverständige des Nachrichten- bzw. des Finanzwesens (aus Banken- und Fernmeldeindustriekreisen – i. d. R. ein Vertreter von Siemens).[298]

Mit einer Auflösung der Monopolstruktur wären auch (Prestige-)Verluste für jeden involvierten Politiker verbunden gewesen. Es lag demnach in deren individuellem Interesse, das institutionelle Arrangement beizubehalten, um persönliche Einflußmöglichkeiten und Ämter zu erhalten und ferner, um die DBP weiterhin als Instrument zur Stimmenmaximierung einsetzen zu können. Konkret bestand ein politisches Interesse am Ausbau des Telekommunikationssystems, um eine flächendeckende Versorgung sicherzustellen und auf diesem Wege möglichst viele Wählerstimmen zu erlangen. Zudem beinhaltete ein über die Grundversorgung hinausreichender Universaldienst verteilungspolitische Vorteile für die jeweiligen Anbieter (etwa Postangestellte oder Zulieferer), die ebenfalls in das Stimmenkalkül der Politiker einflossen.[299] Darüber hinaus wurde über das Unternehmen DBP eine wählerstimmenorientierte Preispolitik verfolgt, etwa indem ökonomisch notwendige Gebührenerhöhungen möglichst aufgeschoben wurden.[300]

---

[297] Der Deutsche Reichstag etablierte den Verwaltungsrat als Gegengewicht zur gewachsenen Selbständigkeit der DRP (die sie mit der Erklärung zum Sondervermögen des Reiches erhielt). Zu den Initiativen des Verwaltungsrates nach dem PostVwG siehe Rittershofer (1976), S. 47 ff.

[298] Vgl. § 5 PostVwG. Die Gruppen Bund/Eigentümer – Benutzer – Personal waren im Verwaltungsrat demnach einem Kräfteverhältnis von 10 – 7 – 7 entsprechend vertreten, vgl. Herrmann (1986), S. 128. Die Institution unterlag jedoch zunehmender Kritik. In diesem Zusammenhang sei auf die fehlende Vertretung privater Kunden sowie auf dessen geringen faktischen Einfluß auf die Geschäftspolitik der DBP verwiesen, vgl. dazu etwa Kurtsiefer (1997), S. 17; Herrmann (1986), S. 130. Eine wirkliche Kontrolle des Postministers durch den Verwaltungsrat sei Jäger (1994a), S. 26, zufolge aufgrund der institutionellen Regelungen nicht möglich. So wurden Konfliktfälle abschließend von der Bundesregierung entschieden, die sich in der Regel nicht gegen den Postminister gestellt hätte.

[299] Vgl. Blankart/Knieps (1996), S. 51.

[300] Diese Politik führte in den sechziger Jahren zu einem stark gesunkenen Eigenkapitalanteil der DBP (12 %), vgl. dazu Herrmann (1986), S. 210. Gebührenanhebungen erschienen jeweils nur in der Mitte einer Legislaturperiode politisch möglich. Diese mußten dann jedoch so stark sein, daß sie die Preissteigerung einer gesamten Legislaturperiode abfangen konnten. Sie waren somit wesentlich merklicher für die Telefonkunden – und damit stimmen-

Ein weiterer Aspekt war das finanzielle Interesse des Bundes an den Ablieferungen "seiner" DBP, die sich seit 1980 auf jährlich 4 bis 5 Mrd. DM beliefen. Im Gegenzug war die DBP von der Zahlung nahezu aller öffentlichen Abgaben (Umsatz-, Körperschafts-, Vermögens- und Gewerbesteuern) sowie teilweise von der Grundsteuer befreit.[301] Der Grund für diese Regelung war das alleinige Recht des Bundes an den jährlichen Ablieferungen der Bundespost, während bei einer Substitution der Ablieferungen durch Steuern ein Teil der finanziellen Abgaben an die Länder entfiele.[302]

4.1.3. Das Personal der DBP

Die Belegschaft der DBP war noch stärker als die Unternehmensleitung an einer Beibehaltung der gewachsenen Strukturen interessiert. Insbesondere die nach höheren Einkommen, Ansehen und Einfluß strebenden Gewerkschaftsfunktionäre erzielten im Monopolregime persönliche Vorteile (Macht, soziales Prestige). Für das Personal erwies sich ein Gewerkschaftsbeitritt im allgemeinen als lohnend, da die Postgewerkschaften in ihrem Bemühen um finanzielle und soziale Vorteile für ihre Mitglieder überaus erfolgreich waren.[303] Zu den Vorteilen, die weit über die üblichen Leistungen anderer Unternehmen hinausreichten, zählten etwa die Bereitstellung von preisgünstigem Wohnraum, Finanzhilfen beim Eigenheimbau, Studienunterstützung für Familienangehörige etc.[304]

Besonders hervorzuheben ist die Macht der Deutschen Postgewerkschaft (DPG).[305] Das hohe Einflußpotential der DPG lag vor allem darin begründet, daß sie ausschließlich die Interessen der Belegschaft eines einzigen Unternehmens, der Bundespost, vertrat. Der Anteil organisierter Mitarbeiter belief sich auf mehr als 75 %.[306] Die homogene Mitgliederstruktur erleichterte die Interessenorganisation. So mußten nicht wie bei anderen Gewerkschaften die Interessen verschieden strukturierter und unterschiedlich großer Unternehmen berücksichtigt werden, und die Führungspersonen der DPG zeichneten sich durch be-

---

wirksamer – als kontinuierliche Gebührenanhebungen. Zu Gebührenanhebungen und ihren politischen Folgen vgl. Schulz (1995), S. 103 ff. und 135.

301 Vgl. Heyden (1986), S. 14 ff.

302 Vgl. Herrmann (1986), S. 211.

303 Die Personalzusatzkosten erreichten Mitte der achtziger Jahre ca. 114 % des Bruttolohns – ein sehr hoher Wert, der in der Gesamtwirtschaft bei ungefähr 80 % lag, vgl. Jäger (1994a), S. 43.

304 Vgl. Wichmann (1993), S. 18.

305 Daneben waren Mitarbeiter im Deutschen Postverband und in der Christlich-demokratischen Postgewerkschaft organisiert.

306 Der Anteil gewerkschaftlich organisierter Beschäftigter lag in der gesamten deutschen Wirtschaft dagegen bei durchschnittlich 40 %, vgl. Herrmann (1985), S. 298 f.

sondere Fachkenntnis aus. Trittbrettfahrerverhalten wurde durch attraktive selektive Anreize für die Belegschaftsmitglieder weitgehend verhindert.

Das gewerkschaftlich organisierte Personal nahm auf verschiedenen Wegen Einfluß auf die Unternehmenspolitik. Die Gewerkschaftsfunktionäre beeinflußten Unternehmensleitung und Regierung mittels direkter Kontakte oder über andere Kanäle, wie die Personalvertretung und den Verwaltungsrat.[307] Die Gewerkschaftsvertreter waren einerseits auf vielfältige Weise mit staatlichen und politischen Amtsinhabern verbunden, was die politische Durchsetzung ihrer Ziele erheblich erleichterte.[308] Andererseits hatte die DBP dem höchsten Personalvertretungsorgan, dem Hauptpersonalrat, weit über die gesetzlichen Vorgaben hinausreichende Mitwirkungsrechte eingeräumt. Dieser agierte als "vorgeschobene Aktionsgruppe der DPG"[309] und war im Laufe der Zeit ein maßgeblicher Einflußfaktor für die gesamte Geschäftspolitik der DBP geworden. Letztlich wurden die wenigsten Entscheidungen ohne Zustimmung des Personalrats getroffen.

Die Mitglieder der DPG waren daran interessiert, die überdurchschnittlich hohen Sozialleistungen und andere Errungenschaften zu erhalten bzw. möglichst auszubauen, was am besten im bestehenden Monopolregime erreichbar war.[310] Insbesondere die Gewerkschaftsführung selbst hatte ein ausgeprägtes Eigeninteresse am Erhalt des Systems. Denn nur innerhalb des bestehenden Ordnungsrahmens ließ sich eine unternehmens-(nicht branchen-)bezogene Gewerkschaftsorganisation mit allen damit verbundenen persönlichen Vorteilen aufrecht erhalten. Jede Veränderung könnte zu einer Fluktuation von Mitgliedern zu konkurrierenden Gewerkschaften, etwa der Deutschen Angestellten-Gewerkschaft (DAG), führen und somit die eigenständige Position der DPG in Frage stellen.[311]

Aus den genannten Zielsetzungen resultierte seitens der Gewerkschaften eine entschiedene Oppositionshaltung gegen jegliches Bemühen um Privatisierung und Deregulierung. Die Belegschaft der DBP verfügte aufgrund der genannten Merkmale über eine starke politische Durchsetzungsfähigkeit. Sie stellte zudem eine zahlenmäßig bedeutsame Gruppe im Hinblick auf die Wählerstimmenori-

---

[307] Sechs von sieben Personalvertretern im Verwaltungsrat entstammten der DPG, vgl. Herrmann (1986), S. 139. Die Aufgaben und Befugnisse der gewählten Personalvertreter waren im Bundespersonalvertretungsgesetz, BGBl. I (1974), S. 693, geregelt.

[308] Aus eigener Erfahrung berichtet Kurt Gscheidle (1982), S. 243 ff., der aus der Position eines Gewerkschaftsführers stammte und später Staatssekretär und Minister wurde.

[309] Möschel (1987), S. 534. 27 der 31 Mitglieder des Hauptpersonalrats, darunter alle Vorstandsmitglieder, wurden von der Liste der DPG gewählt, vgl. Herrmann (1986), S. 139.

[310] Vgl. Windisch (1987), S. 26.

[311] So auch Voeth (1996), S. 47.

entierung der Politiker dar. Doch nicht nur die Bundespost allein war von den ordnungspolitischen Ausnahmeregelungen im Telekommunikationsbereich betroffen. Im folgenden werden weitere, in die Telekommunikationsmarktordnungen involvierte gesellschaftliche Gruppierungen und ihre jeweilige Interessenlage dargestellt.

4.2. Interessengruppen außerhalb der DBP

Zu den Interessengruppen auf der Anbieterseite zählten insbesondere die sog. Hoflieferanten der Bundespost sowie Anbieter aus technologisch verwandten Branchen, wie etwa der Bürokommunikations- und Computerindustrie. Hinzu kamen potentielle in- und ausländische Telekommunikationsanbieter. Auf der Nachfrageseite waren private Haushalte und – national und international operierende – geschäftliche Benutzergruppen zu unterscheiden. Bei näherer Betrachtung der genannten Interessengruppen wird insbesondere eine unzulängliche Interessenvertretung in spezifischen Verbänden augenfällig. Eine Interessenvertretung erfolgte in aller Regel durch die großen Wirtschaftsverbände. Zu den einflußreichsten Verbänden im Telekommunikationsmarkt zählten als Interessenvertretung der deutschen Industrieunternehmen der Bundesverband der Deutschen Industrie (BDI), als Interessenvertretung von Handels- und Industrieunternehmen der Deutsche Industrie- und Handelstag (DIHT)[312] sowie als Interessenvertretung der Büro- und Kommunikationsindustrie und der Computertechnikproduzenten der Verband Deutscher Maschinen- und Anlagenbau (VDMA) und der Zentralverband Elektrotechnik- und Elektronikindustrie (ZVEI). Demgegenüber waren die Interessen der geschäftlichen Telekommunikationsnachfrager in einem speziellen Verband, dem Verband der Postbenutzer (VdP) gebündelt.[313]

4.2.1. Die nationale Telekommunikationsgüterindustrie

Die Zulieferindustrie der Bundespost vertrat ein ähnlich stark ausgeprägtes Umverteilungsinteresse wie das Management und die Belegschaft des staatlichen Monopolunternehmens selbst. Die privaten Hersteller von Telekommunikationsausrüstung sind deshalb als eine weitere gewichtige Stütze des Status quo anzusehen.[314] Die hohe Interessenkonvergenz zwischen den Zulieferunterneh-

[312] Seit 2001 Deutscher Industrie- und Handelskammertag – DIHK.

[313] Der VdP wurde 1997 in Deutscher Verband für Post und Telekommunikation (DVPT) umbenannt. Damit wurde den Postreformen Rechnung getragen, in deren Folge der Begriff "Post" nicht mehr als Oberbegriff für Post, Postbank und Telekommunikation galt.

[314] Vgl. Möschel (1987), S. 534.

men und der DBP wurde durch enge persönliche Beziehungen (auch zur Ministerialbürokratie) manifestiert,[315] und die Hoflieferanten der Bundespost hatten Aufsichts- und Kontrollbefugnisse im Verwaltungsrat inne.

Infolge ihrer Monopolstellung verfügte die Bundespost über ein fast ausschließliches Nachfragemonopol nach Telekommunikationsprodukten. Neben einer größeren Anzahl **mittelständischer Nachbaufirmen**, die über direkte Vertriebsbeziehungen auf den Nachfragemonopolisten DBP angewiesen waren, wai Siemens der mit Abstand größte heimische Zulieferer. Daneben existierten auf dem hoch konzentrierten Markt noch einige weitere **große Telekommunikationsproduzenten**. Ihre starke finanzielle Abhängigkeit von der DBP veranlaßte sie dazu, durch eine feste Aufteilung der Marktanteile über den ZVEI[316] verbandsinterne Konkurrenz auszuschalten und somit ihre Auftragslage zu sichern.[317]

Die wenigen großen Produzenten waren stark exportorientiert.[318] Sie profitierten vom Beschaffungsverhalten der Bundespost, das fast ausschließlich[319] auf den nationalen Markt orientiert war.[320] Das System einer gemeinsamen Vergabe von Entwicklungs- und Produktionsaufträgen garantierte die Amortisation der Forschungs- und Entwicklungsmaßnahmen der Unternehmen. Die faktische Ab-

---

315 So existierten beispielsweise Verbindungen zwischen Vorstandsmitgliedern der Unternehmen und den Behörden im Postministerium, die im allgemeinen auf ein gemeinsam absolviertes Fernmeldestudium zurückgingen. Näheres dazu bei Grande (1989), S. 52; Webber (1986), S. 401.

316 Während die Lieferanten der DBP in ihrer Eigenschaft als Produzenten Mitglied des BDI waren, wurden ihre Anwenderinteressen vom DIHT oder vom VdP vertreten, vgl. Schulz (1995), S. 57.

317 Vgl. Schulz (1995), S. 69; Jäger (1994a), S. 37; Werle (1990), S. 245.

318 Der Exportanteil an der Produktion betrug 1970 24,7 % und stieg bis 1987 auf 38,3 % an, vgl. Dörrenbächer (1999), S. 165.

319 So bezog die DBP 1980 Paketvermittlungsstellen für das Datex-P-Netz beim kanadischen Produzenten Northern Telecom, da die deutschen Produzenten nicht in der Lage waren, dieses Produkt zu liefern, vgl. Jäger (1994a), S. 39. Und bereits vor den Postreformen versuchte die Bundespost, insbesondere die Angebotsmacht von Siemens zu lockern, indem verstärkt Aufträge an ausländische Unternehmen vergeben wurden, vgl. Webber (1986), S. 403. Die entsprechenden Importquoten lagen jedoch in den achtziger Jahren bei unter 6 %, womit eine weiterhin enge Verflechtung mit der heimischen Zulieferindustrie ersichtlich ist, vgl. OECD (1987), S. 116. Siehe dazu auch Grande (1989), S. 297; Möschel (1988), S. 176.

320 Die engen Beziehungen zwischen DBP und ihren Hoflieferanten verdeutlicht folgendes Zitat: "Bis in die nahe Vergangenheit war die Telekom ein idealer Partner. Ihre Planungen waren die Geschäftsbasis der Industrie. ... Ab Oktober des Vorjahres wurden die Plandaten schrittweise mit der Industrie abgestimmt. Im Dezember wurden sie dann quasi bindend für das Folgejahr verabschiedet. Der Industrie blieb die Freude der Umsetzungsplanung.", Reich (1996), S. 31.

schottung des inländischen Telekommunikationsmarktes begünstigte vor allem international operierende Zulieferunternehmen, wie etwa Siemens und SEL. Diese konnten die im Inland erworbenen Referenzen marketing-strategisch im Ausland nutzen. Aus den vorherrschenden ordnungspolitischen Strukturen resultierte somit eine nahezu vollständige Existenzabsicherung für die Zulieferer. Mit der faktischen Absatzgarantie waren darüber hinaus sichere Arbeitsplätze und relativ voraussehbare Laufbahnen für die ca. 110 000 Beschäftigten der Zulieferunternehmen verbunden.[321]

Zusammenfassend kann eine starke Interessenübereinstimmung zwischen der Telekommunikationsausrüstungsindustrie und dem staatlichen Fernmeldemonopol konstatiert werden. Die Zulieferindustrie hatte sich mit dem bestehenden Ordnungsrahmen arrangiert und partizipierte am Monopolregime. Die ausgesprochen kleine, homogene Interessengruppe der Hoflieferanten zählte somit zu den vehementesten Befürwortern des staatlichen Monopolregimes.

4.2.2. Weitere Anbieterinteressen

Von den inländischen Zulieferunternehmen waren demnach keine Liberalisierungsbestrebungen zu erwarten. Doch in einer zunehmend weltweit arbeitsteiligen Gesellschaft stellt sich die Frage, ob nicht statt dessen von **ausländischen Telekommunikationstechnikproduzenten** ein Veränderungsdruck ausgehen kann. Für das damalige politökonomische System muß diese Frage jedoch verneint werden. Ausländische Anbieter konnten nur auf eine Marktöffnung drängen, wenn auch umgekehrt ihr heimischer Markt für deutsche Produkte geöffnet würde. Doch auch sie zogen größtenteils, ähnlich den deutschen Zulieferern, ihre abgeschotteten heimischen Märkte einer Wettbewerbslösung vor.[322] Gleiches trifft für die staatlichen oder staatlich geschützten **Fernmeldemonopole anderer Industriestaaten** zu.

Und auch von inländischen **potentiellen Zulieferunternehmen**, die am Liefervolumen der DBP teilhaben wollten, sowie **Produzenten in technisch verwandten Bereichen** wie der Bürokommunikations- und Computerindustrie ging bis zu Beginn der achtziger Jahre noch kein stimmenwirksamer Veränderungsdruck aus. Unternehmen der Telekommunikationsgeräteindustrie, die nicht zugleich Lieferanten der DBP waren, verfügten über eine relativ homogene Interessenstruktur – sie hätten von einer Liberalisierung des Telekommunikationsmarktes direkt profitiert. Sie waren im BDI organisiert, innerhalb dessen sie sich

---

[321] Vgl. Jäger (1994a), S. 43.
[322] Vgl. Kurtsiefer (1997), S. 48.

für eine Abschaffung der Marktzutrittsbeschränkungen einsetzten. Da der BDI jedoch u. a. auch die Interessen der aktuellen Zulieferunternehmen der DBP vertrat, die gegen Liberalisierungen im Telekommunikationsbereich agierten, war er nicht imstande, eine geschlossene Position einzunehmen und auf Liberalisierungen zu drängen.

Durch die zunehmende Konvergenz von Telekommunikation und Datenverarbeitung waren die Interessen der Computer- und Bürokommunikationsindustrie zwar in wachsendem Ausmaß berührt, doch hatte sich in diesen relativ jungen Industriezweigen noch keine geschlossene Interessenvertretung etabliert. Die Hauptursache für fehlenden Liberalisierungsdruck seitens der Computerindustrie, die im VDMA organisiert war, stellte deren geringe internationale Wettbewerbsfähigkeit dar. Der Weltmarktanteil lag 1984 bei gerade einmal 6 %.[323]

Der einzige konkurrenzfähige deutsche Bürokommunikationsproduzent war Siemens, der jedoch gleichzeitig der größte Hoflieferant der DBP war. Das Unternehmen befand sich in einem Interessenkonflikt: Einerseits war die Leistungsfähigkeit und Diffusion der Computerindustrie abhängig von niedrigen Gebühren und einem leistungsfähigen deutschen Telekommunikationssystem. Unter diesem Aspekt hatte das Unternehmen ein starkes Interesse an der Abschaffung des staatlichen Monopols, in deren Folge Gebührenabsenkungen und Qualitätsverbesserungen zu erwarten waren. Auf der anderen Seite profitierte Siemens erheblich von der Monopolstellung der DBP im Telekommunikationstechnikbereich, deren Vorteile die Nachteile im Geschäftsbereich Computerindustrie überwogen.[324] Somit unterlag Siemens zunächst noch geringen Anreizen, gegen das bestehende Telekommunikationsmonopol zu opponieren.

4.2.3. Die Nachfrageseite

Auf der Nachfrageseite waren private und geschäftliche Nutzer von Telekommunikationsleistungen zu unterscheiden. Deren Interessen waren in der Bundesrepublik im DIHT (gewerbliche Unternehmen sowie Anwenderinteressen aller Unternehmen), im VdP (vor allem unternehmerische Benutzerinteressen) sowie in Verbraucherverbänden (Interessen der privaten Benutzer) gebündelt.

Die Interessenlage der Nachfrager ist aus den folgenden Gründen schwer zu beurteilen: Aufgrund der zahlreichen Quersubventionierungen im Gebührensystem der DBP ließen sich keine zweifelsfreien Aussagen über die Folgen eines ord-

---

[323] Vgl. Grande (1989), S. 39 f.
[324] Vgl. Voeth (1996), S. 46.

nungspolitischen Wandels machen. So war nicht gewiß, "welche Benutzergruppe über welche Quersubventionierungen letztlich die Hände in wessen Taschen hat"[325]. Darüber hinaus wichen die Interessenpositionen der einzelnen Nachfragergruppen voneinander ab: Vor allem kleine **private Benutzer** in Randgebieten waren an einem Monopolschutz interessiert, da sie aufgrund überdurchschnittlich hoher Verlegungs- und Betriebskosten (angeblich) von den Quersubventionierungen profitierten.[326] Demgegenüber waren **geschäftliche Nutzer**, die viele Ferngespräche führten, in der Regel für eine Abschaffung des Fernmeldemonopols, da sie die Hauptlast der internen Subventionierung zu tragen hatten.

Die Gruppengröße und die heterogene Bedürfnisstruktur der Nachfrager standen einer freiwilligen Verbandsbildung größtenteils entgegen. Innerhalb der großen Verbände (DIHT und Verbraucherverbände) war keine einheitliche Willensbildung möglich – zumal auch die Zulieferfirmen der DBP Mitgliedsunternehmen im DIHT waren. Lediglich große geschäftliche Nutzer mit einem hohen Ferngesprächsanteil waren in der Lage, ihre relativ homogenen Benutzerinteressen im VdP zu bündeln. Diese Gruppe stellte im Theoriegebäude der NPÖ die einzige Gegenkraft dar, die konsequent auf die Abschaffung des Status quo hinwirkte. Die vom Verband der Postbenutzer vertretenen Liberalisierungsinteressen kamen letztlich auch den vielen kleinen gewerblichen Nutzern und den Privatkunden unentgeltlich zugute. Die überhöhten Telefontarife waren für diese kaum merklich, so daß sie – entsprechend der Theorie der rationalen Ignoranz von Downs – selbst keinen Anreizen unterlagen, gegen das staatliche Fernmeldemonopol zu opponieren.

4.3. Zwischenfazit

Der langjährige Bestand eines überholten ordnungspolitischen Rahmens im deutschen Telekommunikationsbereich ist auf das eigennützige Verhalten der beteiligten Akteure zurückzuführen. Die Entscheidungen wiederwahlorientierter

---

[325] Möschel (1987), S. 536, zufolge bestanden Hinweise darauf, daß die privaten Haushalte die gewerblichen Nutzer subventionierten, da der zum größten Teil (55 %) von Privaten in Anspruch genommene Fernsprechdienst mit 2 Mrd. DM jährlich die "Gelbe" Post ("Gelbe" Post = Postdienst; "Graue" Post = Telekommunikationsbereich) subventionierte, die zu 80 % von der gewerblichen Wirtschaft in Anspruch genommen wurde. Andere Quellen wiederum behaupten eine Subventionierung der Privat- durch die Geschäftskunden, da der überteuerte Ferngesprächsbereich überwiegend von Geschäftskunden genutzt würde, mit dem verbilligte Ortsgespräche subventioniert würden, die jedoch überwiegend von Privaten geführt würden, vgl. dazu etwa Voeth (1996), S. 48; Blankart/Knieps (1989b), S. 587; Busch (1987), S. 28.

[326] Vgl. Blankart/Knieps (1989b), S. 586.

Politiker erfolgen entsprechend dem politischen Kräfteverhältnis. Unter diesem Aspekt wurden im vorangegangenen Kapitel die wichtigsten, von den ordnungspolitischen Regelungen im Telekommunikationsbereich betroffenen gesellschaftlichen Einflußgruppen auf ihre jeweilige Interessenlage sowie ihr politisches Gewicht hin untersucht.

Die über Jahrzehnte gewachsene Marktordnung im deutschen Telekommunikationsbereich ist zusammenfassend wie folgt erklärbar: Eine stille Koalition aus Beharrungskräften war für das jahrzehntelange Nicht-Zustandekommen politischer Entscheidungen in diesem Bereich verantwortlich. Im Laufe der Zeit manifestierte sich ein verzweigtes System von politischen Renten, die einem starken Bestandsschutz unterlagen. Dafür verantwortlich zeichnete eine Allianz aus Politikern und Sonderinteressengruppen innerhalb und im näheren Umfeld der Bundespost. Die Bevölkerungsmehrheit profitierte (angeblich) von gemeinwirtschaftlichen Versorgungszielen der DBP, die sich letztgenannte mit dem staatlichen Monopolschutz "vergüten" ließ. Dieser empirische Befund korrespondiert mit den in Teil II der Arbeit vorgestellten Modellen der positiven Regulierungstheorie.

Abweichungen vom Status quo kommen politökonomischen Erkenntnissen zufolge erst dann zustande, wenn das politische Gewicht der Einflußgruppen überwiegt, die sich daraus einen Nutzenzuwachs versprechen. Kritik am ordnungspolitischen Rahmen im Telekommunikationsbereich stammte insbesondere von den großen geschäftlichen Nutzern, von Herstellern von Telekommunikationsprodukten, die nicht zu den Hoflieferanten der DBP zählten, von der Bürokommunikations- und Computerindustrie sowie aus wissenschaftlichen Kreisen. Diese Opposition verfügte jedoch über kein ausgeprägtes politisches Gewicht, so daß der Gleichgewichtszustand der Beharrungskräfte über Jahrzehnte nicht gestört wurde.

Die aus dem traditionellen Monopolkonzept resultierenden zahlreichen Ineffizienzen ließen in den achtziger Jahren die Forderungen nach Deregulierungen und Privatisierung immer lauter werden. Vor allem im Endgeräte- und im Ferngesprächsbereich existierten schon damals erhebliche Deregulierungspotentiale. Deren praktische Umsetzung erfolgte jedoch erst, als exogene Faktoren eine Beibehaltung des Status quo politisch nicht mehr lohnend erscheinen ließen. Mit den drei Postreformen von 1989, 1994 und 1996, die im folgenden aus politökonomischer Perspektive untersucht werden, reagierten wiederwahlorientierte Politiker zum Teil lediglich auf das Unausweichliche, zum Teil diente die aktive Gestaltung von Liberalisierungsprozessen politischen Unternehmern aber auch als Instrument, das sie aktiv zur Erlangung persönlicher Vorteile einsetzten.

5. Die Entwicklung des deutschen Telekommunikationsmarktes von Regulierungen zu Deregulierungen

5.1. Die Entwicklung zur Reformreife und der erste Reformschritt

5.1.1. Frühere Reformversuche und politökonomische Konsequenzen

Angesichts bedenklicher Entwicklung mehrten sich bereits in den sechziger Jahren die Zweifel an der bisherigen Organisationsform der DBP. Aufgrund drohender Popularitätsverluste der Regierung wurde 1964 eine Sachverständigenkommission eingerichtet,[327] deren Vorschläge auf eine Organisationsreform zur Verminderung des politischen Einflusses auf das Fernmeldewesen zielten. Sie wurden von der Bundesregierung bis auf einige betriebswirtschaftliche Empfehlungen jedoch weitgehend abgelehnt.[328]

In der zweiten Hälfte der sechziger Jahre erfolgte erstmals implizite Kritik am staatlichen Fernmeldemonopol. So forderte zunächst der Bundesverband der Privatbanken einen Verzicht auf Quersubventionierungen zugunsten des Postbankdienstes, um Wettbewerbsverzerrungen im Bankenbereich zu vermeiden.[329] Anschließend bemängelten auch weitere Verbände (BDI, ZDH u. a.) unter Wortführung des DIHT die Quersubventionierungen zugunsten der Gelben Post.[330] Diese Kritik hatte jedoch zunächst keine konkreten politischen Folgen.

Nachdem absehbar wurde, daß die antizyklische Fiskalpolitik der sechziger Jahre die Finanzprobleme nur vorübergehend stabilisieren konnte,[331] faßte die sozialliberale Koalition nach dem Regierungswechsel 1969 eine Reform der Unternehmensverfassung der DBP ins Auge, die die Wirtschaftlichkeit und Eigenständigkeit des Unternehmens sichern sollte. Die noch im selben Jahr neu bestellte "Kommission Deutsche Bundespost"[332] wurde mit der Erarbeitung von

---

[327] Diese Kommission bestand aus sieben Mitgliedern, davon drei aus dem wissenschaftlichen Bereich, zwei aus der elektrotechnischen Industrie, einem DIHT-Vertreter und einem ehemaligen Beamten der Bundespost, vgl. Deutscher Bundestag (1966), Anlage 11.

[328] So strebte das Unternehmen fortan in jedem Unternehmensbereich Kostendeckung an, teilweise kam es zu Gebührenanhebungen, und die Ablieferungen an den Bund wurden zwischen 1965 und 1977 drastisch gekürzt bzw. an die DBP zurückgezahlt, um die Eigenkapitalbasis des Unternehmens zu stärken. Zu den Einzelheiten siehe ausführlich Witte (1999a), S. 63 ff.; Herrmann (1986), S. 210; Deutscher Bundestag (1966).

[329] Vgl. Werle (1990), S. 149.

[330] Siehe ausführlich Jäger (1994a), S. 86 f.

[331] Vgl. Werle (1990), S. 214.

[332] Die Kommission setzte sich aus 24 Mitgliedern zusammen (vier Mitglieder des Deutschen Bundestages, zwei Länderminister, fünf Personalvertreter, der Verwaltungsratsvorsitzende, ein Repräsentant der Firma Siemens, ein Vertreter der mittelständischen Fernmeldeindust-

Reformvorschlägen für ein neues Postverfassungsgesetz betraut. Kernstück ihrer Empfehlungen war die Trennung von Regulierungshoheit und Unternehmensleitung. Doch in der zwei Legislaturperioden andauernden parlamentarischen Diskussion konnte weder den ursprünglichen Vorschlägen noch späteren abgeschwächten Reformkonzeptionen zum Durchbruch verholfen werden.[333]

Im Zuge der weiteren Diskussion um das Postverfassungsgesetz wurde – wiederum vom DIHT – erstmals explizite Kritik am Fernmeldemonopol der Bundespost geäußert. Bei den Anhörungen zum Gesetz forderte dieser statt der vorgesehenen allgemeinen Umschreibung der Aufgaben der DBP eine enumerative Auflistung.[334] Dahinter stand die Befürchtung von Unternehmen aus der Büro- und Datenkommunikation, die DBP würde ihren Monopolbereich beliebig auf neu entstehende, von Privaten bereits erschlossene Teilmärkte ausweiten. Dieser Vorschlag fand jedoch keinen Eingang in das Reformvorhaben. Die Befürchtungen der Wirtschaft bewahrheiteten sich, als 1977 das Bundesverfassungsgericht die Ausweitung des Fernmeldemonopols der Bundespost auf die sog. "neuen Dienste" bestätigte.[335]

Infolge der wachsenden Bedeutung der Datenkommunikation – die einen starken Nachfrageanstieg, insbesondere bei geschäftlichen Nutzern, nach sich zog – und der erstarkenden Computerindustrie nahm die Opposition gegen eine dirigistische Telekommunikationspolitik zu. Sie konnte sich politisch jedoch noch nicht gegen die weiterhin sehr starke Interessenallianz zugunsten des bestehenden ordnungspolitischen Rahmens durchsetzen. Das Management der DBP drang lediglich auf mehr unternehmerische Freiräume innerhalb des bestehenden Ordnungsrahmens.[336] Zudem bestand noch in den siebziger Jahren ein breiter gesellschaftlicher Konsens über die Beibehaltung des staatlichen Fernmeldemonopols.[337]

5.1.2. Auslösende Faktoren der Deregulierungen im Telekommunikationsbereich

Politischer Handlungszwang entsteht, wenn sich die Rahmenbedingungen wandeln, unter denen in der Vergangenheit Entscheidungen getroffen wurden. Ver-

---

rie, vier Vertreter der großen Wirtschaftsverbände, ein Unternehmensberater sowie drei Wissenschaftler), vgl. Laue (1971), S. 102 f.

[333] Vgl. ausführlich dazu Witte (1999a), S. 66 ff., sowie Jäger (1994a), S. 98 ff.

[334] Vgl. Kühn (1971), S. 55.

[335] Vgl. Bundesverfassungsgericht (1978).

[336] Vgl. Witte (1999a), S. 68 f.

[337] Vgl. Jäger (1994a), S. 110 f.

änderte Rahmenbedingungen führen zu einer modifizierten Interessenkonstellation der betroffenen Wirtschaftssubjekte, die auch das Stimmenkalkül wiederwahlorientierter Politiker beeinflussen. Diese reagieren mit der Herbeiführung ordnungspolitischer Veränderungen, wenn sie ihre Wiederwahl gefährdet sehen. Doch welche Faktoren waren nun konkret für die veränderte Interessenkonstellation im Telekommunikationsbereich verantwortlich?

Die entscheidenden Deregulierungsanstöße sind vor allem auf die in Teil II genannten Determinanten, technologische Neuerungen, bereits erfolgte Liberalisierungen in anderen Ländern und den Globalisierungsprozeß sowie internationale Handelsliberalisierungen und Liberalisierungsbestrebungen der Europäischen Kommission, zurückzuführen. Darüber hinaus unterlagen Wissenschaft und Politik in den achtziger Jahren einem wirtschaftspolitischen Paradigmenwechsel wider weitreichenden staatlichen Interventionen und zugunsten freier Markt- und Wettbewerbsprozesse. In der nachfolgenden Darstellung werden im Rahmen einer politökonomischen Untersuchung die Auswirkungen der genannten Umweltdeterminanten auf den Liberalisierungsprozeß im deutschen Telekommunikationsmarkt beleuchtet.

5.1.2.1. Technologieinduzierte Marktentwicklungen

Telekommunikationssysteme unterlagen bis zur Mitte des 20. Jahrhunderts keinen gravierenden technischen Veränderungen. Sie waren durch mechanische bzw. elektromechanische Vermittlungstechnik und leitungsgebundene Übertragungssysteme (in der Regel Kupferkabel) charakterisiert. Doch seit den siebziger Jahren stießen veränderte technologische Rahmenbedingungen sowie damit einhergehende neue Kundenwünsche einen enormen Wandlungsprozeß an.[338]

Neuartige Übertragungsmedien, wie Glasfaserverbindungen, Satellitenübertragung und Mikrowellentechniken, traten neben das traditionelle Kupferkabel. Mit den nicht-erdgebundenen Übertragungswegen entstanden **Substitutionsmöglichkeiten** zu den alten terrestrischen Netzen. Sie waren – insbesondere im Ferngesprächsbereich – mit verminderten Investitionskosten verbunden.[339] Im

---

[338] Zur Entwicklung der Telekommunikationstechnologie vgl. statt vieler Bell Telephone Laboratories (1975). Zum allgemeinen Zusammenhang zwischen technologie- und nachfrageinduzierter Dynamik im Telekommunikationsbereich vgl. etwa Backhaus/Voeth (1995), S. 396.

[339] So benötigen traditionelle Kupferkabel alle 7 bis 8 Kilometer Vermittlungseinrichtungen, die bei Richtfunk lediglich alle 40 Kilometer anfallen. Hinzu kommen bei erdgebundenen Übertragungssystemen die entfernungsabhängigen Verlegungskosten, vgl. Knieps (1987), S. 150.

Vergleich zu den traditionellen kabelgebundenen Systemen waren Größenvorteile nun bereits bei wesentlich geringeren Nachfragemengen ausgeschöpft, so daß der Aufbau paralleler (Teil-)Netze wirtschaftlich sinnvoll wurde.

Hinzu kam eine zunehmende Bedeutung der **Mikroelektronik** als Basistechnologie für viele Bereiche der Volkswirtschaft, etwa in der Medizin, der Computerindustrie, der Mikroprozessortechnik, der Unterhaltungs- und Freizeitelektronik und der Telekommunikation.[340] Die durch die Mikroelektronik ausgelöste technische Konvergenz vieler Bereiche führte zum **Zusammenwachsen regulierter und unregulierter Märkte**. So verschmolzen die Märkte für Nachrichten-, Fertigungs- und Automatisierungstechnik sowie für Computer- und Bürokommunikationstechnik zum gemeinsamen Markt für Informationstechnologien,[341] der eng mit dem Kommunikationsmarkt verflochten ist.

Mit dem technischen Vormarsch der Mikroelektronik ging im Telekommunikationsbereich die **Digitalisierung** der Nachrichtenübertragung einher. Diese ermöglichte durch die einheitliche Codierung verschiedener Informationsarten (Sprache, Daten, Bild) die Integration von bislang über verschiedene Netze angebotenen Telekommunikationsdiensten (Integrated Service Digital Network – ISDN) und war somit sehr viel leistungsfähiger, kostengünstiger und begünstigte die Entstehung **vielfältiger neuer Diensteangebote**.

Das Zusammenwachsen von Informations-, Kommunikations- und Bürotechnik in Verbindung mit neuen Übertragungssystemen und der Digitalisierung der Nachrichtenübertragung führte zu einer Vielzahl neuer Anwendungsmöglichkeiten bei sinkenden Kommunikationskosten. Die früheren signalspezifischen Dienste wurden Mitte der achtziger Jahre durch eine Kombination von Sprach- und Datenkommunikation und seit den neunziger Jahren durch die Integration von Sprach-, Bild- und Datenkommunikation (Mehrwertdienste) abgelöst.[342] Aus dieser Entwicklung resultierte eine zunehmende qualitative Differenzierung der Nachfragewünsche bei gleichzeitig starkem quantitativem **Nachfragezuwachs** nach Telekommunikationsleistungen, wobei die höchsten Wachstumsraten im Bereich der Mehrwertdienste lagen.[343]

---

[340] Zu weiteren Beispielen siehe Grande (1989), S. 77.

[341] Vgl. Backhaus (1995), S. 354.

[342] Zur explosionsartigen Diensteentwicklung im Telekommunikationsbereich vgl. ausführlich Ungerer (1989), S. 59; Kronberger Kreis (1987), S. 10 ff.; Knieps/Weizsäcker (1986), S. 340 ff.; Knieps (1985), S. 5 ff.

[343] Zu den Implikationen des technologischen Fortschritts für die Angebots- und Nachfrageentwicklung auf Telekommunikationsmärkten siehe Gerpott (1999), S. 56 ff.

Die neuen Übertragungstechniken und -systeme führten zu einer Entwertung ehemals irreversibler Investitionen und somit zu einem **Abbau technisch bedingter Marktzutrittsbarrieren**. Das nationale Telekommunikationsmonopol wurde zunehmend angreifbar. Der technologische Fortschritt beseitigte damit eine wesentliche Grundlage der normativen Regulierungsbegründungen im Telekommunikationsbereich und eröffnete auf diese Weise Liberalisierungspotentiale.[344]

Die technologische Entwicklung bewirkte jedoch nicht nur, daß die ökonomische Legitimation des Telekommunikationsmonopols gegenstandslos wurde. Aus politökonomischer Perspektive resultierte ein merklicher Wandel im Anreizsystem. Als markanteste Veränderung waren erstarkende Produzenteninteressen zu identifizieren, die von einer Abschaffung des Monopolsystems profitieren würden. So waren die Nutzungsmöglichkeiten der von den **Bürokommunikations- und Computerproduzenten** hergestellten Güter immer mehr von einer preisgünstigen und sicheren Versorgung mit modernen Telekommunikationsleistungen abhängig. Die Computerindustrie entwickelte sich in den achtziger Jahren zu einem der nachdrücklichsten Befürworter einer Entmonopolisierung.[345] Zu dieser Gruppe zählten ebenso **Newcomer** im Dienstebereich wie Mobilfunknetzbetreiber, potentielle Mehrwertdiensteanbieter oder Unternehmen, die bereits in anderen Bereichen öffentliche Netze betreiben, etwa aus dem Energie- oder Bahnbereich.[346] Letztgenannte Unternehmen verfügten zum Teil bereits über unternehmensinterne Telekommunikationsnetze, so daß ein schneller Marktzutritt in liberalisierte Telekommunikationsmärkte technisch möglich war.[347]

Mit der zunehmenden Integration von IuK-Technologien in alle Geschäftsbereiche war auch unter den **geschäftlichen Nachfragern** ein gestiegenes Interesse an einer wettbewerblichen Organisation des Telekommunikationsbereiches zu verzeichnen. Denn spezifizierte Anwenderwünsche und eine preisgünstige Versorgung mit Telekommunikationsleistungen können erfahrungsgemäß eher im Wettbewerb als in monopolistisch strukturierten Märkten erbracht werden.

Aber auch in der Gruppe der konservativen, am Status quo orientierten Interessen waren erste technologisch bedingte Verhaltensänderungen beobachtbar. So war für das **Management der Bundespost** absehbar, daß die diversifizierten

---

[344] Vgl. Welfens/Graack (1997a), S. 217.

[345] Vgl. Grande (1989), S. 304.

[346] Weitere potentielle Telekommunikationsanbieter sind in vielen Ländern auch die Betreiber der Kabelfernsehnetze. In Deutschland war jedoch der staatliche Monopolist selbst alleiniger Eigentümer dieser Infrastruktur, vgl. Welfens (1999b), S. 22.

[347] Näher dazu siehe Welfens/Graack (1997a), S. 228 f.; Sondhof (1994), S. 529.

Nachfragerwünsche von der DBP allein bald nicht mehr in ausreichendem Maße befriedigt werden könnten. Eine totale Monopolstellung wäre demnach in Zukunft politisch nicht mehr zu rechtfertigen gewesen. Das Unternehmen forcierte weitere Organisationsreformen, um seine Flexibilität im veränderten Umfeld zu erhöhen und politische Einflüsse auf die Unternehmenspolitik zu verringern.[348]

5.1.2.2. Die zunehmende Globalisierung

Neue Anwenderbedürfnisse ergaben sich jedoch nicht nur aus der technisch bedingten Differenzierung der Telekommunikationsangebote, sondern auch aus einer zunehmenden Globalisierung der Märkte. Nationale Unternehmen agierten verstärkt länderübergreifend. Ursächlich dafür waren vor allem Kostengesichtspunkte: Aufgrund der branchenübergreifenden Technologiedynamik und zunehmender Fixkosten der Produktionsanlagen konnten die Unternehmen auf nationaler Ebene allein nicht mehr in ausreichendem Maße Größen- und Synergieeffekte erzielen, sie waren gezwungen, ihre Aktivitäten über die Ländergrenzen hinaus auszuweiten.[349] Die Globalisierung der Unternehmen zog eine entsprechende Entwicklung auf vorgelagerten (Beschaffungs-)Märkten, wie etwa dem Telekommunikationsmarkt, nach sich. Global agierende Unternehmen fragten verstärkt ein **globales Angebot an Telekommunikationsprodukten und -leistungen** nach,[350] das vom nationalen Fernmeldemonopol nur in unzureichendem Ausmaß bereitgestellt werden konnte.

Die obige Argumentation trifft auch auf die **Hersteller von Telekommunikationsausrüstung** zu: Der besonders stark expandierende Markt eröffnete zwar einerseits beständig neue Marktchancen. Andererseits führte der rapide technologische Fortschritt zu einem starken Anstieg der FuE-Aufwendungen bei deutlich verkürzten Lebenszyklen digitaler gegenüber analogen Übertragungssysteme und einem zum Teil dramatischen Preisverfall.[351] Zur Amortisation ihrer Entwicklungskosten mußten die Anbieter von Telekommunikationszubehör ihre Absatzmärkte ausweiten. Die Bedeutung von **Direktinvestitionen und Export** stieg weiter an.[352]

---

[348] Vgl. Jäger (1994a), S. 54.

[349] Siehe dazu näher Meffert/Bolz (1994), S. 30.

[350] Vgl. Welfens/Graack (1997b), S. 9 ff., die besonders die Bedeutung multinationaler Unternehmen für die Liberalisierung der Telekommunikationsmärkte herausstellen.

[351] Vgl. dazu etwa Dörrenbächer (1999), S. 68; Fieten/Hahne (1992), S. 65; Grande (1989), S. 86 f.; Baur (1982), S. 172.

[352] So auch Jäger (1994a), S. 49.

Die Position einzelner Zulieferunternehmen hing in entscheidender Weise davon ab, ob sie sich Umsatzsteigerungen auf erweiterten Absatzmärkten in einem liberalisierten Umfeld versprachen, die den garantierten Absatz im Monopolbereich überstiegen. Dieser Vergleich fiel für eine Reihe von Unternehmen positiv aus, so daß nicht mehr die gesamte Zulieferindustrie vorbehaltlos als eine der gewichtigsten Stützen des Status quo[353] angesehen werden konnte. Dabei ist zwischen international wettbewerbsfähigen Unternehmen (beispielsweise Siemens) einerseits und den mittelständischen Nachbaufirmen andererseits zu unterscheiden. Letztere zählten weiterhin zu den entschiedenen Verfechtern der Monopolstrukturen, da sie ausschließlich im nationalen Markt operierten und als direkte Lieferanten der Bundespost ohne eigenes Vertriebssystem auf deren Nachfrage angewiesen waren. Die international agierenden großen Zulieferfirmen standen indessen den veränderten ordnungspolitischen Rahmenbedingungen zunehmend neutral gegenüber.[354]

Mit wachsender Realkapitalmobilität und der Durchdringung nahezu aller Wirtschaftsbereiche mit modernen IuK-Technologien kam leistungsfähigen und preiswerten **Telekommunikationsleistungen als Standortfaktor** im internationalen Standortwettbewerb immer größere Bedeutung zu.[355] Das staatliche Telekommunikationsmonopol wirkte in steigendem Ausmaß hemmend in einem Bereich, der bereits zu Beginn der achtziger Jahre zu den wichtigsten infrastrukturellen Grundlagen aller entwickelten Volkswirtschaften zählte. Dieser Standortnachteil bewirkte deutliche Einbußen bei den Weltmarktanteilen im Bürokommunikations- und Informationstechniksegment sowie erste Unternehmensverlagerungen ins Ausland bzw. nicht zustande gekommene Unternehmensansiedlungen im Inland.[356] So erfolgten 1985 und 1986 Standortverlagerungen der Bank of America, Panasonic und der Citibank aus Unzufriedenheit mit den Unternehmensleistungen und den Gebühren der Bundespost. Dies wurde als "Abstimmung mit den Füßen" gewertet und fand ein breites Medienecho.[357] Angesichts der verschlechterten Position im Wettbewerb mit anderen Staaten um mobiles Realkapital war die **Regierung** zunehmendem Druck ausgesetzt, eine liberalisierungsfreundliche Politik zu betreiben.[358]

---

[353] Vgl. Webber (1986), S. 402.
[354] Vgl. etwa Welfens/Graack (1997a), S. 220; Voeth (1996), S. 63 f.
[355] Ausführlich nachzulesen bei Welfens/Graack (1996), S. 20 ff.
[356] Vgl. Möschel (1989), S. 173 f.
[357] Siehe dazu auch die bei Voeth (1996), S. 49, angegebene Literatur.
[358] Vgl. Welfens/Graack (1997a), S. 223.

5.1.2.3. Externe politische Einflußfaktoren und Deregulierungen

Zur Veränderung des Status quo im deutschen Telekommunikationsmarkt haben wesentlich auch politische Entwicklungen außerhalb der Bundesrepublik beigetragen. Staatliche oder staatlich geschützte Fernmeldemonopole hatten als Instrument zur Wählerstimmengewinnung in einer zunehmend arbeitsteiligen Weltwirtschaft nur deshalb so lange Bestand, weil bis zu den achtziger Jahren international ein politischer Konsens über die Betrachtung der Telekommunikationsmärkte als Ausnahmebereich bestand. In nahezu allen Industriestaaten dominierten staatliche oder staatlich geschützte Telekommunikationsmonopole. Dieser Konsens spiegelte sich noch in den ersten GATT-Verhandlungsrunden (1964 bis 1967 und 1973 bis 1979) wider, in denen der Telekommunikationsbereich ausgespart blieb.[359] Darüber hinaus wurde die Telekommunikation – neben anderen Bereichen, wie etwa dem Rundfunk – lange nicht zu den in im EWGV geregelten Sachbereichen gerechnet und war demzufolge nicht der Zuständigkeit der Gemeinschaftsorgane unterworfen.[360]

Vor allem durch Liberalisierungen in den USA, Japan und Großbritannien seit Beginn der achtziger Jahre entstand konkreter Anpassungsdruck.[361] Die **positiven Erfahrungen** in den genannten Ländern bewogen die **Bundespost** zu einem **begrenzten Strategiewechsel**. Nachdem ersichtlich wurde, daß Liberalisierungen auch für die nationalen Fernmeldemonopole (British Telecom, AT&T, NTT) Vorteile erbrachten, versuchte das Unternehmen, den Liberalisierungsprozeß in Deutschland aktiv mitzugestalten. Damit versuchte man auch der Gefahr vorzubeugen, daß sich der Prozeß – zum Nachteil der DBP – verselbständigt.[362]

Insbesondere die Zerschlagung des US-amerikanischen Fernmeldemonopols AT&T 1983/84 durch richterliche Entscheidung und der dadurch hervorgerufene Wettbewerb im US-amerikanischen Telefonfernverkehr wirkten sich in zweifacher Hinsicht auf den Liberalisierungsprozeß in Europa aus:[363] Zum einen vergaben die neu entstandenen lokalen Telefongesellschaften in den USA Beschaffungsaufträge auch an ausländische Hersteller,[364] wogegen die US-amerikanischen Herstellerfirmen ihre Marktanteile auf den weiterhin abgeschotteten europäischen Märkten nicht ausdehnen konnten. Die fehlende Reziprozität der Marktöffnung führte zu einem aktiven **handelspolitischen Re-**

---

[359] Zu den einzelnen Verhandlungsrunden vgl. Schaps (1991), S. 559 ff.

[360] Siehe dazu etwa Fesenmair (1996), S. 25 ff.

[361] Zur Marktöffnung in den genannten Ländern vgl. den Überblick bei Fuest (1992).

[362] Vgl. Voeth (1996), S. 64.

[363] Zu einer ausführlichen Darstellung der Liberalisierung des US-amerikanischen Telekommunikationsmarktes vgl. Welfens/Graack (1996), S. 98 ff.

[364] Vgl. Heuermann/Neumann/Schnöring (1986), S. 235.

formdruck der USA, der eine Öffnung europäischer Märkte für amerikanische Telekommunikationsprodukte bewirkte.[365]

Zum anderen entstand infolge der US-amerikanischen Liberalisierungspolitik eine "**ordnungspolitische Schieflage**"[366], die in Europa Anpassungszwänge auslöste.[367] In den achtziger Jahren verfügten allein Japan und die USA zusammen über 60 % der Marktanteile im Weltmarkt für IuK-Techniken,[368] und mehr als 50 % des weltweiten Telekommunikationsverkehrs erfolgten in bereits liberalisierten Märkten.[369] Um die internationale Wettbewerbsfähigkeit Europas zu stärken und den Anschluß an die prognostizierten Wachstumsraten nicht zu verlieren, setzte sich die **Europäische Kommission** fortan für mehr Wettbewerb im europäischen Telekommunikationsmarkt ein.[370] So haben seit Mitte der achtziger Jahre Kommission und Ministerrat durch eine Reihe von Grünbüchern und Richtlinien die Marktöffnung begleitet und vorangetrieben.[371]

Ausgangspunkt der telekommunikationspolitischen Aktivitäten der EG bildete das "**British Telecom-Urteil**" des EuGH von 1985.[372] Damit entstand eine neue Rechtsauffassung, wonach die Fernmeldeverwaltungen der Mitgliedstaaten fortan den Wettbewerbsregelungen des EWGV unterlagen. Zunächst bildeten industriepolitisch motivierte Programme den Schwerpunkt der europäischen Telekommunikationspolitik.[373] Ab den späten achtziger Jahren verlagerte sich der Schwerpunkt zu wettbewerbs- und ordnungspolitischen Fragestellungen. Dies korrespondiert mit den Aussagen in Teil II, Kapitel 2.4.2.3. Politökonomisch war damit ein Kompetenzzuwachs der Kommission zunächst im Bereich der Industriepolitik und später im Bereich der allgemeinen Wettbewerbspolitik verbunden. Die Kommissionsmitglieder weiten ihren persönlichen Machtspielraum aus, indem Sektorpolitiken in ihren Kompetenzbereich überführt werden.[374]

---

[365] Vgl. Witte (1999a), S. 77; Welfens (1990), S. 248; Möschel (1989), S. 174.

[366] Voeth (1996), S. 65.

[367] Siehe dazu auch Werle (1990), S. 318 f.

[368] Vgl. Bundesministerium für das Post und Fernmeldewesen (1988), S. 29.

[369] Vgl. Witte (1999a), S. 77.

[370] Vgl. näher Konrad (1997), S. 104 f.

[371] Eine Auflistung aller telekommunikationspolitischen Aktivitäten der EG bis 1995 findet der interessierte Leser bei Welfens/Graack (1996), S. 145 ff.; Wiechert/Schmidt/-Königshofen (1995). Siehe auch Konrad (1997), S. 97 ff.

[372] Vgl. Europäischer Gerichtshof (1985a), Rs. 41/83. Zum "British Telecom-Urteil" vgl. näher Schulte-Braucks (1986).

[373] Zu den einzelnen Phasen der europäischen Telekommunikationspolitik vgl. Ungerer (1993), S. 29 f., sowie ders. (1990).

[374] Über die allgemeine Wettbewerbspolitik hinaus sind in jüngerer Zeit verstärkt Versuche der Kommission zu beobachten, auch sektorpolitische Kompetenzen an sich zu ziehen, beispielsweise durch die Einführung von europäischen Kontrollbehörden zur Koordination

Aufgrund langfristiger gesamtwirtschaftlicher Vorteile stehen dem kaum Widerstände nationaler Regierungen entgegen. Diese profitieren indirekt von einem damit verbundenen partiellen Souveränitätsverlust, da unpopuläre Liberalisierungsentscheidungen auf die supranationale Ebene "abgeschoben" werden können – und somit nicht mit Stimmenverlusten im Heimatland verbunden sind.

Mit dem 1987 veröffentlichten "**Grünbuch über die Entwicklung des gemeinsamen Marktes für Telekommunikationsdienste und Telekommunikationsgeräte**"[375] wurde erstmals ein kohärentes ordnungspolitisches Rahmenkonzept für die europäische Telekommunikationspolitik geschaffen. Im Grünbuch wurden ordnungspolitische Vorschläge der Kommission unterbreitet, die zukünftig unkoordinierte Entscheidungen auf nationalstaatlicher Ebene verhindern und einen liberalisierten europäischen Telekommunikationsmarkt etablieren sollten. Dabei wurden den nationalen Fernmeldemonopolen weiterhin besondere Rechte im Hinblick auf die Bereitstellung und den Betrieb der Netzinfrastruktur und bestimmter "reservierter Dienste" eingeräumt.[376] Dies ist als Zugeständnis an die Regierungen der Nationalstaaten zu werten, die weiterhin eng mit dem jeweiligen nationalen Fernmeldemonopol verbunden waren.

Die Ziele des Grünbuchs wurden in den darauffolgenden Jahren schrittweise in rechtliche Vorgaben transformiert und damit für die Regierungen der Mitgliedstaaten verbindlich.[377] Beispielsweise brachte die Kommission die zögerlichen Liberalisierungen in den Mitgliedstaaten mit zwei Verfahren wegen "unzulässige(r) Ausweitung des Monopols auf Endgeräte" in Schwung.[378] Die Öffnung des Endgerätemarktes sollte bis spätestens 1992 und die des Telekommunikationsdienstleistungsmarktes (exklusive dem den Fernmeldemonopolen vorbehaltenen Sprachtelefondienst) zum 31.12.1989 erfolgen.[379] Weitere Richtlinien folgten 1990 zu den Mehrwertdiensten und zum offenen Netzzugang (Open Network Provision, ONP)[380] sowie 1992 zur Sprachkommunikation innerhalb geschlossener Benutzergruppen (Corporate Networks)[381]. Ab 1993 stand die vollständige

---

der nationalen Regulierungsbehörden im Telekommunikations-, Energie- und im Schienenverkehrsbereich.

[375] Vgl. Kommission der Europäischen Gemeinschaften (1987).

[376] Die Ausnahmeregelungen im Bereich "reservierter Dienste" bezogen sich auf den Sprachtelefondienst, auf den damals immerhin 85 bis 90 % des gesamten Gebührenaufkommens entfielen, vgl. Konrad (1997), S. 54.

[377] Zu den einzelnen Schritten und den flankierenden Maßnahmen in Zusammenhang mit der Umsetzung des Grünbuchs vgl. Monopolkommission (1991), S. 29 ff.; Ungerer (1990).

[378] Vgl. Deutscher Bundestag (1987), S. 75.

[379] Vgl. Kommission der Europäischen Gemeinschaften (1990) und (1988); Rat der Europäischen Gemeinschaften (1988).

[380] Vgl. Rat der Europäischen Gemeinschaften (1990a).

[381] Vgl. Rat der Europäischen Gemeinschaften (1992a).

Auflösung der nationalen Telefondienstmonopole im Zentrum binnenmarktpolitischer Aktivitäten, die bis zum 1.1.1998 erfolgen sollte.[382]

Zusammenfassend ist zu konstatieren, daß die rechtlichen Vorgaben der Europäischen Gemeinschaft der gewichtigste politische Einflußfaktor für die Liberalisierung des deutschen Telekommunikationsmarktes waren. Die oben skizzierten technologischen Fortschritte sowie marktlich-ökonomische Entwicklungen in anderen Industriestaaten rückten die Telekommunikation in den achtziger Jahren in den Fokus der EG-Politik. Insbesondere im Zuge des Binnenmarktprojektes waren Liberalisierungen im Telekommunikationsbereich möglich, die auf nationalstaatlicher Ebene nicht ohne weiteres durchsetzbar gewesen wären.[383]

5.1.2.4. Fazit: Veränderte Gruppeninteressen als Grundlage des Liberalisierungsprozesses

Zum einen bewirkten technologische Faktoren einen politökonomischen Veränderungsdruck im Land. So traten auf seiten der Liberalisierungskräfte verstärkt neue Produzenteninteressen auf, etwa Bürokommunikations- und Computerhersteller (beispielsweise Nixdorf) sowie deutsche Tochtergesellschaften ausländischer EDV-Konzerne (wie IBM,[384] Hewlett Packard etc.), die im Ausland mitunter bereits als Mehrwertdiensteanbieter und Netzbetreiber (etwa in der Satelliten- und Mobilfunkkommunikation) erfolgreich tätig waren.

Die inländischen neuen Anbieter waren in einem Fachverband des VDMA organisiert. Dieser vertrat neben Anwenderinteressen und EDV-Firmen, die von liberalisierten Telekommunikationsmärkten große Vorteile hätten, auch die Interessen der heimischen Zulieferunternehmen der DBP (die ansonsten im ZVEI organisiert waren). Aber auch die Zulieferer konnten nicht mehr uneingeschränkt als Status quo-Befürworter angesehen werden. Sie verhielten sich zunehmend neutral, wobei ihre Interessenlage davon abhing, ob sie sich als international operierende Unternehmen Vorteile aus der Liberalisierung versprachen, oder ob ihre Marktposition – das trifft hauptsächlich auf die mittelständischen Nachbaufirmen zu – allein vom Lieferverhältnis zur Bundespost und somit indirekt von deren Monopolstellung abhing.

---

382 Vgl. Kommission der Europäischen Gemeinschaften (1995a) und (1994a); Rat der Europäischen Gemeinschaften (1994a).

383 Vgl. Welfens/Graack (1997a), S. 232.

384 Wobei IBM selbst Lieferant der Bundespost und somit eher zurückhaltend in seinen Liberalisierungsbemühungen war, vgl. Möschel (1987), S. 534; Berger/Meinel (1986), S. 88.

Der VDMA entwickelte sich zu einer politischen Kraft, die auf Liberalisierungen drang. Der Grund dafür war vor allem die starke Exportorientierung der organisierten Unternehmen. Um sich im internationalen Wettbewerb behaupten zu können, war die Branche an funktionierenden Marktprozessen interessiert – nicht an strukturkonservierenden Maßnahmen. Als weitere, politisch sehr durchsetzungsfähige Interessengruppe traten Unternehmen aus anderen Netzbereichen (Energieversorgung, Schienenverkehr) auf, die ihre bereits bestehenden unternehmensinternen Telekommunikationsnetze auch für öffentliche Telefonangebote nutzen und von den Marktchancen in diesem Bereich profitieren wollten.

Entscheidend für die wettbewerbliche Öffnung im Land wurde jedoch exogener politischer Druck. Die Zerschlagung des US-amerikanischen Telekommunikationsmonopols durch Judge Green in den achtziger Jahren löste Anpassungszwänge auf den europäischen Märkten aus. Die wichtigsten Konkurrenten der EG – die USA und Japan – partizipierten bereits an den enormen Wachstumspotentialen im Telekommunikationsbereich. Hinzu kam der handelspolitische Druck der USA zur Öffnung der europäischen Beschaffungsmärkte für amerikanische Telekommunikationsprodukte. Die aufgeführten Entwicklungen bewogen die Europäische Kommission, die europäische Telekommunikationsinfrastruktur auszubauen und die Marktkräfte im Telekommunikationsbereich zu stärken, um den Anschluß an die prognostizierten Wachstumsraten nicht zu verlieren. Auf nationaler Ebene bislang politisch nicht durchsetzungsfähige Deregulierungsinitiativen erfolgten nun vor allem durch die Kommission, deren Mitglieder sich auf diesem Wege erfolgreich industrie- und wettbewerbspolitische Kompetenzen aneignen konnten. Die rechtlichen Vorgaben der EG erzeugten seit der zweiten Hälfte der achtziger Jahre wiederum politischen Handlungsdruck in den Nationalstaaten.

Die Politikträgheit der nationalen Politiker ergab sich aus der Doppelfunktion des Staates als Eigentümer und Regulierer der nationalen Fernmeldeunternehmen.[385] Auf die Unternehmenspolitik der DBP wirkte sich die enge Verflechtung zwischen unternehmerischem und politischem Bereich zunehmend hemmend aus. Neue, technisch bedingte Herausforderungen konnten im bestehenden Monopolsystem immer schlechter bewältigt werden. Somit verringerte sich der aus dem Monopol gezogene Nutzen, und der Widerstand des Managements gegen Reformen schwand bzw. im Hinblick auf die positiven Liberalisierungserfahrungen im Ausland wurden – zumindest Organisationsreformen – direkt gefordert.

---

[385] Vgl. Welfens/Graack (1997a), S. 232.

Zu den stärksten Reformgegnern zählte weiterhin das Personal der Bundespost. Außerdem präferierte eine wenig informierte Öffentlichkeit eine sichere Versorgung mit Telekommunikationsdienstleistungen. Zu den Nutznießern der alten Marktordnungen zählten auch Politiker, die aus fiskalischen Motiven an der Beibehaltung des staatlichen Fernmeldemonopols interessiert waren. Doch die einnahmenpolitischen Ziele der Bundesregierung konnten aufgrund europäischer Liberalisierungsvorgaben nicht weiter verfolgt werden. Begünstigend auf die nun einsetzende Liberalisierungspolitik wirkten sich zudem die Aussicht auf positive Budgeteffekte von Privatisierungserlösen sowie der wirtschaftspolitische Paradigmenwechsel zu Beginn der achtziger Jahre aus, der weltweit Liberalisierungen in verschiedenen Sektoren nach sich zog. Die folgende Abbildung enthält eine vereinfachte Übersicht der Beharrungskräfte und der Liberalisierungsinteressen im alten Regulierungssystem und nach der skizzierten Änderung der technisch-ökonomischen Rahmenbedingungen.

Abb. III.5: Regulierungs- und Deregulierungsinteressen vor und nach Änderung der Rahmenbedingungen

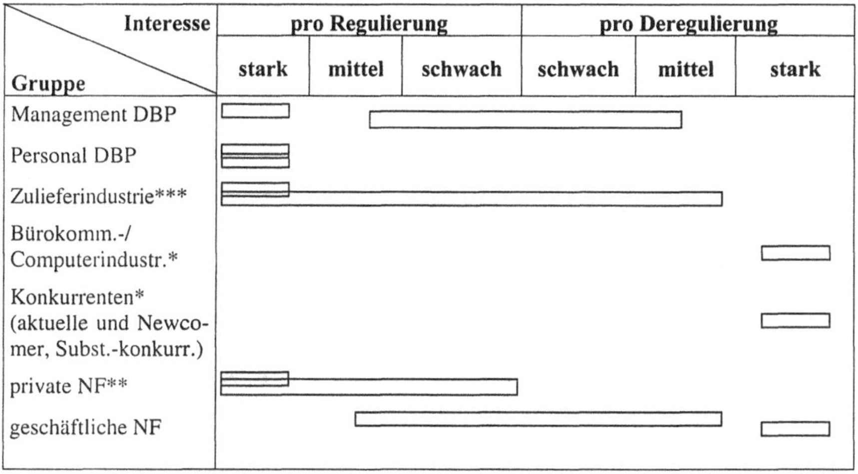

Interessen-/Einflußausprägung vor Änderung der Rahmenbedingungen

Interessen-/Einflußausprägung nach Änderung der Rahmenbedingungen

* kein/wenig Einfluß vor Änderung der Rahmenbedingungen

** im politökonomischen Prozeß von untergeordneter Bedeutung

*** je nach Abhängigkeitsgrad von der DBP

Die obige Abbildung verdeutlicht, daß erst durch die Änderung technisch-ökonomischer sowie externer politischer Rahmenbedingungen der bestehende Konsens im Telekommunikationsbereich aufgeweicht wurde. Trotz jahrzehntelanger Ineffizienzen kam erst damit ein verändertes politisches Kräfteverhältnis zustande bzw. erhielten neue Gruppierungen Einfluß im politökonomischen Prozeß, die vordem noch nicht relevant waren. Die Ausgestaltung des dadurch angestoßenen Deregulierungsprozesses ergab sich in einem konsensorientierten, am Wählerstimmenkalkül ausgerichteten politischen Verhandlungsprozeß, der jeweils nur graduelle Reformen zuließ.

Innerhalb der letzten zehn Jahre hat der deutsche Post- und Telekommunikationssektor sukzessive einen gravierenden Strukturwandel durchlaufen. Die drei Sparten, Post, Telekommunikation und Postbank, wurden in dieser Zeit zu selbständigen Unternehmen, die sich im Wettbewerb behaupten müssen. Die wesentlichen Elemente dieses Prozesses, der in drei Etappen verlief, sollen im folgenden dargestellt und aus politökonomischer Sicht kommentiert werden.

5.1.3. Die Regierungskommission Fernmeldewesen

Nach dem Regierungswechsel 1983 wollte Bundeskanzler Kohl die internationale Wettbewerbsfähigkeit der deutschen Telekommunikationsindustrie stärken.[386] Ein erster Schritt war 1985 die Konstituierung der "Regierungskommission Fernmeldewesen".[387] Diese sollte unter Berücksichtigung aller relevanten Interessengruppen und innerhalb des geltenden rechtlichen Rahmens, insbesondere der Art. 73 und 87 GG, Empfehlungen zur zukünftigen Gestaltung der ordnungspolitischen und organisatorischen Rahmenbedingungen im Telekommunikationsbereich erarbeiten.[388] Die Kommission setzte sich aus 12 Mitgliedern zusammen, die politischen Parteien (4), der Wirtschaft und den Wirtschaftsverbänden (4), den Gewerkschaften (1) sowie der Wissenschaft (3) entstammten.[389] Damit sollte ein relativ ausgewogenes Verhältnis von Befürwortern zurückhaltender, pragmatischer Reformen und denjenigen weitreichender ordnungspolitischer Reformen geschaffen werden.[390]

---

[386] Vgl. Schwarz-Schilling (1999), S. 116.

[387] Sie wurde später auch nach ihrem damaligen Vorsitzenden "Witte-Kommission" genannt.

[388] Vgl. Witte (1987), S. 9.

[389] Eine Liste der Kommissionsmitglieder findet man beispielsweise bei Witte (1999b), S. 182.

[390] Ausführlich dazu vgl. Jäger (1994a), S. 131. Anders Möschel (1989), S. 174, sowie Busch (1988), S. 2 ff., nach deren Meinung durch die Einbeziehung von Interessenvertretern vor allem den Monopolbefürwortern die Möglichkeit gegeben wurde, Besitzstandswahrung zu betreiben.

Bei den Beratungen wirkte sich die starke Bindung der Kommissionsmitglieder an die Position ihrer jeweiligen Interessengruppe erschwerend auf die kommissionsinterne Kompromißfindung aus.[391] Die Unabhängigkeit der Kommissionsarbeit wurde somit schon durch die Zusammensetzung der Kommission erschwert bzw. unmöglich gemacht – was jedoch laut politischem Auftrag auch gar nicht bezweckt war. Mit der Zusammensetzung war beabsichtigt, absehbare politische Konflikte nicht auf dem politischen Parkett, sondern innerhalb der Kommission – und damit wählerstimmenneutral – auszutragen.[392]

Im September 1987 veröffentlichte die Kommission – wenige Monate nachdem die EG-Kommission ihr Grünbuch herausgegeben hatte – ihren mehrheitlich getragenen Schlußbericht mit 47 Empfehlungen.[393] Danach sollten Fernmeldenetze, ebenso wie der Sprachtelefondienst, vorerst im Monopolbereich verbleiben. Alle anderen Dienste, insbesondere Mehrwertdienste, seien zukünftig im Wettbewerb zu erbringen, wobei die DBP auf das Angebot bestimmter Leistungen verpflichtet werden könne, und auch für den Endgerätebereich war eine vollständige Auflösung des Monopols angedacht. Organisatorisch war eine völlige Trennung hoheitlicher und unternehmerischer Aufgaben sowie von Post- und Fernmeldebereich vorgesehen. Ersteres sollte politische Einflüsse begrenzen und letzteres diente dem Abbau von Quersubventionierungen zwischen Fernmelde- und Postbereich.[394] Die Leitung des Fernmeldebereichs sollte einem Vorstand unter Mitwirkung eines Verwaltungsrates obliegen. Und an die Stelle der bisherigen Ablieferungspflicht sollte eine allgemeine Mehrwertsteuerpflicht treten.

An den Vorschlägen der Regierungskommission wurde teilweise sehr heftige Kritik geübt.[395] Doch bei objektiver Betrachtung hatte die Kommission von

---

[391] Beispiele für Versuche, die Kommissionsmitglieder von der Notwendigkeit von Deregulierungen zu überzeugen, sind etwa das Jahresgutachten des Sachverständigenrates zur Begutachtung der gesamtwirtschaftlichen Entwicklung (1985), S. 160 ff., ebenso wie Stellungnahmen des Wissenschaftlichen Beirats beim Bundesministerium für Wirtschaft und der Computerindustrie. Die Formulierungen von Wirtschaftsverbänden dagegen blieben vage. Zu den Forderungen der Zulieferindustrie und der Bundesregierung siehe Jäger (1994a), S. 132 ff., und die dort angegebene Literatur.

[392] Vgl. Schulz (1995), S. 179 f.

[393] Vgl. zum folgenden Witte (1987). Zum politischen Prozeß des Zustandekommens der Empfehlungen vgl. etwa Grande (1989), S. 215 ff.

[394] Vgl. Witte (1987), S. 65.

[395] So gingen Möschel (1989) und (1988), S. 179, sowie Müller (1987), S. 573, die Vorschläge, insbesondere die Beibehaltung des Netz- und Dienstemonopols, nicht weit genug. Die kritische Haltung Möschels gegenüber den Kommissionsempfehlungen kam auch in dem von ihm und zwei weiteren Kommissionsmitgliedern vorgebrachten Sondervotum zum

vornherein einen eng begrenzten politischen Auftrag; allein daran sind die Resultate zu messen. Mit der personellen Zusammensetzung des Gremiums und der Weisung, alle relevanten gesellschaftlichen Gruppierungen in die Kommissionsarbeit einzubeziehen, wollte die Bundesregierung einen gesellschaftlichen Kompromiß herbeiführen.[396] Trotz zahlreicher Kritik bestand das Verdienst der Kommission darin, einen **politisch durchsetzbaren ersten Deregulierungsschritt** entworfen zu haben. Überdies wurde mit der Veröffentlichung des Berichts ein reges öffentliches Interesse an der Thematik angestoßen. Beschränkte sich die Diskussion bislang vorrangig auf den wissenschaftlichen Bereich,[397] wurde nun auch das Interesse einer breiten Öffentlichkeit auf die deutsche Telekommunikationspolitik gelenkt.

5.1.4. Die Postreform I von 1989 (Poststrukturreform)

Unmittelbar anschließend an das Kommissionsgutachten konkretisierte die Bundesregierung die Leitlinien ihrer zukünftigen Telekommunikationspolitik. Die mit den Kommissionsvorstellungen weitgehend deckungsgleichen Vorstellungen wurden im Juni 1989 in das Gesetz zur Neustrukturierung des Post- und Fernmeldewesens und der Deutschen Bundespost (PostStruktG) überführt.[398]

Die Postreform I war eher eine Organisationsreform denn eine Reform der Wettbewerbsordnung: Ihr wesentliches Element war die **Reorganisation der DBP**. Mit der Trennung politisch-hoheitlicher von den unternehmerischen Aufgaben wurde eine größere Flexibilität der Unternehmensbereiche angestrebt. Die hoheitlichen Funktionen (Monopolregulierung) oblagen weiterhin dem Bundespostministerium unter Mitwirkung eines eigens eingerichteten Infrastrukturrats, über den die Bundesländer Einfluß ausübten.[399]

Die unternehmerischen Aufgaben wurden demgegenüber den drei funktional getrennten "Postunternehmen" DBP Telekom, DBP Postdienst und DBP Postbank übertragen. Mit dieser Trennung sollten die internen Subventionierungen

---

Ausdruck, vgl. dazu näher Witte (1987), S. 134 ff. Vgl. demgegenüber Bock (1988) sowie Drüke (1988), S. 267, die die Vorschläge der Kommission als zu weitreichend ansahen.

[396] Vgl. Voeth (1996), S. 116.

[397] Möschel (1988), S. 178, zufolge kam der erste Reformanstoß aus der Wissenschaft, der über das Sondergutachten der Monopolkommission aus dem Jahre 1981 öffentliche Resonanz erhielt, vgl. Monopolkommission (1981).

[398] Vgl. BGBl. I (1989), S. 1026. Das PostStruktG setzt sich zusammen aus dem Postverfassungsgesetz, Änderungen des Gesetzes über das Postwesen und Änderungen des Fernmeldeanlagengesetzes.

[399] Siehe dazu Sondhof (1994), S. 527, sowie Monopolkommission (1991), S. 23.

transparenter gestaltet und ihr sukzessiver Abbau eingeleitet werden.[400] Die drei Unternehmen – besser: Organisationseinheiten – blieben dabei jedoch Bestandteil der Bundesverwaltung. Unternehmen waren sie lediglich in organisatorischer Hinsicht, da sie jeweils einen – den Aktiengesellschaften nachgebildeten – Aufsichtsrat und einen Vorstand besaßen.[401] Die Verteilung der Aufgaben und Kompetenzen nach dem Poststrukturgesetz ist im folgenden Schaubild dargestellt.

Abb. III.6: Aufgaben- und Kompetenzverteilung nach 1989

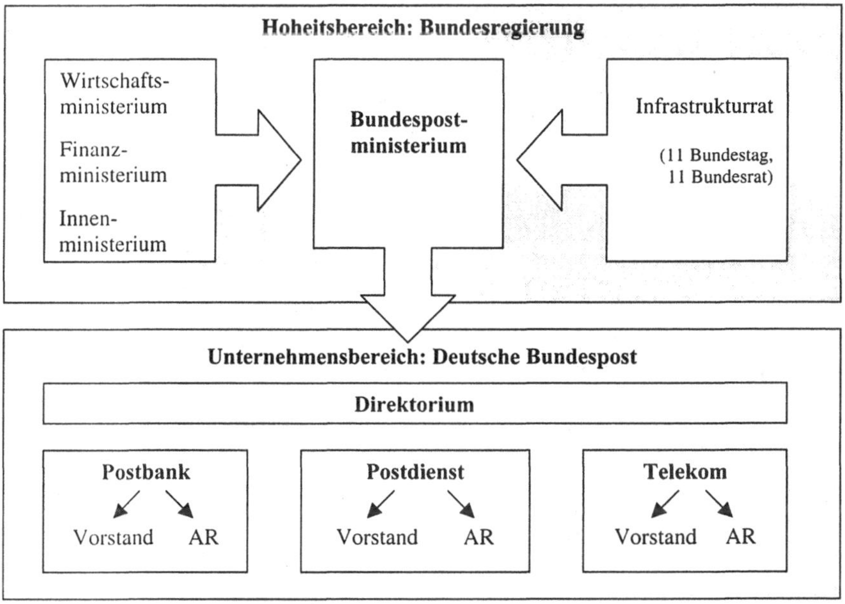

Einen weiteren Schwerpunkt stellte die **begrenzte Wettbewerbsöffnung** dar. Diese erfolgte im Telekommunikationsbereich nur sehr zaghaft. Die Monopole im Festnetz sowie im Sprachtelefondienst (sowie das Briefmonopol im Postbereich) blieben zur Sicherung der Finanzkraft des Unternehmens bestehen. Damit wurden mehr als 80 % des Umsatzes der DBP Telekom im Monopolbereich erbracht.[402] Eine begrenzte Wettbewerbsorientierung erfolgte in Randbereichen durch die Einführung sog. Wettbewerbsbereiche, in denen die DBP Telekom in

---

[400] Zu Einzelheiten vgl. Möschel (1989), S. 175 f., sowie § 37 IV PostVerfG.

[401] Die Aufsichtsräte waren jeweils paritätisch mit Vertretern des Bundes, der Anwender/Kunden sowie des Personals besetzt.

[402] Vgl. dazu Stoetzer/Wein (1997), S. 38.

Konkurrenz mit anderen Unternehmen Leistungen erbringen sollte. Hierzu zählte die Marktöffnung bei den Mehrwertdiensten und im Endgerätebereich sowie der lizenzierte Marktzutritt im Mobilfunk und in der Satellitenkommunikation niederer Bitraten.[403] In diesen Bereichen war die DBP Telekom zur Erfüllung bestimmter Infrastrukturaufgaben verpflichtet.[404] Die Finanzierung des Infrastrukturauftrages erfolgte über die Monopolstellungen in den Bereichen Netz und Sprachtelefondienst.

Mit der begrenzten Wettbewerbsöffnung schuf die Bundesregierung einen **wählerstimmenmaximierenden Kompromiß**. So kam man mit der Einführung von Mehrwertdienste- und Endgerätewettbewerb den Liberalisierungskräften entgegen. Auf der anderen Seite wurde den Interessen der Monopolbefürworter Rechnung getragen, indem Netz- und Sprachdienstmonopol erhalten blieben und zur Finanzierung von gemeinwirtschaftlichen Leistungen herangezogen wurden.

Sowohl Kommissionsentwurf als auch der Entwurf der Bundesregierung korrespondierten weitgehend mit den Interessen der Bundespost.[405] Diese beeinflußte den politischen Meinungsbildungsprozeß sehr stark mit dem Ziel, durch bestimmte Reformmaßnahmen ihre marktbeherrschende Stellung unter technisch-ökonomisch veränderten Rahmenbedingungen zu festigen. So war von vornherein das Endgerätemonopol als "politische Verzichtsmasse" vorgesehen, um das Netzmonopol zu erhalten. Auf das Dienstemonopol jedoch war die Bundespost zur Finanzierung von Investitionen in die Fernmeldeinfrastruktur (ISDN, Digitalisierung der Vermittlungstechnik) zwingend angewiesen. Eine umfassende Ausweitung dieses Monopolbereiches auf die neu entstandenen Mehrwertdienste hätte die Finanz- und Planungsressourcen des Unternehmens jedoch überfordert, so daß sie lediglich im Sprachtelefondienst eine Monopolstellung und bei anderen Diensten demgegenüber Wettbewerb anstrebte.[406]

An den Bestrebungen einer "Entpolitisierung" der Unternehmenstätigkeit drohte zwischenzeitlich das gesamte Reformkonzept zu scheitern. Die Kritik insbeson-

---

[403] Ab 1993 trat die Marktöffnung in sog. Corporate networks hinzu, siehe näher Kapitel 5.2.1.3.

[404] Auch der Bereich Postdienst unterlag gemeinwirtschaftlichen Verpflichtungen. Von dem Infrastrukturauftrag ausgenommen war lediglich das Unternehmen DBP Postbank, da in Deutschland die Versorgung mit Bankdienstleistungen auch in der Fläche als hinreichend angesehen wurde, vgl. Cox (1999), S. 82.

[405] Nach Jäger (1994a), S. 157 f., war dies von der Bundespost von langer Hand vorbereitet. Zur Einflußkonstellation im Liberalisierungsprozeß vgl. Werle (1990), S. 131, wonach das Postministerium den einflußreichsten Akteur im Liberalisierungsprozeß darstellte (Einflußreputation von .96 bei einem möglichen Höchstwert von 1).

[406] Vgl. Jäger (1994a), S. 140.

dere der Bundesländer und der DPG[407] an der vorgesehenen horizontalen und vertikalen Desintegration des Unternehmens führte zu verschiedenen Zugeständnissen der Regierung: So erhielten die Bundesländer über einen eigens beim Bundespostministerium eingerichteten Infrastrukturrat Einflußmöglichkeiten, die jedoch nicht über Beratungsrechte hinausgingen.[408]

Für die Postunternehmen wurde ein Direktorium gebildet, das sich aus den drei Vorstandsvorsitzenden zusammensetzte.[409] Dieses sollte gemeinsame Grundsätze beraten und die Vertretung der DBP nach außen übernehmen sowie die gegenseitige Inanspruchnahme von Leistungen und einen gewissen Finanzausgleich regeln.[410] Insbesondere die DPG profitierte, als sie die Übertragung der Tarifhoheit auf das Direktorium durchsetzen und damit weiterhin eine gemeinsame Arbeitnehmervertretung ermöglichen konnte. Somit war ein Hauptkritikpunkt der DPG an der Reform – die Aufteilung in drei eigenständige Unternehmensbereiche, mit der eine potentielle Teilung der Gewerkschaft verbunden gewesen wäre[411] – aus dem Weg geräumt.

Der neue institutionelle Rahmen im Telekommunikationsbereich war insgesamt nicht genügend markt- und wettbewerbsorientiert. Quersubventionierungen waren weiterhin möglich und Wettbewerb in den umsatzstärksten Bereichen völlig ausgeschlossen. Die drei Postunternehmen blieben Bestandteil der Bundesverwaltung, womit auch nach der Reform öffentliches Dienstrecht sowie politische und rechtliche Beschränkungen der Unternehmenspolitik verbunden waren.[412] Darüber hinaus führte die Finanzierung der Infrastruktur mit Gewinnen aus den Monopolbereichen zu allokativen Verzerrungen, so daß weiterhin Deregulierungsbedarf bestand. Hinzu traten zu Beginn der neunziger Jahre erneut externe Einflußfaktoren, die weitere Liberalisierungsschritte unumgänglich machten.

---

[407] Die DPG erfuhr vor allem durch die SPD politische Unterstützung. Doch auch der Bundespostminister versuchte im Zuge der Organisationsreform, über die Zusammensetzung von Aufsichtsräten und die Aufteilung von Entscheidungskompetenzen zwischen Postministerium, Vorständen und Aufsichtsräten, allgemeine politische Einflüsse auf die DBP zurückzudrängen und zugleich seine eigenen politischen Kontrollmöglichkeiten auszudehnen.

[408] Zu weiteren Einzelheiten der Debatte vgl. Schulz (1995), S. 188 f. Zu den Einflußmöglichkeiten des Infrastrukturrates vgl. Auckes/Berndt/Tenzer (1990), S. 63.

[409] Vgl. § 7 PostStruktG.

[410] Vgl. § 8 Nr. 4 PostStruktG. Dieses Direktorium war jedoch in der Praxis von untergeordneter Bedeutung; die drei Unternehmen gingen eigene Wege, vgl. Witte (1999b), S. 166.

[411] Vgl. auch Agata (1996), S. 15.

[412] Vgl. Monopolkommission (1996), S. 8.

5.2. Weitere Einflußfaktoren und der zweite Reformschritt

5.2.1. Der Einfluß externer Entwicklungen auf den weiteren Reformprozeß

Nach dem Poststrukturgesetz von 1989 wurden zwar recht schnell erste Erfolge sichtbar, was sich positiv auf die allgemeine Akzeptanz der bislang erfolgten Liberalisierung auswirkte. Doch wie bereits angemerkt ging die erste Postreform aus ordnungspolitischer Perspektive nicht weit genug. Das wurde sehr bald deutlich, als wiederum externe Einflußfaktoren zu weiteren Reformschritten zwangen. Die neuen Entwicklungen führten im Laufe der Zeit zu einer immer stärkeren Erosion der Monopolrenten, womit das Hauptziel der Monopolbefürworter in zunehmendem Maße untergraben wurde. Doch wie ging diese Entwicklung nun vonstatten? Im folgenden werden die Auswirkungen verschiedener Einflußfaktoren auf den weiteren Liberalisierungsverlauf dargestellt.

5.2.1.1. Technologische und marktliche Entwicklungen

Mit dem Vormarsch des ISDN wurde die Übertragung von Telefonaten über Datenleitungen technisch ermöglicht, was eine immer stärkere **Integration von Sprach- und Datenkommunikation** bewirkte. Mit einem zunehmend flächendeckenden ISDN-Angebot war eine Grenzziehung zwischen monopolisierter Sprach- und entmonopolisierter Datenkommunikation kaum mehr möglich. Der Nachweis von Sprachkommunikation in diesen Netzen war relativ kostenintensiv, so daß Nutzer das Sprachdienstmonopol in wachsendem Ausmaß umgehen konnten und die Bundespost zum Teil beachtliche Umsatzeinbußen hinnehmen mußte.[413]

In Marktsegmenten, die mit der ersten Postreform als sog. Wettbewerbsbereiche deklariert wurden, erfolgte bereits 1990 die erste Zulassung eines privaten Mobilfunkbetreibers (Mannesmann Mobilfunk), und bis 1992 erteilte der Bundespostminister – auch gegen Widerstände der DBP Telekom[414] – mehr als 50 Lizenzen für andere Funkdienste.[415] Nach der Lizenzierung entwickelte sich rasch ein Wettbewerb, der zum **Aufbau flächendeckender Mobilfunknetze** führte

---

[413] So weist Jäger (1994b), S. 24, darauf hin, daß die DBP Telekom und das Bundespostministerium wegen der hohen Kosten eine Kontrolle der im ISDN übertragenen Signalarten trotz der Vermutung, daß in vielen Fällen auf diesem Wege gegen das Sprachdienstmonopol der Bundespost verstoßen wurde, unterließen.

[414] Vgl. näher dazu Welfens/Graack (1996), S. 69 f.

[415] Vgl. Schwarz-Schilling (1992), S. 8.

und starke Preissenkungen bei den Endgeräten und den Telefongebühren nach sich zog.[416]

Breite Nutzerschichten profitierten auch von den Entwicklungen im Ausland. So bemühten sich ehemalige Fernmeldemonopolisten aus Staaten mit bereits liberalisierten Telekommunikationsmärkten, ihre im eigenen Heimatland verlorengegangenen Marktanteile durch erhöhte Auslandsaktivitäten zu kompensieren. Deutsche Telefonkunden konnten im Rahmen sog. **Call back-Dienste** Auslandstelefonate über ausländische Telekommunikationsunternehmen zum Preisniveau im Land des Diensteanbieters abwickeln.[417] Insbesondere Großnutzer, wie Banken und Industrieunternehmen, aber auch private Nachfrager, nahmen diese Angebote in zunehmendem Maße in Anspruch. Diese internationalen Arbitrageprozesse bewirkten, daß die DBP Telekom einen merklichen Anteil ihres Auslandgesprächs-umsatzes verlor.[418] Zum Teil ergaben sich durch Call back-Dienste sogar Einsparungspotentiale innerhalb des nationalen Ferngesprächsbereichs, die geschäftliche Nachfrager nutzten.

Darüber hinaus ermöglichte die marginale Netzliberalisierung in Deutschland ausländischen Netzbetreibern direkt den Einstieg in den deutschen Markt.[419] Demgegenüber verwehrte die Organisation der DBP Telekom als Bundesbehörde nach Art. 87 I GG dem deutschen Fernmeldeunternehmen ein entsprechendes internationales Engagement sowie Fusionen und Allianzen mit ausländischen Unternehmen. Die **staatliche Eigentümerschaft** erwies sich zunehmend als **Fessel im Auslandsgeschäft**, was sich hemmend auf die internationale Wettbewerbsfähigkeit des Unternehmens auswirkte.[420]

Die mangelnde internationale Wettbewerbsfähigkeit der DBP hätte langfristig auch negative Konsequenzen für die heimische Zulieferindustrie gehabt. Die

---

[416] Vgl. Schulz (1995), S. 197 f.

[417] Zu den technischen Einzelheiten vgl. Voeth (1996), S. 140; Jäger (1994b), S. 23 f.

[418] Als 1991 ca. zwei Drittel der Gesprächsminuten zwischen Deutschland und den USA amerikanischen Telefongesellschaften zufielen, senkte die Telekom zwar die Tarife für Auslandsgespräche, die aber immer noch 5 bis 25 % über den US-amerikanischen Tarifen lagen, vgl. Jäger (1994b), S. 24.

[419] Wie bereits angeführt konnten die Unternehmen ihre hohen Investitions- und Expansionskosten nur bewältigen, indem sie auf internationaler Ebene Kooperationspartner gewannen und Marktanteile hinzukauften. Eine weltweite Kooperations- und Fusionswelle nahm ihren Lauf, siehe dazu beispielhaft den Überblick bei Welfens/Addison/Audretsch et al. (1999), S. 10. Aufgrund der hohen Marktdynamik kann leider kein umfassender Überblick gegeben werden.

[420] Die Telekom konnte als mittelbarer Teil der staatlichen Verwaltung nur in dem Umfang im Ausland tätig werden, der für die Erledigung der nationalen Versorgungsaufgabe notwendig war, vgl. Berger (1996), S. 38; Scholz/Aulehner (1993), S. 116 ff.

fehlende internationale Präsenz der DBP Telekom bewirkte, daß die Zulieferindustrie, deren bedeutendster Absatzmarkt die Bundespost war, nur unterdurchschnittlich am internationalen Wachstum der Beschaffungsmärkte teilhaben konnte.[421] Das Interesse der Ausrüstungsindustrie an weiteren Liberalisierungen nahm zu.

5.2.1.2. Die Finanzkrise der DBP Telekom

Ein bedeutsamer Faktor auf dem Weg zu weiteren Reformen war die zur Zeit der ersten Postreform noch nicht absehbare **Wiedervereinigung** der beiden deutschen Staaten. Die katastrophale Versorgungslage in den neuen Bundesländern zeichnete sich durch eine sehr geringe Anschlußdichte, überalterte Übertragungs- und Vermittlungstechnik und jahrelange Wartezeiten der privaten Haushalte auf einen Telefonhauptanschluß aus. Mobilfunk- und Datennetze waren so gut wie nicht vorhanden.[422]

Die DBP Telekom unternahm enorme Anstrengungen, um in relativ kurzer Zeit eine leistungsfähige Infrastruktur zu errichten. Die **hohen Investitionen** führten zu einer stark verminderten Eigenkapitalquote des Unternehmens (ca. 22 % – das gesetzliche Mindestsoll nach dem PoststruktG betrug 33 %). Dem Bund war es jedoch aufgrund der insgesamt angespannten Haushaltslage nicht möglich, den Eigenkapitalanteil des Unternehmens aufzustocken. Damit lag die Finanzkraft der Telekom weit hinter derjenigen internationaler Wettbewerber zurück, die über Eigenkapitalanteile von durchschnittlich ca. 50 % verfügten. Mit dieser Entwicklung verstärkte sich die **Privatisierungsdiskussion**, da mit der Rechtsform einer Aktiengesellschaft am ehesten die Hoffnung auf Kapitalbeschaffungsmöglichkeiten, auch auf Auslandsmärkten, verbunden wurde.[423]

Darüber hinausreichende Vorschläge zu einer Revision des Netz- und Dienstemonopols, von denen sich beispielsweise die Monopolkommission Vorteile

---

[421] Eine Gefahr wurde für die deutschen Zulieferunternehmen unter anderem auch darin gesehen, daß international expandierende (Netz-)Betreibergesellschaften aus dem Ausland bevorzugt die Technik ihres jeweiligen Heimatlandes verwendeten. Deren FuE-Aufwendungen hätten damit auf eine größere Zahl von Produktionseinheiten verteilt werden und diese Telekommunikationsprodukte damit kostengünstiger (als vergleichbare deutsche Produkte mit niedrigeren Produktionszahlen) hergestellt werden können, vgl. Berger (1996), S. 38.

[422] Zum Ausmaß des Versorgungsnotstandes in Ostdeutschland vgl. Monopolkommission (1991), S. 11 ff.

[423] Vgl. Berger (1996), S. 39.

beim Netzaufbau in Ostdeutschland versprach,[424] waren in den Beratungen zur zweiten Postreform politisch noch nicht konsensfähig. Die DBP Telekom und die Bundesregierung sahen zwar die Notwendigkeit weiterer Organisationsreformen ein, eine darüber hinausgehende Entmonopolisierung hingegen war noch nicht politisch durchsetzbar.[425]

5.2.1.3. Politische Entwicklungen auf europäischer Ebene

Der größte Anpassungsbedarf ergab sich wiederum aus der europäischen Telekommunikationspolitik. So hatte die **Diensterichtlinie** von 1990 großen Einfluß auf den Liberalisierungsprozeß in Deutschland.[426] Bei der Festschreibung von Dienstemonopolen wird darin der Sprachtelefondienst definiert als die Vermittlung von Sprache für die Öffentlichkeit – geschlossene Benutzergruppen (sog. Corporate Networks) fielen nicht darunter.[427] Damit konnten geschlossenen Nutzergruppen, etwa Unternehmen eines Konzerns, ihren internen Telefondienst auch durch andere Unternehmen als das Telekommunikationsunternehmen der DBP erbringen lassen. Derweil umfaßte das Sprachdienstmonopol gemäß dem deutschen Poststrukturgesetz von 1989 die Vermittlung von Sprache für andere – darunter fielen auch geschlossene Benutzergruppen. Zur Vermeidung eines Vertragsverletzungsverfahrens vor dem EuGH mußte die Bundesregierung eine vollständige Konformität zwischen nationalem und europäischem Recht herbeiführen. In der Folge wurde die Sprachkommunikation innerhalb geschlossener Benutzergruppen aus dem Sprachdienstmonopol der DBP herausgelöst.

In den achtziger Jahren wuchs im Zuge der Globalisierung der Umfang der Direktinvestitionen multinationaler Unternehmen doppelt so schnell wie der internationale Handel. Darüber hinaus nahm die Intensität des Handels zwischen diesen Unternehmen stark zu, ebenso wie die Tendenz zur Bildung sog. strategischer Allianzen.[428] Das Dienstemonopol der DBP Telekom geriet mit zunehmendem Umfang der Corporate Networks unter starken Reformdruck, da ihr hier enorme Deckungsbeiträge verlorengingen.[429] Die zunehmende Kommunikationsnachfrage multinationaler Unternehmen zog angebotsseitig ebenso die Bildung strategischer Allianzen nach sich, die auf die speziellen Nachfragewün-

---

[424] Vgl. Monopolkommission (1991), S. 17.
[425] So jedenfalls Schulz (1995), S. 206.
[426] Vgl. Kommission der Europäischen Gemeinschaften (1990), S. 11 ff., siehe auch Rat der Europäischen Gemeinschaften (1992a).
[427] Vgl. dazu ausführlich Witte (1999b), S. 176 f.
[428] Vgl. Welfens/Graack (1997b), S. 19.
[429] Der jährliche Umsatzverlust der DBP Telekom aus dem Sprachdienstmonopol im Bereich geschäftlicher Nutzer betrug schätzungsweise 2,5 Mrd. DM, vgl. o. V. (1993), S. 6.

sche der Unternehmen ausgerichtet waren. Dem staatlichen Monopolunternehmen DBP Telekom blieb wie erwähnt ein solches Engagement jedoch verwehrt, womit Einbußen seiner Wettbewerbsfähigkeit einhergingen.

Darüber hinaus drang die Europäische Kommission auf die **Nutzung "alternativer Netzstruktur"** für die öffentliche Übertragung von Sprache und Daten.[430] Damit war bereits bestehende Netzinfrastruktur – etwa Kommunikationsnetze von Bahn- und Energieversorgungsunternehmen – angesprochen, die bislang jedoch nur für unternehmensinterne Zwecke genutzt werden durfte. In Deutschland verfügten zu diesem Zeitpunkt drei Unternehmensgruppen aus dem Stromversorgungsbereich über eine flächendeckende Telekommunikationsinfrastruktur. Deren Diensteangebot beschränkte sich bis dato auf Mehrwertdienste – Vorbereitungen auf den Einstieg in die Sprachtelefonie liefen jedoch an. Schließlich sollten auf Beschluß des Ministerrates vom Juli 1993 der **gesamte Telefondienst** in der EG und nach einem Beschluß vom Dezember 1994 auch die **Netzmonopole** bis zum 1. Januar 1998 **liberalisiert** werden.[431]

5.2.1.4. Zwischenfazit

Insbesondere aus den europäischen Liberalisierungsvorgaben ergab sich für die Bundesregierung die Notwendigkeit, das staatliche Fernmeldeunternehmen für den liberalisierten Markt vorzubereiten. So mußte der endgültigen Marktöffnung in der dritten Reformstufe eine Organisationsreform bzw. Privatisierung der drei Postunternehmen vorgeschaltet werden, um die Unternehmen nicht unvorbereitet in den freien Wettbewerb zu entlassen. Dieser Schritt erfolgte mit der zweiten Postreform.

Die europäischen Liberalisierungsvorgaben bewirkten schwindende Renten der nationalen Fernmeldemonopole. Die **Unternehmensleitung der DBP** verfolgte unter den veränderten internationalen Wettbewerbsbedingungen weiterhin das Ziel der Sicherung einer möglichst starken Position des Unternehmens, indem sie auf weitere Organisationsreformen – etwa die Umwandlung in eine Aktiengesellschaft – drang. Eine Privatisierung in einem zweiten Reformschritt lag durchaus im eigenem Interesse der DBP, die auf nationaler Ebene politische

---

430 Vgl. Kommission der Europäischen Gemeinschaften (1995a). Die Kommissionsvorschläge wurden beispielsweise mit dem sog. HERMES-Projekt europäischer Bahngesellschaften umgesetzt, vgl. dazu Jäger (1994a), S. 290; Sondhof (1994), S. 529.

431 Vgl. Rat der Europäischen Gemeinschaften (1993a). Der Ministerratsbeschluß erfolgte als Reaktion auf das Grünbuch der Kommission zur Liberalisierung der Telekommunikationsinfrastruktur, vgl. Kommission der Europäischen Gemeinschaften (1994a); Rat der Europäischen Gemeinschaften (1994a).

Renten und international an Wettbewerbsfähigkeit eingebüßt hatte. Auch die (vor allem durch die DPG vertretene) **Belegschaft** konnte sich gegenüber weiteren Reformen nicht mehr völlig verschließen. Sie war nun an einer organisatorischen Stärkung des Unternehmens interessiert, da sie ihre Privilegien bedroht sah.

Aus der Einsicht heraus, daß ein finanzschwaches und über geringe Internationalisierungsmöglichkeiten verfügendes Unternehmen als Hauptnachfrager wenig attraktiv wäre, rückte der ZVEI als wichtigster Repräsentant der **Zulieferindustrie** von seiner bislang neutralen bis ablehnenden Position gegenüber weitergehenden Reformen ab.[432] Damit wurde der bis dahin herrschende Interessengegensatz im BDI beseitigt, und letzterer wurde fortan zu einem starken Befürworter weiterer Reformen. Auch die im VdP vertretenen **geschäftlichen Nachfrager** übten einen immer stärkeren politischen Liberalisierungsdruck aus.

Insgesamt hat sich durch die genannten Entwicklungen neben einer weiteren Verstärkung der Liberalisierungsinteressen (Computer-, Medien-, Bürokommunikationsindustrie, geschäftliche Nachfrager, Inhaber alternativer Telekommunikationsinfrastrukturen, ausländische Konkurrenten etc.) eine veränderte Position der Retardierungsinteressen (DPG, Teile der Zulieferindustrie) ergeben, was politische Entscheidungen zugunsten von Liberalisierungen begünstigte. Doch zunächst kam es mit der zweiten Postreform zur Privatisierung der drei Postunternehmen; die notwendigen Deregulierungen schlossen sich in einem dritten Reformschritt an.

5.2.2. Die Eckpunkte der zweiten Postreform von 1994 (Privatisierung)

Im Mittelpunkt der Reform stand die **Privatisierung** der drei Postunternehmen. Die rechtliche Grundlage bildete das Post- und Telekommunikationsneuordnungsgesetz (PTNeuOG).[433] Darüber hinaus war eine Grundgesetzänderung vonnöten, die bei der ersten Postreform in Bundesrat und Bundestag noch nicht

---

[432] Vgl. Voeth (1996), S. 145.

[433] Vgl. BGBl. I (1994) S. 2325. Der Reformschwerpunkt, die materielle Privatisierung der Postunternehmen, war insbesondere in Art. 1 PTNeuOG (Gesetz über die Errichtung einer Bundesanstalt für Post und Telekommunikation – BAPostG), Art. 3 (Gesetz zur Umwandlung der Unternehmen der Deutschen Bundespost in die Rechtsform der Aktiengesellschaft, Postumwandlungsgesetz – PostUmwG) und Art. 4 (Gesetz zum Personalrecht der Beschäftigten der früheren Deutschen Bundespost, Postpersonalrechtsgesetz – PostPersRG) geregelt.

mehrheitsfähig war. Erst vier Jahre später konnte die Änderung des Art. 87 GG politisch durchgesetzt werden.[434]

Zum 1.1.1995 erfolgte eine Umwandlung der drei Postunternehmen in selbständige Aktiengesellschaften außerhalb der Bundesverwaltung (Deutsche Post AG, Deutsche Telekom AG – DT AG und Deutsche Postbank AG). Faktisch blieb der Bund dominierender Eigentümer. Es lag demnach lediglich eine formelle Privatisierung vor, wodurch die Deutsche Telekom AG jedoch materiell privatisierungsfähig wurde.[435] 1996 erfolgte im Zuge einer Kapitalerhöhung die erste Plazierung sog. T-Aktien an den Kapitalmärkten und somit eine erste materielle Teilprivatisierung von 26 % des Aktienkapitals der DT AG.[436]

Die Eigentümerrechte und -pflichten des Bundes wurden von einer öffentlich-rechtlichen Holding, der Bundesanstalt für Post und Telekommunikation, ausgeübt. Sie verwaltete die Anteile des Bundes an den drei Aktiengesellschaften und versah unternehmerische Aufgaben. So war sie für den Abschluß von Manteltarifverträgen und für soziale Belange zuständig und verfügte über weitreichende Mitwirkungs- und Beratungsrechte.[437] Mit der Wahrnehmung eigentumsrechtlicher und unternehmerischer Aufgaben kam der Bundesanstalt eine "Zwitterstellung" zu. Insbesondere die über die Eigentümerkontrolle hinausreichenden unternehmerischen Aufgaben sicherten immer noch zahlreiche politische Einflußmöglichkeiten.[438]

Neben der Privatisierung der Unternehmen der DBP wurde eine **Neuorganisation der Marktregulierung** notwendig. Diese beinhaltete jedoch kaum wesentliche Neuerungen gegenüber dem PostVerfG von 1989. Neben der verfassungsrechtlichen Etablierung von Wettbewerb im Telekommunikationsbereich erhielt Art. 87 GG die Pflicht einer flächendeckend angemessenen und ausreichenden Bereitstellung von (Post- und) Telekommunikationsleistungen (sog. Universaldienst, Infrastrukturauftrag), die der Bund sicherstellen sollte. Diese Infrastrukturverpflichtung könne sowohl von den Postunternehmen als auch von anderen privaten Wettbewerbern erfüllt werden.

Die Regulierungshoheit auf den Märkten für Post und Telekommunikation verblieb beim Bundespostministerium.[439] Als Nachfolgeorgan des mit der ersten

---

[434] Zu den Einzelheiten der politischen Verhandlungen vgl. Voeth (1996), S. 148 f.

[435] Vgl. Stoetzer/Wein (1997), S. 39. Zu den unterschiedlichen Privatisierungsbegriffen vgl. Brede (1988), S. 16; Windisch (1987), S. 15 ff.

[436] Vgl. Cox (1999), S. 85.

[437] Vgl. BAPostG; Stoetzer/Wein (1997), S. 37.

[438] Vgl. Gramlich (1994), S. 2788 f.; Wichmann (1993), S. 26.

[439] Vgl. Art. 87 GG.

Postreform gebildeten beratenden Infrastrukturrates fungierte fortan ein sog. Regulierungsrat, der paritätisch mit Vertretern des Bundestages und der Länder besetzt war.[440] Er sollte insbesondere die Realisierung des gesetzlichen Infrastrukturauftrages überwachen.[441] Auf seine Einrichtung wirkten vor allem die SPD-regierten Bundesländer hin, die damit ihren Einfluß auf telekommunikationspolitische Belange erheblich ausweiten und als Instrument zur Wählerstimmengewinnung einsetzen konnten. Die folgende Abbildung enthält eine Übersicht über die geänderte Organisationsstruktur im Post- und Telekommunikationsbereich.

Abb. III.7: Organisationsstruktur ab 1995

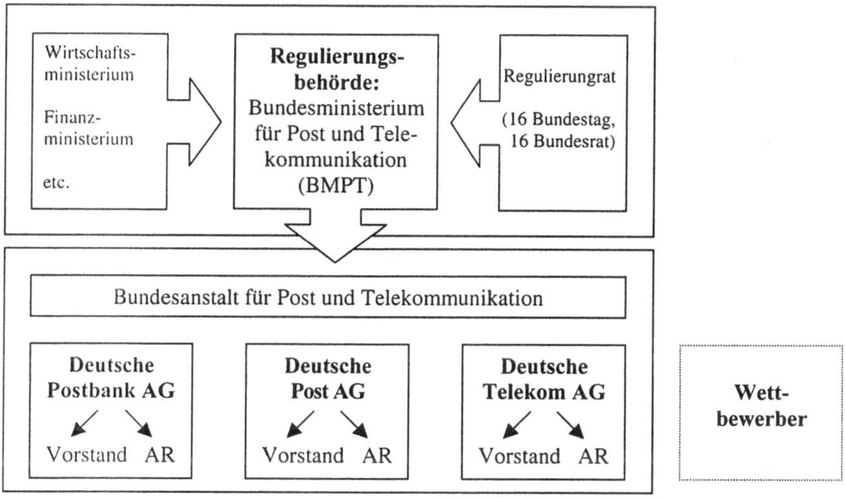

Der mit der zweiten Postreform geschaffene Rechtsrahmen trug nur unwesentlich zu einer wettbewerblichen Öffnung der Telekommunikationsmärkte bei. Mit der Einführung einer kaufmännischen Unternehmensführung, der Abschaffung des öffentlichen Dienstrechts und der Erleichterung ihrer Auslandstätigkeit sollte die unternehmerische Flexibilität der DT AG gestärkt und das Unternehmen für den internationalen Wettbewerb vorbereitet werden. Probleme ergaben sich insbesondere aus der zunehmenden Politisierung des Regulierungsrahmens. So wurden alle wesentlichen Entscheidungen im Regulierungsrat getroffen.[442]

[440] Vgl. § 11 Gesetz über die Regulierung der Telekommunikation und des Postwesens (PTRegG), BGBl. I (1994), S. 2371.
[441] Vgl. Cox (1999), S. 84. Zu den Aufgaben des Regulierungsrates siehe § 13 PTRegG.
[442] Vgl. Sondhof (1994), S. 528.

Da bereits bei den Beratungen zur zweiten Postreform feststand, daß ab 1998 im Zuge von EU-Vorgaben weitere Reformen notwendig werden,[443] wurde die Postreform II von vornherein lediglich als Übergangsregelung verstanden. So war schon bei den parlamentarischen Beratungen offensichtlich, daß die zweite Postreform lediglich die notwendigen organisatorischen Neuregelungen beinhaltete, während ordnungspolitische Reformen noch ausstanden.

5.3. Die vollständige Liberalisierung mit der dritten Reformstufe

5.3.1. Determinanten der vollständigen Liberalisierung

Weitere Reformen waren nicht nur aufgrund supranationaler Vorgaben erforderlich. Auch der Erfolg der bisherigen Reformschritte hing von konsequenten, nachhaltigen Deregulierungen ab. Denn mit der Privatisierung wurde der DT AG zwar die rechtliche Möglichkeit eröffnet, international tätig zu werden. Faktisch waren **Kooperationen mit ausländischen** – vor allem US-amerikanischen – **Unternehmen** jedoch von weiteren Liberalisierungen in Deutschland abhängig. So wurde das internationale Kooperationsprojekt der DT AG, ihrem europäischen Partner France Telecom und dem drittgrößten US-amerikanischen Telekommunikationsunternehmen, US Sprint, (auf politischen Druck von AT&T hin) vom amerikanischen Justizministerium und der Regulierungsbehörde FCC von der Wettbewerbsöffnung in Deutschland und Frankreich abhängig gemacht. Der DT AG drohte das Scheitern ihrer Internationalisierungsbemühungen für den Fall, daß die US-amerikanischen Behörden ihre Zustimmung zu dem Projekt aufgrund verzögerter oder gänzlich ausbleibender Reformen in Deutschland verweigerten.[444]

Der zentrale Reformzwang ergab sich jedoch aus den Liberalisierungsvorgaben der **EU**. Damit erübrigten sich Diskussionen über eine grundsätzliche Reformnotwendigkeit wie bei den ersten beiden Postreformen von vornherein. Die Beseitigung der Telekommunikationsmonopole im Sprachdienst und im Netzbereich hatte bis zum 1.1.1998 zu erfolgen. Die öffentliche und politische Diskussion konnte sich nur noch auf die konkrete Ausgestaltung der Reform beziehen.

Als besonders gewichtige Gruppen in der Auseinandersetzung um die genauen Reforminhalte erwiesen sich **aktuelle und potentielle Anbieter** und **geschäftliche Nachfrager**. Letztere waren insgesamt an einem qualitativ hochwertigen, differenzierten und preisgünstigen Angebot an Telekommunikationsleistungen

---

[443] Vgl. Cox (1999), S. 79.
[444] Vgl. Welfens/Graack (1997b), S. 20; o. V. (1995), S. 24.

interessiert. Insbesondere der VdP als gewichtigste Interessenvertretung der geschäftlichen Nachfrager favorisierte einen möglichst umfangreichen Wettbewerb in allen Telekommunikationsbereichen.[445]

Die ordnungspolitischen Grundkonzeptionen der Anbieter divergierten dagegen beträchtlich. So richteten sich die Interessen der in Randbereichen tätigen Wettbewerber (Mobilfunk- und Satellitenfunkbetreiber, Datenkommunikationsunternehmen etc.) auf die Implementierung eines möglichst vielschichtigen Wettbewerbs, um ihre Geschäftstätigkeit auf die bislang noch bestehenden Monopolbereiche ausdehnen zu können. Potentielle Anbieter mit eigener Telekommunikationsinfrastruktur (Energieversorgungsunternehmen wie RWE, VIAG, Veba, sowie die Deutsche Bahn AG)[446] oder Anbieter aus verwandten bzw. diversifizierten Branchen (Thyssen, Microsoft, Bertelsmann) vertraten zum Teil stark abweichende Interessenpositionen. Diese reichten von der Forderung, den Marktzugang auf bundesweit agierende Unternehmen zu beschränken (seitens Unternehmen mit überregionaler Infrastruktur) bis zu einer Befürwortung eines möglichst umfassenden Netzwettbewerbs (seitens Unternehmen mit lediglich lokaler bzw. ohne eigene Infrastruktur).[447] Der zukünftige Liberalisierungsprozeß wurde entscheidend durch Unternehmen aus verwandten Netzbereichen mitbestimmt. Diese allein waren finanziell in der Lage, die Investitionsvorsprünge der DT AG aufzuholen, und bildeten fortan ein starkes politisches Gegengewicht (Countervailing power).[448] Allerdings verweisen Welfens/Graack auf die unflexible Ausrichtung der Managementstrukturen von Energieversorgungsunternehmen auf die Verwaltung regionaler Gebietsmonopole, die den wettbewerblichen Erfordernissen auf dynamischen, hochflexiblen Telekommunikationsmärkten entgegensteht.[449]

Der Monopolist **Deutsche Telekom AG** wollte zum einen seine inländische Marktposition verteidigen. Andererseits konnte sich das Unternehmen der Re-

---

[445] Vgl. Voeth (1996), S. 166.

[446] An dieser Stelle sei beispielsweise auf die ausgegliederte Telekommunikationsorganisation der DB AG verwiesen, die in Zusammenarbeit mit anderen Unternehmen seit 1997 unter dem Namen Mannesmann Arcor firmiert. Im Energieversorgungsbereich ist o.tel.o (heute Mannesmann o.tel.o) aus einer Kooperation der Unternehmen Veba und RWE hervorgegangen. Auch für Stadtwerke und städtische Verkehrsbetriebe ist ein Einstieg in die lukrativen Telekommunikationsmärkte attraktiv. So zählen citycom.münster (Münster), COLT Telecom (Frankfurt/M., Berlin, München, Stuttgart u. a.), MCI WorldCom (Frankfurt), NetCologne (Köln) u. a. zu der Gruppe etablierter Stadtnetzanbieter, die neben anderen Vorteilen auf ein attraktives Kundenpotential in den Städten bauen können, vgl. auch Pelzel (2001), S. 193 f.

[447] Siehe dazu Voeth (1996), S. 165 f., und die dort angegebene Literatur.

[448] So auch Pelzel (2001), S. 191.

[449] Vgl. Welfens/Graack (1997a), S. 228 f.

form nicht völlig entgegenstellen, da es mit einer starken Widerstandshaltung erstens seine gestaltende Rolle im Reformprozeß aufgegeben und sich somit der Gefahr extremer Entmonopolisierungsalternativen ausgesetzt hätte.[450] Zweitens orientierte sich die Zustimmungspraxis ausländischer Regulierungs- und europäischer Wettbewerbsbehörden zunehmend am Wettbewerbsverhalten der DT AG im Heimatmarkt. Deshalb stimmte die DT AG generellen Reformentscheidungen zu, wogegen sie in den anschließenden Verhandlungen über Detailfragen eine auf Besitzstandswahrung ausgerichtete Position vertrat.[451]

5.3.2. Die Eckpunkte der dritten Postreform von 1996 (Deregulierung)

Mit der dritten Reformstufe entschied sich der Gesetzgeber für eine sektorspezifische Regulierung, die jedoch als Übergangslösung konzipiert wurde. Auf der rechtlichen Grundlage des Telekommunikationsgesetzes (TKG), das am 1.8.1996 in Kraft trat,[452] soll Wettbewerb gefördert und zugleich eine flächendeckende und angemessene Versorgung der Konsumenten mit Kommunikationsdiensten gesichert werden.[453] Dabei unterliegt nicht jedes Angebot einer Regulierung, sondern lediglich die lizenzpflichtigen Telekommunikationsleistungen. Die Ziele sollen mit Hilfe einer sog. **asymmetrischen Regulierung** erreicht werden. Das heißt die Verhaltenskontrolle und die Universaldienstauflagen beziehen sich nur auf marktbeherrschende Unternehmen.[454]

Mit dem TKG entfielen das Übertragungswege- und das Sprachdienstmonopol der DT AG. Der **Marktzutritt** ist seitdem **generell offen**, wobei in den ehemaligen Monopolbereichen Lizenzen erteilt werden.[455] Das Angebot lizenzpflichtiger Telekommunikationsdienste durch marktbeherrschende Unternehmen unterliegt einer Verhaltenskontrolle, insbesondere einer Entgeltregulierung[456] sowie

---

[450] So wurde unter anderem diskutiert, die DT AG zu entflechten bzw. ihr den Marktzutritt zu einzelnen Geschäftsfeldern zu verweigern, vgl. Peter (1995), S. 26 f.

[451] Vgl. Voeth (1996), S. 165.

[452] Vgl. BGBl. I (1996), S. 1120.

[453] Vgl. § 1 TKG.

[454] Vgl. Monopolkommission (1996), S. 11 f.

[455] Das TKG unterscheidet drei Lizenztypen zum Betrieb von Übertragungswegen (Mobilfunklizenz, Satellitenfunklizenz und Lizenz für sonstige Übertragungswege) sowie einen Lizenztyp zum Angebot von Sprachtelefondienst für die Öffentlichkeit. Grundsätzlich erfolgt die Erteilung unbeschränkt, lediglich im Falle knapper Funkfrequenzen findet ein Versteigerungs- oder ein Ausschreibungsverfahren statt. Zu den Einzelheiten vgl. § 6 TKG.

[456] Marktbeherrschende Unternehmen unterliegen einer ex ante-Preismißbrauchskontrolle, die sich auf deren Entgelte und entgeltrelevante Bestandteile für die Zusammenschaltung von Netzinfrastrukturen und den Sprachtelefondienst bezieht. Alle übrigen Telekommunikati-

einer "besonderen Mißbrauchsaufsicht" über den Netzzugang (für Telekommunikationsanbieter ohne eigene Netzinfrastruktur) und die Zusammenschaltung von Netzen.

Bereits im Zuge der zweiten Postreform wurde dem Bund vom Verfassungsgeber in Art. 87 GG die Verpflichtung erteilt, eine flächendeckende Grundversorgung mit Kommunikationsleistungen sicherzustellen, die durch die DT AG und andere Unternehmen im Wettbewerb zu erbringen ist. Dieser sog. Universaldienst wird im TKG als Mindestangebot an Telekommunikationsleistungen, "deren Erbringung für die Öffentlichkeit als Grundversorgung unabdingbar geworden ist",[457] definiert. Werden die Universaldienste nicht erbracht, können marktbeherrschenden Unternehmen entsprechende Pflichten auferlegt werden.[458]

Die Erfüllung der Regulierungsaufgaben obliegt seit dem 1.1.1998 einer speziellen Behörde, der **Regulierungsbehörde für Telekommunikation und Post** (RegTP), die als Nachfolgeinstitution des Bundesministeriums für Post und Telekommunikation (BMPT) eingerichtet wurde.[459] Der Entscheidung zur Errichtung einer speziellen Regulierungsbehörde ging eine umfangreiche politische Diskussion voraus, die sogar die noch im Jahre 1995 geplante Verabschiedung der TGK verzögerte. Zwar herrschte politische Einigkeit über die Auflösung des BMPT zum Ende des Jahres 1997 – doch über die zukünftige Ausgestaltung der Regulierung wurden stark divergierende Standpunkte vertreten: Das BMPT selbst favorisierte in seinem Referentenentwurf zum TKG – entgegen den Empfehlungen verschiedener wissenschaftlicher Gutachter – die Errichtung einer obersten Bundesbehörde (vergleichbar der Bundesbank).[460] Bezüglich der konkreten Ausgestaltung der Regulierung vertraten die wissenschaftlichen Gutach-

---

onsdienste (Mobilfunk- und Satellitenfunkdienste) unterliegen einer nachträglichen (ex post-)Preiskontrolle.

[457] § 17 TKG. Eine nähere Umschreibung der Leistungsmerkmale erfolgte in der Telekommunikations-Universaldienstleistungsverordnung (TUDLV), vgl. Bundesregierung (1997), die sich ausdrücklich auf kostenorientierte Preise bezieht und damit die bislang angestrebte Tarifeinheit im Raum ablöst. Laut Monopolkommission (1996), S. 17, solle die Grundversorgung nicht über das hinausreichen, was die EU als Minimaldienste bezeichnet hat. Dazu zählen u. a. der einfache Telefonanschluß, der Auskunftsdienst, die öffentlichen Telefonzellen, der Zugang zu Notdiensten und die Bereitstellung von Telefonbüchern.

[458] Hierbei können Ausgleichszahlungen notwendig werden, deren Finanzierung durch eine sog. Universaldienstleistungsabgabe erfolgt. Diese wird von allen auf dem jeweiligen relevanten Markt tätigen lizenzpflichtigen Unternehmen mit einem Marktanteil von mindestens 4 % bzw. von Unternehmen, die auf dem räumlich relevanten Markt über eine marktbeherrschende Stellung lt. GWB verfügen, erhoben, vgl. §§ 17 ff. TKG.

[459] Zur politischen Diskussion über die Organisation der Regulierung vgl. ausführlich Monopolkommission (1996), S. 20 ff.

[460] Vgl. Bundesministerium für Post und Telekommunikation (1995).

ter aber abweichende Positionen: So forderte Witte als einziger die Beibehaltung des BMPT, und Mestmäcker wollte die Entgeltregulierung und die besondere Mißbrauchsaufsicht beim Bundeskartellamt ansiedeln – wogegen die übrigen Regulierungsaufgaben in ministerieller Zuständigkeit liegen sollen.[461] Der wissenschaftliche Beirat beim Bundeswirtschaftsministerium hatte sich für das Bundeskartellamt als alleinigem Telekommunikations-Regulierer ausgesprochen.[462] Die Monopolkommission forderte in ihrem Gutachten von 1991 zwar noch eine eigenständige Behörde,[463] 1996 plädierte sie jedoch, ebenso wie das Bundeskartellamt und die Landeskartellbehörden, für die alleinige Kompetenz des Bundeskartellamtes.[464] Die SPD hingegen sprach sich zwischenzeitlich für eine privatrechtliche Regulierungsorganisation in Bundesbesitz (ähnlich der Flugsicherung) aus.[465]

Erst im Januar 1996 konnte nach mehrmonatiger Diskussion im Bundeskabinett ein Kompromiß ausgehandelt werden.[466] Dieser sieht ab 1998 die Regulierung der Telekommunikations-(und Post-)märkte durch eine spezielle Behörde vor. Die beim Bundesminsterium für Wirtschaft angesiedelte oberste Bundesbehörde ist mit umfassenden hoheitlichen Befugnissen, insbesondere Informations- und Untersuchungsrechten sowie mit speziellen Sanktionsmöglichkeiten ausgestattet. Im Einzelnen zählen zu ihrem Aufgabenbereich die Lizenzerteilung, die Zuteilung von Frequenzen, die Auferlegung von Universaldienstverpflichtungen, die Entgeltregulierung und Entscheidungen zur Regelung des offenen Netzzugangs.

Der Präsident der Regulierungsbehörde und die zwei Vizepräsidenten werden für jeweils fünf Jahre von der Bundesregierung auf Vorschlag eines Beirates ernannt. Dieser Beirat wird bei der RegTP aus jeweils neun Mitgliedern des Bundesrates und des Deutschen Bundestages gebildet. Er verfügt über Mitwirkungsrechte bei den Entscheidungen der RegTP, etwa bei der Vergabe knapper Lizenzen etc. Darüber hinaus bestehen gewisse Auskunftspflichten der RegTP gegenüber dem Beirat.[467] Die Zusammensetzung des Beirates hat mehrfach Anlaß zu Kritik gegeben, da insbesondere bei der Festlegung von Universaldienstverpflichtungen und im Hinblick auf ein verbrauchergerechtes Angebot auch den privaten Endverbrauchern und den geschäftlichen Nachfragern Stimmrechte

---

461 Vgl. Mestmäcker/Witte (1995).
462 Vgl. Bundesministerium für Wirtschaft (1995).
463 Vgl. Monopolkommission (1991), S. 133.
464 Vgl. Monopolkommission (1996), S. 20 ff.
465 Vgl. Voeth (1996), S. 181.
466 Vgl. Bundesministerium für Post und Telekommunikation (1996).
467 Eine abschließende Aufzählung der Befugnisse des Beirats findet sich in § 69 TKG.

hätten eingeräumt werden müssen.[468] Untenstehende Abbildung zeigt die gegenwärtige Organisations- und Regulierungsstruktur im Telekommunikationsbereich.

Abb. III.8: Organisation der Regulierung im Telekommunikationsbereich seit 1996

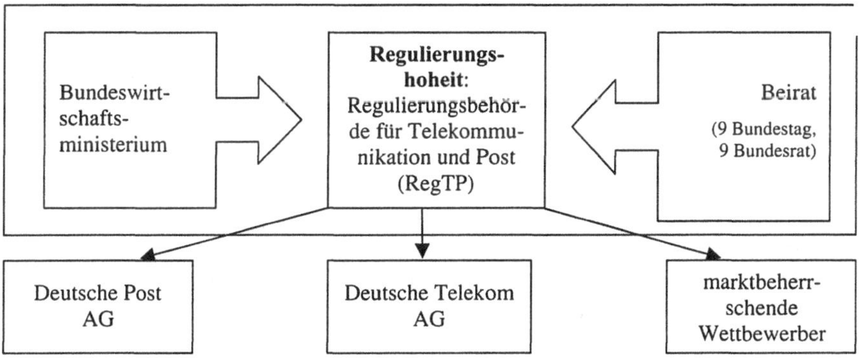

Die Einrichtung einer sektorspezifischen Regulierungsbehörde wurde vehement von der Monopolkommission, dem Bundeskartellamt, den Landeskartellbehöreden, dem Bundesministerium für Wirtschaft und verschiedenen Wissenschaftlern kritisiert.[469] So plädierte neben anderen die Monopolkommission für die Zuständigkeit des Bundeskartellamtes als Kontrollinstanz. Die Argumentation beruht zum einen auf den Lehren der Capture theory, der zufolge die Gefahr einer "unheiligen Allianz" zwischen der Aufsichtsbehörde und den zu regulierenden Unternehmen entstehe. Zum anderen hat das Bundeskartellamt in langjähriger Tätigkeit seine politische Unabhängigkeit unter Beweis gestellt, die bei der gegenwärtigen Ausgestaltung der Telekommunikationsregulierung nicht gegeben sei.[470] Auch das Berufungsverfahren des Präsidenten der RegTP durch die Bundesregierung beinhaltet die Gefahr, daß die RegTP von der Politik für ihre eigenen Ziele instrumentalisiert wird.

[468] Vgl. Cox (1999), S. 95.

[469] Vgl. Stoetzer/Wein (1997), S. 46; Monopolkommission (1996), S. 24 f.

[470] Die jüngsten Eingriffe von Bundeswirtschaftsminister Müller im Postbereich haben diese Befürchtungen bestätigt. Er verhinderte beispielsweise im März 2000 mit einer Weisung eine von der RegTP angestrebte Senkung des Briefportos, vgl. FAZ (2000a), S. 17.

5.3.3. Die aktuelle Wettbewerbssituation

Die sektorspezifische Regulierung wurde für eine Übergangsphase konzipiert. Alle zwei Jahre beurteilen Regulierungsbehörde und Monopolkommission die weitere Regulierungsnotwendigkeit, die entfällt, sobald funktionsfähiger Wettbewerb herrscht.[471] Dies trifft nach Auffassung der Monopolkommission bislang auf die meisten Teilmärkte nicht zu.[472] Nach anfänglich sehr intensivem Preiswettbewerb versucht die DT AG nun verstärkt, mit Bündelungsstrategien (beispielsweise zwischen Orts- und Ferngesprächen oder zwischen Telefon- und breitbandigem schnellen Internet-(DSL-)Anschluß)[473] und Verzögerungstaktiken bei der Bereitstellung von Teilnehmeranschlußleitungen bzw. überhöhten TAL-Preisen für Konkurrenten,[474] ihre dominante Marktposition zu erhalten bzw. zu stärken und auf neue Teilmärkte auszudehnen.[475]

Diese Geschäftspraktiken des Ex-Monopolisten stoßen auf starke Kritik, insbesondere des Verbandes der Anbieter von Telekommunikations- und Mehrwertdiensten (VATM), der sich seit seiner Gründung im Jahre 1998 zu einer starken politischen Gegenkraft zur DT AG entwickelt hat.[476] Aus dem Verhalten der DT AG ergebe sich für potentielle Wettbewerber die Notwendigkeit, einen kombinierten Marktzutritt auf mehreren Teilmärkten gleichzeitig vorzunehmen. Dies führe insgesamt zu einer Erhöhung der Marktzutrittsbarrieren. Der Marktzutritt würde darüber hinaus durch versunkene Kosten erschwert, die sich aus einem intensiven Innovations- und Reklamewettbewerb ergeben. Somit gelten einzelne Teilmärkte faktisch als nicht bestreitbar.[477] Angesichts der zunehmenden Diskriminierungsstrategien des Ex-Monopolisten sei dem VATM zufolge zur Sicherung eines nachhaltig funktionsfähigen Wettbewerbs eine Bottleneck-

---

[471] Vgl. § 81 III TKG.

[472] Vgl. Monopolkommission (1999). Zur Abgrenzung der Teilmärkte vgl. Welfens (2001a), S. 23 ff.

[473] Vgl. VATM (2000a), S. 6.

[474] Vgl. VATM (2000b), gegenteilig siehe RegTP (2001), S. 1 ff. Von wissenschaftlicher Seite wird immer wieder behauptet, daß die RegTP versäumt hat, rechtzeitig die Konditionen für den Wettbewerb im Ortsnetzbereich festzulegen, vgl. etwa Michalski (1999), S. 347.

[475] Zum Verhalten vertikal integrierter Unternehmen im Wettbewerb vgl. ausführlich Welfens/Yarrow/Grindberg/Graack (1999).

[476] Der VATM entstand aus einem Zusammenschluß des Verbandes für Telekommunikation und Mehrwertdienste (VTM), in dem die Netzanbieter organisiert waren, und des Verbandes der Anbieter von Telekommunikationsdiensten (VAT), der die Service Provider repräsentierte. Der VATM vertritt mehr als 50 größere deutsche Unternehmen aus den Bereichen Telekommunikation und Multimedia, die als Wettbewerber der DT AG angetreten sind.

[477] So Welfens (2001a), S. 84, in einem für den VATM erstellten Gutachten zur gegenwärtigen Wettbewerbssituation auf den Telekommunikationsmärkten. Gegenteilig argumentiert Kruse (2000), S. 405 ff., in einem für die DT AG erstellten Gutachten.

Regulierung nicht ausreichend. Zusätzlich habe die RegTP die bislang sehr wirksame Entgeltregulierung[478] beizubehalten bzw. im Hinblick auf geänderte Marktgegebenheiten weiterzuentwickeln, um einer Verfestigung der Marktmacht der DT AG entgegenzuwirken.[479]

Aus politökonomischer Perspektive, insbesondere in Anbetracht der Lehren der Capture theory, erscheint eine sektorspezifische Regulierung insgesamt bedenklich. So bestehen zum einen politische Einflußmöglichkeiten auf die RegTP, wie beispielsweise nach dem Regierungswechsel 1998 die Ablösung des bisherigen Präsidenten der RegTP Scheurle gezeigt hat. Zum anderen ergibt sich durch die staatliche Miteigentümerschaft ein finanzielles Interesse des Bundes. Die ordnungspolitischen Befürchtungen werden durch jüngste Forderungen der DT AG an die Bundesregierung bestätigt, die RegTP "an die Kandare" zu nehmen.[480]

Insofern ergibt ein Comparative institution approach, daß in der gegenwärtigen Wettbewerbssituation eine alleinige ex post-Mißbrauchsaufsicht durch das Bundeskartellamt noch nicht ausreicht, um nachhaltig Wettbewerb auf Telekommunikationsmärkten zu etablieren. Aus ordnungspolitischer Sicht wäre demnach neben einer vollständigen materiellen Privatisierung eine Ausweitung der Kompetenzen des Bundeskartellamtes im Hinblick auf die sofortige Vollziehbarkeit von Netzzugangsentscheidungen nach § 19 IV Nr. 4 GWB angebracht.[481] Insgesamt haben externe Einflußfaktoren jedoch entscheidend dazu beigetragen, das Ausmaß der Regulierungen auf ein normativ angemessenes Niveau zurückzuführen.

5.4. Zwischenfazit

Die Liberalisierungen im Telekommunikationsbereich sind insbesondere auf Veränderungen in den technologischen, ökonomischen und politischen Rahmenbedingungen zurückzuführen. So bewirkten zahlreiche technische Innovati-

---

[478] Vgl. zur Entgeltregulierung ausführlich Stamm (2001), S. 1 ff.

[479] Diese Ansicht vertreten neben dem VATM (2000a) auch Welfens (2001a); Monopolkommission (1999). Gegenteilig argumentieren Immenga/Kirchner/Knieps/Kruse (2001); Kruse (2000).

[480] Dies erfolgte als Reaktion auf Entscheidungen der RegTP, den Wiederverkauf von Gesprächsminuten im Ortsnetz (sog. Resale) zuzulassen und die Anordnung, den Konkurrenten einen Teil der Telefonleitung als reine Datenleitung (sog. Line sharing) überlassen zu müssen, vgl. FAZ (2001a), S. 17.

[481] Bereits bei den Diskussionen zur sechsten GWB-Novelle wurde die sofortige Vollziehbarkeit von Kartellamtsentscheidungen zur Netzöffnung nach § 19 IV Nr. 4 GWB als gesetzlicher Regelfall gefordert, vgl. Böge (2001), S. 655.

onen eine Nachfrageerhöhung "... nach Endgeräten und Diensten der Telekommunikation, potenzierten deren Nutzungsoptionen, ließen neue Märkte entstehen und zusammenwachsen, führten zu einem internationalen Wettbewerbsdruck und beraubten die Monopolstrukturen ihres 'natürlichen' Charakters, wenn letzterer überhaupt jemals vorhanden war ...".[482]

Weitere entscheidende Deregulierungsanstöße kamen aus dem Globalisierungsprozeß bzw. dem Wettbewerb der Staaten um Direktinvestitionen und von der Europäischen Kommission. Zunächst wirkte die wettbewerbliche Neustrukturierung vor allem des US-amerikanischen Telekommunikationsbereichs als exogener Liberalisierungskatalysator auf die gesamte europäische Telekommunikationspolitik. Die Liberalisierungen in einem führenden Industriestaat wie den USA mußte internationale ordnungspolitische "Spill overs" und Anpassungszwänge auslösen. Hinzu kam ein handelspolitischer Druck der USA, der auf eine reziproke Öffnung der europäischen Beschaffungsmärkte für amerikanische Telekommunikationsprodukte abzielte. Angesichts eines weltweiten Paradigmenwechsels und fortschreitender Liberalisierungen, insbesondere in den USA und Japan, sah sich die Europäische Kommission einerseits zu Reformen gezwungen, um den Weltmarktanschluß in diesem hochdynamischen Markt nicht zu verlieren. Andererseits konnten die Kommissionsmitglieder damit ihre industrie- und wettbewerbspolitischen Kompetenzen ausweiten. Die seit 1987 von der EG verfolgte Liberalisierungsstrategie hatte zwingende Folgen für die deutsche Telekommunikationspolitik.

Die genannten Faktoren bewirkten Veränderungen im politökonomischen Kräfteverhältnis. Im Rahmen einer positiven Betrachtung konnten veränderte Interessen der involvierten Akteure bzw. das Auftreten und Erstarken neuer Akteure konstatiert werden. Diese führten auch zu einem Wandel im Verhalten der politischen Unternehmer, die letztendlich schrittweise Liberalisierungen durchsetzten.

6. Zusammenfassung

Das staatliche, durch zahlreiche ordnungspolitische Ausnahmeregelungen geschützte Fernmeldemonopol der DBP wurde ursprünglich mit dem Vorliegen eines natürlichen Monopols und mit gemeinwirtschaftlichen Zielsetzungen begründet. Die Stichhaltigkeit der genannten Argumente wurde im Laufe der Zeit vor allem von Wissenschaftlern immer stärker in Frage gestellt. Aus der dirigistischen Marktordnungspolitik im Telekommunikationsbereich resultierten zahl-

---

[482] Jäger (1994a), S. 43.

reiche gesamtwirtschaftliche Ineffizienzen, etwa in Form von überhöhten Preisen für Telefonfernverbindungen und der Nichtausnutzung von technisch möglichen differenzierten Angeboten. Doch die aus den ordnungspolitischen Ausnahmeregelungen resultierenden Ineffizienzen, d. h. Regulierungsversagen allein, lösten noch keine ordnungspolitische Neuorientierung aus.

Die vorstehenden Ausführungen zeigen, daß ein jahrzehntelanges Regulierungsgleichgewicht im Telekommunikationsbereich bestand. Das Personal der DBP und deren gewerkschaftliche Interessenvertretung, die Geschäftsführung des staatlichen Monopols und in die Entscheidungsabläufe direkt involvierte Politiker sowie die nationale Zulieferindustric profitierten vom staatlichen Fernmeldemonopol. So verfügte das Personal über sichere Arbeitsplätze mit vorhersehbaren Aufstiegschancen, bequeme Arbeitsbedingungen und eine vergleichsweise gute Bezahlung. Die Gewerkschaftsfunktionäre, die Unternehmensleitung und die Politiker konnten innerhalb des bestehenden ordnungspolitischen Rahmens ihre persönliche Macht und ihr soziales Prestige ausbauen und bestimmte Einkommens-ziele erreichen, ohne daß dem wirksame Restriktionen entgegengestanden hätten. Die heimischen Zulieferer verfügten über einen sicheren Absatz ihrer Produkte und damit eine faktische Gewinngarantie. Im politökonomischen Kontext bestand eine stille Koalition aus den Sonderinteressengruppen innerhalb und im näheren Umfeld der Bundespost und der Bevölkerungsmehrheit, die an bestimmten Versorgungszielen interessiert war. Erstgenannte boten die Erfüllung der Versorgungsziele im Tausch gegen die Beibehaltung des staatlichen Fernmeldemonopols an.

Im Markt für politische Begünstigungen standen den Regulierungsbefürwortern lange keine annähernd starken Interessenpositionen gegenüber, die auf die Abschaffung des staatlichen Monopolregimes drangen. Wiederwahlorientierte Politiker hielten somit am Status quo fest. Erst zusätzlich zu den genannten Ineffizienzen auftretende, einschneidende Veränderungen der Rahmenbedingungen konnten die verfestigten Strukturen auflockern und im Laufe der Zeit gänzlich auflösen.

Zusammenfassend sind als Ursachen für die ordnungspolitische Neuorientierung im Telekommunikationsbereich technologische Impulse sowie ökonomische und politische Faktoren aus dem In- und Ausland bei einem gleichzeitigen Paradigmenwechsel im wirtschaftspolitischen Bereich zu identifizieren. Erst durch die genannten externen Veränderungen wurde ein spezifischer Interessengruppendruck aktiviert, der letztendlich zu den beobachtbaren Reformen führte. In diesem Prozeß übten insbesondere neu auf den Markt hinzugetretene Anbieter bzw. Anbieter aus diversifizierten und verwandten Märkten, die sich hohe Gewinne versprachen, sowie geschäftliche Nachfrager von Telekommunikationsleistungen, die von geringeren Kosten in deregulierten Telekommunikationsmärkten zu profitieren hofften, einen starken Liberalisierungsdruck aus. Gleichzeitig nahmen die Widerstände der Reformgegner ab. Damit wurden politische Entscheidungen zugunsten von Liberalisierungen ermöglicht.

Die konkrete Ausgestaltung der graduellen Reformen in Deutschland erfolgte in einem politischen Verhandlungsprozeß, der eine konsensorientierte Lösung zwischen verschiedenen Gruppeninteressen darstellte. Für den Erfolg der Liberalisierung war auch eine günstige Reihenfolge der einzelnen Reformschritte notwendig. Ohne schnell sichtbare Erfolge für die Öffentlichkeit, insbesondere die Expansion des Mobilfunks nach der ersten Postreform, wären weitere Liberalisierungen politisch erschwert, wenn nicht gar unmöglich geworden.

TEIL IV: STRAßEN- UND SCHIENENGÜTERVERKEHR

1. Einleitung

1.1. Verkehr als ordnungspolitischer Ausnahmebereich

Auch die Verkehrswirtschaft zählt in den meisten Industrieländern traditionell zu den Wirtschaftssektoren, die weitgehend von allgemeinen marktwirtschaftlichen Prinzipien ausgenommen waren bzw. immer noch sind. In der Bundesrepublik unterlagen bis vor einiger Zeit alle Verkehrsträger umfassenden staatlichen Regulierungen. Diese waren im Straßengüterverkehr und im Eisenbahnbereich besonders ausgeprägt. Im Schienenverkehrsbereich dominierte zudem ein staatliches Eisenbahnmonopol. Aber auch in der Binnenschiffahrt und im Luftverkehr bestanden zahlreiche staatliche Wettbewerbsbeschränkungen. Darüber hinaus war der Verkehrsbereich von wettbewerbsrechtlichen Regelungen des GWB befreit, so daß auch private Wettbewerbsbeschränkungen zulässig waren.

Diese ordnungspolitische Sonderbehandlung wurde im allgemeinen mit dem Vorliegen bestimmter Branchenbesonderheiten begründet. Von den Besonderheiten wurde auf ein Markt- und/oder Wettbewerbsversagen geschlossen, das aus ökonomischer Sicht ordnungspolitische Ausnahmeregelungen rechtfertigen soll. Als Regulierungsbegründung werden darüber hinaus auch außerökonomische, politische Zielsetzungen, wie die gemeinwirtschaftliche Verkehrsbedienung, herangezogen. Doch die genannten Argumente können keine ordnungspolitische Sonderbehandlung des gesamten Verkehrsbereichs begründen.

Die Ausnahmeregelungen führten zu vergleichsweise schlechten Marktergebnissen, d. h. qualitativ und preislich unbefriedigenden Verkehrsleistungen. Die zunehmende nationale und internationale Arbeitsteilung zieht eine immer größere gesamtwirtschaftliche Bedeutung von Transportleistungen nach sich, so daß die Regulierungsineffizienzen im Verkehrsbereich in wachsendem Ausmaß auch die internationale Wettbewerbsfähigkeit der gesamten deutschen Volkswirtschaft beeinträchtigten. Vor diesem Hintergrund forderten Verkehrswissenschaftler schon früh eine Abschaffung der obsoleten Reglementierungen. Zudem ist bereits seit den fünfziger Jahren in einigen Ländern, etwa in Großbritannien und den Vereinigten Staaten, eine Abschwächung bzw. Abschaffung der wettbewerbsfeindlichen Marktordnungen im Verkehrsbereich beobachtbar. Doch erst seit dem Untätigkeitsurteil des Europäischen Gerichtshofs 1985 zeichneten sich auch in den übrigen europäischen Mitgliedstaaten Liberalisierungen bei den meisten Verkehrsträgern ab.

1.2. Abgrenzung des Untersuchungsgegenstandes

Der folgende Teil der Arbeit untersucht die bislang erfolgten Liberalisierungen im öffentlichen Güterfernverkehr, insbesondere im Straßen- und im Schienengüterfernverkehr.[483] Diese in enger Substitutionskonkurrenz stehenden Bereiche eignen sich besonders für eine exemplarische Untersuchung der obigen These, daß Deregulierungen immer erst dann ausgelöst werden, wenn zu bestehenden gesamtwirtschaftlichen Ineffizienzen, die nicht wie behauptet auf Markt- und Wettbewerbsversagen, sondern auf Politik- bzw. Staatsversagen beruhen, externe Faktoren hinzutreten, die zu Veränderungen im politökonomischen Kräfteverhältnis führen.

Dabei stellt der Straßengüterfernverkehr einen Bereich dar, in dem infolge des Untätigkeitsurteils des EuGH die starken Widerstände der gewerblichen Straßenverkehrsunternehmen und der Verkehrsbürokratie in relativ kurzer Zeit überwunden werden konnten, so daß eine vollständige Deregulierung erfolgte. Im Bahnbereich hingegen kam es nur zu Scheinlösungen, hier konnte die Marktöffnung trotz veränderter rechtlicher Rahmenbedingungen faktisch weitgehend verhindert werden. Aber auch hier können neue Impulse der supranationalen Ebene weitere Reformschritte erzwingen.

Auch andere Verkehrsträger, wie die Binnenschiffahrt oder der Luftverkehr, unterlagen ordnungspolitischen Sonderregelungen. Diese Bereiche sollen jedoch außerhalb der Betrachtung bleiben, da sie entweder von geringerer gesamtwirtschaftlicher Relevanz sind (Binnenschiffahrt) oder einer anders gearteten Problemstellung unterliegen (Luftverkehr und Hochseeschiffahrt, deren Rahmenbedingungen hauptsächlich durch internationale Abkommen geregelt werden). Der Personenverkehr soll ebenfalls nur am Rande in die Betrachtungen einfließen, beispielsweise wenn dieser – wie etwa im Bahnbereich – einen gewissen Erklärungsgehalt für unsere Untersuchungen enthält.

1.3. Aufbau der Untersuchung

Im zweiten Kapitel werden normative Begründungen für die verkehrspolitische Sonderstellung aus dem Blickwinkel der neueren Markt- und Wettbewerbstheorie diskutiert. Dabei wird auch auf den aus dieser Perspektive tatsächlich bestehenden wirtschaftspolitischen Handlungsbedarf eingegangen. Das dritte Kapitel enthält nach einem kurzen geschichtlichen Abriß zur Entstehung des weitreichenden Dirigismus im Verkehrsbereich eine Darstellung der früheren Markt-

---

[483] Zur Abgrenzung gegenüber Individual- bzw. Nahverkehr vgl. näher Franke (1997), S. 6 f.

ordnungen im deutschen Eisenbahn- und Straßengüterfernverkehr. In diesem Zusammenhang werden auch die Ineffizienzen dieser Marktordnungspolitik erörtert.

Die anschließende politökonomische Betrachtung im vierten Kapitel soll die tatsächlichen Gründe für die langjährige Beibehaltung einer ineffizienten Verkehrspolitik aufzeigen. Das fünfte Kapitel widmet sich den jüngsten Liberalisierungsmaßnahmen. Dabei wird zunächst der Einfluß der europäischen Verkehrspolitik auf diese Reformen untersucht. Anhand einer politökonomischen Betrachtung kann deren Einfluß auf Liberalisierungen im Straßengüterverkehr und im Bahnbereich aufgezeigt werden. Im abschließenden sechsten Kapitel werden die wesentlichen Aspekte noch einmal zusammengefaßt.

2. Rechtfertigungen für eine ordnungspolitische Sonderbehandlung des Verkehrsbereichs

Als Begründung für eine ordnungspolitische Sonderstellung des Verkehrsbereichs werden verschiedene Argumente herangezogen. Hierzu zählen sowohl unsystematische Auflistungen verschiedenster Branchenbesonderheiten als auch Versuche, diese als Marktversagenstatbestände zu systematisieren, oder der Verweis auf gemeinwirtschaftliche Verpflichtungen einzelner Verkehrsträger. Im folgenden Abschnitt werden diese Rechtfertigungsversuche kurz dargestellt und einer kritischen Überprüfung aus Sicht der neueren Markt- und Wettbewerbstheorie unterzogen, um anschließend den tatsächlichen staatlichen Handlungsbedarf abzuleiten.

2.1. Die Besonderheitenlehre

Zur Rechtfertigung der zahlreichen staatlichen Eingriffe im Verkehrsbereich dienten lange Zeit sog. Besonderheiten des Verkehrs. Diese bilden eine lange Liste. So wurden vom Europäischen Parlament 1961 in einer "Terminologischen Liste" insgesamt 12 Besonderheiten angeführt. Sie sollen hier nicht abschließend aufgezählt werden, beispielhaft seien nur genannt: Die Nicht-Lagerfähigkeit von Verkehrsleistungen, die starken saisonalen Schwankungen der Verkehrsnachfrage, der hohe Anteil der Fixkosten an den Gesamtkosten, die Unpaarigkeit der Verkehrsströme, die geringe Angebots- und Nachfrageelastizität im Verkehrsbereich und die gemeinwirtschaftlichen Verpflichtungen der öffentlichen Verkehrsunternehmen.[484] Diese Besonderheiten – so wurde behauptet – führten dazu, daß im Wettbewerb keine optimale Allokation der Ressourcen erfolgen kann. Der gesamte Verkehrsbereich solle deshalb nicht der Steuerung durch freie Markt- und Wettbewerbsprozesse überlassen werden. Staatliche Reglementierungen seien hier ein geeigneteres Steuerungsinstrument.[485]

Doch vergleichbare Phänomene treten auch in anderen Wirtschaftsbereichen auf. So ist das Argument, daß Verkehrsleistungen nicht auf Vorrat produziert werden können, generell auf Dienstleistungsunternehmen anwendbar, und der abgeleitete Charakter der Nachfrage trifft auf alle Vorleistungen zu, deren Charakter ebenfalls als abgeleitet zu bezeichnen ist.[486] Die vorgebrachten Kritikpunkte wurden von den Verfechtern der Besonderheitenlehre mit dem Argument abgewehrt, daß im Verkehrsbereich eine besonders starke Kumulierung dieser Merkmale vorliege. Doch auch das Argument der Besonderheitenhäufung unterlag zahlreichen Widersprüchen und ist zur Erklärung der Ausnahmeregelungen im Verkehrsbereich ungeeignet.[487]

Insgesamt liefert der unsystematische Katalog von Branchenbesonderheiten aus moderner wettbewerbstheoretischer Sicht keinen brauchbaren Erklärungsbeitrag. Auch sind zum Teil gerade staatliche Interventionen die Ursache für sog. Besonderheiten, die wiederum als Begründung für weitere staatliche Interventionen herangezogen werden.[488] In der Lehre von den Besonderheiten sind jedoch einige Aspekte enthalten, die im Rahmen einer weiterführenden normativen Betrachtung ein Markt- oder Wettbewerbsversagen und somit eventuell staatliche Eingriffe begründen könnten. Diese Aspekte sollen im folgenden Abschnitt näher untersucht werden.

2.2. Ökonomische Begründungen

Der neueren Markt- und Wettbewerbstheorie zufolge sind ordnungspolitische Ausnahmeregelungen allenfalls dann ökonomisch begründbar, wenn Markt- und/oder Wettbewerbsversagen vorliegt. Die fehlende bzw. eingeschränkte Koordination von Angebot und Nachfrage bzw. das Nichtfunktionieren der Wett-

---

[484] Vgl. im einzelnen Europäisches Parlament (1961), S. 27 f. Eine Liste der Besonderheiten und deren kritische Beurteilung enthält auch Hamm (1964), S. 77 ff.
[485] So etwa Wissenschaftlicher Beirat beim Bundesverkehrsministerium (1961), S. 13.
[486] Zur kritischen Untersuchung der Besonderheiten vgl. etwa Köberlein (1997), S. 115 f.; Deregulierungskommission (1991), S. 39; Hamm (1989), S. 72 ff.
[487] Vgl. Ewers/Stackelberg (1998), S. 1160; Hamm (1989), S. 82.
[488] So auch Ewers/Stackelberg (1998), S. 1161.

bewerbsprozesse wird im Eisenbahnbereich auf das Vorliegen eines natürlichen Monopols und im Straßengüterverkehr auf ruinös übersteigerte Wettbewerbsprozesse und für den Verkehrsbereich insgesamt auf das Auftreten externer Effekte zurückgeführt. Die tatsächliche Eignung der genannten Argumente zur Begründung ordnungspolitischer Sonderregelungen im Verkehrsbereich soll im folgenden näher analysiert werden.

2.2.1. Natürliches Monopol im Bahnbereich

Auch für den Verkehrsbereich werden Kostenvorteile behauptet, die auf Größen-, Verbund- oder Intensitätsvorteilen[489] bei der Produktion beruhen. Damit werden traditionell Preis- und Marktzutrittsregulierungen bzw. die Etablierung eines staatlichen Bahnmonopols begründet. Diese Instrumente sind aus neuerer wettbewerbstheoretischer Sicht jedoch nicht mehr legitimierbar. Wie bereits in Kapitel 1.3.2. in Teil II ausgeführt wurde, erfüllen lediglich sog. **nichtbestreitbare natürliche Monopole** den Tatbestand des Wettbewerbsversagens.

Im Verkehrsbereich wurde dieses Argument vor allem für den Eisenbahnbereich, und hier insbesondere für das Netz diskutiert. Doch das Vorliegen eines natürlichen Monopols im **Schienennetz** rechtfertigt keine Marktregulierungen für das gesamte Eisenbahnsystem – und erst recht nicht für den Verkehrsbereich insgesamt. Wirtschaftspolitischer Handlungsbedarf besteht aus wettbewerbstheoretischer Sicht nur in einem eng definierten Bereich, dem Eisenbahnnetz. Nur hier entsteht durch die Kombination von Subadditivität und Irreversibilität eine nichtangreifbare Monopolstellung und somit Marktmacht, die einer wirksamen Kontrolle bedarf.[490] In allen anderen Verkehrsbereichen wirkt aufgrund der Abwesenheit von Irreversibilitäten potentielle Konkurrenz bzw. die Substitutionskonkurrenz durch andere Verkehrsträger.

Um auch im Schienenverkehr verstärkte Anreize für die Bereitstellung eines effizienten Verkehrsangebots zu schaffen, ist zunächst eine institutionelle Trennung von (nichtangreifbarem) Netz und der Nutzung des Netzes, dem Verkehr auf der Schiene notwendig. Damit wird auch Wettbewerb zwischen verschiedenen Betreibern im Schienenverkehr ermöglicht (intramodaler Wettbewerb). Unter der Prämisse, daß staatliche Wettbewerbsbeschränkungen zwischen den Verkehrs-trägern abgebaut werden, kann darüber hinaus die Bedeutung der Substitutionskonkurrenz (intermodaler Wettbewerb) für den Schienenverkehrsbereich

---

[489] Zu den einzelnen Kostenbegriffen und deren Bedeutung im Verkehrsbereich vgl. ausführlich Ewers/Meyer (1994), S. 185 f.

[490] Vgl. Aberle (2000), S. 94; Knieps (2000), S. 425; Köberlein (1997), S. 117 ff.

gestärkt werden.[491] Zudem muß in einer dynamischen Betrachtung, die Nachfrageveränderungen und technologische Fortschritte einbezieht, ein einmal festgestelltes nichtangreifbares natürliches Netzmonopol nicht unbedingt von Dauer sein. Gleiches gilt für große Gebiete, in denen die Kostenvorteile bereits in Teilnetzen ausgeschöpft werden.[492]

2.2.2. Ruinöse Konkurrenz im Straßengüterverkehr

Teilweise wird behauptet, der **Straßengüterverkehrsbereich**[493] besäße eine **immanente Tendenz zu ruinös übersteigertem Wettbewerb**. So wird vom Vorliegen bestimmter Voraussetzungen für alle Unternehmen im Straßengüterverkehr ausgegangen (kleinbetriebliche Anbieterstruktur, geringe Konzentrationsgrade, bestimmte Kostenstrukturen, hohe Marktaustrittsschranken), die zu inversem Angebotsverhalten und kumulativen Preisverfällen führten. Aufgrund der bereits oben erwähnten relativ preisunelastischen Nachfrage nach Verkehrsleistungen[494] sei aber auch bei sinkenden Preisen keine bedeutsame Ausweitung der Nachfrage zu erwarten. Daraus resultiere eine permanent schlechte Ertragslage für alle Unternehmen. Die Anpassungsprozesse auf dem Markt nehmen eine sehr lange Zeitspanne in Anspruch, innerhalb der es zum Ausscheiden einer Reihe von Anbietern aus dem Markt komme. Handelt es sich dabei nicht um die am wenigsten effizienten, sondern lediglich um Unternehmen mit einer schwachen Kapitalbasis, kommt es zu Wettbewerbsversagen.[495]

Um der ruinösen Konkurrenz vorzubeugen, wurden Marktzutrittsbeschränkungen und Preiskontrollen im Straßengüterverkehr etabliert.[496] Dem ist entgegenzuhalten, daß ruinöse Konkurrenz nicht zwangsläufig zu Wettbewerbsversagen führen muß. Zunächst ist es im Sinne wirksamer Wettbewerbsprozesse völlig normal und erwünscht, daß aus Überkapazitäten resultierende Verluste zum Ausscheiden von ineffizienteren Unternehmen aus dem Markt führen. Nur wenn langfristig zu viele oder effizientere vor weniger effizienten Unternehmen den

---

[491] Auf die Bedeutung der Substitutionskonkurrenz verweisen insbesondere Hamm (1989), S. 67 f.; Soltwedel et al. (1986), S. 213.

[492] Vgl. dazu ausführlich Laaser (1991), S. 187.

[493] Aber auch für die Binnenschiffahrt und den Luftverkehr werden derartige Besonderheiten behauptet, vgl. Köberlein (1997), S. 126.

[494] Siehe Kapitel 2.1.

[495] Vgl. dazu ausführlich Köberlein (1997), S. 126 ff.; Laaser (1991), S. 80 ff.; Soltwedel et al. (1986), S. 215 ff.; Suntum (1986), S. 61 ff.

[496] Vgl. Soltwedel et al. (1986), S. 218.

Markt verlassen müssen – und nur dann – kann es zu einer Verschlechterung der Marktversorgung und damit zu Wettbewerbsversagen kommen.[497]

Darüber hinaus ist das Argument der ruinösen Konkurrenz im Straßengüterverkehr nur heranzuziehen, wenn die behaupteten Besonderheiten tatsächlich vorliegen. Davon kann jedoch nur zum Teil ausgegangen werden.[498] Und selbst wenn alle Besonderheiten gegeben sind, ist zu bezweifeln, daß die daraus abgeleiteten Marktordnungen die effizienteste Lösung im Sinne eines Comparative institution approach darstellen. Statt dessen ist allenfalls eine vorübergehende Subventionierung zur Abfederung sozialer Härten und zur Erhaltung von Unternehmen am Markt gerechtfertigt.

2.2.3. Externe Effekte

Als weiteres Argument zur Begründung staatlicher Regulierungen im Verkehrsbereich dient häufig die Existenz negativer und positiver technologischer externer Effekte. Vor allem dem **Straßengüterverkehr** werden **negative Externalitäten** zugesprochen. Hierzu zählen insbesondere Umweltprobleme aufgrund von CO_2- und Luftschadstoffemissionen, aber auch Lärmbelästigungen. Die damit im Zusammenhang stehenden Kosten werden nicht verursachungsgemäß den Verkehrsteilnehmern zugerechnet, sondern der Allgemeinheit angelastet.[499] Auf der anderen Seite werden vor allem der **Bahn positive Externalitäten** zugesprochen, etwa die relative Umweltfreundlichkeit oder die Kapazitätsvorhaltung. Mit den genannten Argumenten wurden früher staatliche Marktzu- und -austrittsbeschränkungen, der Kontrahierungszwang der Bahn und die staatliche Tarifaufsicht gerechtfertigt,[500] die den Modal split zugunsten der Bahn und zu Lasten des Straßengüterverkehrs beeinflussen sollten.

Zunächst war beobachtbar, daß die staatliche Marktzutrittsregulierung im Straßengüterverkehr eine Zunahme des Werkverkehrs bewirkte. Dieser unterlag einem Drittladeverbot und war deshalb mit häufigen Leerfahrten verbunden. Gerade dieser staatliche Eingriff hatte somit eine starke Zunahme der negativen Externalitäten im Straßenverkehr zur Folge.[501] Der obigen Argumentation ist

---

[497] Siehe dazu ausführlich Eickhof (1993a), S. 218.

[498] Zum Vorliegen der behaupteten Besonderheiten vgl. die Untersuchung von Suntum (1986), S. 64 ff.

[499] Vgl. Hartwig (1999b), S. 101; Franke (1997), S. 45 ff.

[500] Vgl. dazu ausführlich die kritische Untersuchung bei Laaser (1991), S. 95 ff. In der Literatur wird zum Teil aber auch von positiven Externalitäten des Straßengüterverkehrs ausgegangen, vgl. dazu näher Willeke (1993); Aberle/Engel (1992).

[501] Vgl. Basedow (1989), S. 49.

zudem entgegenzuhalten, daß das Argument der Kapazitätsvorhaltung der Bahn als positiver externer Effekt auch auf andere Verkehrsträger zutrifft.[502] Allein das Argument, der Straßengüterverkehr erzeuge gravierende negative Externalitäten, die als Neben- bzw. Kuppelprodukt der Transportleistungen nicht über den Markt-Preis-Mechanismus abgegolten werden, stellt einen Marktversagenstatbestand dar.

Dieser begründet grundsätzlich staatlichen Handlungsbedarf, eine spezielle Branchenpolitik ist hiermit jedoch nicht zu rechtfertigen. Mit symptomorientierten Maßnahmen, wie Subventionen für die Bahn, wird ein höherer Schienenverkehrsanteil im Modal split im allgemeinen nicht erreicht.[503] Auch von der neoklassischen Theorie entwickelte staatliche Internalisierungsstrategien, wie die Pigou-Steuer und die von Coase vorgeschlagene Ermöglichung privater Verhandlungslösungen, sind in der praktischen Politik mit zahlreichen Problemen verbunden.

Als pragmatischere, ziel- und ordnungskonforme Instrumente bieten sich statt dessen emissionsbezogene Mineralölsteuern und Zertifikatsmodelle im Straßengüterverkehr an.[504] In jüngster Zeit ist man sich in Wissenschaft und Politik weitgehend darüber einig, daß damit im Zusammenhang stehende umweltpolitische Zielsetzungen am effizientesten durch eine spezielle Infrastrukturpolitik und im Schienenverkehr durch einen Abbau der Marktzugangsbeschränkungen und somit mehr Wettbewerb zu erreichen sind. Letzteres soll signifikant zur Verkehrsverlagerung von den Straßen auf das umweltfreundlichere System Schiene beitragen.

2.3. Politische Rechtfertigungen: Gemeinwirtschaftliche Aufgaben der Deutschen Bundesbahn

Als weitere Besonderheit des Schienenverkehrs wird ein distributives Argument angeführt: Die Bahn erbringe bestimmte gemeinwirtschaftliche Leistungen. Dies sind politisch gewollte Verkehrsleistungen, die kaufmännisch handelnde Unternehmen aber nicht zu den (politisch) gesetzten Preisen und Bedingungen anbieten würden.[505] Zur Begründung wird das sog. **Sozialstaatsprinzip** herangezogen. Dabei wird einerseits das regional- bzw- raumordnungspolitische Ziel "einheitlicher Lebensverhältnisse" im Sinne von gleicher Verkehrsbedienung im ge-

[502] Vgl. Aberle (2000), S. 90; Brenck (1993), S. 93 ff.; Basedow (1989), S. 49.
[503] Vgl. Suntum (1986), S. 229.
[504] Eine ausführliche Diskussion der angesprochenen Instrumente findet der interessierte Leser bei Franke (1997), S. 138 ff.
[505] Vgl. Wissenschaftlicher Beirat beim Bundesverkehrsministerium (1988), S. 86.

samten Bundesgebiet betont. Andererseits soll auch einkommensschwachen Schichten ermöglicht werden, ihr Grundbedürfnis nach Mobilität zu erfüllen.[506]

Die Übernahme der gemeinwirtschaftlichen Pflichten durch die Deutsche Bundesbahn (DB), konkret die Übernahme der Betriebspflicht (Aufrechterhaltung eines politisch bestimmten räumlichen Mindestverkehrsangebots), der Beförderungspflicht (bzw. Kontrahierungszwang, die Befriedigung jeglicher Verkehrsnachfrage entsprechend den Beförderungsbedingungen), der Tarifpflicht und der Fahrplanpflicht (gleichmäßige Anwendung allgemein verbindlicher Tarife und regelmäßige Zugbedienung),[507] war mit entsprechenden staatlichen Ausgleichzahlungen verbunden.

Zusätzlich zu einer offenen Subventionierung wurde der Weg der Quersubventionierung gewählt, bei der nicht rentable Bereiche durch Monopolrenten der DB in anderen Teilmärkten subventioniert und somit aufrechterhalten wurden. Hierzu mußte sog. Rosinenpickerverhalten in den lukrativen Schienenverkehrsbereichen verhindert werden. Das geschah durch die Errichtung eines staatlichen Bahnmonopols.[508] Zum Schutz der Bahn vor Substitutionskonkurrenz in straßenaffinen Bereichen nahmen die Regulierungseingriffe bei den Hauptkonkurrenten, insbesondere dem Straßengüterverkehr immer mehr zu, beispielsweise durch eine Ausdehnung der Reglementierungen auf den Werkverkehr, eine restriktive Konzessionsvergabe und eine strenge Tarifkontrolle.[509]

Dennoch zog sich das staatliche Monopol Deutsche Bundesbahn unter dem Druck ihrer Defizite im Laufe der Zeit weit aus dem ländlichen Raum zurück, und die Tarifeinheit im Raum wurde vielfach durch Sondertarife durchbrochen.[510] Das staatliche Bahnmonopol erwies sich somit nicht als geeignetes Instrument zur Erbringung gemeinwirtschaftlicher Leistungen. Die verteilungspolitisch erwünschten Korrekturen können zudem effizienter mit marktkonformen Maßnahmen oder außerhalb des Marktes, etwa über das Steuer- und Transfersystem, erreicht werden. Als rein marktwirtschaftliche Lösung wird zum Teil eine symmetrische Marktzutrittsbesteuerung vorgeschlagen. Die "Sondersteuer"

---

[506] Vgl. Suntum (1986), S. 83. Ausführlich vgl. auch Napp-Zinn (1969), S. 208 ff. Der Begriff Gemeinwirtschaftlichkeit bezog sich im Verkehrsbereich im 19. Jahrhundert noch auf Aspekte der Landesverteidigung und der politischen Integration der im Deutschen Reich zusammengeschlossenen Kleinstaaten. Nach dem Ersten Weltkrieg standen dagegen der Schutz der Nachfrager vor monopolistischer Ausbeutung durch die Bahn und raumordnungspolitische Ziele im Vordergrund, vgl. Kloten (1962), S. 219.

[507] Vgl. Wittenbrink (1993), S. 212.

[508] Vgl. Drude (1976), S. 212.

[509] Vgl. Köberlein (1997), S. 135.

[510] Vgl. Deregulierungskommission (1991), S. 42.

müßte von jedem auf einem lukrativen relevanten Teilmarkt tätigen Schienenverkehrsunternehmen aufgebracht werden. Umgekehrt hätte jedes Unternehmen in einem "förderungswürdigen" Teilmarkt Anspruch auf eine Subventionierung aus dem Aufkommen der "Sondersteuer".[511]

Die politisch erwünschten Transportleistungen können auch im Wettbewerb zu angemessenen Preisen erbracht und soziale Härten dabei durch direkte personengebundene Transferzahlungen ausgeglichen werden.[512] Ist aus raumordnungspolitischen Gründen die verkehrsmäßige Erschließung auch peripherer Gebiete erwünscht, bieten sich Ausschreibungsverfahren an.[513] In diesem Fall wären direkte Subventionen an die betreffenden Regionen,[514] die genau abgegrenzte Verkehrsleistungen bei den Unternehmen kaufen, eine marktkonforme Lösung. Dabei wird die Erbringung bestimmter politisch erwünschter Verkehrsdienste öffentlich ausgeschrieben, und den Zuschlag erhält das Unternehmen, welches die gewünschte Leistung mit dem geringsten Subventionsbedarf erbringen kann.[515]

2.4. Zwischenfazit

Die vorstehenden Ausführungen ergeben, daß die vorgebrachten Argumente eine spezielle Branchenpolitik im Verkehrsbereich im allgemeinen nicht legitimieren können. Besonderheiten sind zum Teil auch in anderen, nicht regulierten Branchen vorhanden oder begründen kein Markt- und/oder Wettbewerbsversagen. Darüber hinaus erwiesen sich die staatlichen Eingriffe oft als wenig geeignet, tatsächlich identifizierte Funktionsstörungen des Markt- und Wettbewerbsprozesses zu beseitigen, bzw. ihre Etablierung rief erst die beobachteten Fehlentwicklungen hervor. Im Regelfall sind dazu weniger eingriffsintensive, marktkonforme Maßnahmen besser geeignet; darüber hinausreichende staatliche Interventionen sind abzubauen.

Gravierende Externalitäten im Straßengüterverkehr können prinzipiell staatlichen Handlungsbedarf begründen, wobei sich staatliche Preis- und Marktzutrittsregulierungen jedoch als überzogene staatliche Eingriffe erweisen. An deren Stelle sollten marktkonforme Maßnahmen treten, die besser zur Zielerrei-

---

[511] Vgl. Blankart/Knieps (1989a), S. 149 ff. Dieser Lösungsvorschlag entspricht in etwa dem sog. Universaldienstfonds im Telekommunikationsbereich.

[512] Vgl. ausführlich Hartwig (1999b), S. 106; Soltwedel et al. (1986), S. 239 f.; Suntum (1986), S. 83 ff.

[513] Vgl. BDI (2000), S. 36 f., zum ÖPNV.

[514] Sinngemäß vgl. Suntum (1986), S. 88.

[515] Vgl. Deregulierungskommission (1991), S. 44.

chung beitragen und darüber hinaus zu geringeren gesamtwirtschaftlichen Kosten durchführbar sind. Für den Straßengüterverkehr bieten sich hierzu allenfalls emissionsbezogene Lenkungsinstrumente, wie Mineralölsteuern und die Emissionssteuerung mittels handelbarer Zertifikate, an.

Abgesehen von den damit verbundenen Definitionsschwierigkeiten ist auch das Argument der ruinösen Konkurrenz keine hinreichende Regulierungsbegründung. Lediglich wenn effizientere vor weniger effizienten, aber finanzstärkeren Verkehrsunternehmen den Markt verlassen und sich dadurch die Marktversorgung langfristig verschlechtert, liegt Wettbewerbsversagen vor. Aber auch dann sind nicht ordnungspolitische Ausnahmeregelungen die effizienteste Lösung, sondern allenfalls befristete Subventionen bzw. wettbewerbsfördernde Maßnahmen.

Auch im Bahnbereich besteht nicht uneingeschränkt Regulierungsbedarf. Lediglich im Netzbereich liegen zugleich Subadditivitäten und hohe Irreversibilitäten vor, so daß nur hier, nicht aber beim Eisenbahnbetrieb, vom Vorliegen eines nichtangreifbaren natürlichen Monopols auszugehen und somit auf Wettbewerbsversagen zu schließen ist. Allein die Marktmacht des Netzmonopolisten ist regulierungsbedürftig, die Verkehrsleistungen hingegen können im Wettbewerb auf dem Netz angeboten werden. Und selbst die Kontrolle der im Infrastrukturbereich vorliegenden Marktmacht ist nur notwendig, wenn neben intramodaler auch intermodale Bestreitbarkeit, etwa durch den Straßengüterverkehr oder die Binnenschiffahrt, ausgeschlossen ist.[516] Auch die gemeinwirtschaftlichen Verpflichtungen der Bahn rechtfertigen keine ordnungspolitische Sonderstellung; politisch erwünschte Verkehrsleistungen können ebensogut im Wettbewerb erbracht und über marktkonforme Mechanismen finanziert werden.

Angesichts dieser Ergebnisse muß nach Erklärungsansätzen für die zahlreichen ungerechtfertigten Ausnahmeregelungen im Verkehrsbereich gesucht werden. Dies erfolgt im Rahmen einer positiven Betrachtung. Für eine solche Untersuchung sind zunächst Kenntnisse über die historischen Entstehungsgründe der Verkehrsmarktordnungen notwendig. Im folgenden Kapitel soll kurz das Zustandekommen der deutschen Verkehrsmarktordnungen und ihre Entwicklung im Zeitablauf erläutert werden. Diese Darstellung erleichtert das Verständnis der politökonomischen Zusammenhänge, die anschließend im 4. Kapitel untersucht werden.

---

[516] Vgl. Hartwig (1999b), S. 104.

3. Die deutsche Verkehrspolitik und ihre Fehlentwicklungen

3.1. Die Verstaatlichung der Eisenbahnen und die Regulierung der intermodalen Konkurrenz vor dem Zweiten Weltkrieg

Die verkehrspolitische Entwicklung nahm ihren Beginn mit dem Bau der ersten Eisenbahnen in den dreißiger und vierziger Jahren des 19. Jahrhunderts. Zunächst oblag der Aufbau und Betrieb des Eisenbahnsystems hauptsächlich privaten Unternehmen, die über Gebietsmonopole und in Verbindung damit über erhebliche Gewinnmöglichkeiten verfügten. Für den Gütertransport, der bis dahin ausschließlich über Lastkähne und Fuhrwerke erfolgt war, beinhaltete die neue Transportmöglichkeit Kostensenkungspotentiale um bis zu 90 %.[517] Die **privaten Bahnen** unterlagen von Beginn an einem umfassenden **staatlichen Genehmigungszwang**. Dieser wurde mit dem großen Landbedarf der privaten Eisenbahnunternehmen begründet, der Enteignungen erforderlich machte.[518] Tatsächlich versuchte der preußische Staat damals jedoch, die privaten Eisenbahnen zu behindern, weil er um die Einnahmen aus seinen Chaussee-Gebühren (einer Maut für die Straßennutzung) fürchtete.[519]

Bereits in der zweiten Hälfte des 19. Jahrhunderts setzte ein **Verstaatlichungsprozeß** im Bahnbereich ein.[520] Die vorrangigen Gründe dafür waren fiskalischer und staatspolitischer Art. So bestanden im Schienenverkehr hohe Gewinnerwartungen, und er erlangte 1870/71 große militärstrategische Bedeutung. Zudem war die Bahn zur Förderung der wirtschaftlichen Entwicklung und als Bindeglied zwischen den Regionen politisch gewünscht. Für den Bau von Eisenbahnanbindungen in verkehrsschwachen Regionen, wie Ostpreußen, fand sich jedoch kein privater Investor.[521] Eine große Rolle bei der Verstaatlichung der privaten Eisenbahnen in Preußen spielten auch gut organisierte Verkehrsleistungsnachfrager, die von der gemeinwirtschaftlichen Flächenbedienung

---

[517] Vgl. Quarck (1929), S. 163.

[518] Vgl. Laaser (1991), S. 121 ff.; Basedow (1989), S. 53 f. Siehe dazu ausführlich auch Voigt (1965), S. 507 ff.; Wilhelmi (1963), S. 381 ff.

[519] Vgl. Grossekettler (1989), S. 440.

[520] Erste Versuche Bismarcks im Jahre 1872, alle deutschen Eisenbahnen zu verstaatlichen, scheiterten. Doch die Rezession der Jahre 1874 bis 1880, die durch steigende Importe aus den USA zustande kam, vgl. Alberty (1911), S. 48, ermöglichte bei den Reichstagswahlen im Jahre 1878 einen Sieg der protektionistisch gesinnten über die freihandelsorientierten Parteien. Erstere setzten 1879 unter Bismarck die Verstaatlichung der preußischen Eisenbahnen durch, vgl. Blankart (1983), S. 5.

[521] Siehe dazu ausführlich Laaser (1991), S. 116 ff.; Kloten (1962), S. 212 f.

durch die Staatsbahnen profitierten. Dazu zählten insbesondere die Verlader und Empfänger landwirtschaftlicher und mineralischer Primärgüter.[522]

Mit der Verstaatlichung wurde nicht zuletzt das Ziel verfolgt, die Einheit des Reiches herbeizuführen. Dabei spielte die Schaffung eines Staatsbahnensystems eine bedeutende Rolle. Die in der zweiten Hälfte des 19. Jahrhunderts begonnene Entwicklung gipfelte 1920 im Zusammenschluß der deutschen Länderbahnen zur **Deutschen Reichsbahn** (DR), die sich fortan in Reichseigentum befand und Verkehrsleistungen zum sog. **Deutschen Eisenbahngütertarif** (DEGT) anbot.[523]

Auch nach der Jahrhundertwende erwirtschaftete die Deutsche Reichsbahn noch Überschüsse, von denen ein Großteil in den Staatshaushalt floß.[524] Zudem wurden die Überschüsse der DR für Reparationsleistungen aus dem Ersten Weltkrieg benötigt. Doch bereits in den zwanziger Jahren wurden die finanziellen Überschüsse durch die aufkommende Substitutionskonkurrenz des gewerblichen Straßengüterverkehrs dezimiert.[525] Die Monopolstellung der DR ging in wesentlichen Bereichen verloren, und die Möglichkeiten der Bahn, monopolistische Preisdifferenzierungen vorzunehmen, schwanden in dem Ausmaß, in dem es dem Straßengüterverkehr gelang, in ihre tarifintensiven Bereiche vorzudringen.[526]

Dies stand im Widerspruch zu politischen Zielsetzungen, insbesondere fiskalischen Interessen (die Erwirtschaftung von Gewinnen für Reparationszahlungen aus dem Ersten Weltkrieg) und gemeinwirtschaftlichen Verpflichtungen der Bahn. Ein Schutz der Eisenbahn vor ihren Konkurrenten wurde als erforderlich angesehen. Zu diesem Zweck wurden im Straßengüterverkehr (und in der Binnenschiffahrt) marktzutrittsbeschränkende Regulierungen eingeführt. Mit der sog. Überlandverkehrsordnung[527] wurde 1931 der gewerbliche **Straßengüterfernverkehr** einer staatlichen **Genehmigungspflicht** unterworfen, die an subjektiven Kriterien (Zuverlässigkeit des Unternehmers in bezug auf die Einhaltung der Betriebssicherheit und der geltenden Rechtsvorschriften)[528] ausgerichtet

---

[522] Vgl. Blankart (1983), S. 7 f. Diese konnten hohe Tarife für aus dem Ausland kommende Transporte und Transporte der politisch schlecht durchsetzungsfähigen Gruppen und geringe Tarife für ihre eigenen Gütertransporte durchsetzen, vgl. Alberty (1911), S. 289 f.; Ulrich (1891), S. 64 f.

[523] Vgl. Kunowski (1978), S. 86.

[524] Vgl. Laaser (1991), S. 137.

[525] Vgl. Suntum (1986), S. 97 ff.; Willeke u. a. (1984), S. 53 ff.; Heimes (1978), S. 62 ff.

[526] Vgl. Eickhof/Berkelova (1990), S. 594.

[527] Vgl. RGBl. I (1931), S. 537.

[528] Vgl. Basedow (1989), S. 62.

war. Zum anderen erfolgte mit der Kopplung des **Reichskraftwagentarifs** an den DEGT eine Einschränkung des Preiswettbewerbs im Straßengüterverkehr.[529] Die gesetzlichen Marktzugangsbeschränkungen galten nur für den Straßengüterfernverkehr, nicht aber für den Straßengüternahverkehr (mit einem Entfernungsradius von weniger als 50 km vom Standort des Verkehrsunternehmens). Dieser stand kaum in Konkurrenz zur Bahn und blieb deshalb ohne staatliche Einflußnahme.[530]

Da die Überlandverkehrsordnung ein weiteres Anwachsen des Straßengüterverkehrs nicht eindämmen konnte, kam es bereits 1935 zur Verabschiedung des sog. Güterfernverkehrsgesetzes.[531] Dieses führte zusätzlich objektive, quantitative Marktzutrittskriterien ein. Zudem wurden alle Fernverkehrsunternehmen verpflichtet, dem **Reichskraftwagen-Betriebsverband** beizutreten. Dieser hatte im Einvernehmen mit der Deutschen Reichsbahn den Reichskraftwagentarif und die Beförderungsbedingungen der Verkehrsunternehmen festzulegen und ihre Einhaltung zu kontrollieren.[532] Seine Einrichtung war ein Kompromiß zwischen dem Straßengüterverkehrsgewerbe, der Reichsbahn und dem Verkehrsministerium. Seine Selbstverwaltungsrechte waren vergleichsweise gering ausgeprägt, und er unterlag wiederholt starken Angriffen der DR, was die Vertretung der Interessen seiner Mitglieder (dem Güterkraftverkehrsgewerbe) erschwerte.[533]

Die in der Zwischenkriegszeit geschaffenen Ordnungsstrukturen bildeten nach der Gründung der Bundesrepublik Deutschland die Grundlage für die Marktordnungen im Schienen- und im Straßengüterfernverkehr. Das folgende Kapitel gibt einen Überblick über die wichtigsten Elemente dieser Marktordnungen und ihre Modifizierungen im Zeitablauf.

3.2. Die deutsche Verkehrspolitik in der Nachkriegszeit

Der nach der Gründung der Bundesrepublik etablierte ordnungspolitische Rahmen unterschied sich kaum von dem der Vorkriegszeit, da zum Zeitpunkt der Verabschiedung der relevanten Gesetze die Interessengruppen bereits wieder gut organisiert waren. Der Schutz der Bahn vor Substitutionskonkurrenz bildete weiterhin den Mittelpunkt der verkehrspolitischen Sonderordnungen. Dafür wurden mit dem Allgemeinen Eisenbahngesetz (AEG)[534] und dem Bundesbahn-

[529] Vgl. Berkelova (1992), S. 51.
[530] Vgl. Basedow (1989), S. 68 ff.; Sönnichsen (o. J.), S. 5.
[531] Vgl. RGBl. I (1935), S. 788.
[532] Vgl. Berkelova (1992), S. 51.
[533] Vgl. Heimes (1978), S. 118 f.
[534] Vgl. BGBl. I (1951), S. 225.

gesetz (BbG)[535] von 1951 sowie dem Güterkraftverkehrsgesetz (GüKG)[536] von 1952 die rechtlichen Grundlagen etabliert.

Eine größere politische Unabhängigkeit der DR als vor dem Krieg konnte nicht durchgesetzt werden. Die Deutsche Reichsbahn wurde zunächst in ein nichtrechtsfähiges Sondervermögen des Bundes mit eigener Wirtschafts- und Rechnungsführung[537] überführt und trug fortan die Bezeichnung **Deutsche Bundesbahn**. Für die Gesetzgebung über die Bundeseisenbahnen war allein der Bund verantwortlich, und die DB war in bundeseigener Verwaltung mit eigenem Verwaltungsunterbau zu führen.[538] Damit waren die Grundlagen für ein **zentral verwaltetes Eisenbahnsystem**[539] (ähnlich dem staatlichen Fernmeldemonopol) mit vielfältigen staatlichen Interventionen geschaffen.

Für die DB wurde ein widersprüchlicher Unternehmensauftrag erschaffen: Neben kaufmännischen Grundsätzen sollten auch gemeinwirtschaftliche Pflichten verfolgt werden. Zur Wahrnehmung dieser Aufgaben wurden zwei Organe etabliert: Auf der einen Seite war ein **Vorstand** für die betriebswirtschaftlichen Belange der DB verantwortlich,[540] und auf der anderen Seite wurden politische Vorgaben von einem **Verwaltungsrat** erstellt und überwacht.[541] Bei seinen Entscheidungen war der Vorstand grundsätzlich an Beschlüsse des Verwaltungsrates gebunden und unterlag darüber hinaus zahlreichen direkten Genehmigungsvorbehalten und Aufsichtsrechten der Bundesregierung.[542]

So mußten die Bahntarife vom Bundesverkehrsminister (der die Rechtsaufsicht über die DB hatte) genehmigt werden. Versagte er aus gemeinwirtschaftlichen Gründen die **Tarifgenehmigung** oder verlangte er aus denselben Gründen Tarifänderungen, entstanden für die DB gemeinwirtschaftlich begründete Lasten, für die ihr entsprechende **Ausgleichszahlungen** des Bundes zustanden.[543] Darüber hinaus waren auch Marktzu- und -austritt reguliert. So bestand für den **Neubau**

---

[535] Vgl. BGBl. I (1951), S. 955.
[536] Vgl. BGBl. I (1952), S. 697.
[537] Vgl. § 1 BbG.
[538] Vgl. Art. 73 und 87 I GG.
[539] Vgl. Berkelova (1992), S. 53.
[540] Zu den konkreten Aufgaben des Vorstandes vgl. § 9 BbG.
[541] Zu den konkreten Aufgaben des Verwaltungsrates, der sich hauptsächlich aus Vertretern des Bundesrates, der verladenden Wirtschaft, der gesamten Verkehrswirtschaft und der Gewerkschaften zusammensetzte (§ 10 II BbG), vgl. § 12 BbG.
[542] Vgl. dazu näher Berkelova (1992), S. 55 f.; Finger (1982), S. 129 ff.
[543] Vgl. §§ 14 III Satz 2, 16 IV, 28a BbG.

bzw. die Stillegung von Schienenwegen eine Genehmigungspflicht.[544] Hinzu kam eine weitere Marktzutrittsbeschränkung: Das jeweilige Eisenbahnunternehmen verfügte auf seinen eigenen Gleisen über ein faktisches **Transportmonopol.**[545]

Mit dem Festhalten an den gemeinwirtschaftlichen Verpflichtungen der Bahn waren darüber hinaus zahlreiche Regulierungen im **Straßengüterfernverkehr** als einem Hauptkonkurrenten der Bahn verbunden. Mit dem GüKG wurden die wesentlichen Regelungen der Vorkriegszeit übernommen. Der **Marktzugang** wurde qualitativ (durch **Konzessionen**) und quantitativ (durch **Kontingente**) beschränkt.[546] Neben der Marktzugangskontrolle existierte eine Preisregulierung. Die Frachtraten im Straßengüterfernverkehr wurden wie vor dem Krieg als **Festtarife** an den (vom Verkehrsminister festgelegten) DEGT gebunden.[547] Als Regulierungsbehörde, zu deren Aufgaben die Kapazitäts- und Tarifkontrolle sowie die Sanktionierung von Verstößen zählte, wurde die **Bundesanstalt für den Güterfernverkehr** als Nachfolgeorgan des Reichskraftwagen-Betriebsverbandes eingerichtet.[548]

Im GüKG wurde auch der eng mit dem Straßengüterfernverkehr verbundene **Werkverkehr** geregelt.[549] Dieser umfaßt den eigenen LKW-Verkehr von Unternehmen zur Belieferung ihrer Kunden und zum Abholen von Gütern von ihren Lieferanten. Er unterlag nur vergleichsweise geringen Beschränkungen beim Marktzutritt (er war nicht genehmigungspflichtig) und der Preisfestsetzung. Allerdings durften Unternehmen, die Werkverkehr betreiben, keine Transporte für fremde Auftraggeber durchführen, sie unterlagen einem sog. **Drittladeverbot**.

Darüber hinaus war seit 1957 der Verkehrsbereich von allen (§ 99 I GWB) bzw. den wichtigsten (§ 99 II GWB) kartellrechtlichen Vorschriften ausgenommen. So galten die Vorschriften des GWB insgesamt nicht für die Eisenbahnen und für Unternehmen der Güter- und Personenbeförderung, deren Preise und Beför-

---

[544] Das galt sowohl für die DB als auch für andere Eisenbahnen (ländereigene Bahnen, Privatbahnen). Der DB wurde jedoch das Vortrittsrecht für jedes Streckenneubauprojekt eingeräumt, vgl. § 4 AEG.

[545] Vgl. § 4 BbG.

[546] Die Erteilung einer einzelbetrieblichen Konzession war an bestimmte subjektive Zulassungsvoraussetzungen, wie persönliche Zuverlässigkeit, finanzielle Leistungsfähigkeit und fachliche Eignung, gebunden. Darüber hinaus war der Marktzutritt durch eine von Zeit zu Zeit neu vom Bundesverkehrsminister festgesetzte Höchstmenge an Konzessionen begrenzt. Diese sog. Kontingente bildeten eine zusätzliche objektive Marktzutrittsbeschränkung, vgl. §§ 8 bis 19 GüKG.

[547] Vgl. §§ 20 bis 25 GüKG.

[548] Vgl. §§ 53 bis 76 GüKG.

[549] Vgl. insbesondere die §§ 48 bis 52 GüKG.

derungsbedingungen staatlichen Regulierungen unterlagen.[550] Mit der Erklärung des Verkehrsbereichs zu einem **wettbewerbspolitischen Ausnahmebereich** trat neben die staatlichen Wettbewerbsbeschränkungen, konkret die direkte Kontrolle der Preise, des Marktzugangs etc., eine generelle Erlaubnis zu privaten Wettbewerbsbeschränkungen wie die Bildung von Kartellen sowie Preis- und Ausschließlichkeitsbindungen.

3.3. Modifikationen der deutschen Verkehrsmarktordnungen bis zu den achtziger Jahren

Schon bald zeigte sich, daß die aus der Vorkriegszeit übernommenen Marktordnungen den aktuellen Entwicklungen nicht gerecht werden konnten. Der Anteil der Bahn am Modal split verringerte sich weiter, und die finanzielle Lage der DB verschlechterte sich zusehends. Die dirigistischen Elemente der Verkehrsmarktordnungen (paritätische Tarife zwischen den Verkehrsträgern und Marktzutrittsbeschränkungen) führten bereits früh zu Kritik, insbesondere von seiten des DIHT und des BDI.[551] Im Rahmen der sog. **kleinen Verkehrsreform** von 1961 kam es zu ersten Auflockerungen im Sinne einer marktwirtschaftlichen Ordnung: Ein wichtiger Schritt war die **Aufhebung der Koordinierungsbefugnis** des Bundesverkehrsministers bezüglich der Straßengüterverkehrstarife. An deren Stelle trat im Straßengüterverkehr eine Tariffestlegung durch sog. **Tarifkommissionen**. Diese bestanden aus Vertretern des Güterfernverkehrs, und die Verlader waren mit beratender Stimme beteiligt.[552] Neben der Änderung des Tarifbildungsverfahrens sollte eine **Zulassung von Margentarifen**[553] neben den Festtarifen die Preisflexibilität im Straßengüterverkehr und im Bahnbereich erhöhen.

Das verkehrspolitische Programm für die Jahre 1968 bis 1972 (sog. **Leber-Plan**)[554] war vor allem auf eine Beschränkung der Kapazitäten im Straßengüterverkehr ausgerichtet, um der Bahn dadurch mehr Nachfrage zuzuführen.[555] Doch

---

[550] Zu den partiellen Ausnahmeregelungen, die in § 99 II GWB angeführt sind, vgl. Immenga (1981), S. 1948 ff.

[551] Vgl. Sönnichsen (o. J.), S. 11.

[552] Der Verkehrsminister konnte darüber hinaus wettbewerbsbeschränkende tarifpolitische Eingriffe vornehmen zum "allgemeinen Wohl" und zur Verhinderung unbilliger Benachteiligungen der Landwirtschaft, des Mittelstandes sowie unterentwickelter Gebiete, vgl. §§ 16 IV; 28a BbG i. d. F. v. 1.8.1961, BGBl. I, S. 1161. Vgl. dazu auch Ewers (1971), S. 132.

[553] Margentarife erlauben Abweichungen vom genehmigten Tarif innerhalb bestimmter Ober- und Untergrenzen.

[554] Vgl. Bundesminister für Verkehr (1967).

[555] Neben den Schwerpunkten Bahn und Straßengüterverkehr erfaßte das verkehrspolitische Programm auch andere Bereiche wie die Binnenschiffahrt, den öffentlichen Personennah-

statt des vorgesehenen Transportverbotes für 28 verschiedene Gruppen von Massen- und schweren Gütern und einer Einschränkung des Gesamtkontingents an Verkehrsgenehmigungen[556] kam es mit der Einführung einer **Beförderungssteuer** für schwere LKW und den Werkverkehr zu einem politischen Kompromiß.[557]

Das verkehrspolitische Konzept[558] konzentrierte sich in den siebziger Jahren auf eine Einbettung der Verkehrspolitik in gesellschaftliche Problemstellungen. So sollte eine stärkere Orientierung der Verkehrspolitik auf Fragen des Umweltschutzes, auf die Erhöhung der Leistungsfähigkeit des Verkehrsbereiches insgesamt und auf seine flächen- und energiesparende Organisation erfolgen.[559] Dieser Trend verstärkte sich durch die erste Ölpreiskrise.

Ein Konzept des Bahnvorstands aus dem Jahre 1976 zur Steigerung der betriebswirtschaftlichen Effizienz zielte insbesondere auf die Optimierung der Betriebsabläufe innerhalb eines betriebswirtschaftlich optimalen Netzes. Dieses Netz sollte nur noch die Hälfte des derzeitigen Streckennetzes umfassen und den eigenwirtschaftlichen Bereich des Unternehmens **DB** abgrenzen. Hinzu sollte ein politisch definierter Netzbereich treten, dessen zusätzliche Lasten vom Staat als gemeinwirtschaftliche Leistungen abzugelten seien. Dieses sog. **Konzept der speziellen Entgelte** konnte aufgrund politischer Widerstände der Länder und Gemeinden, die vom Betrieb nicht kostendeckender Strecken profitierten, und der Bundesregierung, die nicht an einer größeren Transparenz bei der Defizitabdeckung interessiert war, nicht durchgesetzt werden. Im gewerblichen **Straßengüterverkehr** hingegen fanden verschiedene Wettbewerbsvorstöße statt: So wurden die Margentarife in **Regeltarife** umgewandelt,[560] und im **Spedi-**

---

verkehr, die Verkehrsinfrastruktur etc. Auf diese Maßnahmen soll hier nicht näher eingegangen werden, vgl. dazu ausführlich Köberlein (1997), S. 153 f.

[556] Diese Maßnahmen scheiterten an politischen Widerständen, vornehmlich des Straßengüterverkehrsgewerbes, der verladenden Wirtschaft (vertreten im DIHT und BDI) und der Europäischen Kommission, vgl. Schulz (1999), S. 352; Köberlein (1997), S. 154. Daneben lehnten auch die Automobilindustrie, Sachverständige der EG und die Koalitionspartner (CDU/CSU) die Pläne ab, vgl. Sönnichsen (o. J.), S. 27. Auf Ablehnung der Bahngewerkschaften stießen Einsparungen bei der DB, die auch nicht verwirklicht werden konnten.

[557] Vgl. Suntum (1986), S. 107 f. Dieser sog. "Leber-Pfennig" wurde wegen seiner diskriminierenden Wirkung und der Unvereinbarkeit mit dem EU-Recht (steuerpolitische Harmonisierungsvorschriften) zeitlich auf zwei Jahre befristet und mit zahlreichen Ausnahmen versehen, vgl. Willeke (1997), S. 291.

[558] Vgl. Bundesminister für Verkehr (1973).

[559] Vgl. Lauritzen (1974), S. 9. In den siebziger Jahren lag das Hauptinteresse der Politik auf der Eindämmung des Individualverkehrs und der Ausdehnung des ÖPNV, vgl. dazu ausführlich Köberlein (1997), S. 155 ff.; Suntum (1986), S. 109 f.

[560] Vgl. Gesetz über Maßnahmen auf dem Gebiet des Güterverkehrs, BGBl. I (1975), S. 2127.

teursammelgutverkehr wurden die Margentarife durch **Preisempfehlungen** des Bundesverbandes Spedition und Lagerei ersetzt.[561]

Zu Beginn der achtziger Jahre belebten die erfolgreichen Liberalisierungen auf ausländischen Verkehrsmärkten, insbesondere in den USA, die Diskussion in ganz Europa. In den USA war infolge der Liberalisierungen zwar ein Anstieg der Konkursrate zu verzeichnen, der jedoch nur notwendige Anpassungsprozesse auf den Verkehrsmärkten widerspiegelte. Dem standen spürbare Produktivitätsverbesserungen, ein niedrigeres Preisniveau für Transportleistungen, eine erweiterte Preis-Leistungs-Palette und andere Vorteile gegenüber.[562] Entgegen anfänglichen Befürchtungen hat sich in diesem Prozeß die Versorgung peripherer Gebiete trotz einzelner Preiserhöhungen nicht verschlechtert.[563]

Auch in Deutschland verschärfte sich die Diskussion über eine Liberalisierung der Verkehrsmärkte nicht nur unter Wissenschaftlern, sondern auch im politischen Bereich.[564] Es kam zu verstärkten Bemühungen, die Defizite der Bahn mittels betriebswirtschaftlicher Maßnahmen zurückzuführen.[565] Mit der Novellierung des BbG im Jahre 1981[566] sollte die **unternehmerische Verantwortung des DB-Vorstandes** gestärkt werden. Hierzu wurde den einzelnen Vorstandsmitgliedern die alleinige Verantwortung für ihr jeweiliges Ressort zugesprochen. Deren Freiheiten bei unternehmerischen Entscheidungen blieben jedoch weiterhin durch die zahlreichen Eingriffs- und Mitspracherechte des Verkehrsministers beschränkt.[567]

---

[561] Vgl. Berkelova (1992), S. 78 f.

[562] Siehe dazu ausführlich Laaser (1986), S. 32.

[563] Vgl. Deregulierungskommission (1991), S. 37 ff.; Monopolkommission (1990), S. 328 ff.

[564] Insbesondere der Kronberger Kreis bzw. sein verkehrspolitischer Hauptsprecher Hamm und andere Verkehrswissenschaftler traten für sukzessive, aber weitgehende Liberalisierungen ein, vgl. hierzu beispielsweise Aberle (1987), S. 51 ff.; Kronberger Kreis (1984), S. 40 ff.; Willeke u. a. (1984), S. 165. Unter den politischen Reformvorschlägen ist vor allem das sog. Breuel-Papier der damaligen niedersächsischen Ministerin für Wirtschaft und Verkehr hervorzuheben. Darin wird eine Abschaffung aller Preis- und Marktzutrittsregulierungen im Straßengüterverkehr gefordert, die keinen wesentlichen Einfluß auf die Ertragslage der DB haben, vgl. o. V. (1982), S. 635. Aber auch vom Bundesrat und dem Wissenschaftlichen Beirat beim Bundesverkehrsministerium kamen erste Liberalisierungsforderungen, vgl. Köberlein (1997), S. 167; Suntum (1986), S. 113.

[565] Vgl. Bundesminister für Verkehr (1983).

[566] Vgl. BbG i. d. F. v. 22.12.1981, BGBl. I, S. 1689.

[567] Vgl. Berkelova (1992), S. 85; Waldinger (1985), S. 24 ff.

Bezüglich des Straßengüterverkehrs enthielt der Verkehrsbericht der Bundesregierung vom Dezember 1984 verschiedene Deregulierungsvorschläge.[568] Die **Straßenverkehrstarife** wurden 1987 mit der Einführung eines neuen Entfernungswerkes endgültig **vom DEGT abgekoppelt** und die **Margenbreite** wurde **ausgedehnt**.[569] Insgesamt bestanden in den achtziger Jahren jedoch weiterhin zahlreiche staatliche Regulierungen und private Wettbewerbsbeschränkungen fort, wobei letztere einen geringeren Raum einnahmen. Darüber hinaus blieben die weitreichenden Eingriffsrechte des Staates in unternehmenspolitische Entscheidungen der DB erhalten.

3.4. Die Folgen der deutschen Verkehrspolitik

Die Marktordnungspolitik zum Schutz der DB hatte trotz partieller Deregulierungen vielfältige gesamtwirtschaftliche Ineffizienzen zur Folge. Die ökonomischen Fehlentwicklungen äußerten sich insbesondere in überhöhten Kosten und Preisen und einer geringen Innovationsneigung sowohl im Bahn- als auch im Straßengüterverkehr. Zudem entstanden bei der Überwachung der staatlichen Wettbewerbsbeschränkungen hohe Kontroll- und Verwaltungskosten.

Das **Hauptziel** der Verkehrsmarktregulierung, der **Schutz der Bahn** vor der Substitutionskonkurrenz anderer Verkehrsträger, konnte indes **nicht erreicht** werden. Seit dem Aufkommen des Straßengüterverkehrs nahmen die Anteile der Bahn an der gesamten Verkehrsleistung beständig ab. Dies lag neben der größeren Flexibilität des Straßengüterverkehrs am sog. Güterstruktureffekt: Das Aufkommen "typischer" Bahngüter (Massengüter, z. B. Kohle und Stahl) ging immer mehr zurück und wurde durch den Trend zu hochwertigem Stückgut ersetzt. Dessen Transport kann kostengünstiger im Straßengüterverkehr erbracht werden.[570] Die folgende Abbildung gibt einen Überblick über die Entwicklung des Modal split im gesamten Güterverkehr von 1950 bis 1998.

---

[568] Siehe dazu Deutscher Bundestag (1985), S. 7 f. Die Maßnahmen konnten jedoch nur eingeschränkt verwirklicht werden, vgl. Sachverständigenrat zur Begutachtung der gesamtwirtschaftlichen Entwicklung (1985), Zf. 329.

[569] Vgl. Eickhof/Berkelova (1990), S. 596.

[570] Vgl. Ewers/Meyer (1994), S. 179.

Abb. IV.1: Entwicklung des Modal split im inländischen Güterverkehr

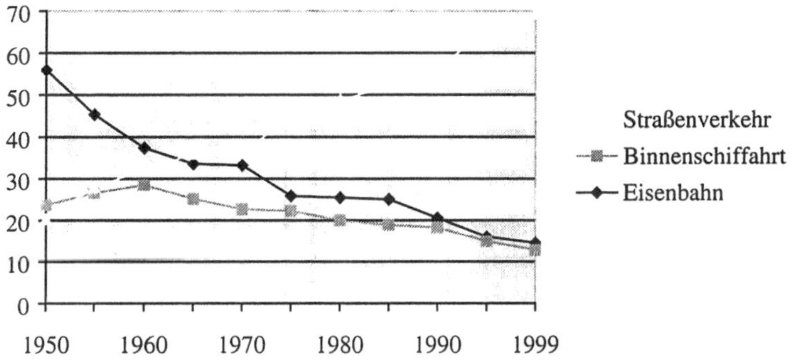

Quelle: Bundesminister für Verkehr (versch. Jg.).

Im Schienenverkehr führten die gemeinwirtschaftlichen Verpflichtungen der DB und die starke Einschränkung ihrer unternehmerischen Freiheiten durch zahlreiche Einspruchs-, Aufsichts- und Genehmigungsrechte des Verwaltungsrates und des Bundesverkehrsministeriums dazu, daß unrentable Strecken entweder gar nicht oder erst mit langjährigen Verzögerungen stillgelegt wurden.[571] Hinzu kamen die starren Vorschriften des öffentlichen Dienstrechts, wodurch dem Bahnmanagement eine flexible Personalpolitik erschwert wurde. Damit verbunden waren auch mangelnde Leistungsanreize für die Bundesbahnbeamten, die statt am Unternehmensgewinn lediglich an der Rechtmäßigkeit ihres Handelns orientiert waren. Zudem unterlagen sie einem faktischen Kündigungsschutz und das Entlohnungs- und Beförderungssystem war nur rudimentär an Leistungskriterien orientiert,[572] so daß innerhalb der DB keine Anreize zu Effizienzsteigerungen und innovativem Verhalten bestanden. Hinzu kam, daß die DB zum Teil als Auffangbecken für Arbeitskräfte diente, die in anderen Bereichen der öffentlichen Hand nicht mehr benötigt wurden.[573]

Dieser institutionelle Rahmen hat dazu geführt, daß einerseits innerhalb der DB Ineffizienzen bestanden und andererseits das Unternehmen nicht flexibel genug auf den Verkehrsmärkten agieren konnte.[574] In der Folge kam es zu enormen **Defiziten** im staatlichen Bahnmonopol. Die DB verfügte zu Beginn der neunzi-

---

[571] Vgl. Deregulierungskommission (1991), S. 42.
[572] Vgl. Ewers/Meyer (1994), S. 181; Vogt (1979), S. 91 ff. Zu den Auswirkungen des öffentlichen Tarifrechts bei der DB vgl. ausführlich Laaser (1991), S. 22 ff.
[573] Vgl. Aberle (2001), S. 12.
[574] Vgl. Laaser (1987), S. 98.

ger Jahre über ein negatives Eigenkapital von etwa 50 Mrd. DM, und die jährliche Verlustübernahme des Bundes belief sich auf ca. 14 Mrd. DM.[575] Mit dieser Entwicklung war eine große **Belastung des Staatshaushalts** und damit der Steuerzahler verbunden.

Die zum Schutz der Bahn vor Substitutionskonkurrenz errichteten Marktzugangsbeschränkungen im Straßengüterverkehr führten zu einer künstlichen Verknappung des Verkehrsangebots.[576] Zur Befriedigung der wachsenden Verkehrsnachfrage mußten die begrenzten Kapazitäten übermäßig beansprucht werden. Dies erfolgte jedoch auf Kosten der Verkehrssicherheit und der Qualität der Verkehrsleistungen. Darüber hinaus verhinderten die staatlichen Marktzutrittsschranken den Markteintritt potentieller Konkurrenten, so daß aktuelle Anbieter vor wirksamer Wettbewerbskontrolle geschützt waren. Die Folge waren Effizienzverluste und mangelnde Innovationsanreize auch im Straßengüterverkehr.[577] Das faktische Tarifkartell trug zu einer weiteren Marktabschottung bei. Die im internationalen Vergleich überhöhten Transportkosten im innerdeutschen Verkehr bewirkten eine **geringere internationale Wettbewerbsfähigkeit** der verladenden Industrie und eine Verschlechterung der Position Deutschlands im internationalen **Standortwettbewerb**.[578]

Zudem regten die überhöhten Tarife und die begrenzten Kontingente die Transportunternehmen zu Umgehungspraktiken, etwa im Rahmen von Mischkalkulationen oder durch die (illegale) Aneinanderreihung von Nahverkehrstransporten,[579] an. Zunehmende Umgehungsversuche erforderten eine konsequente Ü-

---

[575] Vgl. Regierungskommission Bundesbahn (1991), S. 10 f.

[576] So wurde die Anzahl der Konzessionen von 1960 (21.885 Stück) bis 1993 (ca. 61.000 Stück) um das Dreifache erhöht, während das Transportvolumen im genannten Zeitraum von 28,6 Mrd. tkm auf 127,2 Mrd. tkm stieg – und damit um das 4,5-fache. Ein Indiz für die künstliche Angebotsverknappung ist der illegale Handel mit Konzessionen. So sollen im Jahre 1989 bis zu 300.000 DM für eine Konzession gezahlt worden sein, die 1950 noch 5.000 DM gekostet hat, vgl. Monopolkommission (1990), Tz. 773, sowie die Übersicht bei Laaser (1991), S. 40.

[577] Vgl. Eickhof (1993b), S. 455.

[578] Zu den überhöhten Tarifen im Straßengüterverkehr vgl. die Untersuchung von Moore (1976), S. 128 ff. Diese bezieht sowohl die überhöhten Frachtraten als auch Rentenelemente (z. B. höhere Arbeitslöhne) in die Berechnungen ein, so daß eine Preisdifferenz gegenüber Wettbewerbspreisen von 40 bis 50 % resultiert. Für Deutschland wurde 1988 von ca. 20 % ausgegangen, vgl. Sachverständigenrat zur Begutachtung der gesamtwirtschaftlichen Entwicklung (1988), Tz. 353. Als Indizien für überhöhte Preise im Güterfernverkehr dienen die niedrigeren Preisniveaus im Straßengüternahverkehr und im grenzüberschreitenden Verkehr, die keinen vergleichbaren Regulierungen unterlagen, sowie die Tatsache, daß die meisten in der Praxis vereinbarten Transportentgelte an der unteren Margengrenze lagen, vgl. Laaser (1991), S. 40 f.

[579] Vgl. Deregulierungskommission (1991), S. 47.

berwachung der Einhaltung der Preis- und Kapazitätsregulierungen durch die Bundesanstalt für den Güterfernverkehr, was hohe **Verwaltungs- und Kontrollkosten** verursachte.[580]

Die künstlich überhöhten Preise und die schlechte Qualität der Leistungserbringung führten aber auch dazu, daß die betriebseigenen Transporte der verladenden Industrie stark ausgedehnt wurden.[581] Der **Werkverkehr** unterlag jedoch einem Drittladeverbot und war mit einer besonders hohen Anzahl an Leerfahrten verbunden. Dies hatte in zunehmendem Maße unnötige Belastungen der Verkehrswege, erhebliche allokative Ineffizienzen und **Umweltbelastungen** zur Folge.[582]

Die vorstehenden Ausführungen verdeutlichen, daß die deutsche Verkehrsmarktordnung zum einen normativ nicht gerechtfertigt werden kann und zum anderen zu erheblichen einzel- und gesamtwirtschaftlichen Ineffizienzen führte: Sie wirkte sich hemmend auf innovative Aktivitäten in den etablierten Verkehrsunternehmen aus und verhinderte eine wirksame Kostenkontrolle. Gesamtwirtschaftlich behinderte sie den Strukturwandel und verlangsamte wettbewerbsdynamische Prozesse, indem sie innovative Unternehmer vom Markteintritt abhielt. Sie rief umweltrelevante Fehlentwicklungen hervor (beispielsweise beim Drittladeverbot im Werkverkehr) und war in den achtziger Jahren weit von der Erreichung ihres Hauptziels - dem Schutz der DB - entfernt. Aus volkswirtschaftlicher Sicht war sie somit schon früh dringend reformbedürftig. Doch die zaghaften Reformversuche der sechziger, siebziger und achtziger Jahre konnten die aufgezeigten Entwicklungen nicht stoppen - es kam im Gegenteil teilweise zu einer Verschärfung des verkehrspolitischen Dirigismus. Im folgenden sollen anhand einer politökonomischen Betrachtung die tatsächlichen Gründe für die Entstehung und die Beibehaltung der dirigistischen Verkehrsmarktordnungen aufgezeigt werden.

4. Politökonomische Analyse des Status quo ante

Politökonomische Ansätze liefern einen bedeutenden Erklärungsbeitrag zur Beantwortung der Frage, warum trotz der vielfältigen gesamtwirtschaftlichen Ineffizienzen bis in die achtziger Jahre hinein keine echten Liberalisierungen im Bereich der Verkehrspolitik stattfanden. Ausgehend von der grundsätzlichen An-

---

[580] Vgl. dazu Hamm (1984), S. 482.

[581] Die Verkehrsleistung im Werkverkehr hat sich zwischen 1960 und 1989 mehr als verfünffacht, vgl. Berkelova (1992), S. 107.

[582] Vgl. Sachverständigenrat zur Begutachtung der gesamtwirtschaftlichen Entwicklung (1988), Tz. 353.

nahme, daß alle in den verkehrspolitischen Entscheidungsfindungsprozeß direkt oder indirekt involvierten Akteure ihre individuellen Nutzenfunktionen unter Nebenbedingungen maximieren, lassen sich die Gründe für den langjährigen Bestand der Verkehrsmarktordnungen aufzeigen.

Im folgenden sollen die Interessenlage und die Handlungsrestriktionen der für unsere Untersuchungen relevanten Akteure untersucht werden. Abbildung 2 gibt einen Überblick über die wichtigsten Entscheidungs- und Einflußträger im Bereich der Verkehrspolitik. Konkret werden die spezifischen Interessen auf der Angebotsseite, insbesondere der Bahnbeschäftigten, der Unternehmensleitung der Bahn und des gewerblichen Straßengüterverkehrs, näher erläutert. Anschließend wird auf die Nachfrageseite – die verladende Industrie –, politische Entscheidungsträger und die Wählerkontrolle sowie die Rolle der nationalen Verkehrsbürokratie eingegangen. Die supranationale Ebene wird zunächst noch ausgeklammert.[583]

Abb. IV.2: Hauptakteure im verkehrspolitischen System

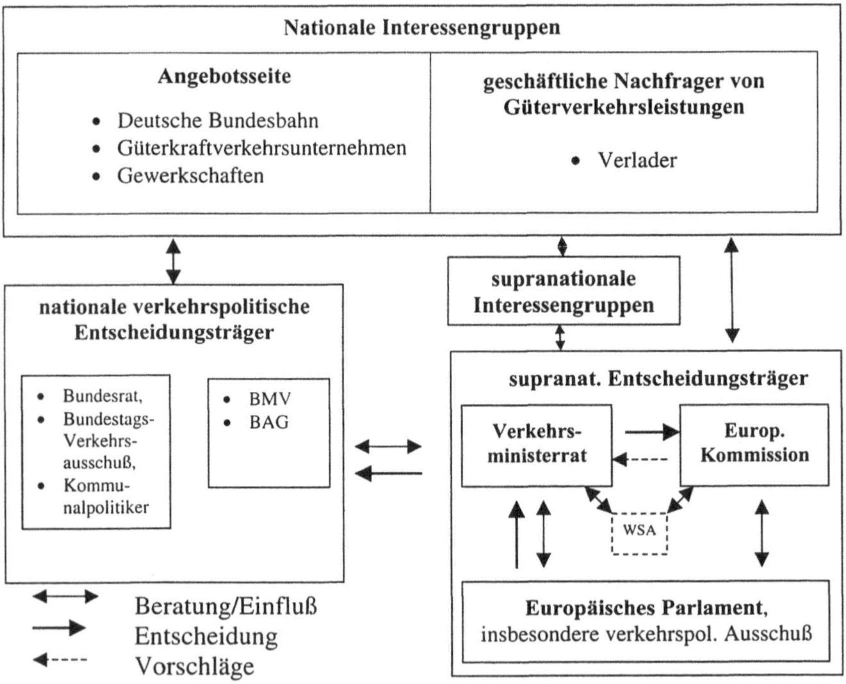

[583] Siehe näher dazu Kapitel 5.1.3.

4.1. Der politische Markt für dirigistische Maßnahmen im Verkehrsbereich

4.1.1. Interessengruppen auf der Angebotsseite

4.1.1.1. Interessengruppen innerhalb der DB

Die **Beschäftigten der DB** waren am stärksten an einer Beibehaltung der protektionistischen Bahnpolitik interessiert. Deren Interessen waren vor allem in der Gewerkschaft der Eisenbahner Deutschlands (GdED)[584] organisiert. Mit dem öffentlichen Unternehmen Bahn waren neben einer vergleichsweise guten Bezahlung und sicheren Arbeitsplätzen zahlreiche weitere Sondervergünstigungen für die Belegschaft verbunden.[585] Eine Liberalisierung der Verkehrspolitik – in Verbindung mit einer Privatisierung des Unternehmens DB – hätte die genannten Vorteile gefährdet.

Die Interessen der **Gewerkschaftsfunktionäre** korrespondieren eng mit denen der Bahnbelegschaft. Mit der staatlichen Schutzpolitik verbunden war die Möglichkeit der Gewerkschaft, gegenüber dem Unternehmen DB hohe Tarifabschlüsse und besondere Privilegien für die Bahnangestellten durchzusetzen. Letztere wirkten als selektive Anreize und steigerten die Bereitschaft der DB-Beschäftigten, der Gewerkschaft beizutreten. Damit erhöhte sich der Organisationsgrad, und somit auch die Möglichkeiten der Gewerkschaftsfunktionäre, durch politische Führerschaft ihre persönlichen Ziele (Prestige, Macht, Privilegien) zu verfolgen.

Durch eine Privatisierung und Deregulierung würden im freien Wettbewerb die starken Produktivitätsrückstände der Bahn besonders augenscheinlich. In der Folge würde es zu Rationalisierungsmaßnahmen kommen, die mit einem Personalabbau und somit einem Mitgliederschwund bei der GdED bzw. Abwanderungen zu anderen Gewerkschaften verbunden wären. Dies würde sich negativ auf die Verhandlungsposition der GdED auswirken und die Stärke der Gewerkschaft insgesamt, wie auch die persönliche Zielerreichung der Gewerkschaftsfunktionäre gefährden.

Die Gewerkschaftsfunktionäre als Vertreter der Bahnbeschäftigten hatten demnach ein starkes Interesse an der Beibehaltung des Status quo im Bahnbereich

---

[584] Seit 1990 TRANSNET Gewerkschaft der Eisenbahner Deutschlands. Daneben existierten die Gewerkschaft Deutscher Lokomotivführer (GDL) und die Gewerkschaft deutscher Bundesbahnbeamter (GDBA), die die besonderen Interessen der Beamten im Bahnwesen vertreten. Ihre Interessen entsprechen weitgehend denen der GdED, so daß sie hier nicht gesondert aufgeführt sind, vgl. dazu auch Momberg (2000), S. 239.

[585] Vgl. Ewers/Meyer (1994), S. 200 f.

und richteten entsprechende Forderungen an die politischen Entscheidungsträger. Als Instrumente zur politischen Einflußnahme standen ihnen die selektive Weitergabe von Informationen sowie ihr Mitspracherecht bei der Besetzung des Bahnvorstandes zur Verfügung. Darüber hinaus verfügten sie über ein beträchtliches Drohpotential, ihre Forderungen notfalls mittels Streiks durchzusetzen,[586] und die Bahnbelegschaft stellte ein quantitativ beachtliches Wählerpotential dar.

Die **Unternehmensleitung der DB**, das Bahnmanagement, repräsentierte einen Unternehmertyp, dessen Hauptaugenmerk sich nicht auf den Unternehmensgewinn, sondern auf politische Konfliktminimierung und eine Ausweitung der diskretionären Spielräume richtete und somit tendenziell bürokratietheoretisch erklärbar ist. Die Karrierechancen eines solchen Bahnmanagements im freien Wettbewerb wären ungewiß gewesen.[587] Demnach waren die Führungskräfte bestrebt, Deregulierungsmaßnahmen im Bahnbereich zu verhindern. Damit wäre eine zunehmende intermodale Konkurrenz verbunden gewesen, die zu einem Abbau der Monopolrenten und zu einer Gefährdung ihrer persönlichen Machtposition geführt hätte.

Innerhalb des bestehenden Ordnungsrahmens war das Management der DB bestrebt, seine diskretionären Spielräume auszuschöpfen und auf diesem Wege verschiedene Restriktionen zu umgehen, die seiner persönlichen Zielerreichung im Wege stehen. Wie noch gezeigt wird, waren mit zunehmenden staatlichen Eingriffen in die unternehmerischen Entscheidungen aber auch verstärkte Versuche des Bahnmanagements beobachtbar, seine Handlungsspielräume durch eine Begrenzung und Rückführung dieser Eingriffe, beispielsweise durch eine formelle Privatisierung, auszuweiten.[588]

4.1.1.2. Das Straßengüterverkehrsgewerbe

Zudem waren auch Interessengruppen außerhalb der DB an einer Beibehaltung des verkehrspolitischen Status quo interessiert. Hier sind in erster Linie **Spediteure** und reine **Fuhrunternehmer** zu nennen. Die deutschen Spediteure sind insbesondere in der Arbeitsgemeinschaft deutscher Kraftwagenspediteure (ADEKA), im Bundesverband Spedition und Lagerei (BSL) und der Deutschen Kraftwagenspedition (DKS) organisiert. Die Interessen des deutschen Fuhrgewerbes werden insbesondere vom Bundesverband des Deutschen Güterfernver-

[586] Vgl. Momberg (2000), S. 240 f.
[587] Vgl. Grossekettler (1989), S. 444.
[588] Vgl. Ewers/Meyer (1994), S. 201.

kehrs (BDF) vertreten, der mit anderen Verbänden im Dachverband Bundesverbände des Deutschen Güterkraftverkehrs (BDG) zusammengeschlossen ist.

Spediteure sind Unternehmen, die gewerbsmäßig Güterversendungen für andere besorgen (in dieser Funktion Verlader), die aber auch befugt sind, die Beförderung der Güter selbst durchzuführen (in diesem Sinne Transporteur).[589] Der Begriff Spedition bezieht sich demnach auf die Organisation des Gütertransportes schlechthin, wobei sich über die Hälfte der Güterfernverkehrskonzessionen in der Hand von Speditionsunternehmen befanden und nicht in den Händen reiner Fuhrbetriebe.

Die Vermittlung von Güterkraftverkehr durch Speditionen erlangte schon früh große Bedeutung. Ursprünglich waren die Spediteure auf eine Zusammenarbeit mit der Bahn ausgerichtet.[590] Doch mit dem Erstarken des Straßengüterverkehrs orientierten sie sich immer stärker auf den neuen Verkehrsträger. Diese Zusammenarbeit versuchte die DR zu verhindern, indem sie den Spediteuren im sog. Bahnspeditionsvertrag Wettbewerb zur Bahn untersagte. Dies bewirkte eine Aufspaltung des Speditionsgewerbes in Bahn- und Kraftwagenspediteure. Letztere trugen in starkem Maße zur Verbreitung des Straßengüterverkehrs bei. Auch die Fuhrunternehmer waren an einer Allianz mit den Spediteuren interessiert, da diese bereits über zahlreiche Geschäftsbeziehungen zu den verladenden Unternehmen verfügten und eine weitere Unabhängigkeit von der Bahn anstrebten.[591] Mit beiden Aspekten waren auch individuelle Nutzenvorteile für die Fuhrunternehmer verbunden.

Der verbandlich organisierte gewerbliche Straßengüterfernverkehr profitierte auf zweifache Weise von der staatlichen Bahnschutzpolitik: Zum einen war die unflexible, unproduktive Bahn kein ernstzunehmender Konkurrent im intermodalen Güterverkehrswettbewerb. Zum anderen waren die Verkehrsunternehmen an der Schutzpolitik im Bahnbereich interessiert, um sie zur Untermauerung ihrer eigenen Bemühungen um ordnungspolitische Sonderregelungen im Straßengüterfernverkehr heranzuziehen.[592] Denn die dirigistischen Verkehrsmarktordnungen, die ursprünglich zum Schutz der Bahn etabliert wurden, führten im Laufe

---

[589] Vgl. §§ 407 – 414 HGB, RGBl. (1897), S. 219.
[590] Der erste Speditionsverband wurde bereits 1879 gegründet, als die Bahn gerade große Bedeutung erlangte.
[591] Vgl. Heimes (1978), S. 73 f.
[592] So auch Ewers/Meyer (1994), S. 200.

der Zeit auch zu erheblichen Renten für die regulierten Güterfernverkehrsunternehmen.[593]

Die Preis- und Mengenregulierungen stellten für die Verkehrsunternehmen einen perfekten Wettbewerbsschutz vor intramodaler Konkurrenz dar. Das Kraftverkehrsgewerbe hatte bereits nach dem Zweiten Weltkrieg vergeblich versucht, entsprechende Beschränkungen im Rahmen freiwilliger Genossenschaften, also mit einem privaten Kartell, durchzusetzen. Dies scheiterte nicht zuletzt an der Größe der Gruppe, und so drangen die Unternehmen – gemäß dem Regulierungsmarktansatz von Stigler – auf eine Beschränkung des Wettbewerbs durch den Staat. Blankart zeigt am Beispiel des deutschen Straßengüter- und Schienenverkehrs die praktische Relevanz von Olsons Totalmodell. Er kommt zu der Feststellung, daß der gewerbliche Straßengüterverkehr nach dem Zweiten Weltkrieg (durch den seine Verbandsstrukturen weitgehend zerstört worden waren) schon gegen Ende der vierziger Jahre in der Lage war, seine Interessen erneut im politischen Prozeß zu vertreten und Regulierungen zu seinen Gunsten durchzusetzen.[594] Trotz der Gruppengröße war ein Verbandsbeitritt für Fuhrunternehmen aufgrund von selektiven Anreizen rational.[595]

Die Fernverkehrsunternehmen selbst drangen auf die Bildung der Bundesanstalt für den Güterfernverkehr (BAG) als Nachfolgeorgan des Reichskraftwagen-Betriebsverbandes – und konnten ihre Interessen durchsetzen.[596] Unterstützt wurden diese Bemühungen durch die Interessengruppen bei der DB, die auf eine Beschränkung des intermodalen Wettbewerbs, insbesondere durch Kontingentierungen im Straßengüterfernverkehr, drangen.[597] Staatliche Wettbewerbsbeschränkungen lagen demnach sowohl im Interesse der DB selbst als auch der Straßenverkehrsunternehmen. Im Laufe der Zeit kam es sogar zu einer regelrechten Kooperation bei der Interessenvertretung.[598]

---

[593] Vgl. dazu etwa Laaser (1991), S. 80 ff. Am stärksten partizipierten die etablierten Konzessionsinhaber von der Regulierung des Straßengüterverkehrs, indem sie ihre einstmals erworbenen Konzessionen einfach behielten, vgl. Monopolkommission (1990), Tz. 773.

[594] Vgl. Blankart (1983), S. 16; Heimes (1978), S. 186.

[595] So hatte der BDF beispielsweise eine Dienststelle am Brennerpaß zur schnellen Hilfeleistung bei Schwierigkeiten eingerichtet, vgl. Heimes (1978), S. 214.

[596] Vgl. Heimes (1978), S. 183 ff.

[597] Vgl. Laaser (1991), S. 164; Blankart (1983), S. 17.

[598] Vgl. Heimes (1978), S. 221 f.

4.1.2. Interessengruppen auf der Nachfrageseite

Die Verkehrsleistungen der Bahn und des Straßengüterverkehrs wurden hauptsächlich von den **verladenden Unternehmen** nachgefragt. Diese hatten die Folgen der Marktordnungspolitik direkt in Form von überhöhten Preisen[599] und mangelnder Qualität der Verkehrsdienste zu tragen. Bei der Etablierung der deutschen Verkehrspolitik und in der Aufbauphase spielte die Minimierung der Transportkosten für die überwiegende Zahl der verladenden Unternehmen jedoch keine große Rolle. Diese machten zunächst nur einen geringen Gesamtkostenanteil aus und waren somit von untergeordneter Bedeutung in der Kostenrechnung.[600] Die Unternehmer waren statt dessen an "Ruhe und 'Transparenz'"[601] interessiert. Transportkostenbedingte Wettbewerbsvorsprünge bzw. -nachteile sollten ausgeschaltet und somit Wettbewerbsrisiken minimiert werden.[602]

Die verladenden Unternehmen bilden eine große, heterogene Interessengruppe, die von großen Industrieunternehmen über landwirtschaftliche Produzenten bis zu mittelständischen und kleinen Verladern (Spediteuren) reicht. Ihre Interessen, vornehmlich die der großen Unternehmen, wurden vom Bundesverband des Groß- und Außenhandels (BGA) und den großen Wirtschaftsverbänden DIHT und BDI vertreten. Die im DIHT zusammengeschlossenen Industrie- und Handelskammern zählen jedoch auch Verkehrsunternehmen zu ihren Mitgliedern, so daß der DIHT von Beginn an keine konsequente Position beziehen konnte.

Trotzdem drangen die Verbände schon sehr früh (Mitte der fünfziger Jahre) auf eine "Abkehr vom totalen Verkehrsdirigismus"[603]. Als mit der Zeit die Bedeutung des Massengütertransports (und damit der Transport auf der Schiene) abnahm und die Wichtigkeit von LKW-Anbindungen für die verarbeitenden Leichtindustrien und den Handel zunahm, forderten die Verbände wiederholt größere Freiheitsspielräume auf den Straßengüterverkehrsmärkten.[604] Doch die heterogene Interessenstruktur innerhalb der großen Wirtschaftsverbände stand einer konsequenten Interessendurchsetzung entgegen. Vor allem größere Unternehmen wichen verstärkt auf den unternehmensinternen Werkverkehr aus, und die Liberalisierungsforderungen der Vielzahl mittelständischer Unternehmen

---

[599] Die Verlader besaßen im Straßengüterfernverkehr bei den Beschlüssen über Tarifänderungen Beratungsrechte, die in der Regel aber nicht von der Tarifkommission aufgegriffen wurden. Und auch im Eisenbahnverkehr gab es ein beratendes Verladergremium, dessen Kompetenzen ebenfalls sehr begrenzt waren, vgl. Hamm (1984), S. 473.

[600] Vgl. Sönnichsen (o. J.), S. 7.

[601] Willeke (1997), S. 287.

[602] Ähnlich argumentiert Baum (1986), S. 104.

[603] Sönnichsen (o. J.), S. 11.

[604] Vgl. DIHT (1974); BDI (1973).

hatten aufgrund ihrer schweren Organisierbarkeit nur ein geringes politisches Gewicht.

An Liberalisierungen im Bahnbereich zeigten die Verbände vergleichsweise wenig Interesse. Denn das Leistungsangebot der Bahn entsprach immer weniger den Anforderungen der Verlader von hochwertigem Stückgut und Vorleistungsgütern, deren Zahl beständig zunahm. Diese Güter konnten flexibler und kostengünstiger auf der Straße transportiert werden. Die vergleichsweise wenigen großen Verlader von Massengütern hingegen waren an einer Beibehaltung des Status quo im Bahnbereich interessiert. Sie hatten sich im Laufe der Zeit tarifliche Vergünstigungen erworben, deren Bestand bei einer Liberalisierung gefährdet gewesen wäre.[605] Ihre Ziele konnten u. a. direkt im Verwaltungsrat der Bahn vertreten werden.[606]

Insgesamt stellte die Gruppe der verladenden Industrie keine starke Gegenkraft im politischen Prozeß dar. Die Unternehmen waren zunächst mehr an transparenten, undifferenzierten Transportpreisen interessiert, und als sich dies änderte, wirkten sich ihre Heterogenität und die Größe der Gruppe negativ auf ihre politische Durchsetzungsfähigkeit aus. Das Interesse der Verlader richtete sich zudem hauptsächlich auf den Straßengüterverkehr.

4.1.3. Politische Entscheidungsträger und Wählerkontrolle

Die Ansätze der NPÖ basieren auf der Annahme, daß Politiker und Parteien immer unter der Nebenbedingung der Wählerstimmenmaximierung agieren. Gemäß dem Regulierungsmarkt-Ansatz bieten Politiker verkehrspolitische Begünstigungen (staatliche Regulierungen und kartellrechtliche Branchenfreistellungen) an im Tausch gegen die Unterstützung von Interessengruppen im Kampf um Wählerstimmen. Mit der Marktordnungspolitik im Verkehrsbereich begünstigte die Bundesregierung ausgewählte Interessengruppen – insbesondere die DB und die gewerblichen Straßenverkehrsunternehmen. Die damit verbundenen Belastungen im Straßengüterverkehr wurden insbesondere auf die Verlader und bei der Bahn auf die Gesamtheit der Steuerzahler verteilt. Die Wähler bzw. die Steuerzahler[607] waren zwar Eigentümer des öffentlichen Unternehmens Deutsche Bahn, konnten auf die Unternehmenspolitik jedoch nur indirekten Einfluß

---

[605] Vgl. Ewers/Meyer (1994), S. 200.
[606] Vgl. Laaser (1991), S. 162.
[607] Die Bahnnutzer selbst spielen als Teilmenge der Wähler eine vernachlässigbare Rolle. Ihre Interessen sind aufgrund der Gruppengröße nur schwer organisierbar, so daß Verbände wie PRO BAHN bislang kein entscheidendes politisches Gewicht erringen konnten. Ihre Interessenartikulation erfolgt somit hauptsächlich über die Wahlentscheidung.

bei den periodisch stattfindenden Wahlen ausüben. Doch warum wurde die verfehlte Bahnpolitik in der BRD nicht durch die Wähler sanktioniert?

Der Grund dafür waren erhebliche Transaktionskosten in Form von gravierenden Informationsasymmetrien: Die Entscheidungsgrundlage der Wähler bildeten die kurzfristigen individuellen Vorteile der gemeinwirtschaftlich orientierten Bahnpolitik, wie die flächendeckende Versorgung, Sozialtarife, aber auch Umweltschutzaspekte etc. Diese waren – insbesondere angesichts zunehmender Stauungserscheinungen auf den Straßen – leicht erkennbar, und aufgrund mangelnder Vergleichsmöglichkeiten war die relativ schlechte Qualität der Schienenverkehrsleistungen nicht wahlentscheidend.

Vor allem Landes- und Kommunalpolitiker forderten von der Bundesregierung – in dessen Kompetenz die Schienenverkehrspolitik fällt – eine Bahnschutzpolitik, um auf diesem Wege ihre individuellen Wiederwahlchancen zu erhöhen. So nutzten alle Parteien auf Landes- und Kommunalebene die Möglichkeit, **gemeinwohlbegründete Umverteilungen** als **Wahlgeschenke** einzusetzen. Mit der Bahnschutzpolitik wurden einerseits die Wähler traditioneller Linksparteien – Arbeiter und sozial Schwache – mit Sozialtarifen begünstigt, andererseits aber auch die Wähler konservativer Parteien – die Bewohner ländlicher Regionen – durch die Aufrechterhaltung unrentabler Strecken.[608]

Die Landesregierungen konnten entsprechende politische Entscheidungen durch ihre Stimmrechte im Verwaltungsrat der DB[609] und im Bundesrat durch ihr Mitspracherecht bei Streckenstillegungsgenehmigungen durchsetzen. Sie profitierten so von der Aufrechterhaltung unrentabler Strecken, die mit dem Erhalt von Wählerstimmen verbunden war, ohne für die Kosten aufkommen zu müssen.[610] Obwohl diese Interventionen im Regelfall den Personenverkehrsbereich betrafen, wirkten sie sich auf die gesamte Schienenverkehrspolitik aus.

Die Kostenseite floß indes kaum bzw. gar nicht in die Wahlentscheidung ein, da jedes Individuum nur einen sehr geringen, kaum merklichen Kostenanteil an der Bahnpolitik zu tragen hatte. Von den Liberalisierungsvorteilen, z. B. gesamtwirtschaftlichen Kostenentlastungen, hätten die einzelnen Steuerzahler nun in ebenso geringem Umfang profitiert.[611] Die Wähler verfügten somit kaum über Anreize, sich zusätzliche Informationen über die tatsächlichen Kosten und Nutzen der Bahnschutzpolitik zu beschaffen. Aufgrund der großen Informationsa-

---

[608] Vgl. Ewers/Meyer (1994), S. 202.
[609] Vgl. § 10 BbG.
[610] Vgl. Momberg (2000), S. 242.
[611] Vgl. Grossekettler (1989), S. 444.

symmetrien hätte der Aufwand hierfür in keinem Verhältnis zum Nutzen gestanden. Aus den genannten Gründen blieben die Wähler uninformiert – "rational ignorant". Sie waren eher an einer Beibehaltung der bisherigen Eisenbahnpolitik interessiert als an Deregulierungen und Privatisierungen. Diese sind allgemein mit Unsicherheiten behaftet, und die damit verbundenen Vorteile sind kurzfristig kaum merklich. Diese Informationsasymmetrien erbrachten den Politikern bzw. der Regierung Stimmenzuwächse der begünstigten Gruppen, ohne daß sie auf die Stimmen der kostentragenden Bevölkerungsschichten verzichten mußten. Sie verfügten somit über Handlungsspielräume, die sie zur Wählerstimmenmaximierung einsetzten.

4.2. Die Rolle der nationalen Verkehrsbürokratie und der Regulierungsbehörden

Weitere Unterstützung erfuhr das Regulierungssystem im Verkehrsbereich durch die Verkehrsbürokratie, insbesondere das **Bundesverkehrsministerium**. Mit diesem verfügte die Verkehrswirtschaft über ein eigenes Branchenministerium. Das Hauptinteresse der Bürokraten ist der Bürokratietheorie zufolge auf eine Maximierung ihres Budgets und erweiterte Handlungsspielräume ausgerichtet, womit eine bessere Verfolgung ihrer privaten Ziele (Macht, Sicherheit, Einkommen, berufliches Fortkommen etc.) verbunden ist. Demzufolge verfügten die Bürokraten im Verkehrsministerium über ein ausgeprägtes Eigeninteresse an einer Beibehaltung bzw. einem Ausbau der Verkehrsmarktordnungen. Hierzu wurden enge Kontakte mit den Verkehrsunternehmen geknüpft. Die Ministerialbeamten waren gegenüber ihrer Klientel an einer Konfliktminimierung interessiert, da sie auf deren Informationen angewiesen waren.

Umgekehrt wurde die politische Durchsetzung verkehrspolitischer Begünstigungen durch die sektorale Behördenorganisation unterstützt: Die Informationswege von den Verkehrsunternehmen über die zuständigen Ministerialreferenten bis zur Ministerebene waren relativ kurz, womit große politische Einflußmöglichkeiten verbunden waren. Gegenüber anderen Wirtschaftszweigen konnten die verkehrspolitischen Interessen dann direkt am Kabinettstisch vertreten werden.[612]

Eine enge Interessenverflechtung von Regulierern und Regulierten war auch bei der **Bundesanstalt für den Güterfernverkehr** beobachtbar. Angestellte der Regulierungsbehörde setzten nicht selten ihre berufliche Laufbahn in den regulierten Unternehmen fort, so daß auch sie am Bestandsschutz der Verkehrs-

---

[612] Vgl. Basedow (1989), S. 52.

marktordnungen interessiert waren. Der Bestand ihrer Behörde hing aber auch deshalb von der Erhaltung des Regulierungssystems ab,[613] weil die im Geschäftsbereich des Bundesverkehrsministeriums angesiedelte staatliche Kontrollbehörde überwiegend aus Umlagen des Straßengüterverkehrsgewerbes finanziert wurde. Die Transportunternehmen trugen in beachtlichem Maße zur Finanzierung ihrer eigenen Regulierungsbehörde bei. Ihr starkes Eigeninteresse an einer administrativen Beschränkung des (Preis-)Wettbewerbs durch die Bundesanstalt lag darin begründet, daß ihre politischen Renten so besser gesichert werden konnten.

Die Beschäftigten beim Verkehrsministerium und der Bundesanstalt für den Güterkraftverkehr waren demnach aus zwei Gründen an einer Beibehaltung des Status quo interessiert: Zum einen konnten mit der bestehenden Marktordnungspolitik der Bestand und die Budgetmaximierung ihrer Behörde, und somit ihre persönliche Nutzenmaximierung, gesichert werden. Und zum anderen sollten Konflikte mit den Regulierungsobjekten vermieden werden, um sich spätere Karrierechancen bei der DB bzw. den Straßenverkehrsunternehmen zu erhalten.

4.3. Zwischenfazit

Deregulierungen und Privatisierungen im Verkehrsbereich scheiterten an der Interessenallianz zwischen den begünstigten Verkehrsunternehmen (Straßengüterverkehrsgewerbe, DB) und ihren Beschäftigten einerseits und den Aufsichtsbehörden und politischen Entscheidungsträgern andererseits. Alle Beteiligten zogen persönliche Vorteile aus der bestehenden Marktordnung im Verkehrsbereich und wirkten gemeinsam auf eine Beibehaltung des damaligen Status quo hin.

Dem standen als Kostenträger die verladenden Unternehmen und die Steuerzahler gegenüber. Diese bildeten insgesamt kein stimmenwirksames Gegengewicht. Die Steuerzahler waren nicht an Liberalisierungen interessiert, da auch sie größtenteils individuelle Vorteile aus den gemeinwirtschaftlichen Leistungen der Bahn (insbesondere im Personennahverkehr) zogen, deren gesamtwirtschaftliche Kosten für den Einzelnen kaum spürbar waren. Damit blieben als potentielle Liberalisierungsbefürworter lediglich die verladenden Unternehmen. Deren Interessen waren aufgrund ihrer großen, heterogenen Gruppenstruktur schwer organisierbar, so daß ihnen im politischen Prozeß nur ein geringes Gewicht zukam. Die Hauptkunden der DB, die Verlader landwirtschaftlicher und mineralischer Primärgüter, hingegen bildeten eine kleine, politisch durchset-

---

[613] Vgl. Berkelova (1992), S. 170; Aberle (1988), S. 8 f.

zungsfähige Interessengruppe, die sich schon früh Sondertarife erstritten hatte und demnach als starke Befürworter der bestehenden Bahnschutzpolitik anzusehen sind.

Letztendlich wurden die gesamtwirtschaftlichen Ineffizienzen der deutschen Verkehrspolitik durch die Einführung und langjährige Beibehaltung verfehlter verkehrspolitischer Maßnahmen hervorgerufen. Diese dienten im allgemeinen nicht zur Korrektur von Markt- und/oder Wettbewerbsversagen, sondern der Befriedigung von Sonderinteressen. Im Zusammenhang mit der deutschen Verkehrspolitik kann demnach eindeutig von Staats- oder Politikversagen gesprochen werden. Das folgende Kapitel widmet sich der europäischen Verkehrspolitik, die als der entscheidende Faktor gilt, der letztendlich zu Liberalisierungen im Verkehrsbereich in Deutschland führte.

5. Die europäische Verkehrspolitik und Liberalisierungen

Mit der zunehmenden wirtschaftlichen Integration in Europa nahm nicht nur der Handel mit Fertigprodukten zu, sondern auch die internationale Arbeitsteilung, d. h. die grenzüberschreitende Zulieferung von Vorleistungsgütern und Halbfertigerzeugnissen. Mit diesem Prozeß kam es zu einem starken **Zuwachs grenzüberschreitender Gütertransporte**, der sich mit der vorgesehenen Osterweiterung der EU weiter fortsetzen wird. Infolge dieser Entwicklung weisen Transportmärkte schon seit Jahrzehnten hohe Wachstumsraten auf und haben eine große Bedeutung für die wirtschaftliche Integration im europäischen Binnenmarkt erlangt.

Dabei setzt sich verstärkt der Trend fort, daß weniger Rohstoffe und Massengüter als vielmehr hochwertiges Stückgut transportiert werden muß. Dieser Güterstruktureffekt wird durch neue zeitempfindliche Produktions- und Logistikkonzepte verstärkt, die auf einer Minimierung der Lagerhaltung beruhen und somit auf eine produktionssynchrone, zeitgenaue Beschaffung kleiner Transportlose (der Mengen, die auf einmal zu transportieren sind) angewiesen sind.[614] Diesen neuen Anforderungen kann das unflexible, auf den Transport von Massengütern ausgerichtete System Schiene immer weniger gerecht werden, so daß der **Bedeutungszuwachs des Straßengüterverkehrs** ungebremst ist.

---

[614] Vgl. Aberle (2000), S. 439.

5.1. Die gemeinsame Verkehrspolitik bis 1985

5.1.1. Einleitung

Das Hauptziel der 1957 gegründeten Europäischen Wirtschaftsgemeinschaft bestand in der Schaffung eines gemeinsamen, marktwirtschaftlich organisierten Binnenmarktes. Zur Erreichung dieses Ziels schreibt der EWGV auch eine gemeinsame Verkehrspolitik vor, die durch den Abbau von Wettbewerbshemmnissen die bestmöglichen verkehrswirtschaftlichen Voraussetzungen herstellen soll. Die Art. 74 bis 84 EWGV,[615] seit dem Amsterdamer Vertrag die Art. 70 bis 80,[616] enthalten die Bestimmungen zur gemeinsamen Verkehrspolitik.[617] Ihre konkrete Ausgestaltung, etwa anhand eines Maßnahmenkataloges, bleibt im Vertrag jedoch offen. Sie obliegt den Organen der Gemeinschaft.

Der Verkehrsministerrat soll gemeinsame Regeln für den grenzüberschreitenden Verkehr aufstellen und die Bedingungen für die Zulassung von Unternehmen zum Verkehr in Ländern, in denen sie nicht ansässig sind (Kabotage), festlegen.[618] Diese Aufgabe hat er bis Mitte der achtziger Jahre allerdings nur rudimentär erfüllt. Zwar hat die Kommission seit 1961 zahlreiche Vorstöße zur Etablierung einer wettbewerblich organisierten Verkehrspolitik unternommen, indem sie dem Rat Vorschläge zur Liberalisierung des zwischenstaatlichen Marktzugangs und der Preisbildung unterbreitete. Diese waren im Verkehrsministerrat in den meisten Fällen jedoch nicht konsensfähig.[619]

5.1.2. Die Ausgestaltung der europäischen Verkehrspolitik bis 1985

Die Vorschläge der Europäischen Kommission zielten zunächst auf die Verschmelzung der nationalen Verkehrsmärkte zu einem gemeinsamen Verkehrsmarkt ohne Wettbewerbsbeschränkungen.[620] Im **Straßengüterverkehr** bestanden bilaterale Kontingente zwischen den Mitgliedstaaten, die gegen das Diskriminierungsverbot im EWGV verstießen und deshalb abgeschafft werden sollten. An deren Stelle sollte ein Kontingent an Gemeinschaftslizenzen treten, die zur

---

[615] Vgl. BGBl. II (1957), S. 766.
[616] Vgl. BGBl. II (1998), S. 386.
[617] Die Vorschriften beziehen sich nur auf den Landverkehr auf Schiene und Straße sowie die Binnenschiffahrt, nicht dagegen auf die Luftfahrt und die Seeschiffahrt.
[618] Vgl. Art. 75 I Buchst. a und b EWGV, seit 1998 Art. 71 I Buchst. a und b EWGV.
[619] So wurden bis 1985 dem Rat insgesamt 230 Vorschläge der Kommission zugeleitet, wovon 100 tatsächlich zu Entscheidungen führten, vgl. Blonk (1985), S. 93.
[620] Vgl. Kommission der Europäischen Gemeinschaften (1962) und (1961).

Teilnahme am grenzüberschreitenden Verkehr von Drittstaaten berechtigen.[621] Darüber hinaus wurde die Etablierung eines obligatorischen Margentarifsystems im innergemeinschaftlichen und im nationalen Verkehr vorgeschlagen.[622] Diese Vorschläge wurden jedoch nur teilweise vom Rat übernommen. So wurde zwar ein **Gemeinschaftskontingent** eingeführt, daneben galten die bilateralen Kontingente jedoch fort; Kabotage fand nicht statt.[623] Auch das **obligatorische Margentarifsystem** wurde nur für den zwischenstaatlichen Verkehr, nicht aber für den nationalen Verkehr übernommen.[624] Innerhalb der Mitgliedstaaten galten somit weiterhin die nationalen Tarifsysteme.

Im **Eisenbahnbereich** kritisierte die Kommission die enge Verflechtung von staatlicher Bürokratie und Bahnunternehmen, die zu Wettbewerbsverzerrungen gegenüber privaten Konkurrenten führten. Ihre Vorschläge richteten sich vor allem auf den Abbau der gemeinwirtschaftlichen Pflichten und eine höhere Kostentransparenz.[625] Auch diesen Vorschlägen ist der Rat nur teilweise gefolgt. Beispielsweise wurde den Mitgliedsländern die Möglichkeit eröffnet, unrentable gemeinwirtschaftliche Leistungen durch staatliche Ausgleichszahlungen abzugelten.[626]

Die Einführung des Margentarifsystems und der Gemeinschaftskontingente waren bis zu den siebziger Jahren die wichtigsten verkehrspolitischen Beschlüsse. Die ersten Versuche der Kommission zur Etablierung einer wettbewerbsorientierten, integrierten Verkehrspolitik gingen zwar in die richtige Richtung, eine Zusammenführung der nationalen Verkehrssysteme zu einem gesamteuropäischen Verkehrsmarkt war damit jedoch noch nicht verbunden. Die Gründe dafür lagen vor allem in den divergierenden Auffassungen der Mitgliedsländer in bezug auf ihre nationalen Schienenverkehrsmonopole, dem Fehlen einer gemeinsamen Infrastruktur, verkehrsgeographischen Besonderheiten der Mitgliedstaaten und den unterschiedlichen Systemen bei der Anlastung von Wegekosten, der Besteuerung und im Sozial- und Arbeitsrecht.[627]

Die Norderweiterung der Gemeinschaft um Großbritannien, Dänemark und Irland zu Beginn der siebziger Jahre führte zu einer Veränderung der verkehrspolitischen und -geographischen Gegebenheiten. Darüber hinaus erweckte die Pariser Gipfelkonferenz der Regierungschefs von 1972 Hoffnung auf schnelle In-

---

[621] Vgl. Berkelova (1992), S. 187.
[622] Vgl. Kommission der Europäischen Gemeinschaften (1963).
[623] Vgl. Ewers/Stackelberg (1998), S. 1170.
[624] Vgl. Rat der Europäischen Gemeinschaften (1968a) und (1968b).
[625] Vgl. Basedow (1987), S. 14.
[626] Vgl. Rat der Europäischen Gemeinschaften (1970), (1969a), (1969b).
[627] Vgl. Scheuner (1974), S. 212 ff.

tegrationsfortschritte. Die verkehrspolitische Konzeption der Kommission war von da an mit dem Ziel verbunden, die Widerstände, an denen Liberalisierungen bislang scheiterten, mit einer **pragmatischen Politikausrichtung** zu überwinden. Die Aktivitäten der Kommission waren von nun an auf die Zusammenführung der verkehrspolitischen Systeme durch die Schaffung eines gemeinsamen Verkehrswegenetzes und eine entsprechende Ordnungspolitik ausgerichtet.[628] Doch signifikante Ergebnisse wurden durch Kompetenz- und Finanzierungsprobleme verhindert.[629]

Im **Bahnbereich** erfolgten weitere Bemühungen um eine verstärkte Trennung von gemeinwirtschaftlichem und unternehmerischem Bereich. Hierzu wurden zusätzliche Vorschriften zur **Transparenz** der kaufmännischen Buchführung und Bilanzierung erlassen[630] und die Maßnahmen zur **Kompensation von Sonderlasten** der Bahnen fortgeführt.[631] Die Vorschläge der Kommission im **Straßengüterverkehr** waren auf eine Zusammenführung der nationalen verkehrspolitischen Systeme ausgerichtet. Sie wurden jedoch wiederum nur zum Teil vom Rat angenommen. Seit 1976 erfolgte eine jährliche **Ausweitung des Gemeinschaftskontingents.**[632] Hinzu kam eine Lockerung im Tarifsystem: In den neu hinzugetretenen Mitgliedstaaten hatten bislang keine verbindlichen Margentarifsysteme existiert. Dem trug man Rechnung, indem 1977 alternativ zu den obligatorischen Margentarifen im zwischenstaatlichen Verkehr **unverbindliche Referenztarife** (Preisempfehlungen) zugelassen wurden.[633]

Die verkehrspolitische Situation befand sich Anfang der achtziger Jahre in einer Phase der Stagnation. Die nationalen Eisenbahnunternehmen unterlagen immer noch zahlreichen staatlichen Eingriffen, und auch im Straßengüterverkehr waren keine bedeutsamen Integrationsfortschritte beobachtbar. Im grenzüberschreitenden Verkehr dominierten bilaterale Kontingente, Kabotage fand immer noch nicht statt, und die Verkehrsleistungen wurden zwischen den sechs Gründungsstaaten mit obligatorischen Margentarifen entlohnt. Lediglich die ab 1973 neu beigetretenen Länder bezogen sich bei der Preisbildung auf unverbindliche Referenztarife.

---

[628] Vgl. Erdmenger (1981), S. 30.
[629] Vgl. Woelker (1985), S. 39.
[630] Vgl. Rat der Europäischen Gemeinschaften (1978) und (1977a).
[631] Vgl. Rat der Europäischen Gemeinschaften (1975).
[632] Da der Anteil der auf dieser Grundlage durchgeführten Transporte weiterhin relativ gering blieb, beschloß die Gemeinschaft 1980 Leitlinien für die vertragliche Gestaltung der bilateralen Kontingente, vgl. Rat der Europäischen Gemeinschaften (1980) und (1976).
[633] Vgl. Rat der Europäischen Gemeinschaften (1977b).

5.1.3. Politökonomische Erklärung der gemeinsamen Verkehrspolitik

Die Gründe für die Stagnation der gemeinsamen Verkehrspolitik in den achtziger Jahren sind vielfältig: So waren die verkehrspolitischen Konzeptionen der meisten Mitgliedstaaten aus den dreißiger Jahren des 20. Jahrhunderts auf den Schutz der nationalen Eisenbahnen ausgerichtet. Dieser bildete auch den Kernpunkt der Auseinandersetzungen bei der Etablierung der gemeinsamen Verkehrspolitik. Hier standen sich Staaten mit geringer Regulierungsdichte auf der einen Seite und Länder, in denen die Staatsbahnen unter dem Deckmantel der Gemeinwirtschaftlichkeit als Umverteilungsinstrument dienten, auf der anderen Seite gegenüber. Zu erstgenannten zählten die stark straßen- und binnenschiffahrtsorientierten Benelux-Länder, in denen die Bahnen gleichberechtigte Binnenverkehrsträger im Wettbewerb neben anderen waren. Diese Länder drangen auf die Abschaffung der dirigistischen Verkehrsmarktordnungen in allen Gründungsstaaten, an deren Stelle eine liberale Gemeinschaftspolitik treten sollte.[634]

Dagegen sahen die großen Flächenstaaten Deutschland, Italien und Frankreich im gemeinsamen Verkehrsmarkt ihre nationalen Interessen gefährdet. Die Staatsbahnen dienten zunächst als Umverteilungsinstrument zugunsten der Agrar- und Montanwirtschaft; die Substitutionskonkurrenz durch den Straßengüterverkehr war in diesen Ländern bereits seit der Vorkriegszeit durch Marktzutritts- und Preisregulierungen begrenzt. Sie befürchteten im gemeinsamen Binnenmarkt zusätzlichen Wettbewerbsdruck durch ausländische Wettbewerber. Dieser hätte die Monopolrenten der Staatsbahnen und die damit verbundenen Umverteilungsmöglichkeiten verringert.[635]

Die Gründungsmitglieder konnten sich bei der Etablierung des Vertragswerkes demnach nur auf die prinzipielle Gemeinsamkeit einer Verkehrspolitik als Voraussetzung für einen gemeinsamen Binnenmarkt einigen, nicht aber auf Vorgaben für deren konkrete Ausgestaltung.[636] Der EWG-Vertragstext stellt somit einen Kompromiß dar, der verschiedene Auslegungsmöglichkeiten bietet.

Daraus ergaben sich erhebliche Interpretationsspielräume der politischen Entscheidungsträger, insbesondere des Verkehrsministerrates. Dessen Mitglieder unterlagen einem starken Einfluß von verkehrspolitischen Interessengruppen im jeweiligen Heimatland. Darüber hinaus bestand oft eine enge Verbindung zwischen Verkehrsminister und den nationalen Bahnunternehmen, beispielsweise in Deutschland in Form von Einspruchs- und Mitbestimmungsrechten des Ver-

---

[634] Vgl. Seidenfus (1984), S. 11.
[635] Vgl. Basedow (1989), S. 159 f., und ders. (1987), S. 10.
[636] Zu den strittigen Punkten vgl. im einzelnen Aberle (2000), S. 145 f.

kehrsministers bei unternehmenspolitischen Entscheidungen der DB. Mit Liberalisierungen im Bahnbereich wäre ein Verlust von persönlichen Privilegien des Ministers verbunden gewesen. Darüber hinaus war lange die Ansicht, daß mit interventionistischen Maßnahmen den Eisenbahnen Marktanteile zurückgebracht werden könnten, weitverbreitet.[637] Die starken Liberalisierungshemmnisse im Ministerrat wurden durch die Anwendung der Einstimmigkeitsregel noch unterstützt, wodurch jedes Mitgliedsland verkehrspolitische Entscheidungen verhindern konnte. Dieser institutionelle Rahmen sorgte bis 1985 dafür, daß verkehrspolitische Vorschläge der Kommission durch die Liberalisierungsgegner (Deutschland, Frankreich, Italien) im Ministerrat blockiert wurden.

Insbesondere der Konflikt zwischen einer Harmonisierung der Wettbewerbsbedingungen[638] und einer Liberalisierung der Marktzugangs- und Preisbildungsregelungen führte über Jahrzehnte zu einer "Selbstblockade" des Ministerrates. Vor allem Deutschland beharrte auf der Notwendigkeit von Harmonisierungen als Voraussetzung für eine rein marktwirtschaftliche Gestaltung des gemeinsamen Verkehrsmarktes. Diese Haltung geht nicht zuletzt auf starken Interessengruppendruck durch den BDF zurück, der wiederholt die Notwendigkeit gleicher Startbedingungen in einem liberalisierten Binnenmarkt betonte.[639]

Im Ministerrat blockierte der deutsche Verkehrsminister Liberalisierungsvorschläge der Kommission wiederholt mit dem Hinweis auf die schärferen Wettbewerbsbedingungen in Deutschland, etwa die hohen Kraftfahrzeug- und Mineralölsteuern im Vergleich zu den Wettbewerbern in den Niederlanden, Belgien und Frankreich.[640] Eine Harmonisierung durch die Absenkung dieser Steuern wurde von Deutschland mit dem Hinweis auf den Schutz der Bahn jedoch abgelehnt. Mit dem gleichen Argument wurden Erleichterungen beim Marktzu-

---

[637] Vgl. Ewers/Stackelberg (1998), S. 1172.

[638] Mit der Harmonisierung der Wettbewerbsbedingungen sind lediglich staatlich verursachte Kostenunterschiede bei den Verkehrsunternehmen angesprochen (Kraftfahrzeug- und Mineralölsteuersätze, Straßenbenutzungsgebühren, Sozial- und technische Vorschriften, gemeinwirtschaftliche Verpflichtungen), nicht aber geographische Besonderheiten, unterschiedliche Lohnniveaus in den Mitgliedstaaten oder allgemeine Steuern. Diese stellen besondere Standortfaktoren dar, deren Beseitigung die Ausschöpfung von komparativen Kostenvorteilen behindern würde, vgl. Köberlein (1997), S. 302.

[639] Der BDF ist darüber hinaus auch Mitglied im Internationalen Straßentransportverband (IRU), der die Interessen aller europäischen Güterverkehrsunternehmen vertritt. Er verfügt über einen beratenden Status bei den Verkehrsministerkonferenzen der Gemeinschaft. Darüber hinaus unterhält er eine ständige Vertretung in Brüssel und vertritt die Interessen des Verkehrsgewerbes im WSA und in Anhörungen der Verbände bei der Kommission, vgl. Heimes (1978), S. 214 ff.

[640] Die Kostenunterschiede der Transporteure wurden auf 10 bis 20 % bei einer jährlichen Transportleistung von 100.000 km beziffert, vgl. Prognos (1987); Sönnichsen (o. J.), S. 124.

gang im grenzüberschreitenden Verkehr verhindert, so daß in diesem Bereich bis in die achtziger Jahre bilaterale Abkommen vorherrschten.[641] Aber auch Frankreich und Italien vertraten den Standpunkt, daß zunächst die verkehrspolitischen Bedingungen, unter denen die Verkehrsunternehmen ihre Leistungen erbrachten, vereinheitlicht werden müßten, um Nachteile einzelner Unternehmen im Wettbewerb zu vermeiden. Demgegenüber befürworteten die liberalisierungsfreundlichen Benelux-Länder und später auch Großbritannien Liberalisierungen, nach deren Zustandekommen die notwendigen Harmonisierungen relativ schnell unter dem Druck des Wettbewerbs erfolgen würden.[642]

Im Laufe der Zeit wurde deutlich, daß in die Harmonisierungsdiskussion zum Teil nationale Besonderheiten als Argumente eingebracht wurden, deren Existenz im Wettbewerb aber gerade erwünscht ist (etwa leistungs- und kostenbedingte Unterschiede). Darüber hinaus wurden notwendige und mögliche Harmonisierungsmaßnahmen in den Mitgliedstaaten nicht vorgenommen, so daß davon auszugehen ist, daß die Harmonisierungsdiskussion von den Regulierungsbefürwortern lediglich vorgeschoben wurde, um Liberalisierungen auf europäischer Ebene zu verzögern bzw. zu verhindern.[643]

5.2. Die Liberalisierung der europäischen Verkehrsmärkte als Auslöser für Reformen

Mitgliedstaatliche Sonderinteressen behinderten lange Zeit die Entwicklung einer gemeinsamen Verkehrspolitik. Die Stagnationsphase wurde erst beendet, als das Europäische Parlament im Jahre 1983 den Verkehrsministerrat wegen Untätigkeit vor dem Europäischen Gerichtshof verklagte. Das darauffolgende EuGH-Urteil aus dem Jahre 1985[644] veränderte die verkehrspolitische Situation grundlegend und bewirkte auch innerhalb der Mitgliedstaaten Liberalisierungen. Dessen Auswirkungen auf die europäische und die deutsche Verkehrspolitik sollen im folgenden untersucht werden.

---

[641] Vgl. Aberle (2000), S. 147.
[642] Vgl. Ewers/Stackelberg (1998), S. 1171.
[643] So auch Aberle (1987), S. 32.
[644] Vgl. Europäischer Gerichtshof (1985b), Rs. 13/83.

5.2.1. Das Untätigkeitsurteil des EuGH

5.2.1.1. Zustandekommen und Inhalt des Urteils

Die Vollendung des europäischen Binnenmarktes wird maßgeblich durch funktionierende Transportmärkte beeinflußt. Ordnungspolitische Ausnahmeregelungen im Verkehrsbereich wirken handelsbeschränkend und stehen dem Integrationsprojekt entgegen, so daß ihre Beseitigung vor allem unter integrationspolitischen Gesichtspunkten unumgänglich ist. Dennoch bestanden in den westeuropäischen Transportmärkten noch in den achtziger Jahren zahlreiche Wettbewerbsbeschränkungen, und auf europäischer Ebene war die verkehrspolitische Integration zum Stillstand gekommen. Viele Kommissionsvorschläge waren im Rat aufgrund der Diskussion um den Vorrang von Harmonisierungen oder Liberalisierungen nicht entscheidungsfähig.

Die Stagnation in der Verkehrspolitik wurde dadurch beendet, daß das Europäische Parlament – zum ersten Mal in der Geschichte der Gemeinschaft – den Verkehrsministerrat wegen Untätigkeit vor dem Europäischen Gerichtshof verklagte.[645] Der Klage schlossen sich die Kommission sowie die Niederlande und Belgien an.[646] In der Folge kam es zu einer Verurteilung des Ministerrates durch den EuGH.[647] Dieses Urteil war einmalig in der Geschichte der Gemeinschaft: Bislang waren zwar zahlreiche Urteile gegen Mitgliedstaaten ergangen, die ihren Vertragsverpflichtungen nicht nachgekommen waren; doch noch nie hatte ein Gemeinschaftsorgan ein anderes der Untätigkeit beschuldigt.[648]

Das Urteil schreibt die Herstellung der Dienstleistungsfreiheit auf den europäischen Verkehrsmärkten in einem angemessenen Zeitraum vor. Diese sollte durch den diskriminierungsfreien Zugang der Verkehrsunternehmen aller Mitgliedstaaten zum grenzüberschreitenden Verkehr und die Zulassung ausländischer Unternehmen zum inländischen Verkehr (Kabotage) verwirklicht wer-

---

[645] Dabei stellte das Parlament zwei Anträge: Der eine bezog sich auf das Nichtzustandekommen der gemeinsamen Verkehrspolitik als solche und der andere auf die Vertragsverletzung durch den Rat, weil er 16 Kommissionsvorschläge weder positiv noch negativ entschieden hatte, vgl. dazu näher Köberlein (1997), S. 290; Basedow (1989), S. 173 f.

[646] Vgl. Ewers/Stackelberg (1998), S. 1172.

[647] Unter pragmatischen Gesichtspunkten war der erste Antrag des Parlaments nicht justitiabel, da die Pflicht zu einer gemeinsamen Verkehrspolitik im EWGV nicht hinreichend konkretisiert ist. Lediglich zwei Teilziele waren in Art. 75 EWGV genügend bestimmt: Die Dienstleistungsfreiheit im grenzüberschreitenden Verkehr und die Zulassung von ausländischen Verkehrsunternehmen zum inländischen Verkehr (Kabotage). Der EuGH verurteilte den Rat wegen Untätigkeit bei der Verfolgung dieser Ziele – im übrigen wurde die Klage des Parlaments abgewiesen, vgl. Europäischer Gerichtshof (1985b).

[648] Vgl. Basedow (1989), S. 173.

den[649] – unabhängig von einer Harmonisierung der Wettbewerbsbedingungen. Damit wurde die Diskussion um Harmonisierung und Liberalisierung beendet, die im Ministerrat bislang alle Reformen verhindert hatte.

Parallel zum Urteil des Gerichtshofes löste das Weißbuch der Kommission zur **Vollendung des Binnenmarktes**[650] aus demselben Jahr weitere Liberalisierungsimpulse aus: Auf dem Mailänder Gipfel der Staats- und Regierungsschefs am 28. und 29. Juni 1985 erfolgten Beschlüsse zu den generellen Aktivitäten zur Vollendung des Binnenmarktprogramms bis 1993, zu denen auch die Dienstleistungsfreiheit im Verkehrsbereich zählt.[651] Die in Mailand beschlossenen Vorgaben wirkten sich fördernd auf die Deregulierungsaktivitäten des Verkehrsministerrates in den folgenden Jahren aus.[652] Dieser einigte sich zunächst am 14. November 1985 auf einen politischen Grundsatzbeschluß zur Schaffung eines diskriminierungsfreien gemeinsamen Verkehrsmarktes bis zum 1. Januar 1993.[653]

5.2.1.2. Politökonomische Konsequenzen des Gerichtshofurteils

Die verkehrspolitischen Entscheidungen auf nationaler Ebene unterlagen immer stärkeren supranationalen Restriktionen bzw. wurden vollständig auf die europäische Ebene verlagert, so daß die Entscheidungsträger in Deutschland "hoheitlich" in ihrer Entscheidungsfreiheit beschnitten wurden – und immer weniger in der Lage waren, den Forderungen nationaler Interessenverbände nach wettbewerbsbeschränkenden Maßnahmen nachzugeben. Das EuGH-Urteil selbst enthält keine Vorgaben zur Liberalisierung des innergemeinschaftlichen Verkehrsbereichs; es betont lediglich die im EWGV enthaltene Forderung nach einer Beseitigung von nationalen Regelungen, die den zwischenstaatlichen Verkehr übermäßig behindern.[654] Gleichwohl löste das Urteil einen umfassenden Reformprozeß aus. In diesem versuchten alle relevanten verkehrspolitischen Akteure und Interessengruppen zunächst, ihre Besitzstände zu verteidigen.

Insbesondere die deutschen **Güterkraftverkehrsunternehmen** kämpften vehement um ihre bestehenden Rentenpositionen.[655] Die BDG als Dachorganisati-

---

[649] Vgl. Eickhof/Berkelova (1990), S. 597.
[650] Vgl. Kommission der Europäischen Gemeinschaften (1985a).
[651] Vgl. Europäischer Rat (1985).
[652] Vgl. Aberle (2000), S. 148.
[653] Vgl. Berkelova (1992), S. 202.
[654] Vgl. Basedow (1987), S. 22, zu Beispielen vgl. ders. (1989), S. 193.
[655] Siehe dazu insbesondere die Beiträge von Lübke, Ellwanger, Schmidt, Joerss, Schneider in Verkehrsclub der Bundesrepublik Deutschland (1988).

on und der BDF betonten wiederholt die Notwendigkeit einer synchron zur Verwirklichung der Dienstleistungsfreiheit auf den europäischen Transportmärkten verlaufenden Harmonisierung der Wettbewerbsbedingungen. Ihre Vorschläge zielten insgesamt auf eine Übertragung der deutschen Verkehrsmarktordnung auf die supranationale Ebene.[656]

Die **DB** erwartete im Zusammenhang mit der Dienstleistungsfreiheit im Straßengüterverkehr Preissenkungen in straßenaffinen Bereichen – und damit einen weiteren Bedeutungsverlust des Schienenverkehrs. Management und Eisenbahnergewerkschaften versuchten nun, die Marktposition der DB zu stärken, indem sie eine Herauslösung der gemeinwirtschaftlichen Verpflichtungen aus dem Unternehmensbereich der DB und deren Abgeltung durch den Staat, die finanzielle Sanierung der DB, eine verursachungsgerechte Anlastung der Wegekosten sowie Harmonisierungen im Bereich der fiskalischen Sonderbelastungen (Kraftfahrzeug- und Mineralölsteuern) forderten. Dies waren weitere Versuche, die restriktiven Marktordnungen zum Schutz der Bahn prinzipiell beizubehalten und innerhalb des bestehenden Ordnungsrahmens ihre Marktanteile im intermodalen Wettbewerb auszuweiten. Darüber hinausgehende Forderungen der Gewerkschaften (GdED, ÖTV) bezogen sich auf eine Beibehaltung und "Verbesserung" der deutschen Marktordnungen, insbesondere der Kontingentierungen und der Tarifsysteme.[657]

Die im DIHT und im BDI vertretenen **Verlader** dagegen vertraten eine grundsätzlich **liberale ordnungspolitische Position**,[658] die sich weitgehend an diejenige der Kommission annäherte. Der DIHT, in dem auch die Unternehmen des Straßengüterverkehrsgewerbes organisiert waren, befürwortete darüber hinaus eine Senkung der Kraftfahrzeug- und Mineralölsteuern, womit kurzfristig eine verbesserte Wettbewerbssituation des deutschen Transportgewerbes erreicht werden sollte.

Die Vorschläge der **Europäischen Kommission** waren nach dem Weißbuch vom Juni 1985 zur Vollendung des Binnenmarktes auf die Beseitigung aller materiellen, technischen und steuerlichen Schranken, die dem Binnenmarktprojekt entgegenstehen könnten, ausgerichtet. Wegen seiner überragenden Bedeutung für die europäische Integration konzentrierten sich ihre Vorschläge zunächst auf den Straßengüterverkehr. Die Kommission sah Handlungsschwerpunkte konkret bei den fiskalischen Belastungen im Güterkraftverkehr in Verbindung mit der verursachungsgerechten Anlastung von Wegekosten. Weitere

---

[656] Vgl. dazu näher Lammers (1987), S. 163 ff.; McKay (1987), S. 269 ff.
[657] Vgl. Lammers (1987), S. 168.
[658] Vgl. BDI (1988) und (1986); DIHT (1986).

Empfehlungen zielten auf eine Neuordnung des innergemeinschaftlichen grenzüberschreitenden Verkehrs und auf die Ausgestaltung der Kabotage.[659]

Die konkrete marktwirtschaftliche Ausrichtung der gemeinsamen Verkehrspolitik war nicht im Urteil des EuGH vorgezeichnet – sie beruht auf Entscheidungen des **Ministerrates**. Diese waren stark durch das Weißbuch der Kommission beeinflußt. Der europäische Binnenmarkt setzte einen Abbau institutioneller Mobilitätshemmnisse im Personen- und Güterverkehr voraus.[660] Zudem mußte bei fortwährender Untätigkeit damit gerechnet werden, daß die Gestaltung der verkehrspolitischen Integration nach Ablauf einer Übergangsfrist durch Gerichtsentscheidungen erfolgen würde. Hinzu kam die Ablösung der Einstimmigkeitsregel durch das Mehrheitsprinzip. Unter diesen institutionellen Bedingungen konnten im Verkehrsministerrat der 12 Staaten die sieben reformorientierten Mitgliedsländer (Benelux-Länder, Dänemark, Großbritannien, Griechenland, Irland) nun Liberalisierungen auch gegen die Stimmen der liberalisierungsfeindlichen Mitgliedstaaten (Deutschland, Frankreich, Italien) durchsetzen.[661]

Die liberalisierungsfreundlichen Mitgliedstaaten erhofften sich Beschäftigungsimpulse für ihre Verkehrsunternehmen im Ausland. Als härtester Liberalisierungsgegner erwies sich Deutschland, das über eine in der EU einzigartig restriktive Verkehrsmarktordnung verfügte. Doch seine Verhandlungsposition im Ministerrat war relativ schwach. Die anderen Mitgliedstaaten übten Druck gegen die deutschen Interessengruppen aus und entwickelten sich zu einem Übergewicht im politischen Entscheidungsprozeß.[662] Zudem war die **Bundesregierung** aus übergeordneten politischen und gesamtwirtschaftlichen Interessen stark am Erfolg des Binnenmarktprogramms interessiert,[663] so daß der deutsche Verkehrsminister letztendlich seine Blockadehaltung aufgab.

---

[659] Vgl. beispielhaft Kommission der Europäischen Gemeinschaften (1986), (1985b), (1985c).
[660] Vgl. Wacker-Theodorakopoulos (1988), S. 373.
[661] Vgl. Köberlein (1997), S. 292.
[662] Vgl. Basedow (1989), S. 320 f.
[663] Vgl. Wacker-Theodorakopoulos (1988), S. 373.

5.2.2. Die Liberalisierung der gemeinsamen Verkehrsmärkte

Die Bemühungen des Verkehrsministerrates konzentrierten sich zunächst auf den Bereich des **Straßengüterverkehrs**, der seit geraumer Zeit die Hauptrolle im wachsenden innergemeinschaftlichen Verkehrsmarkt spielte. Andere Verkehrsbereiche blieben vorerst ausgeklammert. Sie wurden entweder vom EuGH selbst ausgespart, weil sie internationalen Regelungen bzw. bilateralen Abkommen unterlagen (Luftverkehr, Seeschiffahrt). Oder in ihnen war bereits weitgehend Dienstleistungsfreiheit verwirklicht (Binnenschiffahrt), bzw. ihr Leistungsangebot konzentrierte sich typischerweise auf das jeweilige Staatsgebiet (Eisenbahnen, Nahverkehr), so daß sie der Dienstleistungsfreiheit im Binnenmarkt zunächst nicht im Wege standen. Im folgenden werden die wichtigsten aus dem Gerichtshofurteil resultierenden Beschlüsse des Ministerrates im Straßen- und Schienengüterfernverkehr dargestellt.

5.2.2.1. Liberalisierungsvorgaben im Straßengüterverkehr

Mit einer jährlichen Aufstockung des Genehmigungskontingents für Gemeinschaftslizenzen und der **Abschaffung** der **quantitativen Begrenzung der Gemeinschaftslizenzen** bis zum 31. Dezember 1992 wurde die Diskriminierung Dritter im grenzüberschreitenden Straßengüterverkehr beseitigt.[664] Für den Kabotageverkehr wurde ab 1990 ein Kontingent festgelegt, das in den folgenden Jahren aufgestockt wurde – bis zur Einführung einer **unbegrenzten Regelkabotage** ab dem 1. Juli 1998.[665] 1994 wurde auch der Werkverkehr zur Kabotage zugelassen.[666]

Das innergemeinschaftliche Tarifbildungssystem war bis 1990 sehr unterschiedlich ausgestaltet. So kamen zwischen den sechs Gründungsstaaten obligatorische Margentarife zur Anwendung, während die in den siebziger Jahren hinzugetretenen Mitgliedsländer (Großbritannien, Dänemark, Irland) unverbindliche Referenztarife vereinbarten und die in den achtziger Jahren beigetretenen Staaten (Portugal, Griechenland, Spanien) ohne Tarifbindung auskamen. Das Tarifsystem wurde vereinheitlicht, indem die bis dahin noch bestehenden Margentarife

---

664 Vgl. Rat der Europäischen Gemeinschaften (1992b).

665 Die Kabotageregelung enthält einen Krisenmechanismus, der greift, wenn sich mehr als 30 % der Kabotagegenehmigungen auf ein Land konzentrieren, vgl. Rat der Europäischen Gemeinschaften (1993b) und (1989b). Zur Entwicklung des EU-Kabotagerechts von 1989 bis 1993 vgl. näher Gronemeyer (1994).

666 Vgl. Rat der Europäischen Gemeinschaften (1994b).

zunächst mit Wirkung zum 1. Januar 1989 in unverbindliche Referenztarife und zum 1. Januar 1990 in **freie Preise** umgewandelt wurden.[667]

Das EuGH-Urteil stellt ausdrücklich fest, daß die Herstellung der Dienstleistungsfreiheit auf dem Verkehrsmarkt nicht von der Harmonisierung der Wettbewerbsbedingungen abhängig gemacht werden darf.[668] Dem Rat wird freigestellt, begleitende Harmonisierungsmaßnahmen zu ergreifen. Allerdings war vorhersehbar, daß insbesondere im Zusammenhang mit der Kabotageregelung Anpassungen nötig werden. Vor allem im Bereich der **technischen Harmonisierung**[669] und der **Harmonisierung der Sozialvorschriften**[670] wurden schon früh entsprechende Regelungen erlassen. Die **verkehrsspezifischen Steuern und sonstigen Abgaben** hingegen divergierten bis 1995 beträchtlich.[671] Erst 1992 konnten sich die Verkehrsminister bei den Mineralölsteuern auf **Mindeststeuersätze** für Vergaser- und Dieseltreibstoff und für die Kraftfahrzeugsteuer bei großen Nutzfahrzeugen einigen.[672]

5.2.2.2. Liberalisierungsvorgaben im Schienengüterverkehr

Im grenzüberschreitenden Schienengüterverkehr kam es wegen seiner untergeordneten Bedeutung bei der Verwirklichung der Dienstleistungsfreiheit im Binnenmarkt zunächst nur zu bescheidenen Liberalisierungsfortschritten. Angesichts wachsender Verkehrsvolumina und zunehmender Überlastungserscheinungen im Straßengüterverkehr wollte die Gemeinschaft die Rolle der Eisenbahnen stärken und sie an den Erfordernissen des wettbewerbsorientierten Bin-

---

[667] Vgl. Rat der Europäischen Gemeinschaften (1989a). Als begleitende Maßnahme wurde ein Marktbeobachtungssystem etabliert, um im Krisenfall, d. h. bei einer nachhaltigen Störung des Marktgleichgewichts und bei ruinösen Preisverfällen, frühzeitig angebotsbeschränkende Maßnahmen, d. h. eine Begrenzung der Ausgabe von Genehmigungen für den grenzüberschreitenden Straßengüterverkehr, vornehmen zu können, vgl. Rat der Europäischen Gemeinschaften (1990b).

[668] Vgl. Aberle (2000), S. 152.

[669] Besonders weit vorangeschritten ist die Harmonisierung im technischen Bereich. So sind zahlreiche Vorschriften erlassen worden, die sich insbesondere auf technische Normen für den Bau und Betrieb von Nutzfahrzeugen und auf Vorschriften über Maße, Gewichte und Achslasten sowie die Überwachung der Einhaltung dieser Vorgaben beziehen. Zu den einzelnen Richtlinien vgl. näher Berkelova (1992), S. 222 ff.; Jannott (1991), S. 46.

[670] Vgl. Rat der Europäischen Gemeinschaften (1985a).

[671] Zu den konkreten Zahlenwerten vgl. Aberle (2000), S. 153.

[672] Vgl. Rat der Europäischen Gemeinschaften (1992c). Zum 1. Januar 1995 wurde auf Druck Deutschlands zum Ausgleich besonders hoher Steuersätze in einigen EU-Ländern eine Straßenbenutzungsgebühr für schwere LKW (sog. Eurovignette) eingeführt, vgl. Rat der Europäischen Gemeinschaften (1993c).

nenmarktes ausrichten. Aufgrund nationaler Widerstände, insbesondere Frankreichs, aber auch Belgiens, Luxemburgs und Italiens, wurde die Liberalisierung des Schienenverkehrs jahrelang im Ministerrat verschleppt. Dieser konnte erst im Jahre 1991 nach zahlreichen erfolglosen Bemühungen der Kommission mit der **Richtlinie 91/440** die entsprechenden Vorgaben verabschieden.[673]

Darin wurde zunächst eine größere Unabhängigkeit der Bahnunternehmen von politischen Eingriffen gefordert. Dies sollte durch die Offenlegung der Kosten der im **öffentlichen Interesse erbrachten Leistungen** anhand einer transparenten Kostenrechnung in den Bahnunternehmen erfolgen, für die die öffentliche Hand Zahlungen an das Bahnunternehmen leistet (**Bestellerprinzip**, Prinzip der speziellen Entgeltlichkeit). Eine weitere Möglichkeit, die Rolle der Eisenbahnen zu stärken, besteht darin, ihr Akquisitionsinteresse am nichtinländischen Verkehr zu wecken.[674] Hier setzten Liberalisierungsbestrebungen des Rates an: Sie sehen einen **diskriminierungsfreien Zugang** zu den Schienennetzen anderer Mitgliedstaaten gegen ein Nutzungsentgelt vor. Dies gilt jedoch nur für sog. internationale Gruppierungen von Eisenbahnunternehmen sowie Eisenbahnunternehmen, die grenzüberschreitende Transporte im sog. Kombinierten Verkehr durchführen. Ein diskriminierungsfreier Netzzugang schließt auch die **rechnerische Trennung** von Infrastruktur und Betrieb und ein **Verbot von Quersubventionierungen** sowie die **finanzielle Sanierung** der Bahnunternehmen ein.

Trotz der strikten Liberalisierungsvorgaben ist die Schaffung gemeinsamer Eisenbahnmärkte bislang noch nicht zufriedenstellend erfolgt. Auch die vom Rat 1995 verabschiedeten ergänzenden Regelungen zur Erteilung von Genehmigungen an Eisenbahnunternehmen sowie zur Zuweisung von Fahrwegkapazität und zur Berechnung von Wegeentgelten[675] brachten noch keine nennenswerten Erfolge. Im Dezember 1999 wurden im Rat Vorschläge zur Zulassung aller EU-Eisenbahnen zu einem sog. **transeuropäischen Schienengüterverkehrsnetz** (TESGN) verabschiedet, die kürzlich in ein Richtlinienpaket transformiert wurden.[676] Aufgrund starker Widerstände Frankreichs beschränken sich die Vorgaben aber lediglich auf die Zulassung von Wettbewerb auf einigen wenigen Stre-

---

[673] Vgl. Rat der Europäischen Gemeinschaften (1991), zum folgenden vgl. die Art. 1 – 10.
[674] Vgl. dazu auch Ewers/Stackelberg (1998), S. 1177.
[675] Vgl. Rat der Europäischen Gemeinschaften (1995a) und (1995b).
[676] Vgl. Rat der Europäischen Gemeinschaften (2001a), (2001b), (2001c). Die Vereinbarung der Verkehrsminister vom Dezember 1999 zum TESGN sieht eine grundsätzliche Trennung der Eisenbahnunternehmen in Unternehmen für den Betrieb und für die Infrastruktur vor. Deutschland konnte jedoch durchsetzen, daß die Holdingstruktur der DB AG (vorerst) erhalten bleibt und daß darüber hinaus im Rahmen der europäischen Gebührenordnung, die grundsätzlich Grenzkostenpreise als Grundlage für die Trassenpreise vorsieht, u. U. auch kostendeckende Preise für die Durchleitung verlangt werden dürfen, vgl. o. V. (2000a), S. 6.

cken mit Transit-Charakter.[677] Mit den jüngsten Richtlinien des Rates sollen auch technische Liberalisierungshürden vermindert werden, indem Harmonisierungsvorgaben zur Angleichung der Spur-, Steuerungs- und Stromversorgungssysteme erlassen wurden. Zur Harmonisierung der Marktzugangsbedingungen enthält das Richtlinienpaket gemeinsame Regelungen zur Trassenallokation, zur Tarifgestaltung und zur institutionellen Trennung von Infrastruktur- und Transportunternehmen.[678]

Auch die jüngsten Liberalisierungsvorgaben gehen mit ihrer Beschränkung der Netzöffnung auf die wichtigsten grenzüberschreitenden Schienenwege (das TESGN) bis 2008 immer noch nicht weit genug. Die mangelnden Liberalisierungsfortschritte ergeben sich aus der zunehmenden Sorge vieler EU-Mitgliedstaaten um ihre Eisenbahnen. Insbesondere Frankreich, das zur Zeit der letzten Richtlinienverabschiedung die Ratspräsidentschaft innehatte, konnte sich gegen die Forderungen des Europäischen Parlaments durchsetzen, das eine weitgehende Marktliberalisierung bis zum Jahre 2010 verlangt hatte. Hierzu zählt laut Parlament auch die Öffnung der nationalen Schienennetze für ausländische Schienenverkehrsunternehmen innerhalb eines Landes (Kabotage). Den Forderungen des Parlamentes schloß sich auch der europäische Dachverband der industriellen Wirtschaft (Union des Industries de la Communauté Européenne – UNICE) an. Doch der damals amtierende EU-Ratsvorsitzende, der französische Verkehrsminister Gayssot, unterlag bei der Richtlinienentscheidung einem starkem politischen Druck der heimischen Gewerkschaften, die den schlechten Service und die sich häufenden Zugunglücke in Großbritannien als negative Folgen der Liberalisierungen vorschoben,[679] um ihr nationales Bahnmonopol zu erhalten.

Neue Impulse wird, so ist zu hoffen, das jüngste **Weißbuch der Kommission** zur künftigen Verkehrspolitik vom 12. September 2001 auslösen.[680] In diesem fordert die Kommission mehr Wettbewerb im Schienenverkehr, um dem mit der EU-Osterweiterung drohenden Verkehrskollaps zu begegnen. Mit den vorgeschlagenen Maßnahmen soll ein Teil des Güterverkehrs von der Straße auf die Schiene zurückgebracht werden. Hierzu will die Kommission bis Ende 2003 Gesetzesvorschläge zur Liberalisierung der Bahnen vorlegen, die über die

---

[677] Vgl. Handelsblatt (1999a), S. 16.

[678] Deren Einhaltung (und somit einen diskriminierungsfreien Marktzugang) haben nationale Regulierungsstellen zu überwachen (in Deutschland das Eisenbahnbundesamt). Diesem wurden in einer AEG-Novelle vom 25.4.2001 entsprechende Kompetenzen zugewiesen, vgl. Handelsblatt (1999b), S. 8. Kritisch zur Richtlinie vgl. Ilgmann (2001), S. 2 f.; Arbeitsgemeinschaft Selbständiger Unternehmer (2001), S. 34 f.

[679] Vgl. FAZ (2000b), S. 30.

[680] Vgl. Kommission der Europäischen Gemeinschaften (2001).

jüngsten Ratsbeschlüsse vom Frühjahr 2001 weit hinausgehen. Bis dahin fordert die Kommission eine Ausweitung des Umfangs der transeuropäischen Verkehrsnetze sowie verbesserte Mechanismen zur Berechnung der Kosten für die Infrastrukturnutzung.[681]

5.3. Die Auswirkungen der gemeinsamen Verkehrspolitik auf das deutsche Marktordnungssystem

Die Liberalisierung des grenzüberschreitenden Straßengüterverkehrs beinhaltete Aufstockungen des Gemeinschaftkontingents bis zu seiner vollständigen Freigabe zum 1. Januar 1993, einen stetigen Zuwachs des Kabotageverkehrs bis zur Kabotagefreiheit zum 1. Juli 1998 und eine völlige Freigabe der Preise zum 1. Januar 1994. Diese Maßnahmen hatten keine zwingenden rechtlichen Konsequenzen für die nationalen Verkehrsmarktordnungen. Doch aus ihnen ergaben sich einzelbetriebliche Nachteile für die inländischen Transportunternehmen, die die bisherigen deutschen Marktordnungen in Frage stellten und Anpassungen bewirkten.

5.3.1. Deregulierungen im Straßengüterverkehr

Die Aufstockung des Gemeinschaftskontingents in Verbindung mit einer freien Preisbildung führte im zwischenstaatlichen Verkehr zu einem Transportpreisniveau, das deutlich unter den Tarifen im innerdeutschen Verkehr lag. Eine erfolgreiche Teilnahme deutscher Transportunternehmen am grenzüberschreitenden Verkehr war nach der europäischen Liberalisierung nur durch eine Quersubventionierung mit den überhöhten innerdeutschen Tarifen möglich.[682] Doch zunehmende Möglichkeiten ausländischer Unternehmen, auch innerhalb der Grenzen Deutschlands Transportleistungen zu erbringen, führten zu einem wachsenden Preisdruck auf die deutschen Unternehmen auch bei Inlandstransporten.

Zudem ergaben sich immer mehr Gelegenheiten für inländische Transportunternehmen, die **administrativen Preise** zu **umgehen**. Dies war schon früher möglich, indem Ausnahmetarife gewährt oder tarifgebundene Transport- und nicht gebundene Neben- und Zusatzleistungen gekoppelt wurden. Durch die Kopplung innerdeutscher und grenzüberschreitender Beförderungsleistungen wurden die Umgehungsmöglichkeiten stark ausgeweitet.[683] Die zunehmenden Möglich-

---

[681] Vgl. FAZ (2001b), S. 17.

[682] Vgl. Prognos (1987), S. 22.

[683] So konnten deutsche Transportunternehmen im benachbarten Ausland Zweigniederlassungen gründen und von dort aus den Binnenverkehr bedienen. Mit diesem "künstlichen"

keiten der in- und ausländischen Unternehmen, sich der administrativen Tarifpraxis zu entziehen, konnte selbst mit einem gestiegenen Kontrollaufwand nicht verhindert werden – eine **wirksame Tarifkontrolle** durch die BAG war **kaum noch möglich**.[684]

Mit der zunehmenden Unterbietung der obligatorischen Preise waren auch verringerte Möglichkeiten für die deutschen Transportunternehmen zur internen Subventionierung der grenzüberschreitenden Transporte verbunden. Mit den Ausweitungen der Kabotagegenehmigungen und der vollständigen Kabotagefreigabe zum 1. Juli 1998 wurde zudem auch die **deutsche Kontingentierung** immer stärker **ausgehöhlt**. Fast 70 % der Kabotage wurde bis 1998 in der BRD durchgeführt.[685] Demgegenüber konnten deutsche Transportunternehmen die neuen Möglichkeiten, im europäischen Ausland Transportaufträge auszuführen, bei weitem nicht ausnutzen. Beispielsweise wurden im Jahre 1997 lediglich 17 % des erlaubten Kontingents in Anspruch genommen. Deutschen Transporteuren war es aufgrund ihrer hohen Kosten meist nicht möglich, Aufträge in Frankreich, den Niederlanden oder Belgien zu erhalten. In den meisten Fällen erwiesen sich ausländische Transporteure im europäischen Konkurrenzkampf besser gerüstet.[686]

Mit der Ausweitung des Kabotagekontingents nahm die **Inländerdiskriminierung** im Verkehrsbereich sukzessive zu. Zudem **schwanden** die **politischen Renten** des Straßengüterverkehrsgewerbes in dem Ausmaß, in dem die Möglichkeiten ausländischer Verkehrsunternehmen zunahmen, Transporte innerhalb der Grenzen Deutschlands durchzuführen. Sie unterlagen somit immer geringeren Anreizen, auf eine Beibehaltung der alten Marktordnungen hinzuwirken, und darüber hinaus wollten sie auch am gestiegenen Verkehrsvolumen im innergemeinschaftlichen Verkehrsmarkt profitieren. Hierzu waren größere unternehmerische Freiheitsspielräume notwendig. Daneben übten die verladenden Unternehmen starken Reformdruck aus.

Unter dem Zwang dieser Entwicklungen kam es zum 1. Januar 1994 zu einer **Aufhebung der Preisbindung** für alle Verkehrsträger; sämtliche obligatorischen Tarife wurden beseitigt.[687] Ab 1992 erfolgte eine schrittweise Ausweitung des inländischen Globalkontingents, bis die **Kontingentierung** zum 1. Juli 1998 vollständig **aufgehoben** wurde. Der Umfang der Nahverkehrszone wurde zu-

---

grenzüberschreitenden Verkehr ließen sich die deutschen Tarif- und Kapazitätsvorschriften umgehen, vgl. Bürgel (1988), S. 241.

[684] Vgl. Aberle (2000), S. 159; Berkelova (1992), S. 230.

[685] Vgl. Hanreich (1998), S. 62.

[686] Vgl. dazu die Aussagen der BAG in der FAZ (1998), S. 21.

[687] Vgl. Tarifaufhebungsgesetz (TaufhG), BGBl. I (1993), S. 1489.

nächst von 50 auf 75 km um den Fahrzeugstandort ausgeweitet, und ebenfalls zum 1. Juli 1998 erfolgte eine **Abschaffung der Trennung von Nah- und Fernverkehrsbereich.**[688] Der Marktzugang war damit freigegeben und nur noch von der Erfüllung allgemeiner subjektiver Zulassungskriterien abhängig. Zudem wurde 1998 die **kartellrechtliche Branchenfreistellung** der Verkehrswirtschaft durch die 6. GWB-Novelle **aufgehoben**. Der Straßengüterverkehr ist somit seit 1998 vollständig liberalisiert.

5.3.2. Liberalisierungen im Schienengüterverkehr

Im September 1989 wurde in Deutschland vom Bundeskabinett die "Regierungskommission Bundesbahn" eingesetzt. Deren Ziel war die Erarbeitung von Entscheidungsgrundlagen für die weitere Entwicklung der DB, zur Schaffung einer wettbewerbsfähigen Bahnstruktur und zur Lösung des Zielkonflikts zwischen unternehmerischem Anspruch und gemeinwirtschaftlicher Verpflichtung. Die Regierungskommission legte 1991 ihren Schlußbericht vor.[689] Bereits 1992 wurden die Vorschläge weitgehend in Gesetzentwürfe transformiert,[690] und schon im darauffolgenden Jahr konnte das Eisenbahnneuordnungsgesetz[691] verabschiedet werden. Zu dieser ungewöhnlich schnellen Umsetzung trug in entscheidender Weise die Richtlinie 91/440 der EU bei, die konkrete zeitliche Vorgaben für die Umsetzung der Reformvorgaben enthielt. So hatten die Mitgliedstaaten die Richtlinie bis Ende 1993 in nationales Recht umzusetzen.

Seit dem 1. Januar 1994 haben Eisenbahnunternehmen mit Sitz in Deutschland und ausländische Unternehmen das Recht auf **diskriminierungsfreien Netzzugang,**[692] und auch im Bahnbereich besteht grundsätzlich **Tariffreiheit**. Dies gilt

---

[688] Vgl. Transportrechtsreformgesetz, BGBl. I (1998), S. 1588.
[689] Siehe näher dazu Regierungskommission Bundesbahn (1991).
[690] Vgl. Aberle (2000), S. 129.
[691] Vgl. BGBl. I (1993), S. 2378. Das als Artikelgesetz konzipierte Eisenbahnneuordnungsgesetz enthält insbesondere das Gesetz zur Zusammenführung und Neugliederung der Bundeseisenbahnen (Art. 1), das Gesetz über die Gründung einer Deutschen Bahn Aktiengesellschaft (DBGrG, Art. 2), das Gesetz über die Eisenbahnverkehrsverwaltung des Bundes (Art. 3), das Gesetz zur Regionalisierung des öffentlichen Personennahverkehrs (Regionalisierungsgesetz, Art. 4) und das Allgemeine Eisenbahngesetz (AEG, als Neufassung des alten AEG, Art. 5). Art. 6 umfaßt Regelungen zur Anpassung anderer Rechtsvorschriften, wie beispielsweise Änderungen im GWB (Aufhebung der kartellrechtlichen Bereichsausnahme für die Bahn in § 99 GWB).
[692] Der Netzzugang wird nach den §§ 13,14 AEG allen zugelassenen Eisenbahnen gewährt, sofern sie ihrerseits den Netzzugang öffnen. Der Richtlinie 91/440 zufolge ist der Netzzugang demgegenüber nur allen internationalen Eisenbahngruppierungen oder Gesellschaften des sog. Kombinierten Verkehrs zu gewähren.

sowohl für die Netznutzungspreise zwischen Netzbetreiber und Schienenverkehrsunternehmen[693] als auch für die Transportpreise zwischen den Schienenverkehrsunternehmen und den Nachfragern nach Personen- und Güterverkehrsleistungen.[694] Ebenfalls zum 1. Januar 1994 wurde die Staatsbahn **von der Pflicht zur Erstellung gemeinwirtschaftlicher Aufgaben befreit**.[695] Künftig werden politisch gewünschte Verkehrsleistungen (im Schienenpersonennahverkehr) nach dem Bestellerprinzip zwischen den die Leistungen nachfragenden Gebietskörperschaften und den Schienenverkehrsanbietern ausgehandelt (sog. Regionalisierung).[696]

Mit der Einführung des sog. Bestellerprinzips verringern sich die Möglichkeiten einzelner Interessengruppen, mit Hilfe bahnpolitischer Maßnahmen politische Renten zu erlangen. Durch die sog. Regionalisierung im Nahverkehrsbereich sind nun die Besteller der Strecken (in der Regel Landespolitiker) auch für ihre Finanzierung verantwortlich. Die Aufrechterhaltung unrentabler Strecken kann nun zu geringeren gesamtwirtschaftlichen Kosten befriedigt werden, da die Landespolitiker im neuen institutionellen Rahmen gehalten sind, auch Rentabilitätsaspekte in ihre Entscheidungen mit einzubeziehen. Positiv ist auch die mit der Bahnstrukturreform verbundene Entbürokratisierung im Schienenverkehr zu bewerten. Damit fällt die Gruppe der Ministerialbürokratie vollständig aus der Interessenkoalition heraus.

Neben der Deregulierung der Marktordnung für den Schienenverkehr fand auch eine privatrechtliche Umstrukturierung der DB und der DR statt. Die vorerst rechnerische und organisatorische,[697] später auch institutionelle **Trennung von Fahrweg und Transportbetrieb** verläuft in mehreren Stufen. In einem **ersten Verfahrensschritt** wurden zum 1. Januar 1994 die staatlichen Sondervermögen

---

[693] Für die Nutzung des Netzes entrichten die Verkehrsunternehmen Preise, die in einem vom Netzbetreiber DB AG 1994 veröffentlichten und seitdem mehrfach modifizierten Trassenpreissystem festgelegt wurden, vgl. § 14 AEG. Lediglich im Schienenpersonennahverkehr besteht eine Genehmigungspflicht, vgl. § 12 AEG.

[694] Vgl. Art. 2 TaufhG.

[695] Die Trennung von hoheitlichen und unternehmerischen Aufgaben im Eisenbahnsektor erlangte durch die Änderung und Ergänzung des Art. 87 GG verfassungsrechtlichen Rang.

[696] Vgl. § 15 AEG. Durch die Regionalisierung des ÖPNV zum 1. Januar 1996, vgl. §§ 1, 4 Regionalisierungsgesetz, wird im Bereich des Schienenpersonennahverkehrs die organisatorische und finanzielle Verantwortung für die Leistungen vom Bund auf die Länder und Kommunen verlagert. Letztere kaufen die gemeinwirtschaftlichen Leistungen bei den Verkehrsunternehmen. Zudem wurde versucht, auch im Infrastrukturbereich die Trennung von unternehmerischen Interessen und hoheitlicher Verantwortung zu erfassen, vgl. Bundesschienenwegeausbaugesetz, BGBl. I (1993), S. 1874.

[697] Die Richtlinie 91/440 sieht nur eine rechnerische Trennung obligatorisch vor, mit der Möglichkeit einer organisatorischen Trennung.

DB und DR zum Bundeseisenbahnvermögen zusammengeführt und in einen unternehmerischen und einen öffentlichen (hoheitlichen) Bereich aufgegliedert. Der unternehmerische Bereich wurde in eine Aktiengesellschaft umgewandelt (Deutsche Bahn AG – DB AG), innerhalb der eine rechnerische und organisatorische Trennung der Sparten Personenfernverkehr, Personennahverkehr, Güterverkehr und Fahrweg vorgenommen wurde.[698] Dabei handelte es sich lediglich um eine **formelle oder Scheinprivatisierung**, da der Bund alleiniger Anteilseigner der AG blieb.

Mit der Rechtsform der Aktiengesellschaft wurde den Interessen des Bahnmanagements weitgehend Rechnung getragen; ihm wurde damit die vergleichsweise größte Unabhängigkeit von politischen Eingriffen gegeben.[699] Allerdings ist bei einer lediglich formalen Privatisierung eine Konkursfähigkeit des Unternehmens praktisch ausgeschlossen, so daß das Bahnmanagement zwar eine formelle Privatisierung unterstützte,[700] gegen eine materielle Privatisierung sind jedoch starke Widerstände beobachtbar.

Der hoheitliche Sektor wurde in zwei Bereiche unterteilt: Das Eisenbahnbundesamt (EBA) nimmt hoheitliche Aufgaben der Aufsicht und Genehmigung für alle Eisenbahnen wahr.[701] Dem Bundeseisenbahnvermögen (BEV) kommen demgegenüber vor allem Aufgaben im Rahmen der Personal- und Schuldenverwaltung sowie der Verwaltung und Verwertung der nicht-bahnspezifischen Liegenschaften zu.[702] Neben der Übernahme sämtlicher langfristigen Schulden von DB und DR stattete der Bund die Bahn mit einem angemessenen Eigenkapital aus und befreite sie von den mit dem öffentlichen Dienstrecht verbundenen überhöhten Personalkosten.

Zum 1. Januar 1999 trat die **zweite Stufe** der Bahnstrukturreform in Kraft. Dabei wurden die Unternehmensbereiche[703] in selbständige Aktiengesellschaften

---

[698] Vgl. § 8 Nr. 2 DBGrG.

[699] Vgl. Boss u. a. (1996), S. 10 f. Durch den Eigentümer können nurmehr Rahmenvorgaben gesetzt werden.

[700] Vgl. dazu DB-Vorstandschef Dürr (1994), S. 5.

[701] Nicht-bundeseigene Eisenbahnen mit Sitz in der BRD werden von dem Bundesland, in dem sie ansässig sind, beaufsichtigt. Die jeweilige Landesregierung kann die Eisenbahnaufsicht ganz oder teilweise auf das EBA übertragen.

[702] Vgl. § 3 II Gesetz zur Zusammenführung und Neugliederung der Bundeseisenbahnen. Das BEV ist als eine vorübergehende Einrichtung anzusehen, deren Aufgaben im Zeitablauf obsolet werden, vgl. § 30 I Gesetz zur Zusammenführung und Neugliederung der Bundeseisenbahnen.

[703] In Ergänzung zu den gesetzlichen Vorgaben (mindestens vier Bereiche, § 25 DBGrG) wurde der Unternehmensbereich Personenbahnhöfe gebildet.

unter dem Dach einer Holding umgewandelt.[704] Frühestens im Jahre 2002 ist eine **dritte Stufe** geplant, mit der es zu einer Auflösung der Holding, d. h. einer faktischen Trennung von Fahrweg AG und Transportunternehmen, kommen soll. Dann besteht auch die Möglichkeit einer materiellen Privatisierung der Transportunternehmen.[705]

Obwohl bereits die Regierungskommission Bahn und die Europäische Kommission starkes Gewicht auf die Schaffung von Voraussetzungen für eine Netzöffnung gelegt haben, sind heute nur bescheidene Wettbewerbselemente beobachtbar. Zwar enthielten die gesetzlichen Grundlagen in Deutschland von Beginn an Vorgaben zur rechnerischen und organisatorischen Trennung der DB AG und zum Netzzugang. Auf europäischer Ebene konnten demgegenüber aufgrund der starken Widerstände der französischen, belgischen und italienischen Staatsbahnen gegen Wettbewerb auf ihrem jeweiligen Netz keine so weitgehenden Vorgaben in der Richtlinie 91/440 durchgesetzt werden.[706]

5.3.3. Die aktuelle Liberalisierungsdiskussion im Schienenverkehrsbereich

Das schwerwiegendste wettbewerbspolitische Problem der Bahnstrukturreform besteht in der unvollständigen vertikalen Desintegration von Infrastruktur und Transportbetrieb. In Deutschland besteht mit der derzeitigen – extrem straff geführten – Management-Holding der DB AG eine faktische Integration dieser Bereiche, was erhebliche Diskriminierungspotentiale gegenüber dritten Trassennutzern beinhaltet. Auch bei der Einführung eines "Rail Regulators"[707] ist nicht auszuschließen, daß der Fahrwegbetreiber seine vertikal integrierten Betriebsbe-

[704] Vgl. § 2 I DBGrG.

[705] Eine Veräußerung des Aktienkapitals an Private ist allerdings nur durch ein Gesetz möglich, das der Zustimmung des Bundesrates bedarf. Die Fahrweg AG bleibt weiterhin mehrheitlich in staatlichem Eigentum, da der Bund nur maximal 49,9 % der Anteile veräußern darf, vgl. § 2 II, III DBGrG.

[706] Vgl. Aberle (2001a), S. 5. Noch heute, 10 Jahre nach Verabschiedung der Richtlinie können sich die großen Staatsmonopole gegen Wettbewerber wehren, indem sie sich auf die Richtlinie berufen. Derzufolge muß einem ausländischen Schienenverkehrsunternehmen nur dann eine Trasse zur Verfügung gestellt werden, wenn dieses im Zielland einen Partner hat. Mit dieser Argumentation hat jüngst das italienische Bahnunternehmen FS (Ferrovie dello Stato) dem deutschen Schienenverkehrsanbieter GVG (Georg Verkehrsorganisation) den Zugang zu seinem Schienennetz verweigert. Letzterer versucht seit 1995, eine Schnellverbindung von Basel nach Mailand zu etablieren, vgl. FAZ (2001c), S. 15.

[707] Damit ist die Übertragung weitreichender Regulierungskompetenzen auf das EBA gemeint.

reiche bei der Zuteilung von Fahrplantrassen[708] sowie der Festlegung von Netznutzungsgebühren[709] bevorzugt oder auf andere Weise den Marktzutritt Dritter behindert.[710] Zudem ist der Capture theory zufolge die Einführung einer sektorspezifischen Regulierungsbehörde ordnungspolitisch bedenklich; erst eine institutionelle Trennung von Netz und Betrieb kann das Diskriminierungsproblem lösen.[711]

Seit dem Amtsantritt des neuen Bundesverkehrsministers Bodewig (SPD) werden auch im politischen Bereich die Möglichkeiten einer faktischen Desintegration mit zunehmender Schärfe diskutiert. Die Ansicht, daß allein mehr Wettbewerb im Schienenverkehr die einzig wirksame Alternative ist, um die "Verkehrslawine" der kommenden Jahre aufzufangen, setzt sich immer mehr durch.[712] Entsprechende Vorschläge treffen jedoch auf massive Widerstände des Vorstandschefs der DB AG Mehdorn und der Eisenbahnergewerkschaft TRANSNET, die mit Arbeitsplatzverlusten rechnet.[713]

Die aktuelle Debatte rankt sich um die Frage, wie das Netz zukünftig institutionell plaziert sein soll.[714] Bodewig hat eine Arbeitsgruppe (sog. Task Force) ein-

---

[708] Ungleichbehandlungen bei der Trassenvergabe können beispielsweise dadurch entstehen, daß Konkurrenten der Netzzugang mit der Begründung verweigert wird, die Netzkapazitäten seien bereits völlig ausgelastet, vgl. Laaser (1994), S. 22.

[709] Zur Kritik am neuesten Trassenpreissystem der DB AG vgl. Ewers/Ilgmann (2000).

[710] So versuchte die DB AG jahrelang, den Marktzutritt Dritter zu verhindern, indem diesen die Beschaffung von Lokomotiven für Güterzüge erschwert wurde. Die DB AG verschrottete beispielsweise ihre ausgesonderten Loks, obwohl Kaufangebote von Transportunternehmen bestanden, vgl. FAZ (2000c), S. 14. Dieses Problem wurde inzwischen beseitigt, da Gebrauchtlokomotiven und Lokpools verfügbar sind, vgl. Aberle (2001a), S. 6. In jüngerer Zeit hingegen überwiegen nach Auskunft des stellvertretenden Präsidenten des EBA, Schweinsberg, weniger offensichtliche Diskriminierungen wie Langsamfahrstellen oder Fahrpläne, vgl. FAZ (2001d), S. 20. Zu weiteren Formen nichtpreislicher Diskriminierung siehe Ewers in FAZ (2001e), S. 20.

[711] So bereits Laaser (1994), S. 21 und 29; Aberle/Hedderich (1993), S. 16; Seidenfus (1993), S. 44. Daß dieses Thema momentan immer noch hochaktuell ist, zeigt Aberle (2001a), S. 6.

[712] Verkehrswissenschaftlichen Prognosen zufolge wird der Personenverkehr bis 2015 um ca. 20 % und der Güterverkehr sogar um 64 % zunehmen, wobei der Anteil des Straßengüterverkehrs am wachsenden Verkehrsaufkommen von heute 64 auf 70 % anwachsen und der Anteil der Bahn von heute 20 % auf 16 % sinken wird, vgl. FAZ (2001f), S. 13. Um dem wachsenden Verkehrsaufkommen zu begegnen, soll der Schienenverkehrsanteil Bodewig (2001) zufolge in den kommenden 15 Jahren verdoppelt werden. Dies wäre nur über mehr Wettbewerb auf der Schiene möglich.

[713] Vgl. FAZ (2001b), S. 17 und (2001g), S. 18.

[714] In der Diskussion hat sich Bodewig vehement für eine Herauslösung des Schienennetzes aus der Bahn-Holding ausgesprochen. Eine Verstaatlichung des Netzes hält er aber – im Gegensatz zur Eisenbahnergewerkschaft TRANSNET, den Bündnis-Grünen und verschie-

gerichtet, der Vertreter des Bundesverkehrs-, des Finanz- und des Wirtschaftsministeriums angehören sowie Bahnchef Mehdorn, der nachträglich seine Mitarbeit durchsetzen konnte.[715] Die Arbeitsgruppe hat bis zum Herbst 2001 verschiedene Umsetzungsmöglichkeiten der Trennung geprüft und sich unter dem Druck Mehdorns – der immer wieder auf die hohen Synergieeffekte in einem integrierten Unternehmen verwies – entgegen weit verbreiteter Auffassung für eine Verbundlösung entschieden. Das heißt das Netz verbleibt im DB Konzern, und zur Sicherung der Unabhängigkeit wird formell eine sog. "Entherrschung" zwischen Konzern und Netz AG veranlaßt (der Konzernvorstand kann dem Netz künftig – offiziell – keine Weisungen mehr erteilen). Darüber hinaus teilen sich künftig Bundeskartellamt und Eisenbahnbundesamt die wettbewerbliche Aufsicht über Netzzugang und Preisgestaltung. Ergänzend wird weniger unabhängig als ursprünglich vorgesehen – ebenfalls unter dem Druck Mehdorns – eine Trassenagentur als Teil des EBA eingerichtet Der neue gesetzliche Rahmen wird jedoch erst in der nächsten Legislaturperiode verabschiedet, gleichzeitig mit der Umsetzung der neuen Richtlinien der EU. Diese sehen u. a. die "Unabhängigkeit" des Netzes vor.

Zunächst gingen die europäischen Liberalisierungsvorgaben jedoch nicht weit genug und erzeugten somit keinen wirksamen politischen Handlungsdruck in den Mitgliedstaaten. In Deutschland bestanden mit der Bahnstrukturreform von 1994 zwar weitreichende rechtliche Vorgaben – faktisch konnte die DB AG bis heute Liberalisierungen aber weitgehend verhindern. Ein Grund dafür ist, daß ihr bislang noch keine politisch durchsetzungsfähigen Interessengruppen gegenüber standen: Die Wettbewerber der DB sind in der Regel regional beschränkt[716] und stellen keine politische Gegenkraft dar, die wirksam auf eine konsequente Umsetzung der rechtlichen Liberalisierungsvorgaben drängen und Widerstände der DB AG überwinden kann. Doch neuerdings übt ein großer **finanzstarker Wettbewerber** Druck auf Landes- und Bundespolitiker aus: Die Connex-

---

denen Wissenschaftlern – jedoch nicht für sinnvoll, vgl. FAZ (2001h), S. 13 und (2001i), S. 18. TRANSNET verweist zur Begründung auf die Erfahrungen mit der britischen Bahnreform. Ähnlich argumentiert der Ökonom Sinn (2001), S. 12, der auf die mangelnden Kontrollmöglichkeiten eines privaten Netzmonopols verweist und daraus die Notwendigkeit ableitet, das Netz in Staatshand zu belassen. Bodewig hingegen will eine eigenständige bundeseigene Netz-AG, vgl. FAZ (2001b), S. 17. So auch der Verkehrswissenschaftler Aberle (2001c), S. 12, der darüber hinaus eine unabhängige Management-Gesellschaft fordert, die u. a. die Fahrpläne aufstellen und die Preise festlegen soll. Der Ökonom Ewers (2001), S. 33, schlägt sogar eine vollständige Privatisierung des Netzes vor, und der BDI (2001), S. 10, machte jüngst Vorschläge eines Wettbewerbs um das Netz mittels der Vergabe zeitlich befristeter Konzessionen.

[715] Vgl. Handelsblatt (2001), S. 2.

[716] Beispiele sind die Georg Verkehrsorganisation (Frankfurt/M.) oder die Prignitzer Eisenbahn GmbH im Land Brandenburg.

Gruppe ist eine Tochterfirma des französischen Mischkonzerns Vivendi, der u. a. in den Bereichen Wasser- und Energieversorgung, Entsorgung und Verkehr in Frankreich und anderen EU-Mitgliedsländern bereits erfolgreich am Markt etabliert ist. Die Connex tritt in jüngster Zeit als starke politische Gegenkraft zur DB AG auf, die auch im Schienenverkehrsbereich endlich faktische Liberalisierungen erzwingen könnte.

Jüngste Vorstöße des Unternehmens, das Interregio-Netz der DB AG zu übernehmen, werden nicht nur von Bodewig, sondern vor allem auch von Politikern in den Bundesländern unterstützt.[717] Denn seit der Regionalisierung des Schienenpersonennahverkehrs im Jahre 1996 streicht die DB AG immer mehr Interregio-Verbindungen, die sie eigenen Angaben zufolge nicht mehr wirtschaftlich betreiben kann. Zum Ausgleich – so der Vorschlag der DB AG – sollen die Länder (staatlich subventionierte) Nahverkehrszüge bestellen.[718] Die **Landespolitiker** müssen momentan politisch gewünschte (Personen-)Verkehrsleistungen in der Regel teuer beim Ex-Monopolisten einkaufen, da eventuell preisgünstigere Wettbewerber größtenteils noch fehlen. Die damit verbundenen zusätzlichen Haushaltsbelastungen veranlassen nun auch die Politiker, sich für mehr Wettbewerb im gesamten Schienenverkehr einzusetzen.

Der neue Verkehrsminister hat in einer Zeit wachsender Verkehrsprobleme und neuer EU-Liberalisierungsvorgaben die Aufgabe, die Straßen zu entlasten und die Schiene leistungsfähig zu machen. Dabei hätte eine Annäherung der praktischen Politik an die normativen Forderungen nach einer Trennung von Schienennetz und Betrieb erhebliche gesamtwirtschaftliche Effizienzgewinne – und damit auch Vorteile für die Verbraucher – zur Folge. Bei der Verfolgung dieses Zieles muß er nicht nur die neuen EU-Vorgaben erfüllen, sondern hat auch Experten, Nachfrager und erstarkende Schienenverkehrsunternehmen, die auf Reformen dringen, hinter sich. Gegenwärtig steht seinen Bemühungen um mehr Wettbewerb auf der Schiene aber noch die starke Interessenposition der DB AG entgegen. Zu hoffen bleibt, daß die EU-Richtlinien, die eine "Unabhängigkeit" des Netzes vorsehen, sowie jüngste Kommissionsvorschläge vom Januar 2002,

---

[717] Allerdings benötigt die Connex für eine Übergangszeit Züge für die Bereitstellung eines flächendeckenden Angebots, die auch die Industrie kurzfristig nicht liefern kann. Sie forderte deshalb von der DB AG die Übergabe von Interregios, die der Ex-Monopolist nicht mehr braucht. Letzterer will seine Züge aber lieber verschrotten, denn mit einer Ausweitung des Verkehrsangebots der Connex von einigen isolierten Linien und dem Nahverkehr auf ein flächendeckendes Angebot würde sich das Unternehmen von einem Nischenanbieter zu einem ernstzunehmenden Konkurrenten entwickeln.

[718] Deshalb fahren beispielsweise in Schleswig-Holstein seit Juni 2001 auf vielen Strecken statt Fernverkehrszügen nun für mehr als 7 Mio. DM jährlich vom Land bestellte Regionalbahnen, vgl. Horning (2001), S. 106.

schon ab 2006 das gesamte Schienennetz für ausländische Bahnunternehmen zu öffnen (und zwar auch für Binnentransporte),[719] weitere Reformschritte erzwingen.

5.4. Zwischenfazit

Die gemeinsame Verkehrspolitik der EU war bis zu ihrem Wendepunkt, der 1985 durch das Urteil des EuGH zur Dienstleistungsfreiheit im Verkehrsbereich markiert war, nur von untergeordneter Bedeutung. Trotz hunderter Vorschläge der Kommission war der Rat nicht zu verkehrspolitischen Entscheidungen in der Lage. Dies lag vor allem an den Widerständen einzelner Nationalstaaten, in denen mit dem Schutz der Staatsbahnen Partikularinteressen befriedigt wurden. Die Diskussionen im Ministerrat rankten sich jahrzehntelang um die Harmonisierung von Maßen, Gewichten und Verkehrswegeabgaben im Straßengüterverkehr – ohne daß merkliche Integrationsfortschritte erfolgten.

Doch nach dem Untätigkeitsurteil wandelte sich die Situation grundlegend: Der grenzüberschreitende Straßengüterverkehr zeichnet sich seit Ende der achtziger Jahre durch eine freie Preisbildung und die unbeschränkte Vergabe von Gemeinschaftslizenzen aus, so daß er als liberalisiert bezeichnet werden kann. Der deutsche Straßengüterverkehr galt noch bis zum Beginn der neunziger Jahre als der am stärksten reglementierte in der Gemeinschaft. Doch die europäischen Liberalisierungsvorgaben führten zu einer wachsenden Inländerdiskriminierung, so daß die Widerstände von Interessengruppen schwanden und die ehemals begünstigten Transportunternehmen selbst – im Gegenteil – auf eine vollständige Deregulierung drangen.

Im Gegensatz dazu bestehen im Schienengüterverkehr noch große Liberalisierungsdefizite. Die obigen Ausführungen weisen auf ungelöste Probleme hin, die starke Zweifel am Erfolg der deutschen Bahnstrukturreform aufkeimen lassen. Die rechtlichen Vorgaben in Deutschland entsprechen zwar den europäischen Liberalisierungserfordernissen – doch die praktische Umsetzung erfolgte aufgrund starker politischer Widerstände in den meisten Mitgliedstaaten bislang nicht zufriedenstellend. Vor allem fehlte es in den meisten Mitgliedstaaten lange an neu auf den Markt drängenden Wettbewerbern, die die Widerstände der nationalen Bahnmonopole überwinden und Liberalisierungen auch faktisch durchsetzen können.

---

[719] Vgl. Kommission der Europäischen Gemeinschaften (2002).

Auch die jüngsten europäischen Liberalisierungsvorgaben gehen nicht weit genug. Insbesondere der Widerstand Frankreichs im Ministerrat führte dazu, daß sie lediglich Vorgaben zur Öffnung des Wettbewerbs für den grenzüberschreitenden Schienengüterverkehr auf dem TESGN enthalten – jedoch nicht für alle europäischen Schienennetze. Angesichts der gegenwärtigen Stagnation der Schienenverkehrsliberalisierung bleibt zu hoffen, daß das mit erweiterten Mitwirkungsrechten ausgestattete Europäische Parlament den Ministerrat wiederholt unter Entscheidungsdruck setzt.[720]

6. Zusammenfassung und Schlußfolgerungen

Der deutsche Verkehrsbereich unterlag von Beginn an ordnungspolitischen Ausnahmeregelungen. Diese wurden nach Gründung der BRD insbesondere mit dem Vorliegen von Markt- und Wettbewerbsversagen begründet, das aus bestimmten Besonderheiten der Verkehrsbranche resultiere. Doch die obenstehenden Untersuchungen haben gezeigt, daß diese Argumentation wenig stichhaltig ist und oftmals marktkonforme, weniger eingriffsintensive Maßnahmen besser geeignet wären, eventuelle Fehlentwicklungen aufzufangen. Gleiches trifft auf gemeinwohlbegründete staatliche Eingriffe zu. Auch verteilungspolitische Korrekturen können gesamtwirtschaftlich vorteilhafter auf freien Märkten im Wettbewerb bzw. außermarktlich erfolgen.

Die staatlichen Reglementierungen im Verkehrsbereich führten im Laufe der Zeit zu gravierenden Fehlentwicklungen. Die Belastungen des Bundeshaushalts durch die Bundesbahn erreichten in den achtziger Jahren Milliardenhöhe, und die staatlichen Preis- und Marktzutrittsregulierungen im Straßengüterverkehr konnten die Verlagerung von Verkehrsleistungen von der Schiene auf die Straße nicht eindämmen. Das starre Regulierungssystem war immer weniger in der Lage, den dynamischen Entwicklungen der Verkehrsleistungsnachfrage gerecht zu werden. Vor allem die Regulierungen im Straßengüterfernverkehr bewirkten somit Verschlechterungen der internationalen Wettbewerbsfähigkeit der deutschen Industrie und der Attraktivität des Produktionsstandortes Deutschland.

In diesem Fall ist demnach weniger von Markt- und Wettbewerbsversagen, sondern vielmehr von Staatsversagen auszugehen: die beobachteten Fehlentwicklungen wurden durch verfehlte Regulierungseingriffe hervorgerufen. Aufgrund mangelnder normativer Begründungen und der gesamtwirtschaftlichen Folgewirkungen wäre die Abschaffung dieser Regulierungen aus ökonomischer Sicht schon seit langem notwendig gewesen.

---

[720] So auch Aberle (2001b).

Unter diesen Gesichtspunkten stellt sich die Frage, warum die ordnungspolitische Sonderstellung des Verkehrsbereichs trotzdem so lange beibehalten wurde. Zur Erklärung der speziellen Branchenpolitik im Verkehrsbereich eignen sich verschiedene politökonomische Modelle. Schon in der Anfangsphase der Verkehrspolitik profitierten wiederwahlorientierte Politiker und gewerbliche Verlader von einer speziellen Bahnschutzpolitik. Nach der Gründung der Bundesrepublik traten auch die gewerblichen Straßenverkehrsunternehmen und die Verkehrsbürokratie der Interessenkoalition bei. Diese konnte jahrzehntelang erfolgreich wirksame Liberalisierungen verhindern; marginale Anpassungen erfolgten lediglich innerhalb des bestehenden Rechtsrahmens.

Der dringende Reformbedarf im Verkehrsbereich wurde besonders deutlich, als sich in den achtziger Jahren erste Liberalisierungserfolge im Ausland abzeichneten. Der verkehrspolitische Status quo änderte sich jedoch erst durch das historische Urteil des Europäischen Gerichtshofs vom Mai 1985. Im Zusammenhang mit dem Binnenmarktprojekt konnten in der Folge auf supranationaler Ebene im Ministerrat Liberalisierungen im zwischenstaatlichen Verkehr der Gemeinschaft durchgesetzt werden. Die völlig freien europäischen Verkehrsmärkte entzogen nationalen Regulierungen den Boden. Unter dem Druck der zwischenstaatlichen Liberalisierungen schwanden die politischen Renten und somit die Widerstände des Straßengüterverkehrsgewerbes gegen Deregulierungen, und der Straßengüterverkehr gilt seit 1998 als vollständig dereguliert.

Auch im Schienenverkehr erfolgten europäische Liberalisierungsvorgaben. Deren Umsetzung ist aufgrund politischer Widerstände der nationalen Bahnmonopole und ihrer Gewerkschaften in den Mitgliedstaaten aber noch nicht zufriedenstellend erfolgt. Hier dauert die Reformdiskussion weiter an. Die jüngsten europäischen Richtlinien sehen eine Liberalisierung des grenzüberschreitenden Schienenverkehrs bis 2008 vor. Damit ist ein deutlicher zeitlicher Rahmen gesetzt, der Entscheidungen in den Mitgliedstaaten erzwingt. Gerade im Schienenverkehr spielt dabei – auch unter dem Aspekt der Osterweiterung und dem damit einhergehenden Verkehrszuwachs – die technische Harmonisierung der europäischen Schienenverkehrsnetze eine große Rolle. Hier liegt ein wichtiger Ansatzpunkt, um den Reformprozeß zu beschleunigen. Noch wichtiger jedoch sind neue Anbieter, die in die etablierten Märkte eindringen und rechtliche Liberalisierungsvorgaben auch faktisch durchsetzen.

TEIL V: LANDWIRTSCHAFT

1. Einleitung

1.1. Einführung

Die Gemeinsame Agrarpolitik (GAP) ist bis heute der einzige von Beginn an zentral finanzierte und gelenkte Politikbereich in der Europäischen Union. Er umfaßt neben staatlichen Regulierungen in Form von Marktordnungen für fast alle landwirtschaftlichen Produkte auch strukturpolitische Maßnahmen. Diese Sonderordnungen beschränken marktwirtschaftliche Mechanismen weitestgehend. Wesentliche Elemente sind Preisregulierungen in Verbindung mit Interventionskäufen, Produktionsquoten sowie Zölle und Exportsubventionen. Im Rahmen der Agrarstrukturpolitik erfolgen Direktzahlungen an Produzenten in benachteiligten Gebieten, Maßnahmen zur Investitions- und Umweltförderung sowie Vorruhestandsregelungen.

Neben den europäischen bestehen nationale Agrarpolitiken. Zentrale Instrumente der bundesdeutschen Agrarpolitik sind insbesondere eine landwirtschaftliche Sozialpolitik, die neben einer Alters- auch eine Kranken- und eine Unfallversicherung umfaßt, sowie strukturpolitische Maßnahmen und Begünstigungen bei der Besteuerung. Die deutsche Landwirtschaft ist vom allgemeinen Kartellverbot und in bestimmten Fällen vom Verbot vertikaler Bindungen des GWB ausgenommen und zählt – wie die europäische Landwirtschaft insgesamt – zu den Sektoren, die im Zeitalter weltweiter Liberalisierungen noch immer durch eine Vielzahl staatlicher Regulierungen gekennzeichnet sind.

Die staatlichen Eingriffe im Agrarbereich wurden von vornherein mit dem Argument des Markt- und/oder Wettbewerbsversagens begründet. Diese und weitere Begründungen sind jedoch nicht geeignet, das gegenwärtige Ausgabenniveau und die Struktur der Agrarpolitik normativ zu rechtfertigen. Deren Ausgestaltung hat sich zwar seit den achtziger Jahren mehrfach gewandelt – die Regulierungsintensität hat dabei im allgemeinen jedoch eher zu- als abgenommen. Einen möglichen Erklärungsansatz für die bislang weitgehend unterlassenen Liberalisierungen bilden politökonomische Modelle. Sie verdeutlichen, warum trotz offensichtlicher Fehlentwicklungen keine durchgreifenden Deregulierungen durchgesetzt werden konnten.

1.2. Abgrenzung des Untersuchungsgegenstandes und Gang der Untersuchung

Im folgenden soll im Rahmen einer politökonomischen Betrachtung der Aussagegehalt der Grundhypothese aus dem ersten Teil der Arbeit am Beispiel des Agrarbereichs untersucht werden: Reglementierte Märkte werden erst dann liberalisiert, wenn zusätzlich zu bestehenden gesamtwirtschaftlichen Ineffizienzen infolge von Staats- bzw. Politikversagen (im Sinne einer notwendigen Voraussetzung) bestimmte auslösende Faktoren (im Sinne einer hinreichenden Bedingung) treten.

Zunächst werden im 2. Kapitel die normativen Rechtfertigungsversuche für die ordnungspolitische Ausnahmestellung des Agrarbereichs dargestellt und einer kritischen Würdigung unterzogen. Im 3. Kapitel erfolgt eine Darstellung der Entstehung und der bisherigen Entwicklung der GAP und ihrer wichtigsten Instrumente; im Anschluß daran wird auf die negativen gesamtwirtschaftlichen Effekte dieser Politik eingegangen.

Die politökonomische Untersuchung im 4. Kapitel analysiert die Gründe für die vergleichsweise starken Beharrungstendenzen in der Agrarpolitik. Da der agrarpolitische Bereich schon früh aus der nationalen Zuständigkeit der Mitgliedstaaten herausgelöst und auf die supranationale Ebene verlagert wurde, ist eine isolierte Betrachtung der deutschen Agrarpolitik nicht sinnvoll. Eine politökonomische Analyse muß eine zusammenhängende Betrachtung der Akteure, ihrer Zielsetzungen und Restriktionen sowie die daraus resultierenden Verhaltensweisen auf EU-Ebene und in den Mitgliedstaaten vornehmen. Im 5. Kapitel wird – ebenfalls im Rahmen einer politökonomischen Betrachtung – untersucht, wodurch graduelle Reformen in der Vergangenheit ausgelöst und wie dabei weitreichende Liberalisierungen verhindert wurden. Abschließend erfolgt eine Beurteilung der zukünftigen Reformfähigkeit der GAP.

2. Normative Rechtfertigungsgründe für eine einkommensorientierte Agrarpolitik

Die ordnungspolitische Sonderstellung der Landwirtschaft wird in Art. 39 I EWGV, seit dem Amsterdamer Vertrag in Art. 33 II EGV aus der "... besondere(n) Eigenart der landwirtschaftlichen Tätigkeit ..." abgeleitet, "... die sich aus dem sozialen Aufbau der Landwirtschaft und den strukturellen und naturbedingten Unterschieden der verschiedenen landwirtschaftlichen Gebiete ergibt".[721] Dies ist eine Umschreibung für sog. Branchenbesonderheiten der Landwirtschaft, die einer effizienten Faktorallokation und einer gleichgewichtigen Faktorentlohnung entgegenstehen.

Demgegenüber sind aus Sicht der neueren Markt- und Wettbewerbstheorie ordnungspolitische Ausnahmeregelungen lediglich dann ökonomisch begründbar, wenn Markt- und/oder Wettbewerbsversagen vorliegt, d. h. wenn der Markt keine Tendenz zum Gleichgewicht aufweist oder die Wettbewerbsfunktionen nicht erfüllt werden.[722] Im folgenden werden sog. Branchenbesonderheiten vorgestellt, die zu marktlichen und wettbewerblichen Fehlentwicklungen führen und somit ein Markt- und/oder Wettbewerbsversagen begründen könnten. Dabei wird auch der notwendige ordnungspolitische Handlungsbedarf aufgezeigt.

2.1. Geringe Einkommenselastizität der Nachfrage

Zur Begründung einkommenspolitisch motivierter Preisregulierungen wird insbesondere auf die geringe Einkommenselastizität der Nahrungsmittelnachfrage verwiesen. Diese führe dazu, daß der Anteil der Ausgaben für Nahrungsmittel mit steigendem Haushaltseinkommen abnehme (sog. Engelsches Gesetz).[723] Da die Nahrungsmittelausgaben eng mit den Einkommen der Landwirte verknüpft sind, ginge damit ein (politisch unerwünschter) unterproportionaler Einkommensanstieg der Landwirte im Vergleich zu den Durchschnittseinkommen in der Volkswirtschaft einher (sog. **disparitätische Einkommensentwicklung**).[724]

Das Engelsche Gesetz ist jedoch kein ausreichender Erklärungsansatz für eine ordnungspolitische Sonderstellung der Landwirtschaft. Die Einkommenselastizitäten der Nachfrage weisen empirischen Untersuchungen zufolge zwar im allgemeinen Werte auf, die kleiner als Eins sind.[725] Diese Erklärung ist jedoch in-

---

[721] Das deutsche Landwirtschaftsgesetz, BGBl. I (1955), S. 565, ging in § 1 ähnlich von den für die Landwirtschaft bestehenden "naturbedingten und wirtschaftlichen Nachteilen gegenüber anderen Wirtschaftsbereichen" aus.

[722] Vgl. Eickhof (1993a), S. 209.

[723] Siehe dazu näher Burk (1962), S. 323 ff.

[724] Vgl. Koester (1992), S. 198. Demnach würden bei einem zehnprozentigen Anstieg der nichtlandwirtschaftlichen Pro-Kopf-Einkommen bei einer Einkommenselastizität von 0,5 die landwirtschaftlichen Einkommen nur unterproportional – also um 5 % – zunehmen.

[725] Vgl. dazu insbesondere die Untersuchungen von Koester (1992), S. 52, und die dort angegebene Literatur sowie ders. (1976), S. 314, die abweichende Werte aufweisen. Siehe auch Wöhlken/Meyer (1977), S. 142 f. Vgl. dazu auch ältere Studien von Meyer (1980) zu Molkereiprodukten sowie umfassend Filip/Wöhlken (1984). Neueste empirische Untersuchungen weisen für den Zeitraum von 1980 bis 1995 durchgehend Ausgabenelastizitäten auf, die kleiner als 1 und im Zeitablauf abnehmend sind, d. h. bei einer Erhöhung der Ausgaben

sofern unzureichend, als hier ausschließlich auf die Nachfrage als Bestimmungsfaktor für die landwirtschaftliche Einkommensentwicklung abgestellt wird.

Die obige (statische) Betrachtung läßt weitere Einflußfaktoren auf die landwirtschaftlichen Einkommen außer Acht. Da der primäre Sektor im Strukturwandel an Gewicht verliert, nimmt die Zahl der landwirtschaftlichen Erwerbstätigen ab. Demgemäß verteilt sich der unterproportionale Einkommensanstieg auf eine abnehmende Personenzahl, so daß das Pro-Kopf-Einkommen nicht zwangsweise zurückgeht. Bezieht man zudem die Kostenseite der Landwirtschaft ein, etwa sinkende Stückkosten aufgrund technologischer oder organisatorischer Fortschritte, führt auch unter diesem Gesichtspunkt eine unterproportionale Zunahme der Nahrungsmittelausgaben nicht zwangsläufig zu einer disparitätischen Einkommens-entwicklung.[726]

Eine geringe Einkommenselastizität der Nachfrage nach Agrarprodukten ist unumstritten. In einer dynamischen Betrachtung, die abnehmende Anbieterzahlen und technologische Entwicklungen einbezieht, kann daraus jedoch weder Markt- noch Wettbewerbsversagen abgeleitet werden. Unterschiedliche Einkommenselastizitäten der Nachfrage sind vielmehr ein notwendiges Element wirksamer Markt- und Wettbewerbsprozesse,[727] sie können nicht als Begründung für ordnungspolitische Ausnahmeregelungen herangezogen werden. Im folgenden werden Erklärungsansätze diskutiert, die an verschiedenen Besonderheiten des landwirtschaftlichen Angebots ansetzen. Zunächst wird auf naturbedingte Besonderheiten eingegangen, um im Anschluß das Angebotsverhalten der Landwirte direkt zu untersuchen.

2.2. Saisonale (vegetations-) und witterungsbedingte Besonderheiten

Als weitere Branchenbesonderheit wird die Abhängigkeit der Agrarproduktion von vegetations- und witterungsbedingten Ernteschwankungen angeführt. Diese würden starke **"funktionslose" Preis- bzw. Einkommensschwankungen** nach sich ziehen, und die Agrarmärkte seien somit "instabil". Darüber hinaus seien

---

eines repräsentativen Haushalts für alle Güter um 1 % steigen die Ausgaben bzw. die Nachfrage nach den untersuchten Gütergruppen unterproportional an. Dies traf für Fleisch und Fisch (Abnahme der Ausgabenelastizität von 0,36 im Jahre 1980 auf 0,16 im Jahre 1995), Milch, Käse und Eier (0,16 auf 0,11), Fette und Öle (0,35 auf 0,33) sowie für Zuckererzeugnisse (0,31 auf 0,2) zu. Ausnahmen bildeten Obst, Gemüse, Zerealien und Kartoffeln, für die dieser Wert von 0,45 auf 0,52 anstieg, vgl. Wildner (2001), S. 280.

[726] Vgl. dazu Eickhof/Dürrbeck (1987/88), S. 154, sowie Bartling (1984), S. 12

[727] Vgl. Eickhof/Dürrbeck (1987/88), S. 154.

landwirtschaftliche Produkte in hohem Maße verderblich.[728] Demzufolge werden im Zielkatalog der Gemeinsamen Agrarpolitik stabilitätsfördernde Maßnahmen im Rahmen einer speziellen Marktordnungspolitik gefordert.[729]

Dem ist entgegenzuhalten, daß saisonale Produktionsschwankungen zwar in der Landwirtschaft vorliegen. Aber auch andere Branchen sind stark witterungsabhängig, ohne daß hier ordnungspolitische Ausnahmeregelungen notwendig wären (etwa das Hotel- und Gaststättengewerbe oder der Wohnungs- und Tiefbau). Aus den Produktionsschwankungen resultieren zudem nicht zwangsläufig Einkommensschwankungen. Denn die entsprechenden Güter werden innerhalb der Saison zu geringeren Kosten produziert als außerhalb dieser Periode. Ertragsschwankungen stellen ein Produktionsrisiko dar, sie müssen sich wie alle unternehmerischen Risiken in den Preisen niederschlagen.[730] Da sowohl der Umsatz als auch die Produktionskosten die landwirtschaftlichen Einkommen determinieren, bewirken geringere Saisonpreise durchaus nicht immer "funktionslose" Einkommensschwankungen.[731]

Zudem können saisonale Produktionsschwankungen durch moderne Produktions-techniken (z. B. Anbau in Treibhäusern) verhindert werden bzw. sie müssen nicht unbedingt Angebotsschwankungen nach sich ziehen. Techniken der Haltbarmachung, der Weiterverarbeitung und moderne Möglichkeiten der Lagerhaltung von Agrarprodukten tragen zu einer besseren Anpassung des Angebots an die Nachfrage bei. Saisonale Ernteschwankungen führen demnach keineswegs zu "funktionslosen" Preisschwankungen, sondern sie dienen als Signale für die Landwirte, diese mittels Produkt- und Prozeßinnovationen auszugleichen. Somit ist auch aus diesem Argument weder Markt- noch Wettbewerbsversagen ableitbar.

Dies trifft auch auf mittelfristige witterungsbedingte Schwankungen des Produktionsvolumens zu. Diese Risiken können von den Produzenten selbst berücksichtigt werden, indem durch die Bildung von Gewinnrücklagen ein intertemporaler Ausgleich geschaffen wird. Lediglich bei aufeinanderfolgenden mehrjährigen Ertragseinbrüchen könnten möglicherweise mehr Landwirte den Markt verlassen als langfristig zur Marktversorgung notwendig sind. Dabei kann es sich nicht um eine effizienzorientierte Selektion handeln, da die Landwirte in diesem Fall gar nicht in der Lage sind, sich durch Effizienzvorsprünge von ihren Wettbewerbern abzuheben – es kann zu Wettbewerbsversagen kommen. Hier wären

---

[728] Siehe neben anderen Eickhof/Dürrbeck (1987/88), S. 154.
[729] Vgl. Art. 33 I EWGV.
[730] Vgl. Giersch (1961), S. 227.
[731] So neben anderen auch Schmitt (1972), S. 341.

im Krisenfall temporär staatliche Subventionen zugunsten existenzbedrohter Betriebe gerechtfertigt, um das Verbleiben der betroffenen Unternehmen am Markt zu sichern.[732]

2.3. Inverses Angebotsverhalten

Auf Märkten nimmt normalerweise die angebotene Menge mit sinkenden Preisen ab bzw. mit steigenden Preisen zu. Doch in bezug auf die Landwirte wird vielfach davon ausgegangen, daß der umgekehrte Fall zutrifft: Die angebotene Menge würde bei Preissenkungen ausgedehnt, um ein bestimmtes Einkommensniveau zu halten.[733] Dieses anomale Angebotsverhalten führe insbesondere dann zu Ungleichgewichtstendenzen bzw. zu **Instabilitäten im Koordinationsprozeß**, wenn die Normalreaktion der Nachfrager kleiner ist als die anomale Reaktion der Anbieter. Hier läge partielles Marktversagen vor, das einen systematischen Einkommensrückstand begründe und somit staatliche (Mindestpreis-)Regulierungen rechtfertige.[734]

Die These ist jedoch weder theoretisch noch empirisch fundiert. Bezieht man weitere Determinanten des Angebotsverhaltens in die Betrachtung ein, relativieren sich die Aussagen der obigen isolierten Betrachtung:[735] Verringern sich etwa die Preise der eingesetzten Produktionsfaktoren stärker als die Preise der Agrarprodukte, so steigt die Gewinnerwartung und somit die Angebotsmenge. Gleiches ergibt sich bei Einzelpreissenkungen in Mehrproduktbetrieben. Bestehen hier alternative Produktionsmöglichkeiten, so werden Preissenkungen bei einem Gut
(z. B. Rindfleisch) dazu führen, daß von diesem Gut weniger produziert wird, statt dessen aber die Produktion eines anderen Gutes mit unverändertem Preis (z. B. Schweinefleisch) ausgedehnt wird.[736] Rückt man weiterhin von der Annahme eines gegebenen Standes der Technik ab, ist davon auszugehen, daß mit zunehmendem technologischen Fortschritt die Ertragskraft der eingesetzten Faktoren gesteigert werden kann. In der Folge sinken die Stückkosten, und die angebotene Menge wird auch bei sinkenden Agrarpreisen ausgedehnt. Die in den genannten Fällen erfolgte Angebotsausweitung stellt somit – richtig interpretiert – trotz sinkender Agrarpreise eine normale Reaktion der Landwirte dar.

---

[732] Vgl. Eickhof/Dürrbeck (1987/88), S. 156 f. und 165.
[733] Vgl. Schmitt (1972), S. 332 ff., und die dort angegebene Literatur.
[734] Vgl. hierzu kritisch Eickhof (1993a), S. 212 f.
[735] Zum folgenden vgl. Koester (1992), S. 71 ff.; Eickhof/Dürrbeck (1987/88), S. 158.
[736] Gleiches trifft zu, wenn der Preis eines Gutes stärker und die Preise anderer Güter schwächer sinken.

Die theoretischen Überlegungen lassen sich durch ökonometrische Untersuchungen untermauern, denen zufolge von einer normalen Angebotsreaktion der Landwirte auszugehen ist.[737] Insgesamt ist von der These des inversen Angebotsverhaltens der Landwirte nicht auf ein Marktversagen im Agrarbereich zu schließen. Auch mit diesem Argument lassen sich spezielle Agrarmarktordnungen nicht rechtfertigen.

2.4. Zyklische Preis- und Mengenschwankungen

Zyklische Preis- und Mengenschwankungen werden als eine weitere Besonderheit der Landwirtschaft angeführt, die ebenfalls zu **Instabilitäten im Koordinationsprozeß** führen und somit ein Marktversagen begründen können. Sie wurden in Deutschland bei Schlachtschweinen empirisch beobachtet.[738] Sie ergeben sich aus einer biologisch-technischen Angebotsverzögerung (Vegetationsperiode etc.), die ein kurzfristig unelastisches Angebot bewirkt. Somit sind mengenmäßige Anpassungen an eine Nachfrageausweitung erst mit einer gewissen Verzögerung möglich. Weitere Voraussetzungen für zyklische Preisschwankungen sind die Unmöglichkeit der Lagerhaltung von verderblichen Waren und die Erwartung der Landwirte, daß der gegenwärtige Marktpreis auch in Zukunft gilt.

Wird unter den genannten Bedingungen das Ausgangsgleichgewicht beispielsweise durch eine Nachfrageausweitung gestört, steigt der Preis. Da die Landwirte den gestiegenen Preis annahmegemäß auch für die nächste Periode erwarten, weiten sie ihre Produktionsmenge aus, das Angebot in der Folgeperiode übersteigt jedoch die Nachfrage und ist nur noch zu einem geringeren Preis absetzbar. Dieser geringere Preis wird wieder für die Zukunft erwartet. Er bildet die Grundlage für eine Einschränkung der Produktion in der darauffolgenden Periode, in der es dann zu einem Nachfrageüberhang kommt, der wiederum Preissteigerungen hervorruft.

---

[737] Vgl. dazu die Untersuchungen von Paarlberg (1988), S. 29 f.; Bauer (1986); Bauer/Rothe (1980), S. 193 ff.; Bauer (1979); Bauersachs/Niebuhr (1978), S. 110 ff. Diese weisen zwar zum Teil negative Werte für die Preiselastizitäten des Angebots einzelner Güter aus, die Bartling (1984), S. 22, zufolge lediglich auf Angebotsverschiebungen zugunsten relativ rentabler gewordener Produkte hindeuten. Henrichsmeyer/Witzke (1991), S. 293, verweisen auf eine sehr pessimistische Einschätzung dieses Zusammenhanges, der 1984 zur Einführung von Milchkontingenten in der EG geführt hat. Zu Ausnahmefällen in denen es kurzfristig zu einem inversen Angebotsverhalten der Landwirte kommen kann, vgl. näher Anderegg (1999), S. 125.

[738] Der sog. Schweinezyklus geht zurück auf empirische Untersuchungen Hanaus (1930). Nach seinem Erscheinungsbild bei graphischer Darstellung wird er auch als "Spinngewebetheorem" bzw. als "Cobweb-Theorem" bezeichnet.

Zu Instabilitäten im Koordinationsprozeß, das heißt Schwankungen ohne Tendenz zum Gleichgewicht, und somit zu partiellem Marktversagen kommt es jedoch erst, wenn das Angebot preiselastischer reagiert als die Nachfrage. Dieser Fall ist von normalen Schwankungen um das Gleichgewicht, zum Beispiel infolge von Investitionsschüben, sowie von "gedämpften Schwingungen" mit einer Tendenz zum Gleichgewicht zu unterscheiden.

Zyklische Preisschwankungen sind auf Agrarmärkten jedoch eher die Ausnahme. Moderne Techniken der Lagerhaltung und der – bei pflanzlichen Produkten – saisonunabhängigen Produktion haben die Landwirte in die Lage versetzt, auf Preis-änderungen kurzfristig mit einem verändertem Mengenangebot zu reagieren und Anpassungsverzögerungen zumindest zu verringern.[739] Zudem bildet die starre Erwartungshaltung der landwirtschaftlichen Produzenten, die ihnen jegliche Lernfähigkeit abspricht, eine unrealistische Modellprämisse. In der Praxis ist realistischerweise von rationaler Erwartungsbildung auszugehen, d. h. die Landwirte orientieren sich am langfristigen Erwartungswert und nicht an kurzfristigen Schwankungen der Einzelpreise.[740] Somit hält auch dieses Argument einer kritischen Überprüfung nicht stand. In der Praxis ist von einem normalen Funktionieren des Marktes mit einer Tendenz zum Gleichgewicht auszugehen. Auch hier bringt der Markt Lösungen hervor, die staatlichen Interventionen, beispielsweise Preisreglementierungen und Kontingentierungen, überlegen sind.

2.5. Gravierende Externalitäten

Mittlerweile ist unumstritten, daß die Landwirtschaft für gravierende **positive** wie auch **negative** technologische **externe Effekte** verantwortlich ist. So werden positive Externalitäten insbesondere im Bereich des Umweltschutzes und bei der Pflege von Kulturlandschaften generiert.[741] Andererseits sind der Einsatz von Düngemitteln oder die Schaffung großräumiger uniformer Felder für Schädigungen des Ökosystems verantwortlich.[742] Da diese Externalitäten in der Wirtschaftsrechnung nicht erfaßt werden, können die Agrarmarktpreise die Knappheitsverhältnisse nicht oder nur unzureichend widerspiegeln. In bezug auf die Externen Effekte ist demnach von Marktversagen auszugehen.

Daraus resultiert ein gewisser wirtschaftspolitischer Handlungsbedarf – eine ordnungspolitische Sonderstellung der Landwirtschaft ist jedoch auch hier zu

---

[739] Vgl. Eickhof/Dürrbeck (1987/88), S. 159 f.; Buchholz (1982), S. 113 ff.

[740] So auch Brandes (1990), S. 28. Die Erwartungsbildung wird beispielsweise durch veröffentlichte Prognosen und Preisberichterstattung in den Medien unterstützt.

[741] Eine sehr weitgehende Definition positiver Externalitäten verwendet Röpke (1965), S. 1 f.

[742] Vgl. detaillierter Anderegg (1999), S. 346 f.

weitgehend; sie ist insgesamt weder ziel- noch ordnungskonform. Zu erwägen sind lediglich allgemeine umweltpolitische Maßnahmen, die direkt an den Umweltwirkungen der landwirtschaftlichen Produktion ansetzen. Hierzu zählen etwa zeitlich befristete Subventionen im Falle positiver Externalitäten sowie bei negativen externen Effekten Ge-/Verbote bzw. mittelfristig eventuell Steuerlösungen.[743]

2.6. Hohe Marktaustrittsschranken, mangelhafte Strukturanpassung und ruinöse Konkurrenz

Das Vorliegen hoher Marktaustrittsschranken, aufgrund derer sich die Landwirte nur mangelhaft an Strukturveränderungen anpassen können, wird als weiteres Argument zur Begründung einer ordnungspolitischen Sonderstellung der Landwirtschaft herangezogen. Bei Nachfragerückgängen führen diese zu Preisverfällen bei landwirtschaftlichen Erzeugnissen, so daß Anbieter den Markt verlassen müssen. Man spricht nun auch von **ruinöser Konkurrenz**, die jedoch nur dann einen Fall von Wettbewerbsversagen darstellt, wenn aus gesamtwirtschaftlicher Sicht langfristig effizientere vor weniger effizienten Betrieben selektiert werden bzw. zu viele Kapazitäten verloren gehen.[744]

In der Tat ist der landwirtschaftliche Sektor durch den Einsatz hoher irreversibler Produktionsfaktoren charakterisiert. Zahlreiche Investitionsgüter, wie Maschinen und Geräte, sind nicht oder nur begrenzt für andere Zwecke einsetzbar. Ihre Wiederverkaufswerte sind sehr niedrig, so daß sie als Marktaustrittshindernis wirken. Und auch der Produktionsfaktor Boden wirkt als starkes Mobilitätshemmnis. Lediglich wenn er in wenigen Fällen alternativ, etwa als Bauland oder für die Freizeitindustrie, veräußert wird, erbringt er möglicherweise einen hohen Verkaufswert.

Auch der Produktionsfaktor Arbeit ist als äußerst immobil anzusehen, da die Erwerbstätigen viele ihrer spezifischen Fähigkeiten in anderen Berufen nicht anwenden können. Selbst wenn Landwirte ein Einkommen erzielen, das unter dem in anderen Bereichen liegt, nicht einmal wenn die betrieblichen Abschreibungen nicht mehr erwirtschaftet werden können und Verluste gemacht werden, erfolgt eine kurzfristige Abwanderung in andere Berufe. Dem stehen Umzugs- und Umschulungskosten gegenüber sowie erhebliche immaterielle Kosten, da

---

[743] Vgl. Bartling (1984), S. 26 f. Zur Diskussion verschiedener Lösungsansätze vgl. Anderegg (1999), S. 370 ff. und 399 ff. Zu Meßproblemen bei der Internalisierung externer Effekte im Agrarbereich vgl. ausführlich Assfalg/Werner (1992), S. 358 ff.

[744] Vgl. dazu näher Eickhof (1993a), S. 218.

die Landwirte ihre Selbständigkeit und Unabhängigkeit aufgeben und auf die immateriellen Vorteile des Landlebens allgemein verzichten müßten. Selbst bei Einkommen, die zeitweilig unter dem Existenzminimum liegen, würde ein Marktaustritt durch das hohe Realkapital- und Bodeneigentum verhindert, das eine Kreditbeschaffung erleichtert. Zudem garantiert ein hoher Selbstversorgungsgrad das physische Existenzminimum, so daß durch Preisverfälle gekennzeichnete Zeiträume länger als in anderen Branchen überbrückt werden können.[745]

Preisverfälle verhindern demnach lediglich Neuzugänge, führen jedoch kurz- bis mittelfristig kaum zum Ausscheiden etablierter Landwirte. Letztere ersetzen fehlenden Nachwuchs und eventuell ausscheidende Lohnarbeitskräfte durch arbeitssparenden technischen Fortschritt und verlassen erst nach Erreichen des Rentenalters planmäßig den Markt. Die dargestellten Marktaustrittsschranken können einen ruinösen Preisverfall bewirken, der gegebenenfalls erst nach Jahrzehnten zu – möglicherweise übersteigerten – Anpassungsprozessen im Sinne von Wettbewerbsversagen (übermäßige Selektion bzw. schlechtere Marktversorgung) führt.[746]

Doch kann dieser längerfristig übermäßige Kapazitätsabbau eine ordnungspolitische Sonderstellung der Landwirtschaft rechtfertigen? Eine kausalorientierte Wirtschaftspolitik müßte an den aufgeführten Mobilitätshemmnissen ansetzen. So könnte der Marktaustritt von jüngeren Arbeitskräften durch Umschulungsmaßnahmen und der von älteren Landwirten durch sozialpolitische Maßnahmen, etwa Vorruhestandsregelungen, gefördert werden. Zuallererst sollten jedoch bestehende staatliche Mobilitätshemmnisse, wie die einkommensorientierte Preispolitik, zurückgeführt werden. Damit könnten Überkapazitäten schneller abgebaut werden, und die am Markt verbleibenden Betriebe hätten größere Überlebenschancen.[747]

2.7. Fazit: Wirtschaftspolitischer Handlungsbedarf im Agrarbereich

Die vorstehenden Ausführungen haben verdeutlicht, daß die in der Literatur vorgebrachten Branchenbesonderheiten zum Teil nicht zutreffen oder daß sie in ähnlicher Weise auch in anderen Wirtschaftsbereichen auftreten und Bestandteil ganz normaler Markt- und Wettbewerbsprozesse sind. Und selbst wenn sie tatsächlich zutreffen, sind sie zur Begründung einer ordnungspolitischen Sonder-

---

745 Vgl. dazu Bartling (1984), S. 20.
746 Vgl. Bartling (1984), S. 29 f.
747 So auch Eickhof/Dürrbeck (1987/88), S. 166 f.

stellung der Landwirtschaft nicht geeignet. Oft stellen sich im Rahmen eines Comparative institution approach marktkonforme wirtschaftspolitische Instrumente als besser geeignet heraus, ein behauptetes Markt- und/oder Wettbewerbsversagen zu korrigieren.

Lediglich in drei Fällen kann es zu Markt- bzw. Wettbewerbsversagen kommen: Bei witterungsbedingten mehrjährigen Ertragseinbußen der Landwirte können gesamtwirtschaftlich unerwünschte Marktaustritte stattfinden, so daß sich langfristig die Marktversorgung verschlechtert. In diesem Fall wären einmalige, zeitlich befristete degressive Beihilfen an die betroffenen Landwirte ein ziel- und system-adäquates wirtschaftspolitisches Instrument. Und auch beim Vorliegen externer Effekte sind lediglich marktkonforme umweltpolitische Maßnahmen gerechtfertigt, nicht aber eine ordnungspolitische Sonderstellung des gesamten Agrarbereichs.

Weiterhin kann aus den hohen Marktaustrittsschranken auf Agrarmärkten eine Verschlechterung der Marktversorgung resultieren. Diese behindern gesamtwirtschaftlich erforderliche strukturelle Anpassungsprozesse. Die Aufgabe des Staates besteht hier in erster Linie darin, mobilitätshemmende staatliche (Preis-) Regulierungen zu unterlassen. Darüber hinaus sollten sich seine Eingriffe auf mobilitätsfördernde Maßnahmen, wie Umschulungs- und Vorruhestandshilfen beschränken. Zur Vermeidung sozialer Härten ließen sich auch hier zeitlich befristete Subventionen rechtfertigen.[748]

Nachdem der wirtschaftspolitische Handlungsbedarf im Agrarbereich aus der Sicht der neueren Markt- und Wettbewerbstheorie aufgezeigt wurde, erfolgt im nächsten Kapitel eine Darstellung des tatsächlich auf europäischer Ebene bestehenden agrarpolitischen Instrumentariums. Dessen Eingriffsintensität geht weit über die theoretisch notwendigen Reglementierungen hinaus. Daraus resultieren volkswirtschaftliche Ineffizienzen, die ebenfalls aufgezeigt werden.

3. Die Gemeinsame Agrarpolitik und ihre Fehlentwicklungen

Die Geschichte der Gemeinsamen Agrarpolitik ist durch zahlreiche Reformversuche gekennzeichnet. Dabei haben sich die anfänglichen Fehlentwicklungen im Laufe der Zeit noch verschärft und mündeten in einen immer stärkeren Dirigismus. Diese Entwicklung wurde bereits im 19. Jahrhundert eingeleitet. Im folgenden sollen kurz die Vorgeschichte der Gemeinsamen Agrarpolitik und die

---

[748] Vgl. Eickhof/Dürrbeck (1987/88), S. 164 ff.

Grundzüge ihrer Entstehung skizziert werden. Im Anschluß werden ihre wichtigsten Instrumente sowie deren gesamtwirtschaftliche Folgewirkungen dargestellt.

3.1. Die Vorgeschichte der Agrarpolitik

Im 19. Jahrhundert, als die bäuerliche Landwirtschaft noch die Lebensgrundlage der meisten Menschen war, bewirkte die industrielle Revolution auch im Agrarbereich technische Fortschritte. So wurde mit der Einführung des Dampfpfluges und weiterer Maschinen die Mechanisierung der Landwirtschaft ausgelöst. Daneben trugen die Einführung der künstlichen Düngung, neue Zuchtmethoden für Tiere und Pflanzen und die Verbreitung moderner Agrarwissenschaften durch neu entstandene landwirtschaftliche Schulen und Forschungsanstalten zu einem starken Produktivitätswachstum bei. Die Landwirtschaft wandelte sich in weiten Teilen Europas von einer reinen Selbstversorgungswirtschaft zu einer marktorientierten Produktion.[749]

Bis zur Mitte des 19. Jahrhunderts waren ostpreußische Großgrundbesitzer die Hauptgetreideproduzenten in Deutschland; zu ihren Hauptabsatzgebieten zählten insbesondere Westdeutschland, England und die nordischen Staaten. Mit der Industrialisierung wuchs die Bevölkerung und in Verbindung damit die Nachfrage, so daß Deutschland ab ca. 1870 zu einem Nettoimporteur für Getreide wurde. Vor allem gesunkene Transportkosten durch Dampfschiff und Eisenbahn ermöglichten expandierende Getreideimporte aus Nordamerika, die zu starken Getreidepreisverfällen in Europa führten. Durch den politischen Druck der ostpreußischen Großgrundbesitzer legte Bismarck 1880 mit der Einführung von Importzöllen für Getreide den Grundstein für die bis heute andauernde interventionistische Agrarpolitik.[750]

Zur Zeit der Jahrhundertwende entstanden ländliche Gesellschaften und Vereine, die einer straffen Organisation und Interessenvertretung der Landwirte dienten.[751] Eine bedeutende Rolle für die zukünftige Agrarpolitik spielte auch die Einführung des allgemeinen Wahlrechts zu dieser Zeit. Damit besaß nun die gesamte Bevölkerung, von der ca. die Hälfte direkt oder indirekt ihr Einkommen aus der Landwirtschaft bezog, das Wahlrecht.[752]

---

[749] Vgl. Anderegg (1999), S. 31.

[750] Zu den Einzelheiten vgl. Bollmann (1990), S. 126 ff.; Priebe (1985), S. 42 ff.; Herlemann (1969), S. 186 ff. 1896 begann mit der Kontingentierung der Produktion auch in der Zuckerwirtschaft eine sehr beständige Protektionspolitik.

[751] Vgl. Bollmann (1990), S. 135. Siehe ausführlich auch Lutz (1967), S. 59 ff.

[752] Vgl. Anderegg (1999), S. 32.

Im Ersten Weltkrieg kam es trotz der hohen Produktivität in der Landwirtschaft zu Hungersnöten in der Bevölkerung. Infolge der schlechten Erfahrungen mit dem Agrarkriegsregime[753] befürwortete nach dem Krieg eine breite Masse der Bevölkerung eine protektionistische Agrarpolitik. Die Unterstützung in der Bevölkerung für einen weitreichenden Agrarinterventionismus wuchs durch die Weltwirtschaftskrise noch stärker, so daß es nach 1929 zur Einführung weiterer Zölle kam. Damit sollten die Binnenpreise von den viel geringeren Weltmarktpreisen abgekoppelt werden. Zur Produktionssteigerung wurden Marktordnungen für verschiedene Produkte erlassen.[754] Dieses protektionistische Zwischenkriegssystem bewährte sich während des Zweiten Weltkrieges.[755] Erst nach dem Kriege kam es durch mittelfristig schlechte Witterungsbedingungen und eine mangelhafte Ausstattung mit Produktionsfaktoren (Düngemittel, Maschinen, Tierfutter) zum Zusammenbruch des Ernährungssystems.[756]

3.2. Die Entstehung der Gemeinsamen Agrarpolitik

Aufgrund der erfahrenen Hungersituationen in und nach den Weltkriegen bestanden in den fünfziger Jahren in allen europäischen Staaten spezielle Agrarpolitiken, die auf Nahrungsmittelsicherheit und Produktivitätssteigerung zielten. Die einzelstaatlichen Politiken divergierten jedoch stark. So standen sich zur Zeit der Gründung der EWG insbesondere Frankreich, Italien und die Niederlande auf der einen Seite und Deutschland auf der anderen Seite gegenüber. Die Erstgenannten waren stark am Agrarexport und somit niedrigen Agrarpreisen interessiert, wobei vor allem Frankreich sich große Absatzchancen im Binnenmarkt versprach. Deutschland hingegen war einerseits an einem gemeinsamen Binnenmarkt für seine Industrieprodukte und andererseits an einem hohen Agrarpreisniveau als Instrument der Einkommenspolitik interessiert.[757]

Mit der weitgehenden Supranationalisierung dieses Politikbereiches wurden von den Gründungsstaaten bewußt nationale Souveränitätsverluste hingenommen. Die Kompetenzverlagerung im Agrarbereich sollte richtungsweisend für andere Politikbereiche sein. Zur Annäherung der unterschiedlichen nationalen Agrarpolitiken waren zahlreiche Kompromisse notwendig. Dieser Situation trug der EWGV Rechnung, indem die Landwirtschaft zwar in den Gemeinsamen Markt einbezogen wurde, man sich aber auf allgemeine Richtlinien und Ziele be-

---

[753] Vgl. dazu Mises (1925), S. 1059.
[754] Vgl. dazu ausführlich Bollmann (1990), S. 172 ff.
[755] Es fand seinen Höhepunkt im sog. Reichsnährstand 1933 bis 1945, vgl. dazu Bollmann (1990), S. 269 ff.; Priebe (1985), S. 51 ff.; Herlemann (1969).
[756] Vgl. Anderegg (1999), S. 33.
[757] Vgl. Hrubesch (1987), S. 35; Priebe (1985), S. 63 f.

schränkte und die konkrete Ausgestaltung der Agrarpolitik den Organen der Gemeinschaft übertrug.

Die Grundregeln der in den Gemeinsamen Markt einbezogenen Agrarpolitiken sind ursprünglich in den Art. 38 bis 47 EWGV, seit dem Amsterdamer Vertrag in den Art. 32 bis 38, kodifiziert. Art. 33 enthält die Ziele der GAP. Sie ist auf eine **Steigerung der Produktivität** in der Landwirtschaft, die Sicherung einer **angemessenen Lebenshaltung** der landwirtschaftlichen Bevölkerung, die **Stabilisierung der Märkte** sowie die **Sicherstellung der Versorgung** und **angemessener Verbraucherpreise** ausgerichtet. Zur Erreichung dieser Ziele stellt Art. 34 alternative Instrumente zur Auswahl, die den gemeinschaftlichen Institutionen die Wahl zwischen einer mehr marktwirtschaftlichen oder stärker interventionistisch ausgerichteten (gemeinsame Wettbewerbsregeln, Koordinierung der nationalen Marktordnungen, europäische Marktordnungen) sowie zwischen einer mehr protektionistischen oder einer weltoffenen Agrarpolitik lassen.[758]

Die konkrete Ausgestaltung der GAP sollte nach bestimmten Grundlinien erfolgen, die die Kommission innerhalb von zwei Jahren nach Inkrafttreten des Vertrages in einer Konferenz vorlegen sollte.[759] Diese Konferenz fand 1958 in Stresa statt und erfolgte zugunsten einer engen Wechselbeziehung zwischen einer Markt- und Preispolitik sowie Maßnahmen zur Strukturverbesserung.[760] Stukturelle Maßnahmen wurden im Ministerrat jedoch erstmals 1972 beschlossen und auch konkrete Marktregelungen wurden erst 1962 in Form von schrittweise eingeführten Marktordnungen, etwa für Getreide, Schweinefleisch, Eier und Geflügel, Obst und Gemüse sowie 1964 für Milcherzeugnisse und Rindfleisch, beschlossen. Damit entschied man sich für die Form strengster Marktregulierungen[761] und sprach sich zugleich gegen die anderen im EWGV aufgeführten – marktwirtschaftlicheren – Alternativen aus.

Seither gelten für die GAP die folgenden drei Grundprinzipien:[762] **Gemeinsamer Binnenmarkt** (weder Zollschranken und mengenmäßige Beschränkungen noch nichttarifäre Handelshemmnisse dürfen zwischen den Mitgliedstaaten bestehen), **Gemeinschaftspräferenz** (Produkte, die innerhalb der Gemeinschaft produziert wurden, besitzen auf dem Binnenmarkt Priorität vor Erzeugnissen aus Drittstaaten) und **finanzielle Solidarität** (die finanziellen Lasten der GAP trägt der Gemeinschaftshaushalt). Die auf den genannten Prinzipien beruhenden Maßnahmen der GAP werden im folgenden Kapitel vorgestellt.

---

758 Siehe dazu näher Gilsdorf (1981), S. 731 ff.
759 Vgl. Art. 37 I und II, bis 1998 Art. 46 I und II EWGV.
760 Vgl. Kommission der Europäischen Gemeinschaften (1958), S. 228.
761 Siehe dazu die entsprechenden Artikel in Schmidt (1981).
762 Vgl. Gilsdorf (1981), S. 726 ff.

3.3. Die wichtigsten Instrumente der Gemeinsamen Agrarpolitik

Die Gemeinsame Agrarpolitik umfaßt zwei grundlegende Bereiche: Zum einen eine Markt- und Preispolitik. In deren Mittelpunkt steht ein anzustrebendes Preisniveau, das insbesondere eine angemessene Lebenshaltung der in der Landwirtschaft Beschäftigten sicherstellen soll. Zum anderen eine Strukturpolitik zur Förderung notwendiger Anpassungsprozesse in der Landwirtschaft.

3.3.1. Die Agrarmarktordnungen

Für fast sämtliche in der EU erzeugten Agrarprodukte existiert ein mehr oder weniger umfangreiches Bündel von Einzelmaßnahmen, das im Zeitablauf verändert und ergänzt wurde. Im folgenden Abschnitt werden die Grundzüge der Agrarmarktordnungen dargestellt, wie sie bis zu den Agrarreformen in den neunziger Jahren bestanden. Dabei kann lediglich ein grober Überblick vermittelt werden, da die Fülle der einzelnen Regelungen eine detaillierte Darstellung in diesem Rahmen nicht zuläßt. Die marktregulierenden Instrumente lassen sich grob in Binnenmarkt- und Außenhandelsregelungen unterteilen. Zunächst werden die letztgenannten vorgestellt.

3.3.1.1. Maßnahmen im Außenschutz

Bei den Einfuhren bestanden bis 1995 variable **Abschöpfungen.**[763] Drittländer konnten ihre Erzeugnisse nur nach einer Einfuhrbelastung (Abschöpfung) zum sog. Schwellenpreis in der Gemeinschaft anbieten. Die Abschöpfungshöhe ergab sich aus der Differenz zwischen dem jährlich vom Ministerrat festgelegten Schwellenpreis und dem sog. cif-Weltmarktpreis, dem Angebotspreis an der Grenze zum Binnenmarkt. Der Schwellenpreis stellte einen Mindestpreis für Importgüter dar. Er wurde aus dem Richtpreis abgeleitet, der das in der EU politisch gewünschte Marktpreisniveau unter dem Aspekt der Einkommenssicherung der Landwirte wiedergibt.[764]

Lagen die Gemeinschaftspreise über dem Weltmarktpreisniveau und bestand ein Angebotsüberschuß in der Gemeinschaft, erfolgte bei Ausfuhren eine **Exporter-**

---

[763] Bei einigen Produkten, wie Obst, Gemüse und Rindfleisch, erfolgte noch eine Ergänzung durch sog. Wertzölle.

[764] Der Schwellenpreis wird so festgelegt, daß der Verkaufspreis der importierten Güter im Hauptzuschußgebiet (= cif-Weltmarktpreis plus Vermarktungs- und Transportkosten von der Grenze bis zum Hauptzuschußgebiet Duisburg) dem Richtpreis entspricht. Zu den Preisbegriffen vgl. ausführlich Anderegg (1999), S. 307 ff.

stattung in Höhe der Differenz zwischen dem Richtpreis in der Gemeinschaft und dem Weltmarktpreis. Mit dieser Maßnahme sollte die Wettbewerbsfähigkeit inländischer Produkte auf dem Weltmarkt hergestellt werden. Abschöpfungen stellen variable Importzölle und Ausfuhrerstattungen variable Exportsubventionen dar. Neben diesen Maßnahmen im Außenhandel existierten zur Stabilisierung der Inlandsmärkte verschiedene binnenmarktliche Interventionen.

3.3.1.2. Binnenmarktinterventionen

Die Intensität der Markteingriffe war bei den einzelnen landwirtschaftlichen Erzeugnissen unterschiedlich stark ausgeprägt.[765] Für fast alle europäischen Agrarerzeugnisse wurde jährlich das politisch gewünschte Marktpreisniveau in Höhe sog. Richtpreise festgelegt. Der Aufkauf überschüssiger Agrarprodukte, die genau festgelegten Qualitätsstandards entsprechen (sog. **Interventionskäufe**), erfolgte durch Interventionsstellen zu einem garantierten Mindestpreis, demaus dem Richtpreis abgeleiteten Interventionspreis. Daneben existierten bei einigen Produkten **Produktionsquoten**, deren Überschreiten sanktioniert wurde, und in einigen Fällen wurden **Beihilfen** in Form von Zuschüssen für die private Lagerhaltung, die Verwertung bestimmter Produkte oder die Beseitigung struktureller Überschüsse vergeben.

Dem stärksten Dirigismus unterlagen die Märkte für **Zucker** und – seit der Einführung eines Quotensystems im Jahre 1984 – **Milch** und **Milchprodukte**. Für diese Produkte bestanden neben einem Außenschutz Produktionsquoten, für die eine Absatz- und Preisgarantie existierte. Bei Überproduktion wurden von den Herstellern Abgaben erhoben, mit denen sie sich an den Kosten der Überschußbeseitigung beteiligen mußten.

Die **Getreidemarktordnung** verfügte ebenfalls über einen Außenschutz und unterlag einer quantitativ unbegrenzten Preisgarantie. Die Interventionsstellen kauften sämtliche Produktionsüberschüsse, für die am Markt keine Nachfrage bestand, zum Interventionspreis auf. Im Rahmen dieser Marktordnung existierten keine Quotenregelungen, so daß sie weniger interventionistisch als die für Zucker und Milchprodukte war.

Darüber hinaus existierten Marktordnungen für **Rind-, Kalb- und Schaffleisch, Tabak** sowie **Obst** und **Gemüse**. Neben fallweisen Schutzmaßnahmen im Außenhandel fanden binnenmarktliche Interventionen hier entweder zeitlich oder mengenmäßig begrenzt statt bzw. einzelne Maßnahmen fanden nur fakultativ

---

[765] Zu den folgenden Ausführungen vgl. Anderegg (1999), S. 309 ff.; Schmitt (1998), S. 174 ff.

Anwendung. Die Marktordnungen für **Schweinefleisch** sowie **Eier** und **Geflügel** beinhalteten zwar einen Außenschutz, interne Stützungsmaßnahmen waren jedoch nur in geringem Umfang bzw. gar nicht, wie bei Eiern und Geflügel, vorgesehen. Bei Schweinefleisch waren staatliche Käufe oder Beihilfen für die private Lagerhaltung möglich, wenn der Durchschnittspreis in der Gemeinschaft eine bestimmte Preisschwelle unterschritt. Derartige Maßnahmen wurden bislang jedoch kaum angewendet und lediglich für die private Lagerhaltung beschlossen.

Durch eine vergleichsweise geringe Interventionsdichte zeichneten sich die Marktordnungen für **Ölsaaten** und **Hülsenfrüchte** sowie **Flachs** und **Hanf** aus. Für diese Produkte bestanden im allgemeinen keine Maßnahmen im Außenhandel, aber spezielle Beihilferegelungen. Für einige Produkte, beispielsweise Kartoffeln, Getreidesubstitute, Pferdefleisch und Wolle, gab es keine Marktordnungen auf europäischer Ebene. Ihre Regulierung ist aus technischen oder politischen Gründen nicht möglich bzw. im Kompetenzbereich der Mitgliedstaaten verblieben. Dieser kurze Überblick läßt die tatsächliche Fülle gemeinschaftlicher Markteingriffe nur erahnen.

3.3.2. Die agrarische Strukturpolitik

Entgegen den Entschließungen von Stresa gab es bis Ende der sechziger Jahre keine eigenständige Agrarstrukturpolitik auf europäischer Ebene. Erst als die ersten Mängel der einseitigen Marktordnungspolitik (strukturelle Überschüsse, längerfristige regionale Ungleichgewichte) sichtbar wurden, einigte man sich auf europaweite Richtlinien für die nationalen Agrarstrukturpolitiken.

Aufgrund eines Memorandums zur Neuorientierung der Agrarpolitik, das die Kommission dem Rat 1968 unterbreitet hatte, dem sog. **Mansholt-Plan** – benannt nach Sicco Mansholt, dem damaligen Vizepräsidenten der Kommission und für die Agrarpolitik verantwortlichem Kommissar – verabschiedete der Rat 1972 drei grundlegende Strukturrichtlinien, in denen er die Schaffung großer, als effektiv angesehener Betriebsgrößen vorschrieb, etwa durch Investitionsförderung oder Kooperationen kleinerer Betriebe. Die Maßnahmen umfaßten **Investitionsbeihilfen** zur Modernisierung landwirtschaftlicher Betriebe, vorgezogene **Ruhestandsregelungen** für ältere Landwirte bei Betriebsaufgabe, Zuschüsse zu **Ausbildungs- und Umschulungsmaßnahmen** sowie **regionale Beihilfen** für Landwirte in sog. benachteiligten Gebieten.[766]

---

[766] Vgl. dazu ausführlich Schmitt (1998), S. 196 ff.; Heidhues/Schmitt (1969).

3.4. Die Finanzierung der GAP

Zur Finanzierung der GAP richtete der Ministerrat 1962 den **Europäischen Ausrichtungs- und Garantiefonds für die Landwirtschaft** (EAGFL) als Bestandteil des Gemeinschaftshaushalts ein.[767] Er wurde 1964 in zwei Abteilungen untergliedert: Die Abteilung Garantie zur Finanzierung der gemeinsamen Markt- und Preispolitik und die Abteilung Ausrichtung zur Finanzierung struktureller Maßnahmen.

Mit den Ausgaben der Abteilung Garantie des EAGFL werden sämtliche Export-erstattungen bei der Ausfuhr von Agrarerzeugnissen, Interventionskäufe auf den Binnenmärkten und direkte Beihilfen etc. finanziert. Demgegenüber trägt die Abteilung Ausrichtung die finanziellen Belastungen strukturpolitischer Maßnahmen nur anteilsmäßig, die ansonsten von den Mitgliedstaaten aufzubringen sind (sog. Kofinanzierung).

Der EAGFL wird als Bestandteil des Gemeinschaftshaushalts aus verschiedenen Finanzierungsquellen gespeist: Neben den Agrarabschöpfungen stellen Transferzahlungen aus den Mitgliedstaaten (bestimmte Prozentsätze am Mehrwertsteueraufkommen und am BSP) die wichtigsten Finanzierungsquellen dar.[768] Die größten Nettozahler sind Deutschland und Großbritannien. Daneben sind die Niederlande, Belgien, Schweden und Österreich Nettozahler (jedoch in wesentlich geringerem Umfang). Das folgende Schaubild gibt einen Überblick über die Beiträge der einzelnen Mitgliedstaaten zum Agrarhaushalt und die von ihnen erhaltenen Auszahlungen.

Abb. V.1: Beiträge der Mitgliedstaaten zum EAGFL (Abteilung Garantie) und Auszahlungen in Mio. DM

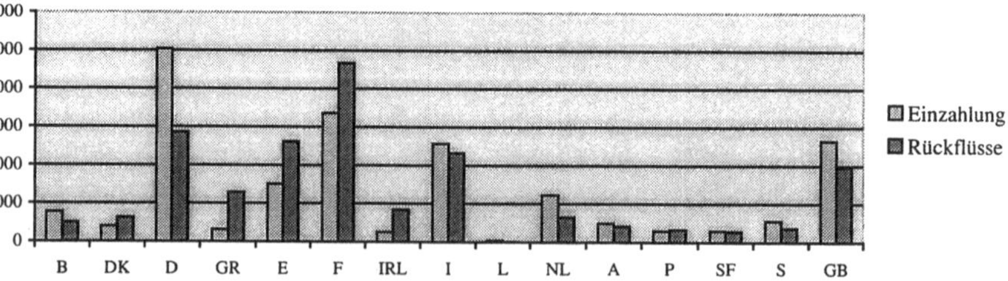

Quelle: Deutscher Bundestag (2001), S. 93.

---

[767] Vgl. Art. 34 III, bis 1998 Art. 40 IV EWGV.

[768] Der EU-Haushalt setzt sich gegenwärtig zu 46 % aus BSP-Ablieferungen, zu 36 % aus Mehrwertsteuerablieferungen, zu 14 % aus Abschöpfungen und zu 4 % aus anderen Finanzierungsquellen zusammen, vgl. DBV (2000), S. 111.

3.5. Gesamtwirtschaftliche Ineffizienzen der europäischen Agrarpolitik

Die landwirtschaftliche Einkommenspolitik erfolgte weniger mit struktur- als mit markt- und preispolitischen Maßnahmen. Das Hauptziel der interventionistischen Marktordnungspolitik war und ist die Sicherung eines hohen Einkommensniveaus in der Gemeinschaft. Eine Beurteilung der Maßnahmen kann anhand verschiedener Kriterien erfolgen. Hier soll zum einen der Zielerreichungsgrad der Maßnahmen in bezug auf die europarechtlichen Vorgaben untersucht werden. Zum anderen werden die gesamtwirtschaftlichen Auswirkungen, insbesondere der Marktordnungspolitik, dargelegt.

Die politische Erhöhung und Stabilisierung der innergemeinschaftlichen Agrarpreise über dem Weltmarktniveau bewirkte zwar eine Vermeidung bzw. Einschränkung von kurz- und mittelfristigen Schwankungen der Agrarpreise. Das Ziel eines angemessenen Preisniveaus wurde damit jedoch nicht erfüllt, die Verbraucher wurden mit **überhöhten Agrarpreisen** belastet. Andererseits führte die Hochpreispolitik der Gemeinschaft bereits gegen Ende der sechziger Jahre zu **Produktionsüberschüssen** – und damit zu einer Übererfüllung des Ziels der Produktionssteigerung. Zu dieser Entwicklung trugen auch die strukturpolitischen Maßnahmen zur Investitionsförderung bei, die zusätzliche Kapazitätsausweitungen begünstigten.[769] Die langjährige Förderung von Intensivierung und Spezialisierung bewirkte starke **Umweltbelastungen**, und die steigenden Produktionsüberschüsse führten im Laufe der Zeit zu extremen Ungleichgewichten auf den Agrarmärkten. So ist bei allen wichtigen Agrarerzeugnissen der sog. Selbstversorgungsgrad mehr oder weniger stark überschritten.[770]

Das Ziel einer gesicherten Nahrungsmittelversorgung ist damit nachweislich übererfüllt. Auf diese Überschußproduktion waren die ursprünglichen Agrarmarktordnungen nicht ausgerichtet. Diese wurden nach dem Zweiten Weltkrieg in einer Mangelsituation konzipiert, in der zahlreiche Nahrungsmittelimporte notwendig waren. Mit der Politik der Garantiepreise und Marktinterventionen

---

[769] Vgl. etwa Henrichsmeyer/Witzke (1994), S. 562; Groeben (1987), S. 52. Zu den Produktionsüberschüssen trugen auch andere Faktoren bei, etwa technologisch bedingte Produktivitätssteigerungen. So trat nach dem Zweiten Weltkrieg weltweit ein Strukturbruch in der Entwicklung der Flächenerträge bei Weizen ein, vgl. hierzu die Untersuchung von Weber/Ehlers (1988). Zugleich war in den letzten 50 Jahren ein rückläufiges Bevölkerungswachstum beobachtbar, das zu einem geringeren Nachfragezuwachs führte, vgl. dazu etwa Buchholz (1981), S. 3. Diese Faktoren bewirken jedoch keine Marktungleichgewichte auf den Agrarmärkten, sondern setzen vielmehr Signale für einen Strukturwandel.

[770] Der Selbstversorgungsgrad gibt das Verhältnis zwischen der Produktion und dem Verbrauch eines Produktes innerhalb eines Jahres im Binnenmarkt an, vgl. Schmitt (1998), S. 183. Zu konkreten Zahlenwerten vgl. Eurostat (2001).

konnten die zuviel produzierten Güter im Rahmen der Binnenmarktinterventionen nur unter sehr hohem Kostenaufwand eingelagert, verwertet bzw. exportiert werden.[771] Dies führte zu einer zunehmenden **finanziellen Belastung des Gemeinschaftshaushalts**. Selbst die jüngsten Versuche, mittels einer moderaten Preispolitik die Überschüsse einzudämmen, schlugen fehl, da die Weltmarktpreise im Durchschnitt schneller sanken als die Marktordnungspreise in der EU auf politischem Wege zurückgeführt werden konnten.[772]

Die Markt- und Preispolitik der Gemeinschaft beeinträchtigte jedoch nicht nur die Allokation in den EU-Mitgliedsländern selbst. Die Veräußerung der zunehmenden Überschüsse führte zu einem Druck auf die Weltmarktpreise und somit zu einer Diskriminierung der Landwirtschaft in Agrarexportländern.[773] Zudem bewirkte die Beschränkung der EU-Agrarimporte (und damit der Exporte der Handelspartner) internationale **Handelskonflikte**,[774] die sich über die Agrarmärkte hinaus auch auf die Märkte für andere international handelbare Güter ausdehnten.

Trotz des Ausgabeanstiegs und der enormen Haushaltsbelastung **stagnieren die landwirtschaftlichen Einkommen**. Die Preispolitik der EU erwies sich als einkommensneutral – sowohl inter- als auch intrasektoral. Damit verfehlte sie eines ihrer vorrangigen Ziele, eine paritätische Einkommensentwicklung der in der Landwirtschaft Beschäftigten.[775] Unter dem Aspekt, daß die Landwirtschaft ein im Strukturwandel schrumpfender Sektor ist, der in hohem Maße Arbeitskräfte an andere Wirtschaftsbereiche abgeben sollte, wäre aber gerade eine disparitätische Einkommensentwicklung eine notwendige Voraussetzung für strukturelle

---

[771] Das Ziel einer sicheren Nahrungsmittelversorgung wäre gesamtwirtschaftlich effizienter beispielsweise durch die Anlegung von Nahrungsmittelvorräten, die im Krisenfall mobilisiert werden können, zu erreichen gewesen, vgl. Willgerodt (1983), S. 116.

[772] Vgl. Koester (1995), S. 28.

[773] Noch 1994 wurden 84 % aller Exportsubventionen, die weltweit ausgewiesen wurden, von der EU gezahlt, vgl. Tangermann (1999), S. 438. Damit wurden die Getreidepreise "grob geschätzt" um ca. 10 %, die für Milchprodukte um etwa 50 % und die Zucker- und Rindfleischpreise um etwa 20 % nach unten gedrückt. Diese Angaben beruhen auf einer Studie des Instituts für Europäische Politik (1987), S. 13. An den strukturellen Überschüssen auf den Weltmärkten sind neben den EG-Agrarmarktordnungen jedoch auch weitere Faktoren beteiligt, so daß der Aussagegehalt dieser Zahlenwerte nicht sehr groß ist. Zu quantitativen Schätzungen vgl. auch Weltbank (1986), S. 132 f.

[774] Vgl. Hartmann/Henrichsmeyer/Schmitz (1991), S. 72; Priebe (1985), S. 146.

[775] So beliefen sich die Arbeitnehmerentgelte in der Landwirtschaft 1999 im Durchschnitt auf 38.710 DM pro Arbeitnehmer. Diese betrugen in der Gesamtwirtschaft (Land- und Forstwirtschaft, produzierendes Gewerbe, Dienstleistungsbereiche) 60.650 DM pro Arbeitnehmer, vgl. Sachverständigenrat zur Begutachtung der gesamtwirtschaftlichen Entwicklung (2000), S. 330.

Anpassungen.[776] Somit ist die Orientierung der Politik am Paritätsziel verfehlt. Mit der einkommensorientierten Preispolitik wurden strukturelle Anpassungen nicht unterstützt, sondern der Abwanderungsprozeß aus der Landwirtschaft wird im Gegenteil eher verzögert.[777]

Die agrarpolitischen Maßnahmen bewirkten sowohl auf einzel- als auch auf gesamtwirtschaftlicher Ebene einen ineffizienten Ressourceneinsatz, und notwendige Anpassungsprozesse wurden verzögert. Die wachsenden Überschüsse und die zunehmenden Staatsausgaben stellen die Hauptprobleme der Agrarpolitik dar. Zudem hat sie ihr Hauptziel, die paritätische Entwicklung der landwirtschaftlichen Einkommen, nicht erreicht. Sowohl im Hinblick auf die Ziele der GAP als auch auf ihre gesamtwirtschaftlichen Auswirkungen sind enorme Ineffizienzen zu konstatieren. Angesichts dieser Verfehlungen fällt es schwer, die Persistenz dieser Politik zu erklären. Anhaltspunkte sind anfängliche Konstruktionsfehler, die nie korrigiert wurden, und die institutionelle Struktur der GAP. Hier sei etwa auf die problematische Kompetenzverteilung zwischen nationalen und supranationalen Entscheidungsträgern und die Finanzierungsregeln der GAP verwiesen. Darauf wird im folgenden Kapitel näher eingegangen, in dem anhand einer politökonomischen Betrachtung eine Erklärung für die Beibehaltung der – offensichtlich ineffizienten – Agrarpolitik gefunden werden soll.

4. Die Beibehaltung des Status Quo vor dem Hintergrund der MIÖ

4.1. Vorbemerkungen

Zum agrarpolitischen Instrumentarium zählen vorrangig eingriffsintensive, allokationsverzerrende markt- und preispolitische Maßnahmen – weniger eine ursachenadäquatere, ordnungskonforme Strukturförderung. Die Gründe dafür sind vielfältiger Natur: Zum einen bestanden bereits vor der Einführung der GAP zahlreiche Marktordnungen in den Mitgliedstaaten, die in ihrer Intensität zwar stark differierten, doch aufgrund der starken Organisationsfähigkeit der Landwirte schwer abzuschaffen waren. Andererseits sind preispolitische Maßnahmen sofort einkommenswirksam, während sich strukturelle Veränderungen erst mit einer gewissen Zeitverzögerung auswirken. Letztere sind deshalb für wiederwahlorientierte Politiker weniger wahlwirksam und somit weniger attraktiv.[778]

---

[776] So auch Henze (2000), S. 182; Willgerodt (1983), S. 117.
[777] Vgl. Schmitt (1998), S. 190.
[778] So auch Schmitt (1998), S. 150.

Ein Erklärungsversuch mit dem Instrumentarium der Modernen Institutionenökonomik muß zum einen die relevanten Akteure mit ihren Zielsetzungen und zum anderen die Rahmenbedingungen, die deren Handlungen determinieren, in die Betrachtung einbeziehen. Die Probleme der Agrarpolitik ergeben sich nun insbesondere aus den bestehenden institutionellen Rahmenbedingungen, wobei den Entscheidungsstrukturen, etwa Kompetenzzuweisungen und Verhaltens- und Kontrollregelungen, besondere Bedeutung zukommt. Es kann gezeigt werden, daß die Integration der Agrarpolitik auf europäischer Ebene deren Regulierungsintensität noch verstärkte.[779] Dies betrifft vor allem die Agrarmarkt- und Preispolitik, die vollständig integriert ist. Dagegen ist die Agrarstrukturpolitik nur teilweise auf zwischenstaatlicher Ebene harmonisiert, und die Agrarsozialpolitik ist im Entscheidungsbereich der Mitgliedstaaten verblieben.

Eine politökonomische Betrachtung der GAP muß sehr komplexe Entscheidungsverflechtungen berücksichtigen. So müssen die supranationalen Organe, wie der Ministerrat, die Kommission und das Europäische Parlament, aber auch die nationalen Legislativen und Exekutiven einbezogen und der Einfluß von Interessengruppen auf beiden Ebenen untersucht werden. Das folgende Schaubild gibt einen Überblick über die Hauptakteure auf nationaler und supranationaler Ebene und deren wichtigste Beziehungen untereinander.

Abb. V.2: Hauptakteure im politischen System der Gemeinsamen Agrarpolitik

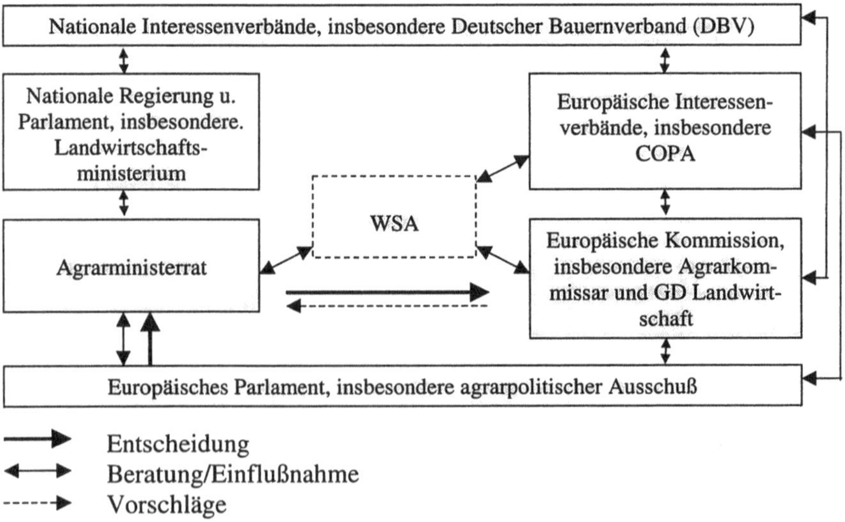

779 So auch Hagedorn/Schmitt (1985), S. 252.

4.2. Das agrarpolitische System auf nationalstaatlicher Ebene

4.2.1. Landwirte und die Organisierbarkeit agrarpolitischer Präferenzen

Die deutschen Landwirte sind insbesondere im Deutschen Bauernverband (DBV) organisiert,[780] dem die politische Alleinvertretung obliegt. Er verfügt über enge Beziehungen zum Landwirtschaftsministerium, mit dem ein ständiger Informationsaustausch stattfindet und dessen Referate zum Teil mit landwirtschaftlichen Interessenvertretern besetzt sind. Er nimmt darüber hinaus über den Bundestagsausschuß für Ernährung, Landwirtschaft und Forsten Einfluß auf den agrarpolitischen Willensbildungsprozeß.[781]

Der Grund für das starke Interesse der Landwirte, agrarpolitische Entscheidungen zu beeinflussen, liegt in ihrer unbefriedigenden Einkommenssituation. Diese ergibt sich insbesondere aus dem Vorhandensein hoher **irreversibler Investitionen**. Dazu zählen neben eingebrachtem Kapital und Humanressourcen auch immaterielle Werte wie soziale Integration und Selbständigkeit.[782] Die Irreversibilitäten bilden zwar einen gewissen Schutz vor Marktzutritten, so daß eine Quasirente entsteht. Doch bei ungünstiger Branchenentwicklung wirken sie als Mobilitätshemmnis, so daß Marktaustritte erschwert bzw. verhindert werden.

Daraus ergibt sich eine besondere Bereitschaft der Gruppenmitglieder, ihre Quasirente zu verteidigen. Im Gegensatz zum ökonomischen Bereich sind derartige Kosten im politischen Bereich also nicht unwiederbringlich versunken, sondern hier gilt: "sunk costs are not sunk in the political sector"[783]. Demgemäß bildet "eine Gruppe von Personen, die erhebliche irreversible Investitionen getätigt hat, ... eine **natürliche Interessengemeinschaft**"[784].

Doch warum versuchen die Landwirte nicht, ihre Einkommen beispielsweise über kollektive Absprachen, etwa über eine Reduzierung der Angebotsmenge, zu erhöhen? Dem steht die **polypolistische Anbieterstruktur** im Agrarbereich entgegen.[785] Statt dessen wird die marktliche Koordination durch politisches

---

[780] Der Organisationsgrad im DBV beträgt 90 %. Die Mitglieder dieses Spitzenverbandes sind nicht natürliche Personen, sondern Landes- und Fachverbände. Daneben zählen zum landwirtschaftlichen Verbandswesen der Verband der Landwirtschaftskammern, der Deutsche Raiffeisenverband und die Deutsche Lebensmittelgesellschaft, vgl. Burckhardt-Reich/Schumann (1983), S. 197.

[781] Vgl. Gabriel (1993), S. 103 ff.

[782] Vgl. Hagedorn/Schmitt (1985), S. 258.

[783] Becker (1983), S. 383.

[784] Weizsäcker (1983), S. 15 (Hervorh. d. Verf.).

[785] Vgl. Eickhof (1986c), S. 134.

Rentenstreben ersetzt.[786] Diese Aussage wird durch Hirschmans "exit-and-voice-Ansatz" unterstützt:[787] Je mehr der Exit-Mechanismus, d. h. der Marktaustritt aus der Landwirtschaft durch Irreversibilitäten gehemmt ist, desto stärker ist der Widerspruch, der politische Protest der Landwirte gegen strukturellen Wandel. Landwirte stellen aufgrund der getätigten irreversiblen Investitionen eine natürliche Interessengruppe dar, die versucht, ihre Quasi-Renten mittels politischer Einflußnahme zu verteidigen.

Doch daraus resultiert nicht zwangsläufig **kollektives Handeln** im Sinne von Olsons Interessengruppenmodell. Die Landwirte stellen eine latente Gruppe mit vielen kleinen Mitgliedern dar, die die Bereitstellung eines Kollektivgutes (Vertretung ihrer Interessen im politischen Prozeß) anstreben. Da in solchen Gruppen der Nutzen jedes Einzelnen an der Bereitstellung des Kollektivgutes relativ klein ist, bestehen nur geringe Anreize, sich aktiv für deren Bereitstellung zu engagieren. Die Einnahme einer Außenseiterposition ist rational. Somit kommt es in diesen Gruppen in der Regel nicht zu einer Interessendurchsetzung im politischen Prozeß.

Doch wie läßt sich dann die starke Position der Landwirte im politischen Prozeß erklären? Hier sei auf die Funktionäre in den Bauernverbänden verwiesen, die als **politische Führer** eine möglichst starke Verbandsposition anstreben, um damit ihre persönlichen Ziele – Einkommen, Macht und soziales Prestige – zu verwirklichen. Zur Erhaltung und Ausweitung ihrer persönlichen Machtposition sind die Verbandsvertreter auf einen möglichst hohen Organisationsgrad angewiesen. Zur Überwindung des Außenseiterverhaltens stehen ihnen **selektive Anreize** zur Verfügung.[788]

Um potentielle Mitglieder zum Verbandsbeitritt zu bewegen, bietet der DBV über das Kollektivgut Interessenvertretung hinaus auch private Güter an, die ausschließlich Verbandsmitgliedern zur Verfügung stehen. Dazu zählen etwa Beratungshilfen (Steuerberatung, Buchführungshilfeleistungen), spezifische Informationen über Preise, Marktentwicklungen und staatliche Fördermaßnahmen etc.[789] Die Landwirte handeln nun rational, wenn sie dem Verband beitreten. Die starke Präferenz des DBV für preispolitische Maßnahmen und Subventionen ist auch damit zu erklären, daß deren Erfolge kurzfristig sichtbar werden und somit verbandliches Handeln legitimieren. Maßnahmen zur strukturellen Anpassung

---

[786] Vgl. Stigler (1971), S. 6, siehe dazu auch Buchanan/Tollison/Tullock (1982).

[787] Vgl. Hirschman (1970).

[788] Siehe Olson (1992), S. 150 ff., der Interessenorganisationen im US-amerikanischen Agrarbereich untersucht.

[789] Vgl. dazu näher Senior-Nello (1984), S. 268 f.; Haase (1983), S. 73 f.

hingegen wirken erst langfristig, und die Förderung der Abwanderung von Mitgliedern liegt nicht im Interesse der Verbandsfunktionäre.[790]

4.2.2. Der politische Markt für Agrarprotektion

Aufbauend auf seiner Logik des kollektiven Handelns und unter Berücksichtigung des **Regulierungsmarkt-Ansatzes** von Stigler und dessen Weiterentwicklung von Peltzman entwickelte Olson Hypothesen über die Gründe des unterschiedlichen Protektionsniveaus im Agrarbereich in Entwicklungs- und in Industrieländern.[791] Letztgenannte zeichnen sich in der Regel durch eine stark protektionistische Agrarpolitik aus, während in Entwicklungsländern eine wirtschaftspolitische Benachteiligung der Landwirtschaft erfolgt.

Diese Aussage korrespondiert mit dem Regulierungsmarkt-Ansatz. Diesem zufolge sind die auf politischen Märkten gehandelten Produkte Wohlfahrtstransfers, häufig in Form von garantierten Preisen oder Marktzugangsbeschränkungen. Die größten Wohlfahrtstransfers erfolgen zugunsten derjenigen Nachfrager, deren effektive Nachfrage am größten ist.[792] Die Effektivität der Nachfrage wiederum wird nach Olson entscheidend von der Größe der Gruppe beeinflußt.[793] Aufbauend auf diesen Modellen kann ein politischer Markt für Agrarprotektion konstruiert werden, auf dem insbesondere Landwirte und Konsumenten, aber auch industrielle Anbieter um staatliche Unterstützung konkurrieren.

In wenig entwickelten Ländern, die sich durch eine hohe Agrarquote auszeichnen, bildet die Gruppe der Landwirte die Mehrheit der Bevölkerung. Diese steht der relativ kleinen Gruppe der städtischen Bevölkerung gegenüber. Hinzu kommt eine schlecht ausgebaute Kommunikations- und Transportinfrastruktur, die sich zusätzlich negativ auf die Organisationsfähigkeit der Landwirte auswirkt. Aufgrund der hohen Organisationskosten bestehen für diese nur geringe Anreize, ihre Interessen zu bündeln und im politischen Prozeß zur Geltung zu bringen. Die städtische Bevölkerung weist dagegen eine vergleichsweise gute Organisationsfähigkeit auf und kann ihre Interessen (niedrige Nahrungsmittelpreise) besser im politischen Prozeß vertreten. In Entwicklungsländern gelten die Landwirte demnach als unproblematischer Kostenträger für die Begünstigungen anderer Gruppen, wie etwa die städtische Bevölkerung oder die Industrie.

---

[790] Vgl. Ackermann (1982), S. 35.
[791] Vgl. Olson (1990) und (1985).
[792] Vgl. Peltzman (1976), S. 212.
[793] Vgl. zum folgenden Olson (1992).

Im Zuge der ökonomischen Entwicklung wandeln sich die politischen Kräftefelder: Die Stadtbevölkerung nimmt zu, und mit steigendem Wohlstand sinkt der Anteil der Nahrungsmittelausgaben am Haushaltsbudget (sog. Engelsches Gesetz), so daß ihr Interesse an niedrigen Nahrungsmittelpreisen relativ an Bedeutung verliert. Gleichzeitig verkleinert sich die Anzahl der Landwirte, so daß sich in Verbindung mit einer zunehmend verbesserten infrastrukturellen Ausstattung des Landes, insbesondere der Kommunikationsstruktur, deren Organisationskosten verringern. Die politische Organisationsfähigkeit der Landwirte wird im Verhältnis zur Organisationsfähigkeit der Konsumenten in den Städten und der Industrie effektiver, so daß nun Wohlfahrtstransfers zugunsten der Landwirte erfolgen, deren Kosten vor allem die Stadtbevölkerung trägt.[794]

Olsons agrarpolitische Analyse ist mehrfach empirisch getestet, kritisiert und weiterentwickelt worden.[795] Doch die alleinige Konzentration seiner Betrachtungen auf die Gruppengröße und die Organisationskosten unterlag diversen Kritikpunkten, die zur Entwicklung verschiedener Modelle führten, die der Realität mehr Raum geben sollten.[796] Tyers und Anderson etwa verweisen auf das hohe Subsistenzniveau in Entwicklungsländern und die damit verbundene geringe Bedeutung des Agrarpreisniveaus für Landwirte. Sie vermarkten nur einen minimalen Anteil ihrer Produkte über Märkte, so daß ihre Einkommen nur in geringem Umfang von den Marktpreisen determiniert werden. Demzufolge wären die Erträge einer Interessenvertretung zugunsten höherer Agrarpreise in Entwicklungsländern sehr niedrig. Dagegen trägt mit zunehmendem Entwicklungsstand einer Volkswirtschaft die damit einhergehende stärkere Marktorientierung der Landwirte dazu bei, daß ihre Einkommen immer mehr von der Höhe der Marktpreise determiniert werden. Im Zuge der wirtschaftlichen Entwicklung

---

[794] Vgl. ausführlich zu diesem Modell Olson (1990), S. 11 ff., und ders. (1985), S. 929 ff.

[795] So bestätigt Gardner (1987) die Hypothese empirisch anhand der US-amerikanischen Agrarpreisstützungspolitik zwischen 1912 und 1980. Eine ähnliche Untersuchung führten Carter et al. (1990) für Kanada durch.

[796] Balisacan/Roumasset (1987), S. 240, bezogen weitere Determinanten in ihre Betrachtung ein wie Angebots- und Nachfrageelastizitäten, den Anteil der Nahrungsmittelausgaben am Haushaltsbudget u. a. Ihren Untersuchungen zufolge nimmt mit steigendem Wohlstand der Anteil der Agrarausgaben am Haushaltsbudget der Stadtbevölkerung ab (sog. Engelsches Gesetz) und somit auch ihr Interesse an niedrigen Agrarpreisen. So auch Olson (1990), S. 11, dessen Argumentation hier jedoch abbricht. Mit zunehmender Entwicklung und damit abnehmender Bedeutung der Nahrungsmittelausgaben für das Verbraucherbudget nimmt aber auch der Einfluß der Nahrungsmittelpreise auf die Gewinne der Industriellen ab. Mit der immer stärkeren Abkopplung des Lohnniveaus von den Preisen für Grundnahrungsmittel sinkt auch die Motivation der Industriellen, gegen Agrarpreissteigerungen zu opponieren. Zur Kritik an diesem Modell vgl. Gardner (1989).

nimmt demnach zusätzlich zu ihrer Organisationsfähigkeit auch ihr Interesse an einem hohen Agrarpreisniveau zu.[797]

Im Gegensatz zu den vorgestellten Modellen beziehen andere Erklärungsansätze die politischen Entscheidungsträger explizit in die Betrachtung ein.[798] Sie lehnen sich hauptsächlich an die Ökonomische Theorie der Demokratie von Downs und Beckers Modell des Interessengruppenwettbewerbs an. Diesen widmet sich der folgende Abschnitt. Hier wird gezeigt, warum in fast allen Industriestaaten der Welt eine politische Begünstigung der kleinen landwirtschaftlichen Interessengruppe auf Kosten der Wählermehrheit erfolgen kann, ohne daß dies im Wahlprozeß stimmenmäßig sanktioniert wird.

4.2.3. Politischer Wettbewerb und Wählerkontrolle

Downs zufolge findet politische Entscheidungsbildung nicht unter dem Aspekt des Volkswillens, sondern der Mehrheitsfindung statt. Eigennutzorientierte Politiker sind an einer Maximierung ihrer Wählerstimmen im wahlpolitischen Prozeß interessiert. Doch in der praktischen Politik wird die kleine Gruppe der Landwirte auf Kosten großer Wählergruppen, insbesondere Verbrauchern und Steuerzahlern, die von einer weniger protektionistischen Agrarpolitik profitieren würden, begünstigt. Hier stellt sich die Frage, warum die durch die Agrarpolitik benachteiligten Gruppen nicht ihren wahlpolitischen Einfluß geltend machen und eine Politikänderung zu ihren Gunsten herbeiführen.

Das geringe Stimmenpotential der landwirtschaftlichen Wähler wäre für die Politiker in diesem Modell nur dann von Interesse, wenn sie Median- oder Wechselwähler wären, die als Grenzwähler eine wahlentscheidende Rolle spielen.[799] Dies widerspricht jedoch praktischen Erfahrungen.[800] Die landwirtschaftlichen Stimmberechtigten haben eine sehr starke Parteiidentifikation zugunsten bürgerlicher Parteien entwickelt. Seit Jahrzehnten zählt die ländliche Bevölkerung insgesamt zu den Stammwählern konservativer Parteien.[801] Das geringe Wechselpotential der Landwirte liegt darin begründet, daß ihre Wahlentscheidung für ein globales Parteiprogramm keine präzise Kontrolle der speziellen agrarpolitischen Ausrichtung einer Partei ermöglicht. Agrarpolitische Entscheidungen

---

[797] Vgl. Tyers/Anderson (1992), S. 92 ff.

[798] Dabei vernachlässigen sie die oben beleuchteten Organisationskosten aber weitgehend.

[799] Siehe dazu Haase (1983), S. 38.

[800] Anderegg (1999), S. 88, verweist jedoch auf die wahlentscheidende Rolle der bäuerlich gesinnten Bevölkerung bei einem föderativen Staatsaufbau in ländlichen Wahlbezirken.

[801] Zum Wählerverhalten der Landwirte vgl. auch Hagedorn/Schmitt (1985), S. 264 ff.; Beusmann/Hagedorn (1984); Haase (1983), S. 41; Ackermann (1970), S. 66 f.

können eher über eine gezielte Interessenvertretung in Parlament, Regierung und gegenüber der Bürokratie beeinflußt werden als über die einmalige Entscheidung für ein bestimmtes Parteiprogramm.[802] Dies erklärt, warum auch sozialdemokratische Regierungen die protektionistische Agrarpolitik beibehalten.[803]

Die Gesamtheit der Konsumenten und Steuerzahler zeichnet sich demgegenüber durch eine wesentlich höhere Wählerbeweglichkeit aus.[804] Dennoch tragen sie die Kosten der politischen Vorzugsbehandlung des Agrarsektors. Eine Erklärung dafür kann unter Einbeziehung des Modells des Interessengruppenwettbewerbs von Becker in die demokratietheoretische Analyse von Downs erfolgen. Demzufolge werden Politiker eine Interessengruppe nur solange unterstützen, bis der marginale Stimmenzuwachs aus dieser Politik den marginalen politischen Kosten in Form von Stimmenverlusten aus anderen Gruppen entspricht.[805]

Die Protektion der Landwirtschaft liegt nun hauptsächlich darin begründet, daß die landwirtschaftlichen Interessenverbände einen **allgemeinen Grundkonsens** in der nichtlandwirtschaftlichen Wählermehrheit über die **Notwendigkeit** einer **speziellen Agrarpolitik** herbeigeführt haben. Mittels ideologischer Beeinflussung durch die Verbände wird die Agrarpolitik von der Wählermehrheit als eine Art impliziter Gesellschaftsvertrag angesehen. So werden von der landwirtschaftlichen Interessenvertretung spezielle Grundbedürfnisse, wie die Sicherung einer angemessenen Nahrungsmittelversorgung, der Schutz natürlicher Ressourcen etc., befriedigt – im Tausch gegen sektorale Einkommensparität.[806] Hagedorn/Schmitt zufolge bewegen die landwirtschaftlichen Interessenverbände mit den genannten Legitimationsstrategien die Wählermehrheit dazu, sich mit ihren Zielen zu solidarisieren,[807] so daß eventuelle Gegenstimmen neutralisiert oder ins Gegenteil umgewandelt werden.

Zudem verhalten sich die Wähler Downs zufolge "rational ignorant", d. h. sie haben wenig Anreize, sich über die tatsächlichen Kosten einer Politik zu infor-

---

[802] Hagedorn (1996), S. 414 f., spricht hier von einer "Grobsteuerung" des Parteienwettbewerbs mittels globaler Parteiprogramme und einer "Feinsteuerung" durch spezifische Maßnahmen des Parlaments, der Ministerialbürokratie, des Verbandssystems etc.

[803] So war die Landwirtschaft als einzige Branche in der Lage, sich sowohl der CDU als auch der SPD gewissermaßen als "große Koalition" zu bedienen, vgl. Schütt-Wetschky (2001), S. 13.

[804] Vgl. Haase (1983), S. 54.

[805] So auch Tyers/Anderson (1992), S. 83. Gorter/Tsur (1991) zeigen anhand einer Regressionsanalyse, daß die oben diskutierten Einkommensnachteile der Landwirte stimmenmaximierenden Politikern eine protektionistische Agrarpolitik erlauben, unabhängig von der Gruppengröße bzw. den Organisationskosten.

[806] Vgl. Kible-Kaup (1996), S. 185.

[807] Im Einzelnen siehe dazu Hagedorn/Schmitt (1985), S. 268 ff.

mieren, wenn ihr Kostenanteil relativ gering ist.[808] Mit zunehmendem Entwicklungsstand von Volkswirtschaften steigt auch der Anteil der nichtlandwirtschaftlichen Bevölkerung. Damit einher geht eine sinkende Pro-Kopf-Belastung der verfehlten Agrarpolitik. Der Anteil der Haushaltsausgaben für Nahrungsmittel ist in der EU relativ gering und nimmt weiter ab, so daß eher andere Politikbereiche die Wahlentscheidung beeinflussen. Hinzu kommt, daß die Produktionskosten für Agrarprodukte im Zeitablauf gesunken sind, so daß preisstützende Maßnahmen, die zu einem gleichbleibenden Preisniveau führen, oft nicht als solche erkannt werden.[809] Mit der geringeren Merklichkeit der Deadweight costs verbunden ist auch eine geringe Oppositionshaltung der Kostenträger gegen eine protektionistische Agrarpolitik in Beckers Interessengruppenmodell.

Demgegenüber kann die Bereitstellung der genannten landwirtschaftlichen Produkte von den Wählern relativ leicht beurteilt werden,[810] was zu einer tendenziell positiven Haltung gegenüber der Landwirtschaft beiträgt und die Legitimation einer einkommensorientierten Agrarpolitik in der Gesellschaft erhöht.[811] Konsumenten stellen auch im Rahmen von Beckers Interessengruppenmodell keine starke Gegenkraft gegenüber den mit der Agrarpolitik begünstigten Gruppen dar.

Durch die Solidarisierung der Wählermehrheit mit der Landwirtschaft spielen agrarpolitische Programme der Parteien keine bedeutsame Rolle für die Stimmenzahl. Dadurch entstehen sog. **abgeschirmte agrarpolitische Handlungsspielräume,**[812] wovon sowohl die Landwirte als auch die Politiker profitieren. Diese bilden eine Interessenkoalition: Politiker können eine protektionistische Politik zugunsten der Landwirtschaft betreiben – und deren politische Unterstützung nutzen – ohne auf Stimmen der Wählermehrheit verzichten zu müssen. In die Interessenkoalition zugunsten einer protektionistischen Agrarpolitik ist auch die Agrarbürokratie involviert. Ihre Mittlerstellung zwischen Politikern und Landwirten läßt sie zu einer besonders starken Befürworterin dieser Politik werden. Im folgenden soll deren Einfluß auf die Agrarpolitik untersucht werden.

---

[808] Vgl. Downs (1968), S. 210.
[809] Vgl. Witzke (1986), S. 162.
[810] Vgl. Eickhof (1986c), S. 135.
[811] Die positive Einstellung der Konsumenten nahm mit der BSE-Krise stark ab, in letzter Zeit (ca. ein halbes Jahr nach der Krise) ist das Vertrauen der Verbraucher jedoch schon wieder weitgehend zurückgekehrt.
[812] Vgl. dazu näher Hagedorn/Schmitt (1985), S. 266 ff.

4.2.4. Die Rolle der nationalen Agrarbürokratie

Die Verwaltungen beeinflussen von der kommunalen Ebene bis zur europäischen Agrarpolitik die Vorbereitung und die Umsetzung politischer Entscheidungen erheblich. In Deutschland spielt das Bundesministerium für Ernährung, Landwirtschaft und Forsten[813] dabei eine herausragende Rolle. Mit diesem existiert ein eigenes Landwirtschaftsministerium, das quasi stellvertretend für die Landwirte agiert.[814] Der jeweilige Landwirtschaftsminister kam im Regelfall aus dem DBV.[815] Damit stellte die Landwirtschaft (bis vor kurzem) einen eigenen Minister in der Regierung.

Die Agrarbürokraten nutzen die Ausgestaltung der Agrarpolitik zur Verwirklichung ihrer persönlichen Zielsetzungen (gesellschaftliche Anerkennung, Absicherung des Beschäftigungsverhältnisses, Beförderungen). Dies ist ihnen aufgrund ihrer fachspezifischen Informationsvorsprünge gegenüber der Finanzierungsinstanz (dem Parlament) möglich. Die daraus resultierenden **Ermessensfreiräume** nutzen sie zur Ausdehnung ihres Leistungsangebots in Form von agrarspezifischen Regulierungen.

Gegenüber den **landwirtschaftlichen Verbänden** sind die Bürokraten an einer möglichst **konfliktfreien Beziehung** interessiert, da sie größtenteils auf deren Informationen angewiesen sind.[816] Außerdem korrelieren die Ziele der Agrarbürokraten stark mit denen der landwirtschaftlichen Interessenverbände:[817] Eine protektionistische Agrarpolitik begünstigt direkt die Landwirte, die von höheren

---

[813] Seit 2001 Ministerium für Verbraucherschutz, Ernährung und Landwirtschaft.

[814] Die Landesministerien sind aufgrund ihrer geringeren Kompetenzen weniger starken Einflüssen landwirtschaftlicher Interessenverbände ausgesetzt. Sie nehmen bei der Umsetzung der Maßnahmen lediglich Beratungs-, Koordinations- und Kontrollaufgaben wahr, vgl. Bicker (1998), S. 169. Die folgenden Aussagen sind jedoch auch auf die Agrarbürokratie vor- und nachgelagerter Entscheidungsebenen übertragbar.

[815] Gelegentlich konnte der DBV seinen Wunschkandidaten sogar gegen den Willen des Bundeskanzlers durchsetzen. Beispielsweise wollte Erhard 1963 Adenauers Landwirtschaftsminister Schwarz durch einen weniger "bauernnahen" Minister ersetzen. Daraufhin wurde ihm angedroht, die 50 CDU/CSU-Landwirte im Parlament würden gegen seine Wahl zum Kanzler stimmen – woraufhin Schwarz Landwirtschaftsminister blieb, vgl. Hoffmann (2001), S. 12.

[816] In Deutschland ist eine enge Zusammenarbeit zwischen Agrarbürokratie und den Verbänden sogar explizit in § 77 der Gemeinsamen Geschäftsordnung der Bundesministerien (GGO) festgeschrieben.

[817] Vgl. Schmitt (1985), S. 17. Zur Interessenlage der Bürokratie in Entwicklungs- und Industrieländern vgl. Tyers/Anderson (1992), S. 90 f.

Einkommen profitieren, und indirekt die Agrarbürokratie, deren individuelle Nutzenmaximierung in starkem Ausmaß vom Budgetumfang abhängt.[818]

Die Agrarbürokratie ist einerseits am Erhalt bzw. der Erweiterung ihrer Ermessensspielräume interessiert und andererseits an einer Vermeidung von Konflikten mit den Bauernverbänden. Wirksamstes Mittel zur Durchsetzung dieser Interessen sind direkte Marktinterventionen. Diese erhöhen den diskretionären Spielraum der Bürokraten erheblich.[819] Darüber hinaus eignen sich Subventionen zur Minimierung des Konfliktpotentials mit den Verbänden, deren Forderungen auf diese Weise kurzfristig erfüllt werden können.[820] Strukturpolitische Maßnahmen hingegen führen zu einem verminderten Umfang der Verwaltungstätigkeit, was den Interessen der Bürokraten an einer Maximierung ihres Budgets zuwiderlaufen würde.[821]

Zusammenfassend lassen sich die deutschen Agrarverbände, insbesondere der DBV, als äußerst starke Interessenvertretung identifizieren. Ihre Durchsetzungskraft ergibt sich aus ihrem großen politischen Einflußpotential, den gleichgerichteten Interessen von Politik und Verwaltung und der großen Sympathie und Unterstützung breiter Bevölkerungsmassen.

Der deutsche Agrarinterventionismus wird durch die Verlagerung agrarpolitischer Kompetenzen auf die Ebene der Europäischen Union noch verstärkt. Nationale Gestaltungsmöglichkeiten bestehen vor allem in den Bereichen Agrarstruktur- und -umweltpolitik. Im zentralen Bereich der Markt- und Preispolitik liegt die Entscheidungskompetenz demgegenüber auf supranationaler Ebene beim Ministerrat. Dieser institutionelle Rahmen ermöglicht den nationalen Interessenverbänden eine Instrumentalisierung der europäischen Agrarpolitik für ihre eigenen Zielsetzungen.[822] Im folgenden soll gezeigt werden, daß die starke nationale Position der Agrarverbände durch die Verlagerung agrarpolitischer Kompetenzen auf die supranationale Ebene noch unterstrichen wird.

---

818 Vgl. Hansmeyer/Vitt (1996), S. 102.
819 Vgl. Frey (1981), S. 350.
820 Vgl. Kible-Kaup (1996), S. 182.
821 Vgl. Haase (1983), S. 139.
822 Vgl. Rieger (1994), S. 181 f.

4.3. Das agrarpolitische System in der Gemeinschaft

4.3.1. Die landwirtschaftliche Interessenvertretung auf europäischer Ebene

Mit der Etablierung der GAP begannen die nationalen landwirtschaftlichen Interessenverbände, ihre Aktivitäten auf die Organe der Europäischen Gemeinschaft auszurichten. Zu diesem Zweck wurde 1958, drei Monate nach der Konferenz von Stresa eine europäische Dachvereinigung der nationalen landwirtschaftlichen Interessenverbände (Comité des Organisations Professionelles Agricoles de la C. E. – COPA) gegründet.[823]

Mit der Integration der Agrarpolitik auf supranationaler Ebene wurden die Europäische Kommission und der Agrarministerrat zu den wichtigsten Akteuren agrarpolitischer Entscheidungen, so daß sich auch die direkte Einflußnahme nationaler Landwirtschaftsverbände seit den sechziger Jahren immer stärker auf sie konzentriert. Zwischen den landwirtschaftlichen Interessenverbänden auf nationaler und europäischer Ebene wurde dabei eine pragmatische Arbeitsteilung geschaffen: Die nationalen Verbände üben mittels Lobby- und Informationstätigkeit Einfluß auf die Agrarminister im Heimatland aus – die ihre Interessen dann im Ministerrat vertreten – oder direkt auf die supranationalen Organe in Brüssel.

Die Mitgliedschaft im europäischen Dachverband dient als zusätzliche Möglichkeit, supranationale Organe in Sachbereichen, bei denen ein gemeinschaftsweiter Konsens zwischen den Mitgliedsverbänden besteht, zu beeinflussen. Der Dachverband pflegt enge Beziehungen insbesondere zur Kommission, aber auch zum Landwirtschaftsausschuß des Europäischen Parlaments, die jedoch nicht an das Ausmaß der Kontakte zur Kommission heranreichen.[824] Darüber hinaus übt er Einfluß auf den Wirtschafts- und Sozialausschuß (WSA) aus, wobei starke personelle Verflechtungen bestehen.[825] Der WSA verfügt jedoch nur über eine beratende Position ohne rechtliche Bindung. Dies ist wohl der Hauptgrund für seine untergeordnete Rolle für die europäische Verbandslandschaft.[826] Er soll deshalb in der folgenden Betrachtung vernachlässigt werden.

---

[823] Daneben existieren weitere landwirtschaftliche Interessenverbände auf europäischer Ebene, auf die hier jedoch nicht näher eingegangen werden soll. Siehe dazu näher Averyt (1977), S. 86 ff.

[824] Zu den konkreten Tätigkeitsbereichen vgl. Schmitt (1988), S. 36 f.

[825] Vgl. Moyer/Josling (1990), S. 43. Zur Einflußnahme des DBV auf europäischer Ebene vgl. ausführlich Schmitt (1988), S. 40 f.; Burkhardt-Reich/Schumann (1983), S. 204 ff.; Averyt (1977), S. 71 ff.

[826] So auch Pfeifer (1995), S. 83; Gardner (1991), S. 100.

Bei der Kommission nehmen die Verbände teilweise in einer institutionalisierten Weise an der Entscheidungsfindung teil, beispielsweise im Rahmen von Ausschüssen, Komitees sowie Studien- und Arbeitsgruppen. Daneben erfolgt eine informelle Beteiligung, etwa über beratende Ausschüsse oder ad-hoc-Kontakte.[827] Bei den jährlichen Agrarpreisverhandlungen im Ministerrat hat die COPA bereits des öfteren mit massiven Protestkundgebungen ihre Stärke demonstriert.[828] Eine einheitliche Position aller COPA-Mitglieder ist lediglich bei den Preisverhandlungen im Ministerrat möglich.[829] Die Einflußnahme erfolgt in diesem Bereich direkt über Ratsmitglieder oder über die Mitglieder des COERPER, der die Sitzungen und Entscheidungen des Rates vorbereitet. Im Regelfall aber nehmen die nationalen Agrarverbände direkten Kontakt zu den europäischen Organen auf.

Die frühe Etablierung einer landwirtschaftlichen Interessenvertretung auf europäischer Ebene im Jahre 1958 korrespondiert mit den Aussagen des dynamischen Totalmodells von Olson. Nach der Gründung der EWG konnten sich nicht sofort neue Interessenkoalitionen bilden. Die Neubildung von Rent seeking-Koalitionen und damit neuen Rentenpositionen wurde durch Sprach- und Kulturunterschiede sowie die größere Anzahl von einzubindenden Akteuren im Gesamtmarkt erschwert. Landwirtschaftliche Interessenorganisationen konnten diese Schwierigkeiten im Laufe der Zeit überwinden und haben sich zu einer starken politischen Kraft entwickelt, die den Reformvorhaben seit den achtziger Jahren großen Widerstand entgegensetzen und eine echte Reformierung der GAP weitgehend verhindern konnte.

4.3.2. Das Europäische Parlament

Das Europäische Parlament (EP) war lange Zeit am wenigsten relevant für die agrarische Interessenvertretung.[830] Seit 1979 werden seine Abgeordneten direkt in den Nationalstaaten gewählt. Das EP ist im Rahmen von Anhörungs- und Zustimmungsverfahren, seit der EEA auch durch Kooperationsverfahren an der Rechtssetzung in der Gemeinschaft beteiligt. Mit dem Amsterdamer Vertrag wurde seine Bedeutung mit der Einführung des sog. Mitentscheidungsverfahrens

---

[827] Vgl. näher dazu Gündisch/Mathijsen (1999), S. 159 ff.

[828] So beispielsweise 1980 und 1981, vgl. näher Fearne (1991), S. 101 ff.

[829] Vgl. Pfeifer (1995), S. 48.

[830] Bei einer Umfrage aus dem Jahre 1978, bei der wichtige Interessengruppen ihre Kontakte zu den Organen der Gemeinschaft bewerteten, stand das Parlament nach Kommission, Rat und WSA noch an letzter Stelle, vgl. WSA (1980), S. 22 f.

noch einmal ausgeweitet.[831] Seitdem kann das EP seine eigenen Interessen wirksamer gegen den Rat vertreten.

Darüber hinaus verfügt es über gewisse Kontrollbefugnisse gegenüber der Kommission und Mitwirkungsrechte bei der Aufstellung und Verabschiedung des Gemeinschaftshaushalts.[832] Das EP verfügte bis zum Maastrichter Vertrag im Vergleich zur Kommission und dem Ministerrat nur über eine sehr schwache Stellung. Die institutionelle Balance dürfte sich im Zuge der weiteren Integration jedoch weiter zugunsten des Parlaments verschieben. Insbesondere seit der Einführung von Zusammenarbeits- und Mitentscheidungsverfahren in den achtziger und neunziger Jahren erlangte das EP einen **Bedeutungszuwachs** und damit auch zunehmende Bedeutung für die Interessengruppen. Die Hauptarbeit der Parlamentarier erfolgt in den ständigen und nicht ständigen Ausschüssen.

Die Abgeordneten verstehen sich als Anwalt der europäischen Bürger und suchen dementsprechend häufig Kontakte zu Umwelt- und Verbraucherinteressengruppen.[833] Das Ansehen der Parlamentarier hängt von der Bedeutung des Parlaments als supranationale Institution ab. Eine Möglichkeit, diese zu steigern, ist die strenge Überwachung der Haushaltspolitik und die Reformierung der ineffizienten GAP. Parlamentsmitglieder, die Mitglied des Agrarausschusses sind, unterliegen jedoch starkem politischen Druck der Agrarlobby, und zum Teil nehmen Mitglieder der COPA an den Beratungen teil.[834] Trotz abweichender Einzelpositionen seiner Mitglieder unterstützt der Agrarausschuß deshalb – ent-

---

[831] Eine Übersicht über die Mitwirkungsrechte des EP findet der interessierte Leser bei Welfens (1997), S. 289. Vgl. dazu ausführlich auch Reich (1999), S. 140 ff. Das Parlament gibt im Anhörungs- und Zustimmungsverfahren Stellungnahmen ab, die für den Ministerrat jedoch nicht bindend sind. Im Zustimmungsverfahren können Entscheidungen des Ministerrates zwar blok-kiert oder aufgeschoben, konstruktive Änderungen aber nicht eingebracht werden. Im Kooperationsverfahren, das seit dem Vertrag von Amsterdam weitgehend bedeutungslos geworden ist, kann das EP Änderungsvorschläge unterbreiten, ist faktisch jedoch nicht in der Lage, diese – gegen den Willen der Kommission und des Rates – durchzusetzen. Einzig in den sog. Mitentscheidungsverfahren ist die Änderung von Kommissionsvorschlägen durch das EP möglich. Hier kann das EP gleichberechtigt mit dem Ministerrat eine Kompromißlösung herbeiführen. Die gestiegene Anzahl von Mitentscheidungsverfahren seit 1994 (60) bis 1999 (105) sind ein Indiz für eine stärkere Verlagerung von Entscheidungsmacht zum EP, vgl. ausführlich Theurl/Meyer (2001), S. 168 ff. Dies darf aber nicht darüber hinwegtäuschen, daß das EP gegen den Willen des Rates und der Kommission eigenständig faktisch keine Politikänderungen herbeiführen kann.

[832] Vgl. Theurl/Meyer (2001), S. 119 ff. und 168 ff.

[833] Vgl. Pfeifer (1995), S. 85.

[834] Vgl. Pfeifer (1995), S. 47 f.

gegen der Zielsetzung des EP als Ganzes – in der Regel Agrarpreis- und Einkommenssteigerungen.[835]

4.3.3. Die Europäische Kommission und die GAP

Die Kommission ist die Exekutive der EU. Insbesondere im Zusammenhang mit dem Binnenmarktprogramm nimmt sie aber auch legislative Aufgaben wahr.[836] Sie wirkt auf verschiedene Weise auf die Agrarpolitik ein: Sie besitzt das alleinige Vorschlagsrecht gegenüber dem Ministerrat, der diese Vorschläge nur einstimmig ändern darf, und sie nimmt zum Teil selbst den Einsatz des agrarpolitischen Instrumentariums vor, etwa die Festsetzung von Exporterstattungen, bzw. hat ihn zu überwachen.[837]

Bei eingehender Betrachtung läßt sich die Kommission nicht per se als Bürokratie charakterisieren, deren Verhalten mit einfachen Modellen der Budgetmaximierung erklärbar ist. Auf den oberen Verwaltungsebenen agieren sog. **politische Beamte**. Die **Kommissare** selbst und der dem jeweiligen Kommissar zugehörige Mitarbeiterstab, das **Kabinett**, werden für einen begrenzten Zeitraum berufen und sind einer politischen Aufgabe, der Integration, verpflichtet.[838] Die politischen Beamten handeln eigennutzorientiert: Zur Rechtfertigung ihres integrationspolitischen Führungsanspruchs[839] und zur Verbesserung ihrer späteren persönlichen Karrierechancen im Heimatland[840] wollen sie Ergebnisse in Form von Integrationsfortschritten vorweisen.

Jedem Kommissar sind ein bis zwei **Generaldirektionen** zugeordnet. In diesen findet die eigentliche Verwaltungsarbeit statt.[841] Ihre Angestellten handeln als

---

835 Zu den bisherigen Äußerungen des Agrarausschusses vgl. Hix (1999), S. 80. Die Vorschläge des Agrarausschusses werden Moyer/Josling (1990), S. 55, zufolge oftmals bei späteren Beratungen im Parlament im Sinne gesamteuropäischer Interessen modifiziert.

836 Näheres dazu bei Bach (1994), S. 117.

837 Vgl. Koester (1996), S. 166.

838 Das Vorantreiben der Integration als politische Aufgabe drängt sogar die natürliche Verbundenheit der Kommissionsmitglieder mit dem jeweiligen Herkunftsland in den Hintergrund, vgl. etwa Donat (1998), S. 7; Nienhaus (1996), S. 127 f. Gegenteilig argumentiert Mussler (1998).

839 Vgl. Nienhaus (1996), S. 126.

840 Vaubel (1991), S. 306, zeigt dies am Beispiel des Delors-Berichts von 1989: Jaques Delors wurde 1984 Kommissionspräsident, seine maximal mögliche Amtszeit endete 1992. Für eine Fortsetzung seiner politischen Karriere in Frankreich mußte er Erfolge bei der europäischen Integration vorweisen – und dabei französische Interessen vertreten.

841 Hierzu zählen insbesondere die praktische Vorbereitung von Kommissionsvorschlägen, die Weiterleitung von Beschlüssen an die zuständigen Stellen und die Kontrolle der Umset-

Bürokraten im Sinne der NPÖ. Die EU-Bürokraten sind grundsätzlich an einer Erweiterung ihres Einflußbereiches interessiert, sie streben eine sachliche und geographische Ausdehnung ihres Tätigkeitsbereiches an. Dem stehen jedoch Interessen der Mitgliedstaaten entgegen, die über die Kabinette Kompetenzausweitungen der Kommission beschränken können.

Der Agrarkommissar ist für die Weiterentwicklung der europäischen Landwirtschaft und der GAP zuständig, und die eigentliche Verwaltungsarbeit findet in der Generaldirektion Landwirtschaft statt. Diese nimmt unter den 22 Generaldirektionen eine quantitativ und qualitativ herausragende Stellung ein.[842] Der Agrarkommissar und sein Kabinett sind grundsätzlich an einer effizient funktionierenden GAP interessiert, da hiervon ihre Position und ihr Prestige abhängen. Bei der Entscheidungsfindung sind sie jedoch auf Informationen der europäischen Interessenverbände und Kontakte mit den nationalen Interessengruppen angewiesen. Da sowohl auf europäischer als auch auf nationaler Ebene die Agrarverbände besser organisiert sind als die Konsumenten und somit über eine bessere Informationsvermittlung bei der Kommission verfügen (etwa über das vielschichtige Ausschußwesen), erfolgen die Kommissionsentscheidungen tendenziell zugunsten der Landwirte.[843]

Eine dirigistische Agrarpolitik wird zusätzlich durch die institutionell bedingte Zusammenarbeit zwischen Kommission und Ministerrat begünstigt. Die Kommissionsmitglieder versuchen bei der Einbringung von Gesetzesvorhaben immer, das Verhalten ihrer Gegenspieler zu antizipieren. So werden beim Ministerrat in der Regel beschlußfähige (agrarfreundliche) Vorlagen eingebracht.[844] Auch hierzu ist die vorherige Konsultation von Verbandsvertretern in den Ausschüssen notwendig. Auf diese Weise können am schnellsten spezifische Informationen gewonnen und eventuelle Widerstände im Ministerrat berücksichtigt werden.[845] Hinzu kommen Informationsdefizite der breiten Öffentlichkeit – der einzelne Bürger ist eher über die Tätigkeit nationaler Bürokraten informiert als über die der Europäischen Kommission.[846] Die genannten Faktoren führen zur Bevorzugung einseitiger, die Landwirtschaft begünstigender Maßnahmen bei den Kommissionsentscheidungen.

---

zung. Ihre Aufgaben entsprechen weitgehend denen der Ministerien auf nationaler Ebene, vgl. Theurl/Meyer (2001), S. 102.

842 Vgl. Schmitt (1988), S. 32.

843 Vgl. Senior-Nello (1984), S. 272 f.

844 Vgl. Koester (1996), S. 167.

845 Vgl. Schmitt (1988), S. 33.

846 Vgl. Koester (2001a), S. 348.

4.3.3. Der Agrarministerrat

Vom Ministerrat ist zunächst der Europäische Rat der Staats- und Regierungschefs (und des Kommissionspräsidenten) zu unterscheiden. Deren informelle Gipfeltreffen wurden 1974 institutionalisiert und mit dem Maastrichter Vertrag im EU-Recht verankert. Der Europäische Rat der Regierungschefs soll als Führungs- und Inspirationsorgan der Integration neue Impulse verleihen. Darüber hinaus fungiert er bei Konflikten, die von den Gemeinschaftsorganen nicht entschieden werden konnten, als letzte Instanz, die sektorübergreifende Kompromisse schließt.[847]

Die **Entscheidungskompetenz** in der europäischen Politik liegt weitgehend beim Ministerrat. Er setzt sich je nach Beratungsgegenstand aus den Ministern der jeweiligen Fachressorts der Nationalstaaten zusammen. Der Ministerrat (und nicht das EP) stellt das fast ausschließliche Beschluß- und Entscheidungsorgan der Gemeinschaft dar, das auch die Zusammenarbeit zwischen supranationaler und nationalstaatlicher Ebene koordinieren soll. Der Verhandlungsprozeß dient dabei nicht der Hervorbringung von Integrationsimpulsen wie beim Europäischen Rat, sondern der Umsetzung von (Kommissions-)Vorschlägen in realisierbare Entscheidungen.

Die Ratsmitglieder nehmen im politischen Prozeß eine **Doppelrolle** ein. Zum einen sind sie als Mitglieder des Ministerrats auf europäischer Ebene Gesetzgeber, zum anderen agieren sie als Angehörige der Regierung auf nationaler Ebene, wo sie unter anderem supranationale Entscheidungen umsetzen. Dort streben sie nach Wählerstimmen zur Gewährleistung ihrer Wiederwahl. Verfolgt die Regierung auf nationaler Ebene eine Politik, die spezifischen Gruppeninteressen zuwider läuft, muß sie bei der nächsten Wahl mit Sanktionen rechnen.

Der Agrarministerrat ist das Hauptziel für Interessengruppenaktivitäten und deshalb für eine politökonomische Betrachtung von größter Relevanz. Er setzt sich aus den Agrarministern der Nationalstaaten zusammen, die zugleich Mitglieder der Regierungen der einzelnen Mitgliedstaaten sind. Sie unterliegen damit starken Anreizen, auch auf europäischer Ebene eine Politik zur Maximierung der Wählerstimmen im Heimatland zu betreiben. Aufgrund der **institutionellen Besonderheiten** erhöhen sich die Chancen zur Durchsetzung landwirtschaftlicher Interessen im Ministerrat:

So ist der Agrarministerrat für die jährliche Festlegung der Agrarpreise verantwortlich, d. h. er muß permanent **diskretionäre Entscheidungen** treffen, die in

---

[847] Vgl. Theurl/Meyer (2001), S. 81 f.

der Regel zugunsten der Landwirte erfolgen. Dafür ist zum Teil die **mangelnde Transparenz** der Entscheidungsfindung im Rat verantwortlich. Die Tagungen des Rates finden nicht öffentlich statt, so daß meist nicht bekannt wird, wer wofür gestimmt hat. Ein weiterer Aspekt ist die **unzureichende Kontrolle** durch das Europäische Parlament.[848]

Die mangelnde Transparenz und Kontrolle ihrer Entscheidungen ermöglicht den Agrarministern die Vertretung nationaler agrarpolitischer Interessen im Rat. Dies wurde lange dadurch unterstützt, daß statt der ursprünglich für den Regelfall vorgesehenen Mehrheitsentscheidungen seit dem sog. Luxemburger Kompromiß 1966 bis 1982[849] überwiegend eine einstimmige Beschlußfassung erfolgte. Seitdem soll sich der Rat jedoch auch bei Mehrheitsentscheidungen um eine Kompromißlösung bemühen, wenn sehr wichtige Interessen eines oder mehrerer Länder berührt werden.[850] Damit verfügt faktisch jedes Mitgliedsland über ein Vetorecht, was zu einem sehr **hohen Konsensbedarf** bei den Verhandlungen im Rat führt.

Der hohe Konsensbedarf führt dazu, daß im Regelfall über sachlich nicht zusammenhängende "Gesamtpakete" abgestimmt wird statt über – eventuell nicht durchsetzbare – Einzelvorschläge. Die Mitgliedsländer kaufen sich ihre Zustimmung zu einem Paket gegenseitig ab. So verfügt jedes Mitgliedsland über spezifische Agrarprodukte, die besonders begünstigt werden sollen. Zwischen den Mitgliedstaaten erfolgt bei der Abstimmung über das Gesamtpaket nun ein sog. **Stimmentausch** (Log rolling), indem sie sich gegenseitige Unterstützung bei der Durchsetzung der (Preis-)Forderungen für ihre heimischen Produkte zusichern. Dies führt insgesamt dazu, daß in den Paketlösungen Schutzmaßnahmen für eine Vielzahl von Produkten durchgesetzt werden, so daß insgesamt ein höheres Protektionsniveau bzw. eine expansive Agrarpreispolitik resultiert.[851]

Dem standen lange **keine Budgetbeschränkungen des Gemeinschaftshaushalts** gegenüber. Die EG-Haushaltseinnahmen werden unabhängig von agrarpo-

---

[848] Vgl. Koester (1996), S. 165 f.; Hartmann/Henrichsmeyer/Schmitz (1991), S. 88; Hagedorn/Schmitt (1985), S. 277.

[849] Vgl. Koester (2001a), S. 350. Damals hat Frankreich seinen Regierungsvertreter aus den Verhandlungen zurückgezogen und somit die Entscheidungsfähigkeit des Rates verhindert, da es bei einer Einigung auf einen Kommissionsvorschlag bzgl. der Agrarfinanzierung einen zu großen Souveränitätsverlust befürchtete, vgl. Bicker (1998), S. 106.

[850] Vgl. dazu ausführlich Grabitz (1990), Art. 149, Rdnr. 3.

[851] Vgl. dazu auch Sputek (1994), S. 59; Haase (1983), S. 121 ff. So profitieren die südeuropäischen Staaten überproportional von den Tabak-, Olivenöl-, Obst- und Gemüsesubventionen und Deutschland, Frankreich sowie Großbritannien von den Direktzahlungen bei den Ackerkulturen. Andere Länder wiederum partizipieren überproportional an den Agrarumweltprogrammen, vgl. Ribbe (2001), S. 35.

litischen Entscheidungen insbesondere durch die Sozialprodukte der Mitgliedsländer bestimmt. Sie kamen bis 1983 fast ausschließlich der GAP zugute, so daß bis dahin den Agrarpreisbeschlüssen quasi keine Budgetbeschränkungen entgegenstanden.[852] Ein hohes Protektions- und damit Kostenniveau wird weiterhin durch das Prinzip der **finanziellen Solidarität** unterstützt. Diesem Prinzip zufolge werden die aus der GAP resultierenden Haushaltsbelastungen von allen Mitgliedsländern gemeinsam getragen, unabhängig vom Anteil an der Kostenverursachung und von den Beiträgen zum gemeinsamen Haushalt. Dies führt dazu, daß kein Mitgliedsland finanzielle Disziplin übt, sondern – im Gegenteil – jedes Mitgliedsland wird zunächst versuchen, bei gegebenen Einzahlungen seinen Anteil an den Auszahlungen zu maximieren.

Darüber hinaus erfolgt die Beschlußfassung auf europäischer Ebene wesentlich autonomer als auf nationalstaatlicher Ebene, wo die Entscheidungen unter Hinzuziehung aller betroffenen Ressortminister gefällt werden. Im Unterschied zu den Nationalstaaten müssen die meist budgetwirksamen agrarpolitischen Entscheidungen im Ministerrat nicht mit anderen Ressortministern, wie den Finanz-, Wirtschafts- und Umweltministern, abgestimmt werden, so daß diese nicht zur Kontrolle der Agrarausgaben beitragen können.

Den obigen Ausführungen ist zu entnehmen, daß der Agrarministerrat zum einen über starke Anreize verfügt, die Interessen der nationalen landwirtschaftlichen Verbände auf europäischer Ebene zu vertreten. Zum anderen bietet der institutionelle Rahmen den Agrarministern vielfältige Möglichkeiten, diese auch durchzusetzen. Zu den eine protektionistische Agrarpolitik begünstigenden institutionellen Bedingungen zählen insbesondere die prinzipiell geltende Einstimmigkeitsregel bei der Beschlußfassung, die unzureichenden Kontrollmöglichkeiten durch das Europäische Parlament, andere Ressortminister und die Öffentlichkeit sowie das Prinzip der finanziellen Solidarität. Darüber hinaus trägt die Tatsache, daß agrarpolitische Entscheidungen auf europäischer Ebene von den nationalen Landwirtschaftsministern gefällt werden – und nicht von einer durch Wahlen legitimierten europäischen Institution – signifikant zu einer verstärkten politischen Durchsetzungsfähigkeit nationaler landwirtschaftlicher Interessenverbände bei.[853] Die unzulängliche Zuweisung von Verfügungsrechten, hohe Informationskosten und Principal agent-Probleme setzen Handlungsanreize, die Entscheidungen im Ministerrat ermöglichen, die die Landwirte begünstigen – auf Kosten der gesamten europäischen Gesellschaft.

---

[852] Vgl. Hartmann/Henrichsmeyer/Schmitz (1991), S. 87 f.
[853] So auch Koester (2001a), S. 347; Moyer/Josling (1990), S. 46.

4.4. Zwischenfazit

Der Agrardirigismus wurde bereits 1957 im EWGV festgeschrieben. Er ging zurück auf einen Kompromiß zwischen den beiden mächtigsten Gründerstaaten Deutschland und Frankreich: Frankreich als Agrarexporteur erhoffte sich durch die Gründung der Gemeinschaft sichere Absatzmärkte für seine landwirtschaftlichen Produkte. Als Gegenleistung öffnete es seine hochprotektionierten Märkte für Industriegüter, wovon sich insbesondere Deutschland Vorteile versprach. Zudem hätten unterschiedliche Agrarpolitiken implizit Wettbewerbsverzerrungen in anderen Wirtschaftsbereichen nach sich gezogen. Somit wurde als Alternative eine gemeinsame Agrarpolitik gewählt, von der man sich auch positive Effekte für die Harmonisierung in anderen Wirtschaftsbereichen erhoffte.

Doch diese Hoffnungen haben sich nicht erfüllt. Die marktwidrigen Regelungen der landwirtschaftlichen Einkommenspolitik zogen zahlreiche Ineffizienzen nach sich. Daß trotz der vielen gesamtwirtschaftlichen Nachteile bislang keine bedeutsamen Reformen stattfanden, liegt in der starken Organisationsfähigkeit landwirtschaftlicher Interessenverbände begründet, die zusammen mit nationalen Politikern und der Agrarbürokratie eine mächtige Interessenkoalition bilden. Die Beibehaltung der dirigistischen Agrarpolitik wird durch ihre hoheitliche Integration auf europäischer Ebene unterstützt. Seit der Gründung der EWG hat sich eine Interessenkoalition zwischen nationaler Agrarlobby und den Agrarministern im Ministerrat herausgebildet, die vorsichtigen Reformversuchen der Kommission oder eventuell des Europäischen Parlaments unbeschadet widerstehen konnte. Die hohen Kosten dieser verfehlten Politik tragen letztendlich die Konsumenten und die Steuerzahler.

Zur Korrektur der im Laufe der Zeit eingetretenen Fehlentwicklungen wurden von der Europäischen Kommission zahlreiche Vorschläge für eine Reformierung der GAP eingebracht. Doch nur selten kam es zu ernsthaften Versuchen, einschneidende Änderungen herbeizuführen; echte Reformen blieben aus. Im folgenden Abschnitt werden die Auslöser und die Hauptelemente der bislang erfolgten Reformversuche dargestellt.

5. Bisherige vergebliche Reformversuche

Hauptsächlich bedingt durch die zunehmenden Produktionsüberschüsse und die daraus resultierenden Haushaltsbelastungen erfolgten erste Modifizierungen der Agrarpolitik in den Jahren 1984 und 1988. 1992 trat infolge der achten Welthandelsrunde ein stärkerer handelspolitischer Druck, insbesondere der USA, hinzu, so daß weitere Anpassungen stattfanden. Und 1997 kam es im Hinblick auf eine folgende Agrarhandelsrunde nach 1999 und den Beitrittsverhandlungen mit mehreren mittel- und osteuropäischen Ländern zu weiteren Reformvorschlägen im Rahmen der sog. Agenda 2000. Die auslösenden Faktoren und die wichtigsten Elemente der bisherigen Reformversuche sollen im folgenden skizziert und beurteilt werden.

5.1. Reformversuche in den achtziger Jahren

5.1.1. Auslösende Faktoren

Auf lange Sicht gesehen basierte die GAP bei ihrer Etablierung auf zwei Annahmen, die sich beide als falsch erwiesen: Zum einen, daß die EWG ein Hauptimporteur von Agrarprodukten bleiben würde, und zum anderen, daß die Weltmarktpreise der Agrarprodukte ansteigen oder zumindest stabil bleiben würden.[854] Die aufgrund dieser Annahmen konstruierte Agrarpolitik mußte bei davon abweichenden Entwicklungen Probleme aufwerfen. Zu ersten wahrnehmbaren Reformversuchen in den achtziger Jahren führten vor allem ökonomische, finanzpolitische und außenwirtschaftliche Probleme.

Die hohen Marktpreise stellten solange kein **Finanzierungsproblem** dar, wie auf den meisten Agrarmärkten ein Einfuhrbedarf bestand. Doch mit zunehmendem Selbstversorgungsgrad, der Anfang der achtziger Jahre bei den meisten europäischen Agrarprodukten die 100 %-Marke überschritt, wurden immer mehr Exportsubventionen notwendig, um die Produktionsüberschüsse auf den Weltmärkten abzusetzen. In der Folge stiegen die Kosten der Marktinterventionen extrem an und die GAP nahm kaum noch finanzierbare Ausmaße an.[855]

Moyer/Josling führen die eskalierenden Agrarausgaben als Grund für einen **schwindenden Interessengruppeneinfluß** an. Bei begrenztem Budget konnten die Agrarausgaben nur noch auf Kosten anderer Ausgabekategorien erhöht werden. Da die EG kein Budgetdefizit herbeiführen konnte, führte dies zu einer verschärften Konkurrenz verschiedener Politikbereiche um Mittelzuweisungen. Dadurch unterlagen die Staatschefs und die Finanzminister größeren Anreizen als bislang, ihren Einfluß im Bereich der Agrarpolitik geltend zu machen. Im Regelfall waren sie nur am Rande mit agrarpolitischen Maßnahmen betraut, doch nun versuchten sie, neue Einnahmen ausfindig zu machen und einen Ausgleich zwischen dem Agrar- und anderen Ressortbudgets herbeizuführen. Wei-

---

[854] Vgl. Hathaway (1987), S. 73 f.

[855] Die Agrarausgaben verdoppelten sich in den Jahren 1980 bis 1986, und 1983 wurde der Haushaltsrahmen erstmals vollständig ausgeschöpft, vgl. Tangermann (1984a), S. 74.

terhin unterlagen nun auch Kommissionsmitglieder anderer Ressorts verstärkten Anreizen, auf eine Verminderung der Agrarausgaben hinzuwirken, um die Finanzierung konkurrierender Programme nicht zu gefährden. Der zunehmende Nullsummenspiel-Charakter der Agrarpolitik führte darüber hinaus zu einem tendenziellen Auseinanderdriften der Interessenpositionen innerhalb der COPA und verminderte ihre Fähigkeit, in politischen Verhandlungen eine kohärente Position zu vertreten.[856]

Zudem kam es in den achtziger Jahren zu weltweiten Preisverfällen auf den Agrarmärkten, so daß die europäischen Marktpreise weit über dem Weltmarktniveau lagen und auch bei einer moderaten Preispolitik das Schutzniveau zunahm. In der Folge kam es in zunehmendem Maße zu **handelspolitischen Problemen**. Solange die EG ein Hauptimporteur und die Weltmärkte insgesamt aufnahmefähig waren, erfolgte nur selten und in Einzelfällen Kritik an der europäischen Schutzpolitik. Doch mit der Entwicklung der EG zu einem Hauptexporteur dieser Produkte und wachsendem Druck auf die Weltmarktpreise nahmen ausländische Exporteure von Agrarprodukten zunehmend eine engagierte, koordinierte Position gegenüber der EG ein und drohten mit Retorsionsmaßnahmen bzw. mit internationalen Handelskonflikten.[857]

Die Probleme wurden durch die **Süderweiterung der EU** um Griechenland (1981), Spanien und Portugal (1986) noch verschärft, die über große, noch nicht mobilisierte Produktionspotentiale verfügten. Ein Abrücken dieser Länder von ihrer damaligen Nettoimportposition zu einer Nettoexportposition wäre mit negativen Konsequenzen für den europäischen Agrarhaushalt verbunden gewesen.[858] Dieser Aspekt weckte das Interesse der Kommission an einer weniger budgetwirksamen Agrarpolitik. Die Süderweiterung führte auch zu einem Zuwachs der Mitgliedsverbände in der COPA. Neue, verschiedenartige Interessen mußten in die Verhandlungen integriert werden, was zu einer weiteren Inkohärenz innerhalb des Verbandes beitrug.

5.1.2. Eckpunkte des Reformpakets und ordnungspolitische Beurteilung

Mit dem Maßnahmenbündel von 1984 sollten die Produktionskapazitäten schrittweise an die stagnierende Nachfrage herangeführt werden, um so die ständig steigenden Haushaltsbelastungen und Störungen des Welthandels zu vermindern – ohne jedoch die Einkommenssituation der Landwirte zu ver-

---

[856] Vgl. Moyer/Josling (1990), S. 47.
[857] Vgl. Moyer/Josling (1990), S. 26.
[858] So auch Schmitt (1988), S. 25.

schlechtern. Die ursprünglichen **Kommissionsvorschläge** beinhalteten demgemäß die Einführung von "Garantieschwellen" für ausgewählte Produkte und die Annäherung insbesondere der Getreidepreise an das niedrigere Weltmarktniveau. Die Einkommenssituation der Landwirte sollte durch strukturelle Maßnahmen und direkte Einkommenshilfen verbessert werden.[859] Zu den wesentlichen Elementen der modifizierten, vom **Ministerrat** 1984 beschlossenen Maßnahmen zählte eine **restriktive Preispolitik** bei verschiedenen Produkten. Darüber hinaus wurde gegen die Stimmen von Agrarwissenschaftlern[860] und Kommission und nicht zuletzt aufgrund des starken Widerstandes des deutschen Landwirtschaftsministers gegen Preissenkungen eine sog. **Garantiemengenregelung** für **Milch** eingeführt.[861]

Doch mit diesen Maßnahmen war keine Lösung der drängenden Finanzierungsprobleme verbunden. Schon kurz nach der Etablierung der Maßnahmen stellte sich heraus, daß sie den Reformzielen nur in unzureichendem Maße gerecht wurden. Insbesondere die Kommission suchte nach weiteren Lösungsansätzen. Sie unterbreitete 1985 in ihrem Grünbuch[862] Vorschläge, die wiederholt auf eine restriktive Preispolitik drangen. Diesen Vorschlägen folgte der Ministerrat jedoch nicht. Statt dessen konnte erst 1988 im **Europäischen Rat** der Regierungschefs eine Einigung über die weitere Ausgestaltung der Agrarpolitik erzielt werden. Dabei handelte es sich im allgemeinen lediglich um Verschärfungen der 1984 beschlossenen Schritte. So wurden zur Einschränkung der Produktionssteigerungen europaweite Produktionsmengenbegrenzungen, sog. **Garantieschwellen**, eingeführt, bei deren Überschreiten automatische Preissenkungen eintreten sollten. In einer sog. **Agrarleitlinie** wurde die maximale jährliche Zunahme der Agrarausgaben (und damit die zukünftige Haushaltsbelastung) begrenzt,[863] und erstmals ein Programm zur **freiwilligen Stillegung von Flächen** verabschiedet.[864]

Die Beschlüsse von 1984 und 1988 stellten insgesamt lediglich eine **Korrektur an den Symptomen** – den Produktionsüberschüssen und den Haushaltsausga-

---

[859] Vgl. Kommission der Europäischen Gemeinschaften (1981).

[860] Vgl. dazu statt vieler Tangermann (1984b).

[861] Den Produzenten wurden Produktionsrechte zugewiesen. Produzierte Mengen, die über die jeweilige Quote bzw. Referenzmenge hinausgingen, unterlagen deutlichen Preisabschlägen, vgl. Schmitt (1988), S. 27. Zu den ergänzenden strukturpolitischen Maßnahmen vgl. Rat der Europäischen Gemeinschaften (1985b).

[862] Vgl. Kommission der Europäischen Gemeinschaften (1985d).

[863] Der Anstieg der Agrarausgaben wurde zukünftig auf einen bestimmten Prozentsatz des Zuwachses des gesamten EG-Haushaltsvolumens begrenzt, vgl. Schmitt (1998), S. 192 f.; Henrichsmeyer/Witzke (1994), S. 566.

[864] Zu den Einzelheiten vgl. Bundesministerium für Ernährung, Landwirtschaft und Forsten (1988).

ben – dar. Das Hauptelement der 1984er Reform, die Festlegung von Milchquoten, führte zwar zu einer Einschränkung des Wachstums der Marktordnungsausgaben, doch der Verwaltungs- und Kontrollaufwand auf einzelbetrieblicher Ebene nahm erhebliche Ausmaße an. Aus politökonomischer Perspektive ist darüber hinaus zu beachten, daß eine einmal eingeführte Kontingentierung sehr schwer rückgängig zu machen ist.[865] Diese und andere Maßnahmen stellten dirigistische Scheinlösungen dar, die wie die ursprünglichen Marktordnungen falsche Anreize setzten und die bestehenden Probleme noch verschärften. Das Ziel der Reformen, die Kontrolle über die budgetären Auswüchse der Gemeinsamen Agrarpolitik zu erlangen, konnte damit nicht erreicht werden.

5.2. Die Agrarreform von 1992 (MacSharry-Reform)

5.2.1. Das Zustandekommen der Reform

Nach den Reformversuchen von 1984 und 1988 bestanden weiterhin enorme Produktionsüberschüsse. Die Lagerhaltungskosten und die Ausgaben im Bereich der Exportsubventionierung führten zu weiter steigenden Haushaltsbelastungen. Trotzdem stagnierten die landwirtschaftlichen Realeinkommen.[866] Demnach bestand weiterhin erheblicher interner Reformbedarf. Erste echte Reformanstöße entstanden jedoch erst mit den Agrarverhandlungen im Rahmen der Uruguay-Runde. Entgegen früheren Reformversuchen, denen hauptsächlich interne Antriebskräfte zugunde lagen, war die MacSharry-Reform eine Reaktion auf Kräfte, die von außen auf die bestehende Agrarpolitik wirkten – und erstmals einschneidende Reformbemühungen hervorriefen.

Lange konnte sich die EG im Rahmen der verschiedenen Welthandelsrunden erfolgreich gegen Vereinbarungen im Agrarbereich zur Wehr setzen. Diese Situation änderte sich grundlegend bei den Verhandlungen, die 1986 in Punta del Este (Uruguay) begannen. Insbesondere die Vereinigten Staaten und die Cairns-Gruppe[867] drangen auf Handelsliberalisierungen im Agrarbereich und eine Einbeziehung der Landwirtschaft in die Verhandlungsrunde, die sich daneben auch auf zahlreiche Industriegüter und Dienstleistungen erstreckte.

---

[865] Vgl. Koester (1995), S. 30; Tangermann (1984a), S. 77.

[866] Vgl. Hrubesch (1991), S. 301.

[867] Die USA und die Länder der Cairns-Gruppe, die am Agrarexport interessierte Entwicklungs- und Industrieländer umfaßt (ihr gehören beispielsweise Australien, Indien, Kanada und Neuseeland an, vgl. Frohberg (1998), S. 284), sind die wichtigsten Konkurrenten der Gemeinschaft auf dem Weltmarkt für Agrarprodukte.

Die EG versuchte unter dem Druck Frankreichs zunächst, dies zu verhindern.[868] Doch ein Kompromiß war schon allein unter dem Gesichtspunkt der bisherigen Handelspolitik der Gemeinschaft notwendig, die von allen Handelspartnern als unangemessen protektionistisch verurteilt wurde.[869] Zugeständnisse im Agrarbereich waren notwendig, um Retorsionsmaßnahmen in anderen Handelsbereichen, insbesondere bei hochwertigen Industriegütern, zu verhindern. Am Erfolg der Verhandlungen war vor allem die stark exportorientierte deutsche Industrie interessiert.[870] Deren Wachstum und Beschäftigungsstand hängen in starkem Maße von den Welthandelsmärkten ab. Ein Scheitern der Verhandlungen im Agrarbereich hätte mit hoher Wahrscheinlichkeit Retorsionsmaßnahmen in anderen Wirtschaftsbereichen und damit erhebliche Wachstumseinbußen zur Folge gehabt.[871]

Die EG ging anfänglich mit wenig realistischen Positionen in die Verhandlungen. Sie arbeitete auf Bedingungen hin, die ihr weiterhin die prinzipielle Beibehaltung der GAP ermöglichten. Die USA und die Cairns-Gruppe drangen jedoch auf durchgreifende Reformen: Sie forderten eine Abschaffung aller direkten und indirekten handelsverzerrenden Agrarsubventionen innerhalb eines Zeitraums von zehn Jahren, an dessen Ende nur noch produktionsneutrale, nicht handelsverzerrende Beihilfen stehen sollten.[872] Die EG war somit starkem Druck von zwei Seiten – der Handelspartner und inländischer Industrieverbände – ausgesetzt, mittels agrarpolitischer Konzessionen zu einem Erfolg der Uruguay-Runde beizutragen.[873]

Ein Wandel der Verhandlungsposition konnte jedoch erst in der zweiten Hälfte des Jahres 1990 erreicht werden. Vorangegangen war eine Empfehlung des Vorsitzenden der GATT-Agrarverhandlungsgruppe de Zeeuw, die die Forderung beinhaltete, Marktzugangsbeschränkungen gegenüber dem Ausland, Exportsubventionen und interne Stützungsmaßnahmen abzubauen. Alle Verhandlungspartner wurden aufgefordert, zu diesem Entwurf bis zum 1. Oktober 1990 quantifizierte Verpflichtungen abzugeben.[874] Die USA bot an, ihre interne Stützung sowie ihre Zölle um 75 % und ihre Exportsubventionen um 90 % zu reduzieren.

---

[868] Der Agrarexporteur Frankreich fürchtete Preissenkungen für seine Agrarprodukte im Binnenmarkt und für seine Industrie den Wettbewerbsdruck der Weltmärkte.

[869] Vgl. Berg/Schmidt (1991), S. 99.

[870] Zu den gegenläufigen Positionen des europäischen Verbandes der industriellen Wirtschaft UNICE, der neben anderen auch deutsche Industrieunternehmen repräsentiert, und der COPA vgl. Fennell (1997), S. 380.

[871] Vgl. Berg/Schmidt (1991), S. 100.

[872] Zu den Einzelheiten siehe Cramon-Taubadel/Kühl (1990), S. 465.

[873] Vgl. Koester (1995), S. 31.

[874] Vgl. Zeeuw (1997), S. 473.

Die EG nahm indes eine völlig entgegengesetzte Position ein. Sie schlug – erst im November und nach sieben Ministerratssitzungen – eine Reduktion ihrer internen Stützung um 30 % und eine Umwandlung ihrer variablen Abschöpfungen in feste Zölle vor (sog. Tarifizierung), die jeweils in den folgenden Jahren schrittweise abgebaut werden sollten. Bei den Exportsubventionen war sie zu keinen Zugeständnissen bereit.[875]

Im Dezember 1990 fanden Verhandlungen statt, die die Uruguay-Runde abschließen sollten. Doch diese wurden – durch das ausdrückliche Festhalten des EG-Agrarkommissars MacSharry an der Position vom November – abgebrochen. Seine unbeugsame Haltung, die die Verhandlungen vorläufig scheitern ließen, ist als strategisches Verhalten des "politischen Beamten" interpretierbar, mit dem er versuchte, Zeit für eine Reform der GAP zu gewinnen. Für dieses Reformvorhaben benötigte er jedoch die Unterstützung der EG-Mitgliedstaaten. Die gewann er, indem er ihnen mit seinem ablehnendem Verhalten bei den Verhandlungen signalisierte, daß er sich für ihre agrarpolitischen Interessen einsetzte.[876] Die USA zogen sich daraufhin innerhalb kürzester Zeit aus allen Verhandlungsgruppen zurück. Dies bedeutete ein vorläufiges Ende der Verhandlungsrunde, die erst drei Jahre später zu einem erfolgreichen Abschluß gebracht werden konnte.[877]

Zwischen der MacSharry-Reform und den GATT-Agrarverhandlungen bestand ein enger zeitlicher und sachlicher Zusammenhang: Zunächst waren die von der EG im November 1990 vorgeschlagenen Preissenkungen mit der damaligen GAP unvereinbar – Preissenkungen hätten grundlegenden Zielsetzungen der GAP widersprochen. Außerdem hätten die GATT-Verpflichtungen spätestens 1998 ohne weitere drastische Preissenkungen nicht mehr eingehalten werden können.[878] MacSharry standen zwei Alternativen zur Verfügung: Die erste war ein unakzeptables Ergebnis im Agrarbereich bei einem Ende der GATT-Verhandlungsrunde 1990. Auf der anderen Seite brauchte er Zeit für eine Reform der GAP, die auch GATT-konform war. Dafür mußte er ein (vorläufiges) Scheitern der Verhandlungen in Kauf nehmen.[879]

---

[875] Vgl. ausführlich GATT (1990). Die Entscheidung im Ministerrat wurde durch eine Allianz zwischen Deutschland und Frankreich hinausgezögert, die ihre jeweiligen Interessen nicht entsprechend vertreten sahen. Zu den Einzelheiten vgl. Fennell (1997), S. 383 f. Zu einer ausführlichen Darstellung und Beurteilung der EG-Vorschläge vgl. Berg/Schmidt (1991), S. 101 ff.

[876] Vgl. Tangermann (1998b), S. 446.

[877] Siehe dazu näher Tangermann (1998a), S. 21 f.

[878] Vgl. Tangermann (1998b), S. 445 f.

[879] Vgl. Ingersent/Rayner (1999), S. 355 f.

Die zunehmenden Konflikte bei den GATT-Agrarverhandlungen drohten auch Liberalisierungsfortschritte in anderen Wirtschaftsbereichen zu verhindern, so daß der Druck von Industrieverbänden auf die Regierungen der Mitgliedstaaten, die Verhandlungen fortzuführen, anstieg. Doch erst das drohende Scheitern der Verhandlungen im Dezember 1990 weckte die ernsthafte Bereitschaft der Regierungschefs, die Agrarminister im Ministerrat zum Einlenken zu zwingen und eine breite Diskussion über die Prinzipien der Reform zu führen. Die abschließende detaillierte Fassung der Reformvorschläge unterbreitete die Kommission dem Ministerrat im Juli 1991,[880] die – überraschend schnell – im Mai 1992 im Rat mit marginalen Abweichungen von den Kommissionsvorschlägen verabschiedet wurde.[881] Die Reformelemente werden im folgenden kurz dargestellt und beurteilt.

5.2.2. Die wichtigsten Elemente der Reform und ordnungspolitische Beurteilung

Die GAP mußte aus politökonomischer Sicht so reformiert werden, daß sie weniger handelsbeeinträchtigend wirkte und zugleich eine Beibehaltung des landwirtschaftlichen Einkommensniveaus ermöglichte. Hierzu wurden zunächst die Marktordnungspreise der wichtigsten Produkte an die Weltmarktpreise herangeführt. Es kam zu drastischen **Senkungen der Interventions- und Schwellenpreise** für verschiedene Produkte bei einer schrittweisen Reduzierung der Interventionsmenge. Zum Ausgleich der mit den Preissenkungen verbundenen Einkommensverluste erfolgten direkte **Kompensationszahlungen**, die an die Produktion (Tierzahl, Fläche) gebunden waren. Zur Reduktion der Produktionsmengen wurde die bislang freiwillige Teilnahme am Flächenstillegungsprogramm durch eine **quasi-obligatorische Flächenstillegung** ersetzt.[882]

Es konnte gezeigt werden, daß es externer Faktoren bedurfte, um agrarpolitische Veränderungen auszulösen. Die nach wie vor bestehenden immensen Haushaltsbelastungen reichten allein jedenfalls nicht aus, um – zumindest graduelle – Reformen zu bewirken. Dies wird dadurch untermauert, daß die Einführung von direkten Ausgleichszahlungen zu höheren Haushaltsausgaben führte; demzufol-

---

[880] Vgl. Kommission der Europäischen Gemeinschaften (1991).

[881] Vgl. Tangermann (1998a), S. 24.

[882] Vgl. näher Schmitt (1998), S. 194; Koester/Cramon-Taubadel (1992), S. 357 f. Ergänzend wurden sog. flankierende Maßnahmen vorgenommen. Dabei wurde von der direkten Förderung einzelner Betriebe verstärkt zu sog. indirekten Maßnahmen übergegangen, d. h. sozial- und umweltpolitische Maßnahmen, etwa vorgezogene Altersrenten und eine agrarische Umweltförderung, erhielten ein größeres Gewicht, zu den einzelnen Gemeinschaftsprogrammen siehe Schmitt (1998), S. 199 ff.

ge kann die Verminderung von Haushaltsbelastungen nicht Ziel der Reform gewesen sein.[883]

Aus ordnungspolitischer Sicht waren die Preissenkungen ein richtiger Schritt zur Verringerung des Überschußproblems bei wichtigen Agrarprodukten (Getreide, Rindfleisch). Direkte Ausgleichszahlungen wurden wegen ihrer vergleichsweise geringen gesamtwirtschaftlichen Kosten schon früh von wirtschaftswissenschaftlicher Seite und der Kommission gefordert.[884] Im Ministerrat wurden sie jedoch erst unter dem Druck der GATT-Agrarverhandlungen mehrheitsfähig.[885] Die positive Wirkung einer verbesserten Signalwirkung der Preise wurde jedoch durch die Bindung der Transferzahlungen an produktionsbezogene Größen erheblich eingeschränkt. Damit waren keine Anreize zur Eindämmung der Überschußproduktion verbunden, und die ohnehin schon hohe Regelungsintensität auf den Agrarmärkten erhöhte sich noch weiter.[886] Gleiches gilt für die Flächenstillegungen: Hier werden Ressourcen, die sonst in irgendeiner Form verwendet würden, durch staatliche Verordnung nicht genutzt. Landwirte, die ihre Anbaufläche reduzieren müssen, können dann auch andere, komplementäre Produktionsfaktoren (beispielsweise Maschinen) nicht mehr genügend auslasten. Sie wären versucht, durch einen intensiveren Faktoreinsatz die Produktivität der verbleibenden Ackerfläche zu erhöhen. Diese Vorgehensweise stünde jedoch im Gegensatz zu einer (ebenfalls als Reformziel deklarierten) extensiven Landnutzung.[887]

Mit der Uruguay-Runde wurde die Landwirtschaft erstmals umfassend in das multinationale Handelssystem einbezogen. Obwohl die MacSharry-Reform wichtige Märkte, wie die für Milch und Zucker, außer Acht ließ, ermöglichte sie einen Abschluß des GATT-Agrarabkommens und damit der Uruguay-Runde insgesamt.[888] Das Hauptziel der Reform, ein Scheitern der Uruguay-Runde zu verhindern, und damit Handelsliberalisierungen auch in vielen nicht-

---

883 Vgl. Tangermann (1998b), S. 446.

884 Vgl. Kommission der Europäischen Gemeinschaften (1985d) und (1981); Koester/Tangermann (1976).

885 Vgl. Ingersent/Rayner (1999), S. 353 ff.

886 So auch Bartling (1993b), S. 157.

887 Vgl. Schmitt (1998), S. 194 f.; Tangermann (1997), S. 30 f.; Koester (1995), S. 31; Koester/Cramon-Taubadel (1992), S. 358; Henrichsmeyer (1991), S. 329 ff. Zu den Folgen der Reformmaßnahmen auf die Agrarstruktur vgl. Weinschenck (1993).

888 Insbesondere die Differenzierung zwischen Preisstützung und direkten Transferzahlungen ermöglichte eine Ausklammerung der Ausgleichszahlungen im späteren Blair-House-Kompromiß und trug somit entscheidend zu einem erfolgreichen Abschluß der Verhandlungen bei, vgl. Tangermann (1998b), S. 445 f. Zum Zusammenhang zwischen der Uruguay-Runde und der MacSharry-Reform vgl. etwa Tangermann (1998a); Swinbank/Tanner (1997).

landwirtschaftlichen Bereichen zu ermöglichen, konnte somit erreicht werden. 1993 kam es mit dem sog. Blair-House-Kompromiß zu einer abschließenden Übereinkunft zwischen den USA und der EG. Innerhalb des Implementierungszeitraums erfolgte bis 1995 eine Umwandlung aller nichttarifären Handelshemmnisse in feste Zölle (sog. Tarifizierung), und die EU verpflichtete sich, diese im Zeitablauf zu reduzieren und Mindesteinfuhren zu gewähren. Bezüglich des Agrarexports verpflichtete sie sich zu einer Senkung der subventionierten Exportmengen und der damit verbundenen Exporterstattungen. Darüber hinaus sollte auch die interne Subventionierung abgebaut werden.[889]

5.3. Die Agenda 2000

5.3.1. Gründe für eine weitere Reform

Die MacSharry-Reform beinhaltete erstmals tatsächliche Reformelemente und ermöglichte letztendlich den Abschluß der Uruguay-Runde, die wiederum dazu beitrug, daß der MacSharry-Reform weitere Reformschritte folgten. So enthält die Uruguay-Runde die Vereinbarung, spätestens ein Jahr vor Ende der Implementierungsphase, also 1999, **neue Verhandlungen** einzuleiten, die auf weitere Liberalisierungsschritte, insbesondere im Agrarbereich, abzielen. Bereits Mitte der neunziger Jahre war ein zunehmendes Interesse der USA und der Cairns-Gruppe absehbar, weitere Liberalisierungen durchzusetzen.[890]

Vor allem die bereits Mitte der neunziger Jahre voraussehbaren Produktionsüberschüsse im Binnenmarkt verdeutlichten, daß die Verpflichtungen aus der Uruguay-Runde über Einschränkungen bei den Exportsubventionen von der EU spätestens zur Jahrtausendwende nicht mehr eingehalten werden könnten.[891] Die EU unterlag Handelsbeschränkungen für subventionierte Exportmengen, während die Produktionsmengen im Binnenmarkt schon lange die Nachfrage über-

---

[889] Vgl. Frohberg (1998), S. 284 f. Im Blair-House-Kompromiß zwischen der EU und den USA wurden im Rahmen der sog. blue box alle direkten, produktionsgebundenen Transferzahlungen von diesen Vereinbarungen ausgenommen. Dagegen fallen heimische Stützungsmaßnahmen, die produktionsunabhängig sind und den Handel nicht verzerren (sozial und ökologisch orientierte Maßnahmen), in die sog green box, d. h. sie müssen nicht vermindert werden, vgl. etwa Zeeuw (1997), S. 473 f. Zur Implementierung des WTO-Abkommens und deren Auswirkungen auf die GAP vgl. Tangermann (1998c); Buchholz et al. (1994), S. 1 ff.

[890] Vgl. Tangermann (1998c), S. 228.

[891] Vgl. Kommission der Europäischen Gemeinschaften (1998), wonach – unter Beibehaltung der politischen Rahmenbedingungen – im Jahre 2005 erhebliche Interventionsbestände bei Getreide, Fleisch und Milchprodukten bestehen werden. Vgl. dazu auch Ahner (1999), S. 48 ff. Zu den Positionen der einzelnen Handelspartner vgl. Zeeuw (1997), S. 475 ff.

schritten und die Mitgliedstaaten noch über große Produktionspotentiale verfügten. Auf den Weltmärkten wird für die kommenden Jahrzehnte ein Nachfragewachstum bei steigenden Preisen prognostiziert. Will die EU daran teilhaben und ihre Exportmengen erhöhen, muß sie Exportsubventionen weitgehend abbauen. Dies wäre etwa über eine Verringerung der internen Stützpreise auf das Niveau der Weltmarktpreise möglich, so daß in den meisten Jahren keine Subventionen mehr für Exporte gezahlt werden müßten. Nicht subventionierte Exporte würden keinen mengenmäßigen Beschränkungen unterliegen, sie könnten in unbegrenztem Umfang erfolgen.[892]

Die größten Herausforderungen für die GAP ergaben sich in den neunziger Jahren jedoch aus dem Zusammenbruch des Sozialismus in den mittel- und osteuropäischen Staaten. Die EU unterstützte aus verschiedenen politischen und wirtschaftlichen Gründen den Transformationsprozeß der betroffenen Länder. Im Juni 1993 erfolgte in Kopenhagen die Entscheidung der europäischen Regierungschefs, den **mittel- und osteuropäischen Staaten** die **Mitgliedschaft in der EU** anzubieten. Bis 1995 hatte die EU Assoziierungsabkommen mit zehn Beitrittskandidaten abgeschlossen; die ersten Beitritte werden jedoch voraussichtlich nicht vor 2005 erfolgen. Die Osterweiterung der EU ist mit wirtschaftlichen und politischen Anpassungsprozessen, sowohl in der EU als auch in den Beitrittsländern, verbunden, die mit den bisherigen Erweiterungsrunden nicht vergleichbar sind.

1995 präsentierte der neue Agrarkommissar Fischler sein Strategiepapier zur Landwirtschaft, in dem die Auswirkungen der Osterweiterung, der voraussichtlichen weltweiten Marktentwicklungen, der Verpflichtungen aus der Uruguay-Runde und möglicher Verpflichtungen einer neuen Welthandelsrunde auf die GAP diskutiert werden. Demnach führe insbesondere die Osterweiterung zu Anpassungserfordernissen in der GAP.[893] Dafür verantwortlich seien die folgenden Gründe: Eine Übernahme des bestehenden EU-Agrarpreisniveaus hätte erhebliche Produktionssteigerungen und Konsumeinbrüche in den Beitrittsländern zur Folge. Hinzu kämen erhebliche Marktordnungskosten, die zu großen zusätzlichen Haushaltsbelastungen der EU führen würden. Da zudem die Verpflichtungen der Beitrittskandidaten aus der Uruguay-Runde strenger waren als die der EU, würde eine Ausweitung der GAP auf diese Länder zu zusätzlichen

---

[892] Vgl. Tangermann (1998c), S. 229. Dies läge insbesondere im Interesse der Agrarexportländer wie Frankreich, die Niederlande, Irland und Dänemark. Die südlichen Mitgliedstaaten (Griechenland, Portugal, Spanien und Italien) sowie Deutschland und Finnland sahen demgegenüber bislang keine Notwendigkeit einer weiteren Agrarreform, solange die GATT-Verpflichungen eingehalten wurden, vgl. Zeeuw (1997), S. 476 f.

[893] So wird die landwirtschaftliche Fläche um 55 % und die Beschäftigung im Agrarsektor um 115 % ansteigen, vgl. den Überblick bei Welfens (1996b), S. 12.

Schwierigkeiten für eine erweiterte EU führen, ihre Verpflichtungen einzuhalten.[894]

Eine Osterweiterung der EU wäre demzufolge nur nach einer Reform der GAP möglich, die den internen Reformbedarf befriedigen und den – aktuellen und zukünftigen – GATT- bzw. WTO-Verpflichtungen gerecht werden müsse. Das Strategiepapier der Kommission enthält drei Vorschläge für die weitere Vorgehensweise, die von einer Beibehaltung des Status quo über eine radikale Reform bis zur Weiterentwicklung der 1992er Politik reichen. Die Kommission setzte sich – politökonomisch leicht nachvollziehbar – für eine mittlere Lösung, die Weiterentwicklung der Reform von 1992, ein.[895] Dic konsolidierte Fassung der Kommissionsvorschläge wurde 1997 im Rahmen der mittelfristigen Finanzplanung bis 2006 (sog. Agenda 2000) verabschiedet und dem Agrarministerrat im März 1998 vorgelegt.

5.3.2. Die Inhalte der Agenda 2000 und ordnungspolitische Beurteilung

Zu den wichtigsten Zielen der Agenda 2000 zählt wiederum die Stärkung der internationalen Wettbewerbsfähigkeit der europäischen Landwirtschaft, wobei auch der Stabilität der landwirtschaftlichen Einkommen Rechnung getragen werden soll. Darüber hinaus erfolgt eine stärkere Betonung umweltpolitischer Ziele, sowie der Versuch, mehr agrarpolitische Kompetenzen auf die Ebene der Mitgliedstaaten zu verlagern und die Gemeinschaftspolitik auf Rahmenregelungen zu beschränken (Stärkung des Subsidiaritätsprinzips). Die Maßnahmen beinhalten nur wenige grundsätzliche Änderungen gegenüber der Reform von 1992. Zum größten Teil führen sie dort begonnene Maßnahmen weiter und ergänzen sie durch einige neue Elemente.[896]

1997 unterbreitete die Europäische Kommission erste Reformvorschläge, denen der Ministerrat jedoch nur eingeschränkt gefolgt ist. 1999 traf der Europäische Rat der Regierungschefs in Berlin abschließende Entscheidungen, die zum Teil wiederum Abstriche an den Vorschlägen von Kommission und Ministerrat machten.[897] Zu den von der Kommission vorgeschlagenen Maßnahmen zählen weitere **Senkungen der Interventionspreise** für die wichtigsten Agrarprodukte in Verbindung mit einer **Erhöhung der Direktzahlungen**. Letztere sollen wie

---

[894] Vgl. Kommission der Europäischen Gemeinschaften (1995b).
[895] Vgl. Ingersent/Rayner (1999), S. 370 ff.
[896] So erfolgt der Versuch, mit dem Milch- und dem Rindfleischmarkt zusätzliche Produkte in das Reformpaket einzubeziehen.
[897] Zum folgenden vgl. Europäischer Rat (1999); Kommission der Europäischen Gemeinschaften (1998); Rat der Europäischen Gemeinschaften (1998).

schon 1992 die durch die Preissenkungen induzierten Einkommensausfälle der Landwirte ausgleichen – jedoch nicht mehr vollständig und unabhängig von der Art der Flächennutzung.[898] Der Ministerrat einigte sich auf weniger umfangreiche Preissenkungen als von der Kommission vorgeschlagen und nahm zum Teil eine zeitliche Staffelung vor. Weitere Abschläge erfolgten durch den Europäischen Rat von Berlin. Auf dem **Milchmarkt** schlug die Kommission ergänzend zu einer Preissenkung eine **Quotenaufstockung** vor, die von Ministerrat und Europäischem Rat zwar übernommen wurde, aber der Beginn der Reform wurde hinausgeschoben.[899] Die Kommissionsvorschläge zur degressiven Ausgestaltung der Direktzahlungen und zur sofortigen Abschaffung der obligatorischen Flächenstillegungen waren weder im Agrarministerrat noch im Rat der Regierungschefs konsensfähig.[900]

Die umweltpolitisch motivierten Maßnahmen der MacSharry-Reform wurden als zweite Säule in die Agenda eingegliedert und fortgeführt. Hiermit ist eine alternative **Politik des ländlichen Raums** angestoßen, die sich sowohl regionalen Entwicklungsproblemen als auch umwelt- und sozialpolitischen Fragen widmet. So wurden die Direktzahlungen mit Umweltauflagen verknüpft (sog. **Modulation**).[901] Dabei gilt weiterhin die Agrarleitlinie, d. h. der Anteil der Agrarausgaben am Gemeinschaftshaushalt wird weiter zurückgeführt.[902]

Mit weiteren Preissenkungen bei den wichtigsten Agrarprodukten ist zweifelsohne ein richtiger Schritt getan. Damit erhöht sich die Chance, Agrarprodukte ohne Exportsubventionen aus der EU auszuführen. Eine Erhöhung der Exportmengen könnte zur Überschußbeseitigung in der EU beitragen. Positiv sind bei den Ausgleichszahlungen der Verzicht auf vollständige Kompensation und das geplante Auslaufenlassen der Abhängigkeit der Stillegungsprämien von der Flächennutzung zu beurteilen. Hier werden falsche Anreize und Fehlallokationen fortan vermieden bzw. eingeschränkt. Gravierende Mängel der Agenda liegen jedoch in der Beibehaltung der produktionsgebundenen Ausgleichszahlungen und in der Nichteinbeziehung des stark reglementierten Zuckermarktes.

---

[898] Vgl. Henze (2000), S. 176; Koester (2000), S. 196.

[899] Der Europäische Rat hat darüber hinaus auf Drängen Großbritanniens, Italiens, Schwedens und Dänemarks am Kommissionsvorschlag und dem Beschluß des Agrarministerrates festgehalten, im Jahre 2003 eine Neubewertung des Quotensystems für Milch vorzunehmen und auf der Grundlage dieser Bewertung das gegenwärtige System eventuell nach 2006 bis 2008 auslaufen zu lassen, vgl. Henze (2000), S. 177.

[900] Siehe näher dazu Busch (1999), S. 27 f.

[901] Den Mitgliedstaaten wurde damit freigestellt, ab bestimmten Betriebsgrößen selbständig Abschläge von den Direktzahlungen vorzunehmen und die eingesparten EU-Mittel in Verbindung mit einer Kofinanzierung durch die Mitgliedstaaten für bestimmte Maßnahmen zur Förderung des ländlichen Raums einzusetzen

[902] Vgl. Fischler (1997), S. 495, zu den Einzelheiten vgl. o. V. (1999), S. 5.

Zudem bleibt dahingestellt, ob auch die Modifikation der Kommissionsvorschläge durch den Ministerrat und den Europäischen Rat noch zur Zielerreichung beitragen, die Gemeinschaft auf eine kommende Welthandelsrunde vorzubereiten.[903] Insbesondere die USA, aber auch andere Verhandlungspartner werden auf eine weitere Einschränkung bzw. Abschaffung der Exportsubventionen sowie die Produktionsneutralität von Direktzahlungen drängen.[904] Diesen Forderungen könnte mit der Agenda 2000 wohl nicht ausreichend Rechnung getragen werden.

Die geplante Osterweiterung der EU wird durch die Agenda erleichtert. So erhalten die Beitrittskandidaten weniger verzerrte Preissignale. Werden jedoch die Quotenregelungen für Milch und Zucker und die direkten Ausgleichszahlungen beibehalten, würden negative allokative Effekte auf die Beitrittsländer übertragen.[905] Die Beitrittsverhandlungen mit der ersten Bewerbergruppe (Polen, Ungarn, Tschechische Republik, Estland, Slowenien und Zypern) geraten bereits ins Stocken, weil die Beitrittskandidaten eine sofortige Gleichstellung fordern, was die EU-Mitgliedsländer im Hinblick auf die enormen zusätzlichen Haushaltsbelastungen jedoch kategorisch ablehnen.[906]

Die neuen Möglichkeiten der nationalen Umlenkung in der Agrarpolitik im Rahmen der sog. Modulation wurde von der SPD-Grünen-Koalitionsregierung in Deutschland im Gegensatz zu anderen Mitgliedsländern bis zum Ausbruch der BSE-Krise nicht in Anspruch genommen. Die Gründe dafür sind insbesondere in der Rücksichtnahme auf die ostdeutschen Großbetriebe und in Kostenaspekten (Notwendigkeit der Kofinanzierung) zu suchen. Aus politökonomischer Sicht ließ sich Bundeskanzler Schröder bei den Berliner Gipfelbeschlüssen nicht von Verbraucher- und Umweltschutzinteressen leiten. An deren Stelle trat das Bestreben, möglichst viele finanzielle Mittel für Deutschland, den größten EU-Nettozahler, zu generieren. Diese finanziellen Aspekte trieben ihn in eine Interessenallianz mit der deutschen Agrarlobby.

---

903 Vgl. Henrichsmeyer (1998), S. 439.

904 Vgl. Koester (2000), S. 200.

905 Vgl. Schmitz/Wronka (1999), S. 95.

906 Agrarkommissar Fischler hat bereits im Juli 2000 einen vorsichtigen Kompromiß vorgestellt, demzufolge die direkten Ausgleichszahlungen über einen Zeitraum von fünf bis sieben Jahren schrittweise in den Beitrittsländern eingeführt werden sollen. Die damit verbundenen Haushaltsbelastungen wären tragbar, da im EU-Haushalt bereits ab 2002 finanzielle Mittel für die Osterweiterung eingeplant sind. Die ersten Beitritte werden jedoch nicht vor 2005 erfolgen, so daß mit Mittelübertragungen ein gewisser finanzieller Spielraum geschaffen werden könnte. Diese sind in der derzeitigen Haushaltspraxis jedoch nicht möglich, und die Finanzminister der Mitgliedsländer, denen dann erhebliche Rückzahlungen verlorengingen, werden sich gegen entsprechende Anpassungen im EU-Haushalt einsetzen, vgl. o. V. (2000b), S. 32.

Gemessen am verfehlten Politiksystem der Vergangenheit erscheinen die Veränderungen der Agenda 2000 in relativ positivem Licht. Im Hinblick auf die angestrebten Ziele der Reform fällt die Beurteilung schon weniger positiv aus, und eine gesamtwirtschaftliche Betrachtung deckt lediglich weiteren Reformbedarf auf. Die Beschlüsse sind wiederum durch starke Interesseneinflüsse gekennzeichnet. Die weitere Korrektur an Symptomen entgegen gesamtwirtschaftlichen Interessen kann als Politikversagen interpretiert werden. Wieder konnte eine starke Interessenkoalition aus Vertretern nationaler Bauernverbände und Agrarpolitikern die ursprünglichen Kommissionsvorschläge aufweichen – auf Kosten der Konsumenten und der Steuerzahler. Zu viele Elemente der Produktionssteuerung und der Investitionslenkung existieren weiterhin, so daß auch nach der Agenda 2000 erheblicher Reformbedarf besteht.

5.4. Die jüngste Reformdiskussion

Eine grundlegende, marktwirtschaftlich orientierte Reform der Agrarpolitik könnte durch die aktuelle **BSE-Krise** ausgelöst werden.[907] Nach dem europaweiten Ausbruch der BSE-Krise in der zweiten Hälfte des Jahres 2000 verstärkte sich die öffentliche Diskussion um eine grundlegende Neuorientierung der Agrarpolitik. Nun sind nicht mehr allein die Landwirte und vor- und nachgelagerte Marktstufen (beispielsweise die Ernährungsindustrie und der Lebensmittelhandel) politisch relevante Interessengruppen – die verfehlte Agrarpolitik ist zum Gegenstand des öffentlichen Interesses (der Verbraucher) geworden.

Die **Regierungspartei** als politischer Unternehmer versucht in jüngster Zeit durch die Organisation der breit gestreuten Verbraucherinteressen ihre Wiederwahlchancen zu erhöhen. Hierzu kündigte Bundeskanzler Schröder einen politischen Umschwung weg von den Produzenten- und hin zu den Verbraucherinteressen an.[908] Um dem Vertrauens- und somit auch einem Wählerstimmenverlust

---

[907] Die Krankheit BSE (Bovine Spongiforme Enzephalopathie) wurde erstmals 1986 bei einem Rind in Großbritannien diagnostiziert. Es handelt sich um eine Erkrankung bei Rindern, die zu einer Veränderung des Gehirns führt und tödlich verläuft. Es wird davon ausgegangen, daß die Krankheit über verseuchtes Tiermehl im Futter bzw. bei den Kälbern über Milchaustauschfutter, dem tierische Fette beigemischt wurden, übertragen wurde. Große öffentliche Aufmerksamkeit erregte die Krankheit erst, als bekannt wurde, daß sie auf den Menschen übertragbar ist und eine neue Variante der Creuzfeldt-Jakob-Krankheit auslöst, die ebenfalls als nicht heilbar gilt, vgl. o. V. (2001).

[908] Die Verbraucherverbände nutzten sofort diese historisch einmalige Chance, ihre Bedeutung zu steigern und forderten die Bundesregierung auf, den Verbraucherinteressen dadurch mehr Gewicht zu verleihen, daß ein Bundestagsausschuß für Verbraucherfragen ein-

aus dem verfehlten politischen Umgang mit der BSE-Problematik entgegenzuwirken, wurden mit dem Rücktritt des amtierenden deutschen Ministers für Landwirtschaft, Ernährung und Forsten, Funke, und der Schaffung eines neuen Ministeriums für Verbraucherschutz, Ernährung und Landwirtschaft erste politische Konsequenzen aus der Verbreitung der Rinderkrankheit in Deutschland gezogen. Dies kann als Manöver angesehen werden, mit dem er vom Versagen seiner Minister im Verlauf der BSE-Krise ablenken wollte. Die deutschen Verbraucher haben lange an "sauberes" Rindfleisch geglaubt, weil sie auf die Wirksamkeit staatlicher Futtermittelkontrollen vertrauten. Allerdings haben diese Versäumnisse des Staates auch institutionell bedingte Ursachen: Der beim Landwirtschaftsministerium angesiedelte Verbraucherschutz konnte sich im eigenen Hause nicht gegen die Stimmen der Landwirte und der Futtermittelindustrie durchsetzen, so daß frühe Warnungen ungehört blieben.[909]

Dem neu gegründeten **Verbraucherschutzministerium** steht erstmals in der Geschichte der deutschen Agrarpolitik kein Vertreter der Landwirtschaft vor, sondern die Grünen-Politikerin Künast. Die neue Verbraucherschutzministerin hat eine Wende in der Agrarpolitik gefordert, die die Nahrungsqualität, die Pflege der Umwelt und tiergerechte Haltungsbedingungen sichern bzw. verbessern soll. Hauptansatzpunkte ihrer "neuen Agrarpolitik" sind eine Abkehr von sog. Agrarfabriken und die einseitige Förderung des ökologischen Landbaus.[910] Damit erfolgt eine wahlstrategische Ausrichtung ihrer Politik auf Umweltverbände. Deren Präferenzen fanden bislang keine ausreichende Berücksichtigung im politischen Prozeß. Diese – von den großen Parteien ausgesparte – Wählergruppe zählt traditionell zum Wählerpotential der Grünen, die nun als kleiner Koalitionspartner Regierungspartei sind. Damit ergibt sich erstmals die Chance für die Partei, die Interessen ihrer Wählerklientel auch durchzusetzen.[911]

Die "neue Agrarpolitik" der Verbraucherschutzministerin zielt jedoch lediglich auf eine Umschichtung von Beihilfen zu ihrer Wählerklientel – nicht auf eine stärkere marktwirtschaftliche Ausrichtung.[912] So erklärte sie die Einführung der Modulation als ein Kernstück ihrer neuen Politik.[913] Bei der kürzlich von Bundes- und Landesagrarministern getroffenen Entscheidung zur Modulation bestä-

---

gesetzt wird und das Verbraucherschutzministerium ein Vetorecht im Kabinett erhält, vgl. FAZ (2001j), S. 17.

[909] Vgl. Kwasniewski (2001), S. 4.

[910] Vgl. Künast (2001), S. 9.

[911] In Koalitionsregierungen ist Downs (1968), S. 152, zufolge jedoch nicht mit der tatsächlichen Durchsetzung der politischen Programme des kleinen Koalitionspartners zu rechnen.

[912] So sieht der Haushalt des neuen Verbraucherschutzministeriums für die kommenden zwei Jahre 68 Mio. DM Beihilfen für den Öko-Landbau vor, vgl. Bioland (2001).

[913] Vgl. DBV (2001a).

tigte sich jedoch wieder einmal die starke Durchsetzungsfähigkeit des DBV. Dieser Entscheidung zufolge soll die Modulation erst ab 2003 gelten, auf 2 % begrenzt werden und einen Freibetrag von 20.000 DM pro Betrieb beinhalten, womit den sehr viel weitergehenden Plänen Künasts nicht gefolgt wurde.[914]

Die stärkere Begünstigung ökologisch produzierender Betriebe bei einer prinzipiellen Beibehaltung der alten Marktordnungspolitik durch Künast entspricht auch den Interessen der **konventionell produzierenden Landwirte**. Sie setzen sich – wie die Entscheidung über die Einführung der Modulation gezeigt hat – allein gegen die Verlagerung von Subventionsschwerpunkten zugunsten ökologisch produzierender Betriebe zur Wehr. Ihre Forderungen nach Qualitätssicherungssystemen, stärkeren Kontrollen, die Flächenbindung bei der Tierhaltung etc. entsprechen hingegen denen der Bundesregierung.[915]

Auch die **Ernährungsindustrie** wendet sich gegen die einseitige Förderung des ökologischen Landbaus. Damit gehe ein Verlust an Konsumentensouveränität einher.[916] Sie plädiert grundsätzlich für Deregulierungen in der Agrarpolitik, womit geringere Kosten bei der Nahrungsmittelproduktion verbunden wären. Kämen Liberalisierungen nicht zustande, besteht sie weiterhin auf den Ausfuhrerstattungen, die sie gegenwärtig als Ausgleich für die höheren Rohstoffpreise erhält.[917]

Die angestrebte strukturgestaltende Politikausrichtung bei prinzipieller Beibehaltung der alten Marktordnungen ist aus normativer Sicht verfehlt und unterliegt deshalb starker Kritik nicht nur von **Agrarwissenschaftlern und Ökonomen**. Zunächst ist die Kritik der Bundesregierung an der konventionellen Landwirtschaft zwar momentan sehr öffentlichkeitswirksam, jedoch nicht sachgerecht.[918] So setzen die geforderten Maßnahmen wieder nur an den Symptomen einer verfehlten Agrarpolitik an und beheben keinesfalls die Ursachen der Fehlentwicklungen. Diese liegen nicht bei den konventionell wirtschaftenden land-

---

914 Vgl. DBV (2001b).

915 Vgl. DBV (2001c) und (2001d). Die Einführung der Modulation lehnt der landwirtschaftliche Berufstand jedoch weiterhin ab, vgl. DBV (2001a). Die konventionell produzierenden Landwirte zählen traditionell zum Wählerpotential der gegenwärtigen Oppositionsparteien CDU und CSU. Diese sind somit prinzipiell an einer Beibehaltung der landwirtschaftlichen Einkommenspolitik interessiert, vgl. Böge/Dietzel (2001); FAZ (2001k), S. 1. Als einzige Partei drängt die FDP auf weiterführende Reformen, macht jedoch keine konkreten Umsetzungsvorschläge, vgl. Heinrich (2001), S. 10 f. Wie in Kapitel 4.1.2. gezeigt, werden die Interessen der Landwirte aufgrund ihrer starken Organisationsfähigkeit aber auch von anderen Parteien befriedigt, wenn sie an der Regierung sind.

916 Vgl. FAZ (2001l), S. 19.

917 Vgl. Bundesverband der deutschen Ernährungsindustrie (2001).

918 Vgl. FAZ (2001m), S. 15.

wirtschaftlichen Betrieben, sondern bei Gesetzesverstößen der Futtermittelindustrie und Versäumnissen des Staates.[919]

Zudem ist die Kritik der Bundesregierung an konventionell produzierenden Großbetrieben aus ökonomischer Sicht nicht nachvollziehbar: Zunächst kann aktuellen Forschungsergebnissen zufolge ökologisch produzierten Lebensmitteln nicht per se Unbedenklichkeit und konventionell hergestellten Lebensmitteln Gesundheitsschädlichkeit unterstellt werden.[920] Darüber hinaus sind kleinere Betriebe oft gar nicht imstande, bestimmte Qualitätsstandards, etwa lebensmittelhygienische Auflagen, zu erfüllen oder eine bestimmte Anzahl standardisierter Produkte zu erzeugen;[921] nicht tiergerechte Haltungsformen kann es sowohl in großen als auch in kleinen Beständen geben und Umweltleistungen können ebenso gut und oft kostengünstiger von großen Betrieben erbracht werden.[922]

Negative Umwelteffekte ließen sich am effizientesten verringern, indem den – konventionell und ökologisch produzierenden – Landwirten Anreize zur Verringerung der Produktion gegeben werden. Dies impliziert zuallererst eine Beseitigung der Stützpreise und der produktionsgebundenen Direktzahlungen, die eine Steigerung der Produktionsintensität bewirken. Doch ein Abbau der Regulierungen allein garantiert noch kein Ausbleiben negativer Externalitäten. Hier wäre ergänzend ein differenzierter umweltpolitischer Mitteleinsatz vonnöten.[923] Anzustreben wäre eine nachhaltige, auf marktwirtschaftlichen Prinzipien beruhende Agrarpolitik. Dies kann am effizientesten durch eine Verringerung des bisherigen Politikversagens und einen kausalorientierten Mitteleinsatz erfolgen – nicht wie beabsichtigt durch eine weitere Erhöhung der Regelungsintensität. Der Staat sollte sich auf originäre Aufgaben beschränken, die nicht vom Markt erbracht werden können.[924] Um in Zukunft das Auftreten von Seuchen zu verhindern,

---

[919] So erfolgte bereits 1994 ein Verbot der Verfütterung von Tiermehl an Wiederkäuer, vgl. Rat der Europäischen Gemeinschaften (1999); Kommission der Europäischen Gemeinschaften (1994b). Dieses wurde von der Futtermittelindustrie aufgrund mangelnder staatlicher Kontrollen jedoch nicht eingehalten.

[920] Dies widerspräche auch der gegenwärtigen Gesetzeslage, nach der nur unbedenkliche Nahrungsmittel auf die Märkte gelangen dürfen, vgl. Koester (2001b), S. 230.

[921] Vgl. Henze (2001), S. 20.

[922] So sind Extensivierungsmaßnahmen, etwa der Einsatz umweltpflegender moderner Techniken, in landreichen Betrieben kostengünstiger möglich, so daß damit dort keine gravierenden Einkommensverluste für die Landwirte verbunden sind, vgl. FAZ (2001n), S. 17; Vetter (2001), S. 19.

[923] So auch Koester (2001b), S. 231.

[924] Im Falle landwirtschaftlicher Produkte muß der Staat überdies Qualitätsstandards festlegen, deren Einhaltung stärker als bislang kontrollieren und Verstöße stärker sanktionieren sowie für mehr Transparenz für die Verbraucher und die Landwirte sorgen.

sollte deshalb keine neue (nationale oder europäische) Verbraucherschutzbehörde geschaffen werden,[925] sondern ein ordnungspolitischer Rahmen, der die Eigenverantwortlichkeit im landwirtschaftlichen Bereich fördert.[926]

Die BSE-Krise wird als "die größte Krise, welche die europäische Landwirtschaft jemals erlebt hat"[927] bezeichnet. Folgt man der These, daß externe Faktoren zu Veränderungen im politökonomischen System führen und somit Deregulierungen auslösen können, weist die BSE-Krise zumindest aus politökonomischer Sicht einen positiven Aspekt auf: Sie lenkt die Aufmerksamkeit aller Beteiligten auf die Agrarpolitik. Damit wird eine breite öffentliche Diskussion in Politik, Wissenschaft, aber auch der Landwirtschaft selbst und in den Medien angeregt. Es bleibt zu hoffen, daß dies dazu beiträgt, daß – unter dem zusätzlichen Druck der bevorstehenden Osterweiterung und weiterer WTO-Liberalisierungen – bald grundlegende Reformschritte erfolgen.

Doch ein flächendeckendes Umsteuern kann nur auf europäischer Ebene in Angriff genommen werden. Die Rolle Deutschlands kann darin bestehen, marktorientierte Reformen nicht wie bisher zu blockieren, sondern zu forcieren.[928] Aber die bisherigen Reaktionen der Europäischen Kommission auf die BSE-Krise deuten – noch – auf eine prinzipielle Beibehaltung der GAP hin. Dies zeigt sich etwa durch das Vorhaben der Kommission, bei den aktuellen WTO-Agrarverhandlungen eine Sonderrolle für die GAP einzufordern.[929] Der gegenwärtige Rahmen der Agenda 2000 gilt noch bis Ende 2007. Das bedeutet, der Finanzrahmen muß unter Beachtung der aktuellen Rahmenbedingungen bis 2005 neu abgesteckt werden, wozu die Kommission bis 2003 erste Vorschläge vorlegen wird. Die Chancen für eine grundlegende Agrarreform im Rahmen dieser Neugestaltung der EU-Politik sind besser als je zuvor. Ob sie genutzt wer-

---

[925] Dies beinhaltet auch die Gefahr, daß Schlüsselpositionen in einer Verbraucherschutzbehörde mit Repräsentanten ländlicher Interessenverbände besetzt werden, deren Protektionsbegehren dann politisch besser durchsetzbar werden und die somit weitere Liberalisierungen verhindern könnten. Henze (2001), S. 20, verweist in diesem Zusammenhang auf die Stellenbesetzung im Ministerium für Verbraucherschutz, Ernährung und Landwirtschaft mit Vertretern der Arbeitsgemeinschaft Ökologischer Landbau (AGÖL).

[926] Nur wenn faktisch ein Konkursrisiko besteht, werden die privaten Unternehmer selbst auf qualitativ hochwertige und gesunde Futtermittel achten, um das Vertrauen der Verbraucher zurückzugewinnen (oder hohe Versicherungsprämien für die Rinderhaltung zahlen), vgl. Welfens (2001b), S. 6.

[927] Fischler (2001), S. 30.

[928] So auch Donges (2001), S. 2.

[929] Dabei soll besonderer Wert auf die Beurteilung staatlicher Beihilfen vor dem Hintergrund des landwirtschaftlichen Beitrags zum Schutz der Umwelt und der Verbraucher sowie der Lebensmittelsicherheit gelegt werden, vgl. FAZ (2001o), S. 19.

den, hängt aber nicht unwesentlich von der institutionellen Ausgestaltung der GAP ab. Diese stand einschneidenden Reformen bislang entgegen.

5.5. Fazit und weiterer Reformbedarf

Konsequente, markt- und wettbewerbsorientierte Reformen sind – trotz einzelner gradueller Liberalisierungsversuche – im Agrarbereich bislang nicht erfolgt. Doch angesichts ständig neuer Anpassungserfordernisse durch die Osterweiterung und WTO-Vereinbarungen ist die GAP einem anhaltenden Reformdruck ausgesetzt. Im Rahmen der seit Januar 2000 laufenden WTO-Agrarverhandlungen wird es zu weiteren Reduzierungen bei den Zöllen und den Exportsubventionen kommen mit entsprechenden Anpassungserfordernissen bei den Binnenmarktinterventionen. Doch die EU ist mit der Agenda 2000 noch nicht hinreichend auf entsprechende Forderungen der Verhandlungspartner vorbereitet, so daß weitere Anpassungen – eventuell wie bei der MacSharry-Reform parallel zu den Verhandlungen – notwendig werden. Die WTO-Vorgaben werden in Zukunft bei agrarpolitischen Entscheidungen immer stärker zu berücksichtigen sein.

Und auch im Hinblick auf die Osterweiterung der EU gehen die bisherigen Reformschritte nicht weit genug. So muß der bereits 1992 eingeschlagene Weg des Abbaus des Interventionspreissystems konsequent weiter verfolgt werden. Jüngsten Aussagen der Kommission zufolge ist unter dem Zeitdruck der Erweiterungsverhandlungen schon im Juni 2002 mit einem neuen Reformpaket zu rechnen, das die gemeinsame Verhandlungsposition der EU-15-Mitgliedsländer enthalten wird.

Schon jetzt schlägt die Kommission wiederholt einen stufenweisen Abbau der direkten Ausgleichszahlungen vor. Der damit geschaffene finanzielle Spielraum soll zur Abschaffung der Quotenregelungen im Zucker- und Milchbereich verwendet werden, die politökonomisch nur in Verbindung mit einem Einkommensausgleich für die Landwirte möglich ist. Dafür fehlen im Moment jedoch die finanziellen Mittel. Bereits im Rahmen der Agenda 2000 war ein entsprechender Vorschlag der Kommission erfolgt, der insbesondere am Widerstand Frankreichs scheiterte. Doch nach den französischen Präsidentschaftswahlen 2002 ist mit einer weniger harten Verhandlungsposition Frankreichs zu rechnen.[930]

---

[930] Vgl. FAZ (2001p), S. 13.

Mit diesen Entwicklungen wird es auch zu Verschiebungen auf dem politischen Markt kommen. So haben sich deutsche Industrieverbände bereits in der Uruguay-Runde gegen den Agrarprotektionismus gewandt. Hier zeichnet sich ein starkes Gegengewicht ab, das zunimmt, wenn beispielsweise die Renten der Ernährungsindustrie (die bislang beim Export Kompensationen für die agrarprotektionstisch bedingten überhöhten Rohstoffpreise erhalten hat) verlorengehen, weil die Exporterstattungen begrenzt werden. Aber auch andere Industriezweige können von einer Agrarschutzpolitik negativ betroffen sein, wenn es zu Retorsionsmaßnahmen kommt.

Parallel dazu divergieren die Einzelpositionen innerhalb der großen Interessenverbände immer stärker. Dieser Prozeß wurde im DBV bereits mit der deutschen Wiedervereinigung und den anders gelagerten Interessenpositionen der ostdeutschen Großbetriebe eingeleitet. Zudem bewegt die zukünftige Ausrichtung der WTO-Agrarverhandlungen an sozial- und umweltpolitischen Aspekten[931] (und damit einer stärkeren Förderung der Agrarumweltpolitik) die Verbände des Öko-Landbaus dazu, sich aus den allgemeinen agrarpolitischen Interessenvertretungen zu lösen und verstärkt eigene Positionen zu vertreten. Damit kommt es zum Auftreten einer neuen, aufgrund der Gruppengröße gut organisierbaren Kraft im politischen Kräftefeld,[932] die durch die BSE-Krise einen starken Bedeutungszuwachs erhalten hat. Der Trend zu verstärkten Divergenzen in der landwirtschaftlichen Interessenorganisation setzt sich auf europäischer Ebene im Zuge der Osterweiterung fort.[933]

6. Zusammenfassung und Schlußfolgerungen im Hinblick auf die Reformchancen der GAP

Die Landwirtschaft ist einer der am stärksten reglementierten Wirtschaftsbereiche in der EU. Die agrarpolitischen Maßnahmen beruhen vor allem auf der Behauptung, ein vorhandenes Marktversagen, das eine disparitätische Einkommensentwicklung begründe, zu korrigieren. Doch diese und andere Argumente können die Agrarmarktordnungen, die in der Vergangenheit hauptsächlich auf eingriffsintensiven, allokationsverzerrenden markt- und preispolitischen Instrumenten beruhten, nicht rechtfertigen. Die dadurch hervorgerufenen gesamtwirt-

---

[931] Vgl. Pompe (2000), S. 10 f.

[932] Die Mitgliedsverbände im Dachverband des Öko-Landbaus, der AGÖL, sind vergleichsweise jung (die meisten wurden in den 80er Jahren gegründet) und verfügen über überschaubare Mitgliederzahlen (die Anzahl der in den Mitgliedsverbänden organisierten Betriebe beträgt zwischen 24 im Verband Ökosiegel e. V. und 1357 im Naturland-Verband, Stand 1.1.2001), Vgl. AGÖL (2001).

[933] Vgl. Koester (2001a), S. 356 f.

schaftlichen Ineffizienzen unterlagen von der Etablierung der GAP an insbesondere von ökonomischer Seite weitreichender Kritik.

Doch echte Reformen lassen bis heute auf sich warten. Dafür verantwortlich sind starke politökonomische Beharrungskräfte. Diese gehen auf gravierende Fehlentscheidungen bei der Gründung der GAP zurück. Damals wurde ein institutioneller Rahmen mit Entscheidungskompetenzen geschaffen, der grundlegende Liberalisierungen bislang verhindert. So sind die agrarpolitischen Kompetenzen hauptsächlich auf europäischer, nicht auf nationaler Ebene, angesiedelt. Gerade im Agrarbereich, dessen Probleme von starkem regionalen Charakter sind, wird dem Subsidiaritätsprinzip jedoch kaum Rechnung getragen,[934] demzufolge nur solche Problembereiche auf die europäische Ebene übertragen werden sollen, die dort besser als auf nationaler oder regionaler Ebene gelöst werden können.

Für einzelne Maßnahmenbereiche kann die Ansiedlung auf EU-Ebene sinnvoll sein, beispielsweise bei außenhandelspolitischen Maßnahmen oder gesundheitsrechtlichen und phytosanitären Regelungen. Für die Preisstützungspolitik als Instrument der Einkommenspolitik trifft dies jedoch nicht zu. Läßt man die grundsätzliche Frage der Notwendigkeit einer sektoralen Einkommenspolitik außer Acht, sollte dieser Politikbereich prinzipiell in nationaler Zuständigkeit verbleiben.[935] Die Zentralisierung agrarpolitischer Kompetenzen auf europäischer Ebene schließt in weiten Bereichen jede Form institutionellen Wettbewerbs aus.

Statt dessen werden agrarpolitische Entscheidungen auf europäischer Ebene im Ministerrat getroffen, der aufgrund seiner heterogenen Zusammensetzung sehr unterschiedliche Interessenpositionen zusammenführen muß. Dabei werden letztendlich Entscheidungen herbeiführt, die die Landwirte aller Länder ausreichend mit dem Gut Einkommenssicherung versorgen und die Kosten der Agrarpolitik in die Höhe treiben. Die nationalen Agrarminister unterliegen starken Interessengruppeneinflüssen im jeweiligen Heimatland. Im Agrarministerrat verfügen sie über große diskretionäre Spielräume bei den jährlichen Entscheidungen über Preise, Quoten und Flächenstillegungen. In den Verhandlungsrunden erfolgt jeweils ein kurzfristiger Interessenausgleich, in dem aufgrund des zugrundeliegenden Prinzips der finanziellen Solidarität jeder Minister versucht, seinem Heimatland einen hohen Anteil der Agrarsubventionen zu verschaffen.

---

[934] Vgl. dazu auch Rieger (1999), S. 54.
[935] So auch Koester (1998), S. 136.

Die Interessenkoalition aus nationalen Agrarverbänden, Ministerialbeamten und Politikern konnte im bestehenden institutionellen Rahmen weitergehende Reformen wiederholt verhindern. Lediglich wenn externe Faktoren, wie internationale Handelsvereinbarungen, dies erzwangen, fanden Anpassungen an die geänderten Rahmenbedingungen statt. So erfolgte ein erster ernstzunehmender Reformversuch 1992 unter dem Druck der achten Welthandelsrunde. Dabei wurden jedoch die bestehenden Besitzstände gewahrt – so erfolgten zum Ausgleich der Stützpreissenkungen Direktzahlungen, um die Einkommen der Landwirte zu sichern. Insgesamt kam es so zu einer Erhöhung der Regelungsintensität. Betrachtet man rückblickend die einzelnen Reformversuche, so wird die Pfadabhängigkeit der GAP deutlich: Solange es politisch möglich ist, erfolgen Anpassungen an veränderte Umweltbedingungen innerhalb des bestehenden institutionellen Rahmens. Konsequente ordnungspolitische Reformen, etwa eine Abschaffung des Marktordnungssystems, wurden so bislang verhindert.

Tatsächliche Liberalisierungen im Bereich der Agrarpolitik setzen eine grundlegende Reform der Kompetenzverteilung voraus.[936] Zum einen sollte im Bereich der struktur- und umweltpolitischen Maßnahmen die regionale bzw. lokale Ebene stärker in die Entscheidungs-, Durchführungs- und Finanzierungskompetenz eingebunden werden – zumindest bei Maßnahmen, von denen keine länderübergreifenden Wirkungen ausgehen.[937] Damit werden gemäß dem Verursacherprinzip verstärkt diejenigen Akteure, die die politischen Entscheidungen treffen, auch zur Verantwortung herangezogen – was zu gesamtwirtschaftlichen Effizienzgewinnen beitragen dürfte.

In bezug auf länderübergreifende Maßnahmen macht insbesondere die vorgesehene Osterweiterung der EU Anpassungen bei den europäischen Organen notwendig. Eine Europäische Union, die zukünftig 22 und mehr Mitgliedsländer umfassen soll, wäre mit den bestehenden Strukturen nicht mehr entscheidungsfähig, so daß im Zuge der Osterweiterung eine grundlegende Revision der Entscheidungsstrukturen und der Kompetenzverteilung notwendig wird. Insbesondere dem Europäischen Parlament sollten mehr (agrar-)politische Kompetenzen, beispielsweise durch die Ausweitung der Mitentscheidungsverfahren, zuwachsen. Doch dazu sind die EU-15-Mitgliedsländer noch nicht bereit, wie das Gipfeltreffen der Regierungschefs in Nizza im Dezember 2000 bewiesen hat.[938]

---

[936] Vgl. dazu die Vorschläge des Wissenschaftlichen Beirats beim Bundesministerium für Ernährung, Landwirtschaft und Forsten (1998).
[937] So auch Koester (2001a), S. 359.
[938] Zu den einzelnen Verhandlungspunkten vgl. ausführlich Hrbek (2001).

TEIL VI: SYNTHESE

1. Zusammenfassung und Ergebnisse der Untersuchungen

Die Zielsetzung der vorliegenden Arbeit bestand darin, im Rahmen einer politökonomischen Untersuchung die Bestimmungsgründe von Liberalisierungsprozessen zu untersuchen. Dies erfolgte durch die explizite Einführung dynamischer und institutionenökonomischer Elemente in politökonomische Modelle. Ausgangsthese unserer Untersuchungen war die Annahme, daß die Wahrscheinlichkeit von Liberalisierungen beim Vorliegen der folgenden Voraussetzungen besonders hoch ist: Die notwendige Bedingung stellt ein sog. Staats-, Politik- oder Regulierungsversagen dar. Dieses tritt auf, wenn aufgrund eines behaupteten Markt- und/oder Wettbewerbsversagens ordnungspolitische Ausnahmeregelungen eingeführt werden, die jedoch entweder völlig zielinadäquat sind oder zwar zur Zielerreichung geeignet wären, aber über das wirtschaftspolitisch erforderliche Maß hinausreichen und sich hierzu auch weniger eingriffsintensive, ordnungskonforme Maßnahmen eignen (wenn überhaupt ein staatlicher Mitteleinsatz notwendig ist).

In diesem Sinne ungerechtfertigte staatliche Eingriffe in den Wirtschaftsprozeß in Form von Regulierungen und kartellrechtlichen Branchenfreistellungen führen zu gesamtwirtschaftlichen Ineffizienzen. Doch diese allein lösen noch keine Liberalisierungsprozesse aus. Dem steht der ökonomischen Theorie der Regulierung zufolge eine starke Interessenkoalition aus begünstigten Unternehmen, wiederwahlorientierten Politikern und der Regulierungsbürokratie entgegen. Die Kostenträger der verfehlten Wirtschaftspolitik sind aufgrund von Informationsproblemen entweder nicht an einer Änderung des Status quo interessiert, oder sie sind schlecht organisierbar (oder beides) und bringen ihre Interessen im politischen Prozeß nicht bzw. nur eingeschränkt zur Geltung. Einmal existente wirtschaftspolitische Arrangements entwickeln sich somit pfadabhängig:[939] Sie werden grundsätzlich auch dann beibehalten, wenn sie zu gesamtwirtschaftlichen Ineffizienzen führen.

Erst zusätzlich auftretende exogene Veränderungen im Sinne einer hinreichenden Bedingung können bestehende ineffiziente Institutionengefüge reformieren. Solche externen Determinanten sind etwa technologische Fortschritte, der Prozeß der Globalisierung und politische Faktoren wie internationale Handelsabkommen und die europäische Integration. Sie beeinflussen das politökonomische Kräfteverhältnis insofern, als jetzt politisch durchsetzungsfähige Interessengruppen an Stärke gewinnen oder neu hinzutreten, die sich Vorteile von Li-

[939] Vgl. North (1992), S. 87 ff., siehe dazu auch Sobania (2000), S. 27 ff.

beralisierungen versprechen. Beim Auftreten der genannten Faktoren werden auch bestehende politische Renten eliminiert, so daß die bislang begünstigten Unternehmen zum Teil selbst auf Deregulierungen dringen, da sie sich nun größere Vorteile im Wettbewerb erhoffen als durch politisches Rentenstreben. Erachten es politische Unternehmer in einer solchen Situation nicht mehr als lohnend, bestehende Rentenpositionen aufrecht zu erhalten, passen sie ihre politischen Programme entsprechend an, und Deregulierungsprozesse werden tatsächlich in Gang gesetzt. Dies ist in einem wirtschaftsliberalen Umfeld wahrscheinlicher als in Wirtschaftsordnungen mit traditionell starkem staatlichen Einfluß. Wurden Deregulierungen auf diese Weise erst einmal ausgelöst, sind sie in der Regel schwer wieder aufzuhalten – wie die Erfahrungen etwa im Telekommunikationsbereich zeigen.

Die Ausgangsthese wurde anhand der Sektoren Telekommunikation, Straßen- und Schienengüterverkehr sowie Landwirtschaft geprüft. Dabei stehen die Sektoren Telekommunikation und Straßengüterverkehr als Beispiele für Bereiche, in denen die Liberalisierungsprozesse als weitgehend abgeschlossen gelten. Demgegenüber befindet sich der Schienenverkehrsbereich inmitten der Liberalisierungsphase, und im Agrarbereich blieben bis auf wenige Ausnahmen weitreichende Reformen bislang aus. Die unterschiedlichen Liberalisierungsfortschritte ergeben sich insbesondere aus der institutionellen Ausgestaltung der politischen Entscheidungssysteme. Diese bilden einerseits den Rahmen für die Handlungen der Individuen, andererseits sind sie aber auch selbst Objekt menschlicher Gestaltung. Vor allem bei der Analyse des Agrarbereichs konnte gezeigt werden, daß die institutionellen Rahmenbedingungen eine wesentliche Ursache für die starke Status quo-Präferenz sind: Die Kompetenzverlagerung im Bereich der Marktordnungspolitik auf die supranationale Ebene führte bislang dazu, daß größere Reformvorhaben verhindert werden konnten: Agrarpolitische Entscheidungen werden im Ministerrat getroffen. Hier führen Paketlösungen, Log rolling und das Prinzip der finanziellen Solidarität dazu, daß die einem starkem Interessengruppeneinfluß unterliegenden nationalen Agrarminister Entscheidungen zugunsten ihrer Wählerklientel im Heimatland treffen können, ohne daß dem wirksame Restriktionen entgegenstehen.

Die vorliegende Untersuchung zeigt, daß nicht das eigennützig-rationale Handeln der Individuen der Grund für das Regulierungsversagen in verschiedenen Sektoren ist. Die Ursache sind ineffiziente Institutionengefüge: Falsche bzw. unzweckmäßige Anreizsysteme determinieren das Handeln der Politiker und Bürokraten und regen zu gesamtwirtschaftlich ineffizienten Entscheidungen an. Beispielsweise verhindern hohe Transaktions-(insbesondere Informations-)kosten weitgehend eine öffentliche Wählerkontrolle, so daß Politiker über Handlungsspielräume verfügen, die sie zur Befriedigung von Partikularinteressen einsetzen. Ähnliche Probleme resultieren im Bereich der Regulierungsbürokratie. Auch hier ermöglichen Informationsasymmetrien gegenüber dem Parlament und unzureichend definierte Property rights die Durchsetzung spezifischer Gruppeninteressen – auf Kosten der Bevölkerungsmehrheit. Eine explizite Integration dieser und weiterer institutionenökonomischer Aspekte in politökonomische Modelle konnte deren Aussagegehalt erhöhen. Nur unter Einbeziehung dieser institutionellen Anreizsysteme können Mustervoraussagen über das Zustandekommen von Liberalisierungsprozessen erfolgen.

Im Zusammenhang mit dem politischen Unternehmer spielen auch Ideologien eine wichtige Rolle. In das Nutzengebäude der Politiker, die unter der Nebenbedingung der Wiederwahl ihren individuellen Nutzen maximieren, ist also auch die Komponente der Verwirklichung ideologischer Vorstellungen einzubeziehen. Hier sei an die Politik Thatchers in Großbritannien oder Reagans in den USA erinnert, die bei der Verfolgung solcher Ziele weitreichende Liberalisierungen auch gegen starke Interessengruppenwiderstände durchsetzten. Die Erfolge der dort stattgefundenen Liberalisierungen haben auch den Reformwillen in weiteren Sektoren oder Ländern erhöht. Vor allem die Konzentration unserer Untersuchung von Liberalisierungsprozessen auf diese und andere externe auslösende Faktoren hat zu einer Dynamisierung und Erweiterung politökonomischer Modelle beigetragen. Es konnte gezeigt werden, daß der Erklärungswert der politökonomischen Grundmodelle gesteigert werden kann, wenn die genannten Elemente (institutionelle Rahmenbedingungen, externe auslösende Faktoren) explizit in die Analyse einbezogen werden.

2. Wirtschaftspolitische Handlungsempfehlungen

Die Rationalität politischer Entscheidungen orientiert sich am Eigennutz der Politiker. Deren individuelle Nutzenmaximierung steht gesamtwirtschaftlich vorteilhaften wirtschaftspolitischen Entscheidungen oftmals entgegen. Aufgrund der großen Bedeutung von Institutionengefügen für wirtschaftspolitische Entscheidungen liegt auch der Ansatzpunkt für eine kausaltherapeutische Wirtschaftspolitik im institutionellen Bereich: Den Hauptansatzpunkt zur Ermöglichung einer effizienteren politischen Entscheidungsfindung bildet eine institutionelle Umgestaltung der Anreiz- und Entscheidungssysteme. Die institutionellen Rahmenbedingungen sind so zu gestalten, daß das Eigeninteresse der Individuen an wirksamen Markt- und Wettbewerbsprozessen gestärkt wird. Beim Vorliegen geeigneter Mechanismen muß es nicht erst wie bei Olson zu (gesamtwirtschaftlich schädlichen) krisenartigen Erscheinungen kommen, damit Deregulierungen ausgelöst werden.

Das effizienteste Instrument zur Herbeiführung gesamtwirtschaftlich vorteilhafter Entscheidungen sind auch im politischen Bereich wirksame Wettbewerbsprozesse. Diese wirken als Kontrollmechanismus sowie als Such- und Entdeckungsverfahren. Auf nationalstaatlicher Ebene ist der Wettbewerb zwischen politischen Parteien jedoch oft nicht wirksam, wie die politische Praxis zeigt. Bereits bestehende systemimmanente Checks and balances, beispielsweise in Form von unabhängigen Kontrollinstanzen und wirtschaftspolitischen Beratern, die das Verhalten der politischen Entscheidungsträger kritisch beleuchten und Lösungsvorschläge unterbreiten, zeigen oft nicht die gewünschten Erfolge. Zudem verfügen Rechnungshöfe, Sachverständigenräte und -kommissionen etc. in der praktischen Politik oft gerade nicht über die propagierte Unabhängigkeit und erst recht nicht über die notwendigen Kompetenzen, um ihre Vorschläge auch tatsächlich in politische Entscheidungen zu transformieren.

Durch eine größere Transparenz und Verantwortung des Einzelnen ließe sich die Effizienz wirtschaftspolitischer Entscheidungsfindung erhöhen. Eine größere **Transparenz** ließe sich herbeiführen, indem beispielsweise die verschiedenen Interessenpositionen aller wirtschaftspolitischen Akteure, zu denen neben Politikern, Bürokraten und Interessengruppen auch die Wählermehrheit zählt, offengelegt würden. Hierzu könnte eine größere fiskalische Äquivalenz, d. h. ein stärkerer Zusammenhang von Einnahmenerzielung und Ausgabenverantwortung im politischen Bereich beitragen. Ein weiterer Ansatzpunkt könnte darin bestehen, das Interesse aller Gesellschaftsmitglieder an effizienten wirtschaftspolitischen Entscheidungen zu erhöhen, beispielsweise indem man mehr direkte Demokratie wagt. Erhält der Einzelne ein Stück "direkte Regierungsverantwortung", unterliegt er auch stärkeren Anreizen, sich Informationen über wirtschafts- und andere politische Sachbereiche zu beschaffen.[940] Eine besser informierte Wählerschaft könnte dann rationalere Wahlentscheidungen treffen und somit effiziente politische Entscheidungen ermöglichen. Diese sind demgegenüber bei "rationaler Ignoranz" der Wähler mit Wählerstimmenverlusten und somit geringeren Wiederwahlchancen für die Politiker verbunden.[941]

Bei der Herbeiführung einer größeren individuellen Politikverantwortung kann das politische System der Vereinigten Staaten von Amerika als Vorbild gelten. Hier werden beispielsweise interventionistische Maßnahmen von Regulierungskommissionen immer wieder durch Gerichte oder die einzelstaatlichen Regie-

---

[940] Zur Verhaltensbeeinflussung mittels Informationen vgl. Frey (1981), S. 278 ff.

[941] Siehe etwa Weimann (2001), S. 496 f., der darauf hinweist, daß beispielsweise im Gesundheitsbereich im derzeitigen politischen System wiederwahlorientierte Politiker notwendige Reformen nicht auf den Weg bringen können, weil eine schlecht informierte Öffentlichkeit trotz gesamtwirtschaftlicher Vorteile auf die damit eventuell verbundene Eigenbeteiligung mit dem Entzug von Wählerstimmen reagieren würde.

rungen in Frage gestellt. In diesem **dezentralen System** haben nicht nur die politischen Entscheidungsträger selbst, sondern auch alternative Interessengruppen die Möglichkeit, auf anderen Wegen als dem normalen Gesetzgebungsverfahren Liberalisierungen zu bewirken.[942] Das ist im bundesdeutschen Gesetzgebungsverfahren nicht möglich; hier fand im Gegenteil eine immer stärkere Zentralisierung von Entscheidungskompetenzen statt. Dieser Trend setzt sich seit ca. 50 Jahren auf europäischer Ebene fort. Hier dürfen die Fortschritte beim Abbau einzelstaatlicher Regulierungen im Zuge des europäischen Integrationsprozesses nicht durch die Entstehung neuer Regulierungen auf supranationaler Ebene aufgehalten bzw. umgekehrt werden. Grundsätzlich sollte deshalb das **Subsidiaritätsprinzip** der zentrale Effizienzgrundsatz in Europa sein.[943] Es trägt dafür Sorge, daß auch im Bereich der politisch-institutionellen Arbeitsteilung komparative Kostenvorteile genutzt werden können.

Der wichtigste externe Kontrollmechanismus ist ein wirksamer internationaler politischer Wettbewerb. Nur durch den Druck des **Systemwettbewerbs** werden die nationalen Regierungen angehalten, eine effiziente, nachhaltige Wirtschaftspolitik zu betreiben. Mit zunehmender Internationalisierung der Wirtschaftsbeziehungen in Form von Güterex- und -importen und Direktinvestitionen drängen die heimischen Unternehmen auf einen Abbau wettbewerbsverzerrender Regulierungen, die ihre Chancen im internationalen Wettbewerb schwächen. Um Direktinvestitionen ins Land zu holen und die Verlagerung heimischer Produktion ins Ausland zu verhindern, müssen wiederwahlorientierte Politiker günstige Standortbedingungen schaffen. Der Abbau von Investitionshemmnissen und die Liberalisierung von Märkten sind dabei im Rahmen eines Comparative institution approach die geeignetesten Instrumente.

---

[942] Vgl. näher dazu Kaufer/Blankart (1983).
[943] Vgl. dazu die kritische Untersuchung von Welfens (1995).

Literaturverzeichnis

Aberle, G. (2001a): Wende in der Verkehrspolitik: Durch mehr Wettbewerb auf den Schienen zu größerer Effizienz?, in: ifo Schnelldienst, 54. Jg., Nr. 9, S. 5 – 7.

Aberle, G. (2001b): EU-Verkehrspolitik: Mehr Erfolge als Enttäuschungen?, in: Internationales Verkehrswesen, 53. Jg., Editorial.

Aberle, G. (2001c): Börsengang der Bahn 2004 unrealistisch, in: Die Welt v. 30.8.2001, S. 12.

Aberle, G. (2000): Transportwirtschaft. Einzelwirtschaftliche und gesamtwirtschaftliche Grundlagen, 3. Aufl., München.

Aberle, G. (1988): Europäische Verkehrspolitik – Harmonisierung der Wettbewerbsbedingungen im Kraftverkehr, Bonn.

Aberle, G. (1987): Die ökonomischen Grundlagen der europäischen Verkehrspolitik, in: J. Basedow (Hrsg.): Europäische Verkehrspolitik, Tübingen, S. 29 – 57.

Aberle, G.; A. Hedderich (1993): Diskriminierungsfreier Netzzugang bei den Eisenbahnen, in: Internationales Verkehrswesen, 45. Jg., S. 15 – 26.

Aberle, G.; M. Engel (1992): Theoretische Grundlagen zur Erfassung und Bewertung des volkswirtschaftlichen Nutzens, in: Internationales Verkehrswesen, 44. Jg., S. 169 – 175.

Ackermann, P. (1982): Interessendurchsetzung: Das Beispiel des Deutschen Bauernverbandes (DBV), in: Sozialwissenschaftliche Informationen für Unterricht und Studium, 11. Jg., S. 29 – 36.

Ackermann, P. (1970): Der Deutsche Bauernverband im politischen Kräftespiel der Bundesrepublik, Tübingen.

Agata, K. (1996): Perspektiven der japanischen und deutschen Telekommunikationspolitik, in: Zeitschrift für öffentliche und gemeinwirtschaftliche Unternehmen, Beiheft 19, S. 7 – 35.

AGÖL (2001a): AGÖL – Mitgliedsverbände, in: http://www.AGOEL.de/mitglieder/index.htm v. 10.8.2001.

Ahner, D. (1999): Die agrarpolitischen Aspekte der Agenda 2000, in: P. Wittschorek (Hrsg.): Agenda 2000 – Herausforderungen an die Europäische Union und an Deutschland, Baden-Baden, S. 47 – 96.

Albensöder, A. (Hrsg.) (1990): Netze und Dienste der Deutschen Bundespost TELEKOM, R. v. Decker's Taschenbuch Telekommunikation, Bd. 11, 2. Aufl., Heidelberg.

Alberty, M. (1911): Der Übergang zum Staatsbahnensystem in Preußen. Seine Begründung, seine Durchführung und seine Folgen, Jena.

Alchian, A. A. (1961): Some Economics of Property, Santa Monica.

Anderegg, R. (1999): Grundzüge der Agrarpolitik, München.

Arbeitsgemeinschaft Selbständiger Unternehmer (2001): Verkehrssystem Schiene: Für konsequente Privatisierung und Chancengleichheit aller Anbieter, Berlin.

Assfalg, W.; R. Werner (1992): Die optimale Nutzung von Agrarlandschaften, in: Berichte über Landwirtschaft, Bd. 70, Hamburg, S. 358 – 386.

Auckes, H. A.; W. Berndt; G. Tenzer (1990): Die neue Telekommunikationspolitik in der Bundesrepublik Deutschland – Grundsätze und Perspektiven, in: C. Schwarz-Schilling; W. Florian (Hrsg.): Jahrbuch der Deutschen Bundespost, Bd. 41, Erlangen, S. 9 – 75.

Averyt, W. F. (1977): Agropolitics in the European Community. Interest Groups and the Common Agricultural Policy, New York u. a.

Bach, M. (1994): Transnationale Integration und institutionelle Differenzierung. Tendenzen der europäischen Staatswerdung, in: V. Eichener; H. Voelzkow (Hrsg.): Europäische Integration und verbandliche Interessenvermittlung, Marburg, S. 109 – 129.

Backhaus, K. (1995): Investitionsgütermarketing, 4. Aufl., München.

Backhaus, K.; M. Voeth (1995): Innovations- und Technologiemarketing, in: E. Zahn (Hrsg.): Handbuch Technologiemanagement, Stuttgart, S. 395 – 408.

Balisacan, A. M.; J. M. Roumasset (1987): Public Choice of economic policy: The growth of agricultural protection, in: Weltwirtschaftliches Archiv, 123. Jg., S. 232 – 248.

Bartling, H. (1993a): Schlußfolgerungen aus Entwicklungstendenzen der Wettbewerbstheorie für die Wettbewerbspolitik, in: WuW, 43. Jg., S. 16 – 30.

Bartling, H. (1993b): EG-Agrarreform 1992 – ein Fortschritt?, in: WiSt, 22. Jg., S. 157 u. 162.

Bartling, H. (1984): Landwirtschaft, in: P. Oberender (Hrsg.): Marktstruktur und Wettbewerb in der Bundesrepublik Deutschland, München, S. 1 – 51.

Bartling, H. (1983): Wettbewerbliche Ausnahmebereiche – Rechtfertigung und Identifizierung, in: M. Feldsieper; R. Groß (Hrsg.): Wirtschaftspolitik in weltoffener Wirtschaft, Berlin, S. 325 – 346.

Basedow, J. (1993): Die Wettbewerbspolitik in den Ausnahmebereichen, in: Forschungsinstitut für Wirtschaftsverfassung und Wettbewerb e. V. Köln (Hrsg.): Beschränkung des staatlichen Einflusses in der Wirtschaft, Köln u. a., S. 23 – 40.

Basedow, J. (1989): Wettbewerb auf den Verkehrsmärkten. Eine rechtsvergleichende Untersuchung zur Verkehrspolitik, Heidelberg.

Basedow, J. (1987): Einleitung: Verkehrsrecht und Verkehrspolitik als europäische Aufgabe, in: J. Basedow (Hrsg.): Europäische Verkehrspolitik, Tübingen, S. 1 – 28.

Basse, G. (1981): 100 Jahre öffentlicher Fernsprechdienst in Deutschland, in: Archiv für deutsche Postgeschichte, o. J., Heft 1, S. 124 – 157.

Bauer, S. (1986): Zur Analyse von Allokations- und Verteilungsproblemen im Agrarbereich: Theorie, Methoden und empirische Forschung, Kiel.

Bauer, S. (1979): Quantitative Sektoranalyse als Entscheidungshilfe für die Agrarpolitik, Berlin.

Bauer, S.; M. Rothe (1980): Analyse und Prognose der kurzfristigen Einkommensentwicklung in der Landwirtschaft (DIES), in: W. Henrichsmeyer (Hrsg.): Prognose und Prognosekontrolle, Bonn, S. 191 – 214.

Bauersachs, F.; J. Niebuhr (1978): Zur Interdependenz von Preispolitik, Marktgleichgewicht, Faktoreinsatz und Einkommen im Agrarsektor, in: Agrarwirtschaft, 27. Jg., S. 109 – 116.

Baum, H. (1986): Regulationspolitik im Güterverkehr, in: Zeitschrift für Verkehrswissenschaft, 57. Jg., S. 102 – 209.

Baumol, W. J.; J. G. Sidak (1994): The Pricing of Inputs sold to Competitors, in: Yale Journal on Regulation, 11. Jg., S. 171 – 202.

Baumol, W. J.; J. C. Panzar; R. D. Willig (1988): Contestable Markets and the Theory of Industry Structure, 2. Aufl., Orlando.

Baumol, W. J.; D. F. Bradford (1970): Optimal Departures from Marginal Cost Pricing, in: American Economic Review, 60. Jg., S. 265 – 283.

Baur, H. (1982): Zukunftsperspektiven der Kommunikationstechnik im Zeichen neuer Technologien, in: D. Elias (Hrsg.): Telekommunikation in der Bundesrepublik Deutschland, Heidelberg, S. 161 – 174.

BDI (2001): BDI fordert mehr Wettbewerb auf der Schiene, in: vwd Montan, o. J., Nr. 179 v. 17.9.2001, S. 10.

BDI (2000): Deckmantel Daseinsvorsorge. Vorfahrt für die Privatwirtschaft – Vorteil für die Verbraucher, Berlin.

BDI (1988): Europäische Verkehrsmärkte gestalten. Industrie und Verkehrsgewerbe als Partner, Köln.

BDI (1986): Verkehrsmarktordnung im Umbruch. Ein Beitrag zur ordnungspolitischen Diskussion, Köln.

BDI (1973): Verkehrspolitischer Standpunkt der Industrie, in: BDI-Mitteilungen, 19. Jg, Nr. 11.

Becker, G. S. (1985): Public Policies, Pressure Groups, and Dead Weight Costs, in: Journal of Public Economics, 28. Jg., S. 329 – 347.

Becker, G. S. (1983): A Theory of Competition among Pressure Groups for Political Influence, in: Quarterly Journal of Economics, 98. Jg., S. 371 – 400.

Behrends, S. (2001): Neue Politische Ökonomie. Systematische Darstellung und kritische Beurteilung ihrer Entwicklungslinien, München.

Bell Telephone Laboratories (1975): A History of Engineering & Science in the Bell System, New Jersey.

Bentley, A. F. (1908): The Process of Government. A Study of Social Pressures, Chicago.

Berg, H.; F. Schmidt (1991): GATT-Runde und EG-Agrarpolitik: Ein Szenario möglicher Ergebnisse und Konsequenzen, in: List-Forum für Wirtschafts- und Finanzpolitik, Bd. 17, S. 97 – 108.

Berger, H. (1996): Die Grundzüge der Postreform II in der Bundesrepublik Deutschland, in: Zeitschrift für öffentliche und gemeinwirtschaftliche Unternehmen, Beiheft 19, S. 36 – 50.

Berger, H.; C. B. Blankart; A. Picot (Hrsg.) (1990): Lexikon der Telekommunikationsökonomie, Heidelberg.

Berger, H.; E. Meinel (1986): Der Ausbau der Fernmeldenetze aus der Sicht der Industrie, Heidelberg.

Berkelova, M. (1992): Die Vollendung des europäischen Binnenverkehrsmarktes und der Reformbedarf der deutschen Verkehrspolitik dargestellt am Beispiel des Straßengüterverkehrs, Bochum.

Bernholz, P.; F. Breyer (1994): Grundlagen der Politischen Ökonomie, Bd. 2: Ökonomische Theorie der Politik, 3. Aufl., Tübingen.

Bernstein, M. H. (1966/1955): Regulating Business by Independent Commissions, 2. Aufl., Princeton.

Beusmann, V.; K. Hagedorn (1984): Ansätze der Politischen Ökonomie zur Erklärung der sektoralen Einkommenspolitik, in: W. Grosskopf; M. Köhne (Hrsg.): Einkommen in der Landwirtschaft – Entstehung, Verteilung, Verwendung und Beeinflussung, Münster-Hiltrup, S. 51 – 84.

Bicker, E. (1998): Strukturelle Wirkungen von volks- und betriebswirtschaftlichen Kosten staatlicher Regulierungen, dargestellt am Beispiel der Agrarpolitik in Deutschland und der Europäischen Union, Frankfurt/M. u. a.

Bioland (2001): Agrarwende nimmt Form an, Pressemitteilung vom 19.6.2001, in: http://www.bioland.de/presse/pm/010619.htm v. 30.7.2001.

Blankart, C. B. (2001): Öffentliche Finanzen in der Demokratie, 4. Aufl., München.

Blankart, C. B. (1990): Chancen und Möglichkeiten der Deregulierung in einer politischen Umwelt, in: F. Schneider; M. F. Hofreither (Hrsg.): Privatisierung und Deregulierung öffentlicher Unternehmen in westeuropäischen Ländern, Wien, S. 131 – 150.

Blankart, C. B. (1983): Waves of Regulation and Deregulation in the German Railroad and Trucking Industry 1830 – 1980, Institute für Volkswirtschaftslehre der Hochschule der Bundeswehr München, Diskussionsbeitrag Nr. 16, München.

Blankart, C. B. (1982): Reform des Postmonopols, Bern u. a.

Blankart, C. B.; G. Knieps (1996): Infrastrukturfonds als Instrumente zur Realisierung politischer Ziele, in: Zeitschrift für öffentliche und gemeinwirtschaftliche Unternehmen, 19. Jg., S. 51 – 67.

Blankart, C. B.; G. Knieps (1994): Das Konzept der Universaldienste im Bereich der Telekommunikation, in: Jahrbuch für Neue Politische Ökonomie, Bd. 13, S. 238 – 253.

Blankart, C. B.; G. Knieps (1992): Netzökonomie, in: Jahrbuch für Neue Politische Ökonomie, Bd. 11, S. 73 – 87.

Blankart, C. B.; G. Knieps (1989a): Grenzen der Deregulierung im Telekommunikationsbereich? – Die Frage des Netzwettbewerbs –, in: H. S. Seidenfus (Hrsg.): Deregulierung – eine Herausforderung an die Wirtschafts- und Sozialpolitik, Berlin, S. 149 – 172.

Blankart, C. B.; G. Knieps (1989b): What can we learn from comparative institutional analysis? The case of telecommunications, in: Kyklos, 42. Jg., S. 579 – 598.

Blonk, W. A. (1985): Stand und Perspektiven der gemeinsamen Verkehrspolitik, in: F. Voigt; H. Witte (Hrsg.): Integrationsbestrebungen von Verkehrssystemen und ihre Bedeutung für die EG, Bonn, S. 91 – 104.

Bock, E. (1988): Kommunikationsversorgung der Zukunft: Lebensqualität für viele oder Profit für Wenige? Die Empfehlungen der Regierungskommission Fernmeldewesen in der Kritik der Deutschen Postgewerkschaft, in: F. Arnold (Hrsg.): Telekommunikation in Europa: Quo vadis?, Hamburg, Online '88, Referat Nr. 04.2.

Bodewig, K. (2001): Rede zu Grundsatzfragen der Verkehrspolitik auf dem Grünen-Parteitag in Stuttgart am 10.3.2001, Stuttgart.

Böge, U. (2001): Befürchtungen einer neuen Sektoralisierung der Wettbewerbspolitik, in: WuW, 51. Jg., S. 655.

Böge, R.; W. Dietzel (2001): Chancen nutzbar machen für Deutschlands Bauern, in: http://www.cdu.de/politik-a-z/landwirtschaft/pm-bfa-021000.htm v. 31.5.2001.

Bögelein, M. (1990): Ordnungspolitische Ausnahmebereiche. Marktwirtschaftliche Legitimation und wirtschaftspolitische Konsequenzen, Wiesbaden.

Bollmann, K. (1990): Agrarpolitik. Entwicklungen und Wandlungen zwischen Mittelalter und Zweitem Weltkrieg, Frankfurt/M. u. a.

Boss, A. u. a. (1996): Deregulierung in Deutschland, Tübingen.

Brandes, W. (1990): Überlegungen und Modellrechnungen zur Fruchtbarkeit von Maximierungsprinzip und Gleichgewichtskonzept, Institut für Agrarökonomie der Universität Göttingen, Diskussionsbeitrag Nr. 9001, Göttingen.

Brede, H. (Hrsg.) (1988): Privatisierung und die Zukunft der öffentlichen Wirtschaft, Baden-Baden.

Brenck, A. (1993): Privatisierungsmodelle für die Deutsche Bundesbahn, in: H.-J. Ewers (Hrsg.): Privatisierung des Schienenverkehrs, Göttingen, S. 37 – 183.

Breton, A.; R. Wintrobe (1975): The Equilibrium Size of a Budget-maximizing Bureau: A Note on Niskanen's Theory of Bureaucracy, in: Journal of Political Economy, 83. Jg., S. 195 – 207.

Brown, S. J.; D. S. Sibley (1986): The theory of public utility pricing, Cambridge.

Buchanan, J.; R. D. Tollison; G. Tullock (Hrsg.) (1982): Toward a Theory of the Rent-Seeking Society, College Station.

Buchanan, J.; R. Wagner (1977): Democracy in Deficit: The Political Legacy of Lord Keynes, San Diego.

Buchholz, H. E. (1982): Zyklische Preis- und Mengenschwankungen auf Agrarmärkten, in: H. E. Buchholz; G. Schmitt; E. Wöhlken (Hrsg.): Landwirtschaft und Markt, Hannover, S. 113 – 154.

Buchholz, H. E. (1981): Herausforderung für die Agrarmarktpolitik der EG, in: Agrarwirtschaft, 30. Jg., S. 1 – 9.

Buchholz, H. E. et al. (1994): Ergebnisse des Agrarabkommens der Uruguay-Runde des GATT und Auswirkungen auf die GAP, Institut für landwirtschaftliche Marktforschung der Bundesforschungsanstalt für Landwirtschaft (FAL), IflM-Agrarbericht 94/4, Braunschweig-Völkenrode.

Buchwitz, R. (1998): A Positive Analysis of European Deregulation, in: Aussenwirtschaft, 53. Jg., S. 553 – 571.

Bürgel, H. (1988): Die deutsche Marktordnung für den Straßengüterverkehr und das europäische Recht, in: Internationales Verkehrswesen, 40. Jg., S. 240 – 243.

Bundesminister für Verkehr (1983): Kabinettsvorlage des Bundesministers für Verkehr zur Deutschen Bundesbahn vom 17.11.1983, Bonn.

Bundesminister für Verkehr (1973): Der Mensch hat Vorfahrt, o. O.

Bundesminister für Verkehr (1967): Das Verkehrspolitische Programm im Spiegelbild der öffentlichen Meinung, Bad Godesberg.

Bundesminister für Verkehr (Hrsg.) (versch. Jg.): Verkehr in Zahlen, Bonn.

Bundesministerium für das Post und Fernmeldewesen (1988): Reform des Post- und Fernmeldewesens in der Bundesrepublik Deutschland. Konzeption der Bundesregierung zur Neuordnung des Telekommunikationsmarktes, Heidelberg.

Bundesministerium für Ernährung, Landwirtschaft und Forsten (Hrsg.) (1988): BMELF-Informationen Nr. 8, 17, 19, 25, 26, 30 – 34, 38, 43.

Bundesministerium für Post und Telekommunikation (1996): Kabinett verabschiedet Telekommunikationsgesetz von Postminister Bötsch. Pressemitteilung vom 30.01.1996, Bonn.

Bundesministerium für Post und Telekommunikation (1995): Referentenentwurf für ein Telekommunikationsgesetz, Bonn.

Bundesministerium für Wirtschaft (1995): Position des BMWi zur Organisation der Regulierung vom 2. Oktober 1995, Bonn.

Bundesregierung (1997): Telekommunikations-Universaldienstleistungsverordnung (TUDLV), Bonn.

Bundesverband der Deutschen Ernährungsindustrie (2001): Neuausrichtung der Agrarpolitik nicht gegen die Ernährungsindustrie, in: http://www.bve-online.de/presse/.../agrar.htm v. 31.5.2001.

Bundesverfassungsgericht (1978): Urteil des Bundesverfassungsgerichts vom 12. Oktober 1977 (Direktrufurteil), in: Entscheidungen des Bundesverfassungsgerichts, Bd. 46, S. 120 – 160.

Burk, M. C (1962): Das Engelsche Gesetz: Hundert Jahre später, in: Agrarwirtschaft, 11. Jg., S. 323 – 330.

Burkhardt-Reich, B.; W. Schumann (1983): Agrarverbände in der EG. Das agrarpolitische Entscheidungsgefüge in Brüssel und in den EG-Mitgliedstaaten unter besonderer Berücksichtigung des europäischen Verbandes COPA und seiner nationalen Mitgliedsverbände, Kehl a. Rhein.

Busch, A. (1988): Geht der Post das Geld aus? Zur Finanzierung zukünftiger Telekommunikationsinvestitionen im Lichte der Empfehlungen der "Regierungskommission Fernmeldewesen", Kiel.

Busch, B. (1999): Die Osterweiterung der Europäischen Union, Köln.

Busch, B. (1992): Standortindikator Telefonkosten, in: iw-trends, o. J., Nr. 2/92, S. 55 – 61.

Busch, B. (1987): Regulierung des Post- und Fernmeldewesens. Eine ordnungstheoretische Untersuchung, Köln.

Carter, C. et al. (1990): Causes of intervention in Canadian Agriculture, in: Canadian Journal of Agricultural Economics, 38. Jg., S. 785 – 795.

Cerny, P. G. (1991): The limits of deregulation: Transnational interpretation and policy change, in: European Journal of Political Research, 19. Jg., S. 173 – 196.

Coase, R. H. (1960): The Problem of Social Cost, in: Journal of Law and Economics, 3. Jg., S. 1 – 44.

Coase, R. H. (1937): The Nature of the Firm, in: Economica, 16. Jg., S. 386 – 405.

Cox, H. (1999): Regulierung, Privatisierung und Globalisierung von Post und Telekommunikation. Rückblick und Ausblick über zehn Jahre Post- und Telekommunikationsreform in Deutschland, in: L. Baar et al. (Hrsg.): Jahrbuch für Wirtschaftsgeschichte 1999/1, Berlin, S. 73 – 100.

Cramon-Taubadel, S. von; R. Kühl (1990): Wendepunkt für die Europäische Agrarpolitik? Die Agrarverhandlungen in der Uruguay-Runde, in: Wirtschaftsdienst, 70. Jg., S. 463 – 470.

Crew, M.; C. Rowley (1988): Toward a Public Choice Theory of Monopoly Regulation, in: Public Choice, 57. Jg., S. 49 – 67.

DBV (2001a): Ministerin Künast im DBV-Präsidium. Aussprache über Weiterentwicklung der Agrarpolitik, Pressemitteilung v. 6.6.2001, Bonn.

DBV (2001b): Bund-/Länderentscheidung kommt DBV-Ablehnung weit entgegen, Pressemitteilung v. 29.6.2001, Bonn.

DBV (2001c): Vorschläge des Deutschen Bauernverbandes zur Überwindung der BSE-Krise, Bonn.

DBV (2001d): Mehrheit der Deutschen fühlt sich durch BSE nicht mehr gefährdet, Pressemitteilung v. 2.8.2001, Bonn.

DBV (2000): Argumente 2000. Trends und Fakten zur wirtschaftlichen Lage der deutschen Landwirtschaft, Bonn.

Demsetz, H. (1969): Information and Efficiency: Another Viewpoint, in: Journal of Law and Economics, 12. Jg., S. 1 – 22.

Demsetz, H. (1968): Why regulate Utilities?, in: Journal of Law and Economics, 11. Jg., S. 55 – 65.

Demsetz, H. (1967): Toward a Theory of Property Rights, in: American Economic Review, 56. Jg., S. 347 – 359.

Deregulierungskommission (1991): Marktöffnung und Wettbewerb, Stuttgart.

Deutscher Bundestag (2001): Agrarbericht 2001. Agrar- und ernährungspolitischer Bericht der Bundesregierung, Drucksache 14/5326, Bonn.

Deutscher Bundestag (1987): Grünbuch über die Entwicklung des Gemeinsamen Marktes für Telekommunikationsdienstleistungen und Telekommunikationsendgeräte, KOM (87) 290 endg., Drucksache 11/930 v. 7.9.1987.

Deutscher Bundestag (1985): Verkehrsbericht der Bundesregierung, BT-Drucksache 10/2695 v. 4.1.1985, Bonn.

Deutscher Bundestag (1966): Gutachten der Sachverständigenkommission für die Deutsche Bundespost vom 6. November 1965, Bundestagsdrucksache 5/203 v. 26.1.1966.

DIHT (1986): Harmonisierung jetzt. Thesen zur Angleichung der Wettbewerbsbedingungen im EWG-Verkehr, Bonn.

DIHT (1974): Die Entwicklung der gemeinsamen Verkehrspolitik. Stellungnahme zur Mitteilung der Kommission an den Rat über die weitere Entwicklung der gemeinsamen Verkehrspolitik vom 23.10.1973, Bonn.

Döring, T. (1998): Politischer Wettbewerb zwischen Interessengruppen und die Effizienz demokratischer Systeme, in: I. Pies; M. Leschke (Hrsg.): Gary Beckers ökonomischer Imperialismus, Tübingen, S. 217 – 231.

Dörrenbächer, C. (1999): Vom Hoflieferanten zum Global Player. Unternehmensreorganisation und nationale Politik in der Welttelekommunikationsindustrie, Berlin.

Donat, M. von (1998): Ungeliebte Eurokraten, in: EUmagazin, o. J., Nr. 9, S. 7.

Donges, J. B. (2001): Die Landwirtschaftspolitik lässt sich nur mit mehr Markt reformieren, in: Handelsblatt v. 15.1.2001, S. 2.

Donges, J. B.; A. Freytag (2001): Allgemeine Wirtschaftspolitik, Stuttgart.

Downs, A. (1974/1965): Nichtmarktwirtschaftliche Entscheidungssysteme – Eine Theorie der Bürokratie, in: H. P. Widmaier (Hrsg.): Politische Ökonomie des Wohlfahrtsstaates, Frankfurt/M. u. a., S. 199 – 207.

Downs, A. (1968/1957): Eine ökonomische Theorie der Demokratie, Tübingen.

Downs, A. (1967): Inside Bureaucracy, Boston.

Drogge, H. (1983): 150 Jahre elektromagnetische Telegrafie, in: Archiv für deutsche Postgeschichte, o. J., Heft 2, S. 73 – 99.

Drogge, H. (1982): Die Entwicklung der optischen Telegrafie in Preußen und ihre Wegbereiter, in: Archiv für deutsche Postgeschichte, o. J., Heft 2, S. 5 – 26.

Drude, M. (1976): Sanierung der Deutschen Bundesbahn durch Privatisierung?, in: Zeitschrift für Verkehrswissenschaft, 47. Jg., S. 195 – 221.

Drüke, H. (1988): Ausbau der Fernmeldenetze und Neuordnung der Deutschen Bundespost, in: Monatszeitschrift des Wirtschafts- und Sozialwissenschaftlichen Instituts des Deutschen Gewerkschaftsbundes, o. J., Nr. 5, S. 262 – 270.

Dürr, H. (1994): Bahnreform. Chance für mehr Schienenverkehr und Beispiel für die Modernisierung des Staates, Heidelberg.

Eger, T.; H. G. Nutzinger (1999): Traditionelle Ordnungstheorie, Neue Institutionenökonomik und Evolutorische Ökonomik im Vergleich, in: D. Cassel (Hrsg.): Perspektiven der Systemforschung, Berlin, S. 11 – 44.

Eickhof, N. (1997): Staatliche Regulierung und kartellrechtliche Branchenfreistellungen. Zur normativen Analyse und positiven Theorie ordnungspolitischer Ausnahmeregelungen, in: WiSt, 26. Jg., S. 562 – 567.

Eickhof, N. (1995): Marktversagen, Wettbewerbsversagen, staatliche Regulierung und wettbewerbspolitische Bereichsausnahmen, Volkswirtschaftliche Diskussionsbeiträge der Universität Potsdam, Nr. 5, Potsdam.

Eickhof, N. (1993a): Zur Legitimation ordnungspolitischer Ausnahmeregelungen, in: Ordo, Bd. 44, S. 203 – 222.

Eickhof, N. (1993b): Verkehrspolitische Reformerfordernissse, in: WiSt, 22. Jg., S. 453 – 459.

Eickhof, N. (1986a): Theorien des Markt- und Wettbewerbsversagens, in: Wirtschaftsdienst, 66. Jg., S. 468 – 476.

Eickhof, N. (1986b): Versorgungswirtschaft und Wettbewerbsordnung, in: Ordo, Bd. 37, S. 201 – 218.

Eickhof, N. (1986c): Staatliche Regulierung zwischen Marktversagen und Gruppeninteressen – Ein Beitrag zur Weiterentwicklung der Regulierungstheorie, in: Jahrbuch für Neue Politische Ökonomie, Bd. 5, S. 122 – 139.

Eickhof, N. (1985): Wettbewerbspolitische Ausnahmebereiche und staatliche Regulierung, in: Jahrbuch für Sozialwissenschaft, Bd. 36, S. 63 – 79.

Eickhof, N. (1982): Strukturkrisenbekämpfung durch Innovation und Kooperation, Tübingen.

Eickhof, N.; D. Kreikenbaum (1998): Die Liberalisierung der Märkte für leitungsgebundene Energien, in: WuW, 48. Jg., S. 666 – 677.

Eickhof, N.; D. Kreikenbaum (1997): Liberalisierung des Energiewirtschaftsrechts und Befürchtungen der Kommunen, in: Wirtschaftsdienst, 77. Jg., S. 276 – 283.

Eickhof, N.; M. Berkelova (1990): Verkehrspolitik in der Bundesrepublik und der EG, in: WiSt, 19. Jg., S. 594 – 599.

Eickhof, N.; M. Dürrbeck (1987/88): Agrarpolitik mit falschen Argumenten, in: List Forum für Wirtschafts- und Finanzpolitik, Bd. 14, S. 149 – 168.

Eidenmüller, A. (1985): Grundlagen der Verwaltung und Leitung der Post. 500 Jahre Post und Politik, Frankfurt/M.

Ellig, J. (1991): Endogenous Change and the Economic Theory of Regulation, in: Journal of Regulatory Economics, 3. Jg., S. 265 – 274.

Emmerich, V. (1984): Anmerkungen zu den Postfinanzen, in: Ordo, Bd. 35, S. 43 – 69.

Erdmenger, J. (1981): EG unterwegs – Wege zur gemeinsamen Verkehrspolitik, Baden-Baden.

Erlei, M.; M Leschke; D. Sauerland (1999): Neue Institutionenökonomik, Stuttgart.

Europäischer Gerichtshof (1985a): Italienische Republik gegen Kommission der Europäischen Gemeinschaften, Rs. 41/83, S. 873.

Europäischer Gerichtshof (1985b): Europäisches Parlament gegen Rat der Europäischen Gemeinschaften, Rs. 13/83, S. 1513.

Europäischer Gerichtshof (1979): Rewe-Zentral-AG gegen Bundesmonopolverwaltung für Branntwein, Rs. 120/78, S. 649.

Europäischer Rat (1999): Gipfelbeschluß zur Agenda 2000, in: Agra-Europe, o. J., Heft Nr. 13, Sonderbeilage v. 29. März 1999.

Europäischer Rat (1985): Schlußfolgerungen des Europäischen Rates zur 31. Ratstagung am 28. und 29. Juni 1985 in Mailand, in: Bulletin der EG, 18. Jg., Nr. 6, S. 14 – 19.

Europäisches Parlament (1961): Terminologische Liste verkehrswirtschaftlicher Begriffe mit besonderer Berücksichtigung der Kostenfragen, Anlage zu Dokument Nr. 106 vom 11.12.1961, in: Veröffentlichungsdienst der Europäischen Gemeinschaften 2748/1/61/2, Brüssel.

Eurostat (2001): Landwirtschaft – Statistisches Jahrbuch 2000, Brüssel.

Ewers, H.-J. (2001): Der Gewinn ist groß, in: Die Zeit v. 15.3.2001, S. 33.

Ewers, H.-J. (1971): Wettbewerbspolitische Ansätze in der deutschen Verkehrspolitik seit den Verkehrsrechtsänderungsgesetzen, Göttingen.

Ewers, H.-J. et al. (2001): Liberalisierung der Wasserversorgung – Soll das letzte Versorgungsmonopol in Deutschland fallen?, in: ifo-Schnelldienst, Bd. 54, S. 3 – 14.

Ewers, H.-J.; G. Ilgmann (2000): Trassenpreissystem der Deutschen Bahn AG (TPS 98). Gutachten im Auftrag der DEG-Verkehrs-GmbH und der Hessischen Landesbahn GmbH, Berlin, Hamburg.

Ewers, H.-J.; F. von Stackelberg (1998): Verkehrspolitik, in: P. Klemmer (Hrsg.): Handbuch europäische Wirtschaftspolitik, München, S. 1151 – 1192.

Ewers, H.-J.; H. Meyer (1994): Privatisierung und Deregulierung bei den Eisenbahnen, in: Jahrbuch für Neue Politische Ökonomie, Bd. 13, S. 178 – 208.

Faust, K. u. a. (1999): Der Beitrag des IuK-Sektors zur Verbesserung der Innovations- und Wettbewerbsfähigkeit der inländischen Produktion und Beschäftigung. Strukturberichterstattung 1996 – 1998, ifo Studien zur Strukturforschung 28/I, München.

FAZ (2001a): Der Kampf um das Ortsnetz, Ausgabe v. 2.4.2001, S. 17.

FAZ (2001b): Streit um die Sanierung der Bahn, Ausgabe v. 12.3.2001, S. 17.

FAZ (2001c): Die großen Staatsbahnen sind zu träge, Ausgabe v. 10.7.2001, S. 15.

FAZ (2001d): Gesetzgeber, Kapitalgeber und Regulierer, Ausgabe v. 13.9.2001, S. 20.

FAZ (2001e): Das Bahnnetz nach Geschwindigkeit und Regionen trennen, Ausgabe v. 14.9.2001, S. 20.

FAZ (2001f): Bodewig: Transport auf der Bahn verdoppeln, Ausgabe v. 19.1.2001, S. 13.

FAZ (2001g): Kritik an Bodewig wegen der Bahn, Ausgabe v. 19.9.2001, S. 18.

FAZ (2001h): Grünen-Modell für Schienenwettbewerb, Ausgabe v. 23.3.2001, S. 13.

FAZ (2001i): Bodewig verteidigt seine Reformpläne für die Bahn, Ausgabe v. 13.3.2001, S. 18.

FAZ (2001j): Rinderwahn trifft die Ernährungsindustrie, Ausgabe v. 18.1.2001, S. 17.

FAZ (2001k): Künast kündigt Wende in der Agrarpolitik an, Ausgabe v. 9.2.2001, S. 1.

FAZ (2001l): BSE gefährdet den Aufschwung in der Ernährungsindustrie, Ausgabe v. 13.3.2001, S. 19.

FAZ (2001m): Die jetzt angestrebte Agrarpolitik ist verfehlt, Ausgabe v. 17. 1.2001, S. 15.

FAZ (2001n): Wir leben nicht auf einer agrarpolitischen Insel, Ausgabe v. 17.1.2001, S. 17.

FAZ (2001o): EU beharrt auf Sonderrolle der Agrarpolitik, Ausgabe v. 6.2.2001, S. 19.

FAZ (2001p): In Brüssel gedeihen neue Reformpläne für die EU-Agrarpolitik, Ausgabe v. 2.1.2001, S. 13.

FAZ (2000a): Müller durchkreuzt die Pläne der Post-Regulierungsbehörde, Ausgabe v. 29. 3. 2000, S. 17.

FAZ (2000b): Im Schneckentempo zum europäischen Eisenbahnmarkt, Ausgabe v. 14.11.2000, S. 30.

FAZ (2000c): Die Konkurrenz im Schienengüterverkehr wird schärfer, Ausgabe v. 7.1.2000, S. 14.

FAZ (1998): Deutsche Spediteure: Mehr Konkurrenz wegen Kabotagefreiheit, Ausgabe v. 26.5.1998, S. 21.

Fearne, A. (1991): The CAP Decision-Making Process, in: C. Ritson; D. Harvey (Hrsg.): The Common Agricultural Policy and the World Economy, Wellingford, S. 101 – 116.

Fehl, U. (1985): Das Konzept der Contestable Markets und der Marktprozeß, in: G. Bombach (Hrsg.): Industrieökonomik. Theorie und Empirie, Tübingen, S. 29 – 49.

Feldmann, H. (1999): Ordnungstheoretische Aspekte der Institutionenökonomik, Berlin.

Fennell, R. (1997): The Common Agricultural Policy. Continuity and Change, Oxford.

Fesenmair, J. (1996): Öffentliche Dienstleistungsmonopole im europäischen Recht, Berlin.

Fieten, R.; C. Hahne (1992): Telekommunikationsausrüster im Spannungsfeld liberalisierter Märkte und technologischer Entwicklung, in: Zeitschrift für Führung und Organisation, 10. Jg., S. 64 – 73.

Filip, J.; E. Wöhlken (1984): Nachfrage nach Lebensmitteln in privaten Haushalten, Münster-Hiltrup.

Finger, H.-J. (1982): Kommentar zum Allgemeinen Eisenbahngesetz und Bundesbahngesetz, Darmstadt.

Fischler, F. (2001): Unser Weg führt nicht zurück in die Vergangenheit, in: FAZ v. 6.3.2001, S. 30.

Fischler, F. (1997): Zeitgespräch – Reform der europäischen Agrarpolitik?, in: Wirtschaftsdienst, 77. Jg, S. 495 – 498.

Folkers, C. (1998): Wettbewerb zwischen Pressure groups und Verteilungskampf im politischen Prozeß – Zur Bedeutung von Institutionen und Informationsstrukturen für die Interessenpolitik, in: I. Pies; M. Leschke (Hrsg.): Gary Beckers ökonomischer Imperialismus, Tübingen, S. 185 – 216.

Forsthoff, E. (1973): Lehrbuch des Verwaltungsrechts, 1. Bd., 10. Aufl., München.

Forsthoff, E. (1958): Die Daseinsvorsorge und die Kommunen, Köln.

Forsthoff, E. (1938): Die Verwaltung als Leistungsträger, Stuttgart.

Franke, M. (1997): Die Engpaß- und CO2-Problematik im Straßenverkehr, Lohmar.

Frankfurter Institut (2001): Privatisierung der Landesbanken und Sparkassen, Bad Homburg.

Fredebeul-Krein, M. (2000): Die Regulierungspolitik auf dem Markt für Telekommunikationsdienste. Nationale Gestaltung und internationale Regeln, Köln.

Frey, B. S. (1988): Ökonomische Theorie der Politik, in: W. Albers (Hrsg.): Handwörterbuch der Wirtschaftswissenschaft, Bd. 5, Stuttgart u. a., S. 658 – 667.

Frey, B. S. (1981): Theorie demokratischer Wirtschaftspolitik, München.

Freytag, A. (2001): Handelspolitik. Probleme und Entwicklungspotenzial der WTO, in: L. T. Koch (Hrsg.): Wirtschaftspolitik im Wandel, München/Wien, S. 137 – 163.

Freytag, A. (1998): Fluch oder Segen von Interessengruppen?, in: I. Pies; M. Leschke (Hrsg.): Gary Beckers ökonomischer Imperialismus, Tübingen, S. 232 – 237.

Fritsch, M.; T. Wein; H.-J. Ewers (2001): Marktversagen und Wirtschaftspolitik, 4. Aufl., München.

Frohberg, C. (1998): Optionen für die Gemeinsame Agrarpolitik in einer erweiterten EU, in: H. J. Wagener; H. Fritz (Hrsg.): Im Osten was Neues. Aspekte der EU-Osterweiterung, Bonn, S. 283 – 303.

Frohlich, N.; J. A. Oppenheimer (1978): Modern Political Economy, Englewood Cliffs.

Frohlich, N.; J. A. Oppenheimer (1970/71): I get by with a little Help from my Friends, in: World Politics, 23. Jg., S. 104 – 120.

Frohlich, N.; J. A. Oppenheimer; O. R. Young (1971): Political Leadership and Collective Goods, Princeton.

Fuest, C. (1992): Weltweiter Privatisierungstrend in der Telekommunikation, Köln.

Gabriel, J.-P. (1993): Grundstrukturen agrarpolitischer Willensbildungsprozesse in der BRD (1949 - 1989). Zur politischen Konsens- und Konfliktregelung, Opladen.

Galbraith, J. K. (1952): American Capitalism. The Concept of Countervailing Power, Boston.

Gardner, B. L. (1989): Economic theory and farm politics, in: American Journal of Agricultural Economics, 71. Jg, S. 1165 – 1171.

Gardner, B. L. (1987): Causes of U. S. farm commodity programs, in: Journal of Political Economy, 95. Jg., S. 290 – 310.

Gardner, J. N. (1991): Effective Lobbying in the European Community, Deventer.

GATT (1990): European Community Offer in Agriculture, Geneva.

Genschel, P. (1998): Markt und Staat in Europa, in: Politische Vierteljahresschrift, 39. Jg., S. 55 – 79.

Gerken, L. (1999a): Der Wettbewerb der Staaten, Tübingen.

Gerken, L. (1999b): Ursprungslandprinzip, Wettbewerb der Staaten und Freiheit, in: Ordo, Bd. 50, S. 405 – 430.

Gerpott, T. J. (1999): Strukturwandel des deutschen Telekommunikationsmarktes, in: D. Fink; A. Wilfert (Hrsg.): Handbuch Telekommunikation und Wirtschaft. Volkswirtschaftliche und betriebswirtschaftliche Perspektiven, München, S. 49 – 76.

Giersch, H. (1990): Europa 1992 – Ordnungspolitische Chancen und Risiken, Freiburg.

Giersch, H. (1961): Allgemeine Wirtschaftspolitik. Bd. 1: Grundlagen, Wiesbaden.

Gilsdorf, P. (1981): Gemeinsame Agrarpolitik, in: Handwörterbuch des Agrarrechts, Bd. 1, Berlin, S. 726 – 759.

Gorter, H. de; Y. Tsur (1991): Explaining Price Policy Bias in Agriculture: The Calculus of Support-Maximizing Politicians, in: American Journal of Agricultural Economics, 72. Jg., S. 1244 – 1254.

Grabitz, E. (1990): Kommentar zum EWG-Vertrag, Nördlingen.

Gramlich, L. (1994): Von der Postreform zur Postneuordnung, in: Neue Juristische Wochenschrift, 47. Jg., S. 2785 – 2793.

Grande, E. (1989): Vom Monopol zum Wettbewerb, Wiesbaden.

Greiffenberg, H. (1985): Das Postmonopol – Hindernis oder Chance für den technischen Fortschritt?, in: Ordo, Bd. 36, S. 209 – 225.

Groeben, H. von der (1987): Entwicklungslinien der Gemeinsamen Agrarpolitik, in: W. von Urff; H. von Mayer (Hrsg.): Landwirtschaft, Umwelt und Ländlicher Raum: Herausforderungen an Europa, Baden-Baden, S. 41 – 61.

Gröner, H. (1983): Property Rights-Theorie und staatlich regulierte Industrien, in: A. Schüller (Hrsg.): Property Rights und ökonomische Theorie, München, S. 219 – 239.

Gronemeyer, N. (1994): Die Entwicklung des EU-Kabotagerechts bis zur neuen Kabotage-Verordnung (EWG) Nr. 3118/93, in: Transportrecht, 17. Jg., S. 267 – 271.

Groser, M. (1981): Pluralismus, Korporatismus und Neue Politische Ökonomie, in: U. von Alemann (Hrsg.): Neokorporatismus, Frankfurt/M., S. 117 – 134.

Grossekettler, H. (1993): Privatisierung, Deregulierung und Entbürokratisierung; Zeichen des Zeitgeistes oder ordnungspolitische Daueraufgabe? Wissenschaftliche Gesellschaft für Marketing und Unternehmensführung, Arbeitspapier Nr. 80, Münster.

Grossekettler, H. (1989): Deregulierung und Privatisierung. Erscheinungsformen, Legitimationskriterien und politische Verhaltenstendenzen, in: WiSt, 18. Jg., S. 437 – 445.

Grottian, P. (1974): Strukturprobleme politischer Planung, Hamburg.

Gscheidle, K. (1982): Damit wir in Verbindung bleiben – Porträt der Deutschen Bundespost, Stuttgart.

Gündisch, J.; P. Mathijsen (1999): Rechtsetzung und Interessenvertretung in der Europäischen Union. Verfahren, Mitwirkung, Qualität, Legitimation, Stuttgart.

Gundlach, E. et al. (1996): Fairneß im Standortwettbewerb? – Auf dem Weg zur internationalen Ordnungspolitik, in: Bertelsmann-Stiftung u. a. (Hrsg.): Fairneß im Standortwettbewerb. Leitlinien für eine internationale Ordnungspolitik, Gütersloh, S. 17 – 86.

Haase, K. (1983): Die Politische Ökonomie der Agrarpolitik. Eine Untersuchung zur Anwendbarkeit der Neuen Politischen Ökonomie auf die Entscheidungen in der deutschen und europäischen Agrarpolitik, Göttingen.

Habermann, G. (2000): Über Ökonomie und Staatsraison, in: K. R. Leube (Hrsg.): Vordenker einer neuen Wirtschaftspolitik. Wirtschaftsordnung, Marktwirtschaft und Ideengeschichte, Frankfurt/M., S. 99 – 105.

Habermann, G. (1999): Zum Lob des Wettbewerbs, in: Orientierungen zur Wirtschafts- und Gesellschaftspolitik, o. J., Heft 79, S. 56 – 60.

Härtel, H.-H. u. a. (1995): Die Entwicklung des Wettbewerbs in den neuen Bundesländern, Baden-Baden.

Hagedorn, K. (1996): Das Institutionenproblem in der agrarökonomischen Politikforschung, Tübingen.

Hagedorn, K.; G. Schmitt (1985): Die politischen Gründe für eine wirtschaftspolitische Vorzugsbehandlung der Landwirtschaft, in: Jahrbuch für Neue Politische Ökonomie, Bd. 4, S. 250 – 295.

Hamm, W. (1989): Deregulierung im Verkehr als politische Aufgabe, München.

Hamm, W. (1984): Transportwesen, in: P. Oberender (Hrsg.): Marktstruktur und Wettbewerb in der Bundesrepublik Deutschland, München, S. 456 – 489.

Hamm, W. (1964): Preise als verkehrspolitisches Ordnungselement, Heidelberg.

Hanau, A. (1930/27): Die Prognose der Schweinepreise, in: Vierteljahreshefte zur Konjunkturforschung, Sonderheft 18, 3. Aufl. des Sonderheftes 2, Berlin.

Handelsblatt (2001): Stichwort: Task Force, Ausgabe v. 28.8.2001, S. 2.

Handelsblatt (1999a): EU regelt Verkehr auf Schienen, Ausgabe v. 26./27.11.1999, S. 16.

Handelsblatt (1999b): EU stellt Weichen für Liberalisierung, Ausgabe v. 13.12.1999, S. 8.

Hanreich, G. (1998): Europäische Güterverkehrspolitik – Ist-Zustand und Ausblick, in: Deutsche Verkehrswissenschaftliche Gesellschaft e. V. (Hrsg.): Supranationale Verkehrspolitik – Konfliktpotentiale im europäischen Raum, Kurs VII/98 vom 17. bis 18. September 1998 in Mannheim, Bergisch-Gladbach, S. 53 – 77.

Hansmeyer, K.-H.; A. Vitt (1996): Politische Einflußnahme durch und auf die Landwirtschaft und ihre Institutionen, in: K. Hagedorn (Hrsg.): Institutioneller Wandel und politische Ökonomie von Landwirtschaft und Agrarpolitik, Frankfurt/M., S. 89 – 122.

Hartmann, M.; W. Henrichsmeyer; P. M. Schmitz (1991): Political Economy of the Agricultural Policy in the European Community, in: P. Dasgupta (Hrsg.): Issues in Contemporary Economics, Bd. 37: Policy and Development, London, S. 72 – 97.

Hartwig, K.-H. (1999): Marktwirtschaftliche Optionen der Verkehrspolitik in Europa, in: T. Apolte (Hrsg.): Standortwettbewerb, wirtschaftliche Rationalität und internationale Ordnungspolitik, Baden-Baden, S. 97 – 112.

Hathaway, D. E. (1987): Agriculture and the GATT. Rewriting the Rules, Washington D. C.

Hayek, F. A. von (1980): Recht, Gesetzgebung und Freiheit, Bd. 1: Regeln und Ordnung, München.

Hayek, F. A. von (1969): Freiburger Studien, Tübingen.

Heaver, T. (1991): Transportation, Deregulation and Privatisation in Canada: The Forces for Change, in: D. Banister; K. Button (Hrsg.): Transport in a free market economy, Houndmills u. a., S. 82 – 114.

Heidhues, T.; G. Schmitt (1969): Zur Neuorientierung der Agrarpolitik, Hannover.

Heimes, A. (1978) Vom Saumpferd zur Transportindustrie – Weg und Bedeutung des Straßengüterverkehrs in der Geschichte, Bonn.

Heinemann, F. (2001): Die Psychologie begrenzt rationaler Wirtschaftspolitik: Das Beispiel des Reformstaus, in: Zeitschrift für Wirtschaftspolitik, 50. Jg., S. 96 – 110.

Heinrich, U. (2001): Der Markt lässt sich nicht bevormunden, in: Das Parlament, o. J., Nr. 8 v. 16.2.2001, S. 10 – 11.

Henrichsmeyer, W. (1998): Beurteilung der Vorschläge der "Agenda 2000" zur Weiterentwicklung der Agrarpolitik aus gesamtwirtschaftlicher Sicht, in: Agrarwirtschaft, 47. Jg., S. 437 – 442.

Henrichsmeyer, W. (1991): Reform der EG-Agrarpolitik: Eine unendliche Geschichte, in: Agrarwirtschaft, 40. Jg., S. 329 – 331.

Henrichsmeyer, W.; H. P. Witzke (1994): Agrarpolitik, Bd. 2: Bewertung und Willensbildung, Stuttgart.

Henrichsmeyer, W.; H. P. Witzke (1991): Agrarpolitik, Bd. 1: Agrarökonomische Grundlagen, Stuttgart.

Henze, A. (2001): Frau Künasts "Vom Verbraucher her denken" weitergedacht, in: FAZ v. 13.3.2001, S. 20.

Henze, A. (2000): Die Reform der Gemeinsamen Agrarpolitik, in: R. Caesar; H.-E. Scharrer (Hrsg.): Die Zukunft Europas im Lichte der Agenda 2000, Baden-Baden, S. 171 – 190.

Herlemann, H.-H. (1969): Vom Ursprung des deutschen Agrarprotektionismus, in: E. Gerhardt; P. Kuhlmann (Hrsg.): Agrarwirtschaft und Agrarpolitik, Köln, S. 183 – 208.

Herrmann, E. (1986): Die Deutsche Bundespost. Kommunikationsunternehmen zwischen Staat und Wirtschaft, Baden-Baden.

Herrmann, E. (1985): Das Kräftespiel bei der Lenkung der Deutschen Bundespost. Verfassungswirklichkeit in einem öffentlichen Unternehmen, in: Zeitschrift für öffentliche und gemeinwirtschaftliche Unternehmen, 8. Jg., S. 285 – 300.

Heuermann, A.; K.-H. Neumann; T. Schnöring (1986): Telekommunikationspolitik im Vergleich, in: Jahrbuch der Deutschen Bundespost, Bd. 37, S. 165 – 236.

Heyden, G. von d. (1986): Ablieferung statt Steuerpflicht – ein Nachteil für die DBP?, in: Zeitschrift für das Post- und Fernmeldewesen, o. J., S. 14 – 20.

Hillebrand, R.; P. J. J. Welfens (1998): Globalisierung der Wirtschaft: Wirtschaftspolitische Konsequenzen des internationalen Standortwettbewerbs, in: D. Cassel (Hrsg.): 50 Jahre Soziale Marktwirtschaft, Stuttgart, S. 403 – 440.

Hilton, G. W. (1972): The Basic Behavior of Regulatory Commissions, in: American Economic Review, 44. Jg., S. 77 – 87.

Hirschman, A. O. (1970): Exit, Voice and Loyalty, Cambridge.

Hix, S. (1999): The Political System of the European Union, Basingstoke u. a.

Hoffmann, W. (2001): Die tausend Arme der Bauernverbände, in: Die Zeit v. 11.1.2001, S. 12.

Hoppmann, E. (1981): Über Funktionsprinzipien und Funktionsbedingungen des Marktsystems, in: L. Wegehenkel (Hrsg.): Marktwirtschaft und Umwelt, Tübingen, S. 219 – 235.

Horning, F. (2001): Überraschendes Angebot, in: Der Spiegel, o. J., Nr. 35, S. 106.

Hrbek, R. (2001): Der Vertrag von Nizza – eine weitere Etappe im europäischen Integrationsprozess, in: Wirtschaftsdienst, 81. Jg., S. 21 – 29.

Hrubesch, P. (1991): Zur Reformdiskussion in der EG-Agrarpolitik, in: DIW-Wochenbericht, Bd. 58, S. 301 – 306.

Hrubesch, P. (1987): 30 Jahre EG-Agrarmarktsystem. Entstehungsgeschichte – Funktionsweise – Ergebnisse, in: Aus Politik und Zeitgeschichte, Beilage zur Wochenzeitschrift Das Parlament, o. J., Nr. 37, S. 34 – 47.

Hucke, A. (2001): Erforderlichkeit einer Harmonisierung des Wettbewerbsrechts in Europa, Baden-Baden.

Ilgmann, G. (2001): Schriftliche Stellungnahme zu den Fragen des Ausschusses für Verkehr, Bau- und Wohnungswesen des Deutschen Bundestages zum Entwurf eines Zweiten Gesetzes der Bundesregierung zur Änderung eisenbahnrechtlicher Vorschriften. BT Drucksache 14/6929, Hamburg.

Immenga, U. (1981): § 99, in: U. Immenga; E.-J. Mestmäcker (Hrsg.): GWB. Kommentar zum Kartellgesetz, München, S. 1948 – 1972.

Immenga, U.; C. Kirchner; G. Knieps; J. Kruse (2001): Telekommunikation im Wettbewerb. Eine ordnungspolitische Konzeption nach drei Jahren Marktöffnung, Berlin.

Ingersent, K. A.; A. J. Rayner (1999): Agricultural Policy in Western Europe and the United States, Cheltenham.

Institut für Europäische Politik, Vereinigung für Wirtschaftlichen Fortschritt (1987): Gemeinsame Agrarpolitik. Europäische Integration und weltwirtschaftliche Arbeitsteilung, Bonn.

International Telecommunications Union (1990): Internationaler Fernmeldevertrag, Genf.

Jäger, B. (1994a): Postreform I und II. Die gradualistische Telekommunikationspolitik in Deutschland im Lichte der Positiven Theorie staatlicher Regulierung und Deregulierung, Köln.

Jäger, B. (1994b): Postreform II. Ökonomische Analyse der Reformgründe und -eckpunkte, in: Zeitschrift für Wirtschaftspolitik, 43. Jg., S. 15 – 46.

Jannott, D. (1991): Die Reichweite der Dienstleistungsfreiheit im Güterkraftverkehr der EG. Das Ende nationaler Verkehrsmarktordnungen, Baden-Baden.

Jensen, M. C.; W. H. Meckling (1976): Theory of the Firm: Managerial Behavior, Agency Costs and Ownership Structure, in: Journal of Financial Economics, 3. Jg., S. 305 – 360.

Joskow, P. L.; R. C. Noll (1983): Regulation in Theory and Practice, in: G. Fromm (Hrsg.): Studies in Public Regulation, Cambridge, S. 1 – 65.

Jungmittag, A.; P. J. J. Welfens (1996): Telekommunikation, Innovation und die langfristige Produktionsfunktion: Theoretische Aspekte und eine Kointegrationsanalyse für die Bundesrepublik Deutschland, Europäisches Institut für internationale Wirtschaftsbeziehungen, Diskussionsbeitrag Nr. 20, Potsdam.

Kaufer, E. (1981): Theorie der öffentlichen Regulierung, München.

Kaufer, E.; C. B. Blankart (1983): Regulation in Western Germany. The State of the Debate, in: Zeitschrift für die gesamte Staatswissenschaft, 139. Jg., S. 435 – 451.

Keeler, T. E. (1984): Theories of regulation and the deregulation movement, in: Public Choice, 44. Jg., S. 103 – 145.

Kible-Kaup, A. (1996): Strukturelle Leitbilder der Agrarpolitik der Bundesrepublik Deutschland. Eine ökonomische Analyse strukturpolitischer Ziele und agrarpolitischer Maßnahmen, Frankfurt/M.

Kiwit, D.; S. Voigt (1998): Grenzen des institutionellen Wettbewerbs, in: Jahrbuch für Neue Politische Ökonomie, Bd. 17, S. 313 – 337.

Kloten, N. (1962): Die Gemeinwirtschaftlichkeit im Verkehr. Zum Stilwandel in der Verkehrspolitik, in: Ordo, Bd. 13, S. 199 – 232.

Knieps, G. (2000): Wettbewerb in Netzen, in: B. Külp, V. Vanberg (Hrsg.): Freiheit und wettbewerbliche Ordnung. Gedenkband zur Erinnerung an Walter Eucken, Freiburg, S. 415 – 433.

Knieps, G. (1997): Phasing out Sector-Specific Regulation in Competitive Telecommunications, in: Kyklos, 50. Jg., S. 325 – 339.

Knieps, G. (1988): Regulierung und Deregulierung im Luftverkehr der USA, in: M. Horn; G. Knieps; J. Müller (Hrsg.): Deregulierungsmaßnahmen in den USA: Schlußfolgerungen für die Bundesrepublik Deutschland, Baden-Baden, S. 253 – 286.

Knieps, G. (1987): Entstaatlichung und Wettbewerb im nationalen Telekommunikationsbereich, in: R. Windisch (Hrsg.): Privatisierung natürlicher Monopole im Bereich von Bahn, Post und Telekommunikation, Tübingen, S. 147 – 203.

Knieps, G. (1985): Entstaatlichung im Telekommunikationsbereich. Eine theoretische und empirische Analyse der technologischen, ökonomischen und institutionellen Einflußfaktoren, Tübingen.

Knieps, G.; C. C. von Weizsäcker (1989): Telekommunikation, in: P. Oberender (Hrsg.): Marktökonomie – Marktstruktur und Wettbewerb in ausgewählten Branchen der Bundesrepublik Deutschland, München, S. 455 – 490.

Knieps, G.; C. C. von Weizsäcker (1986): Reform der Telekommunikation, in: R. Vaubel; H. D. Barbier (Hrsg.): Handbuch Marktwirtschaft, Pfullingen, S. 340 – 346.

Knieps, G.; J. Müller; C. C. von Weizsäcker (1981): Die Rolle des Wettbewerbs im Fernmeldebereich, Baden-Baden.

Knorr, A. (1997): Das ordnungspolitische Modell Neuseelands. Ein Vorbild für Deutschland?, Tübingen.

Koch, E. (2000): Globalisierung der Wirtschaft. Über Weltkonzerne und Weltpolitik, München.

Köberlein, C. (1997): Kompendium der Verkehrspolitik, München.

Koester, U. (2001a): Europäische Agrarpolitik: Ein Spannungsfeld divergierender Interessen, in: R. Ohr; T. Theurl (Hrsg.): Kompendium Europäische Wirtschaftspolitik, München, S. 309 – 362.

Koester, U. (2001b): Grundsätze für eine Neuausrichtung der Agrarpolitik, in: Agrarwirtschaft, 50. Jg., S. 229 – 231.

Koester, U. (2000): Reform der EU-Agrarpolitik. Agenda 2000 auf dem Prüfstand, in: WiSt, 29. Jg., S. 194 – 200.

Koester, U. (1998): Anpassungsbedarf in der EU-Agrarpolitik als Folge der Osterweiterung, in: W. Zohlnhöfer (Hrsg.): Perspektiven der Osterweiterung und Reformbedarf der Europäischen Union, Berlin, S. 121 – 143.

Koester, U. (1996): Gemeinsame Agrarmarktordnungen der EU, in: R. Ohr (Hrsg.): Europäische Integration, Stuttgart u. a., S. 141 – 172.

Koester, U. (1995): Die europäische Agrarpolitik. Eine Reform ohne Ende?, in: Aus Politik und Zeitgeschichte, Beilage zur Wochenzeitung Das Parlament, o. J., Nr. 45, S. 25 – 33.

Koester, U. (1992): Grundzüge der landwirtschaftlichen Marktlehre, 2. Aufl., München.

Koester, U. (1976): Zur Legitimation der Agrarpolitik als spezielle Wirtschaftspolitik, in: Das Wirtschaftsstudium, 5. Jg., S. 313 – 318.

Koester, U.; S. von Cramon-Taubadel (1992): EG-Agrarreform ohne Ende?, in: Wirtschaftsdienst, 72. Jg., S. 355 – 361.

Koester, U.; S. Tangermann (1976): Alternativen der Agrarpolitik. Eine Kosten-Nutzen-Analyse im Auftrag des Bundesministeriums für Ernährung, Landwirtschaft und Forsten, Münster-Hiltrup.

Kösters, W. (1998): Probleme der Supranationalisierung der Wirtschaftspolitik in der EU, in: List Forum für Wirtschafts- und Finanzpolitik, 24. Jg., S. 378 – 393.

Kommission der Europäischen Gemeinschaften (2002): Mitteilung der Komission an den Rat und das Europäische Parlament zur Schaffung eines integrierten europäischen Eisenbahnraumes, KOM (2002)18 endg.

Kommission der Europäischen Gemeinschaften (2001): Weißbuch an das Europäische Parlament und den Rat vom 12.9.2001 zur europäischen Verkehrspolitik bis 2010: Weichenstellungen für die Zukunft, KOM (2001) 370 endg.

Kommission der Europäischen Gemeinschaften (1998): Vorschläge für Verordnungen des Rates betreffend die Reform der GAP, KOM (98) 158 endg.

Kommission der Europäischen Gemeinschaften (1995a): Grünbuch über die Liberalisierung der Telekommunikationsinfrastruktur und der Kabelfernsehnetze (Teil II): Ein gemeinsames Konzept zur Bereitstellung einer Infrastruktur für Telekommunikation in der Europäischen Union, KOM (94) 682 endg.

Kommission der Europäischen Gemeinschaften (1995b): Untersuchung alternativer Strategien für die Entwicklung der Zusammenarbeit in der Landwirtschaft zwischen der EU und den assoziierten Staaten im Hinblick auf den zukünftigen Gemeinschaftsbeitritt dieser Staaten, KOM (95) 607 endg.

Kommission der Europäischen Gemeinschaften (1994a): Grünbuch über die Liberalisierung der Telekommunikationsinfrastruktur und der Kabelfernsehnetze (Teil I): Grundsätze und Zeitrahmen, KOM (94) 440 endg.

Kommission der Europäischen Gemeinschaften (1994b): Richtlinie 94/16/EG der Kommission vom 22.4.1994 zur Änderung der Richtlinie 74/63/EWG des Rates über unerwünschte Stoffe und Erzeugnisse in der Tierernährung, in: ABl. L 104 v. 23.04.1994.

Kommission der Europäischen Gemeinschaften (1991): Mitteilung der Kommission an den Rat und an das Europäische Parlament: Die künftige Entwicklung der Gemeinsamen Agrarpolitik. Folgedokument zum Grundsatzpapier (KOM (91) 100 vom 1. Februar 1991) – Vorschläge der Kommission, KOM (91) 258 endg.

Kommission der Europäischen Gemeinschaften (1990): Richtlinie 90/388/EWG der Kommission vom 28.6.1990 über den Wettbewerb auf dem Markt für Telekommunikationsdienste, in: ABl. L 192 v. 24.7.1990.

Kommission der Europäischen Gemeinschaften (1988): Richtlinie 88/301/EWG der Kommission vom 16.5.1988 über den Wettbewerb auf dem Markt für Telekommunikations-Endgeräte, in: ABl. L 131 v. 27.5.1988.

Kommission der Europäischen Gemeinschaften (1987): Auf dem Wege zu einer dynamischen europäischen Volkswirtschaft, Grünbuch über die Entwicklung des Gemeinsamen Marktes für Telekommunikationsdienste und Telekommunikationsgeräte vom 30.5.1987, KOM (87) 290 endg.

Kommission der Europäischen Gemeinschaften (1986): Vorschlag für eine Verordnung des Rates über den Zugang zum Markt im Güterkraftverkehr zwischen den Mitgliedstaaten vom 13.11.1986, KOM (86) 595 endg.

Kommission der Europäischen Gemeinschaften (1985a): Weißbuch der Kommission an den Europäischen Rat vom 14.6.1985 zur Vollendung des Binnenmarktes, KOM 85/310 endg.

Kommission der Europäischen Gemeinschaften (1985b): Mitteilung der Kommission an den Rat, Innergemeinschaftlicher Güterverkehr, KOM (85) 742 endg.

Kommission der Europäischen Gemeinschaften (1985c): Vorschlag einer Verordnung (EWG) des Rates zur Festlegung der Bedingungen für die Zulassungen von Verkehrsunternehmen zum Güterkraftverkehr innerhalb eines Mitgliedstaates, in dem die nicht ansässig sind vom 27.11.1985, KOM (85) 611 endg.

Kommission der Europäischen Gemeinschaften (1985d): Die künftige Entwicklung der Gemeinsamen Agrarpolitik. Grünbuch der Kommissionsvorschläge KOM (85) 750 endg.

Kommission der Europäischen Gemeinschaften (1981): Leitlinien für die Europäische Landwirtschaft, in: Bulletin der EG, 14. Jg., Beilage 4, S. 67 – 113.

Kommission der Europäischen Gemeinschaften (1963): Vorschlag für die Verordnung des Rats über die Einführung eines Margentarifsystems im Güterverkehr der Eisenbahnen, des Straßenverkehrs und der Binnenschiffahrt, KOM (63) 168 endg.

Kommission der Europäischen Gemeinschaften (1962): Aktionsprogramm für die gemeinsame Verkehrspolitik vom 23.5.1962, KOM (62) 88 endg.

Kommission der Europäischen Gemeinschaften (1961): Denkschrift über die Grundausrichtung der gemeinsamen Verkehrspolitik vom 10.4.1961, KOM (61) 50 endg.

Kommission der Europäischen Gemeinschaften (1958): Landwirtschaftskonferenz der Mitgliedstaaten der Europäischen Wirtschaftsgemeinschaft, in: ABl. L v. 1.8.1958, S. 281.

Kommission für den Ausbau des technischen Kommunikationssystems (1976): Telekommunikationsbericht, Bonn.

Konrad, W. (1997): Politik als Technologieentwicklung – europäische Liberalisierungs- und Integrationsstrategien im Telekommunikationssektor, Frankfurt/M.

Kronberger Kreis (1998): Globalisierter Wettbewerb. Schicksal und Chance, Bad Homburg.

Kronberger Kreis (1987): Mehr Markt in der Telekommunikation, Bad Homburg.

Kronberger Kreis (1984): Mehr Markt im Verkehr, Bad Homburg.

Krueger, A. O. (1974): The Political Economy of the Rent Seeking Society, in: The American Economic Review, 64. Jg., S. 291 – 303.

Kruse, J. (2000): Deregulierungsbedarf bei Ferngesprächen, in: Wirtschaftsdienst, 80. Jg., S. 402 – 409.

Kruse, J. (1993): Lizenzierung und Wettbewerb im Mobilfunk, Berlin.

Kruse, J. (1985): Ökonomie der Monopolregulierung, Göttingen.

Kruse, J.; T. Kiessling (1997): Ökonomische Vorteile und Probleme einer wettbewerblichen Öffnung europäischer Infastrukturnetze, in: Jahrbuch für Neue Politische Ökonomie, Bd. 16, S. 11 – 44.

Kühn, D. (1971): Die neue Unternehmensverfassung der Deutschen Bundespost, in: Jahrbuch des Postwesens, Bd. 21, S. 9 – 101.

Külp, B. u. a. (1984): Sektorale Wirtschaftspolitik, Berlin.

Künast, R. (2001): Regierungserklärung, in: Das Parlament, o. J., Nr. 8 v. 16.2.2001, S. 9.

Kunowski, J. von (1978): Ordnung des Wettbewerbs und Wirtschaftslenkung in der verkehrspolitischen Gesetzgebung, München.

Kurtsiefer, J. (1997): Die Deregulierung der Mobilfunkmärkte Deutschlands. Geschichtliche Entwicklung und erste Wirkungsanalyse auf der Basis der Kollektivgütertheorie und des Koordinationsmängel-Diagnosekonzeptes, Berlin.

Kwasniewski, K. (2001): Konsequenzen aus der BSE-Krise, in: Wirtschaftsdienst, 81. Jg., S. 4.

Laaser, C.-F. (1994): Die Bahnstrukturreform – Richtige Weichenstellung oder Fahrt aufs Abstellgleis, Kieler Diskussionsbeiträge, Heft 239, Kiel.

Laaser, C.-F. (1991): Wettbewerb im Verkehrswesen. Chancen für eine Deregulierung in der Bundesrepublik, Tübingen.

Laaser, C.-F. (1987): Regionale Aspekte der Verkehrsordnungspolitik, in: Die Weltwirtschaft, 37. Jg., S. 97 – 115.

Laaser, C.-F. (1986): Ausländische Erfahrungen mit Deregulierungsexperimenten im Verkehrswesen, Kiel.

Lammers, E. (1987): Anforderungen an eine neue Verkehrsmarktordnung für die Bundesrepublik Deutschland, in: H. S. Seidenfus (Hrsg.): Der EG-Binnenmarkt als verkehrspolitische Aufgabe, Göttingen, S. 125 – 188.

Laue, W. (1971): Die "Kommission Deutsche Bundespost" – Aufgabenstellung, Arbeitsweise und Ergebnisse, in: Jahrbuch des Postwesens, Bd. 21, S. 102 – 131.

Lauritzen, L. (1974): Die Bahn bleibt unentbehrlich, in: Die Bundesbahn, 50. Jg., S. 9 – 12.

Laux, E. (1993): Deregulierung, in: W. Wittmann (Hrsg.): Handwörterbuch der Betriebswirtschaft, Bd. 1, 5. Aufl., Stuttgart, Sp. 747 – 753.

Leibenstein, H. (1973): Competition and X-Efficiency: Reply, in: Journal of Political Economy, 81. Jg., S. 765 – 777.

Levine, M. E. (1989): The Economic Theory of Regulation after a Decade of Deregulation: Comments, in: Brooking Papers on Economic Activity – Microeconomics, o. J., S. 42 – 48.

Löwer, W. (1989): Energieversorgung zwischen Staat, Gemeinde und Wirtschaft, Köln u. a.

Lutz, C. (1967): Der Deutsche Bauernverband. Ein Beitrag zum Konzept der intermediären Gruppen, Mannheim.

McCormick, R. E.; R. D. Tollison (1981): Politicians, Legislation and the Economy, Boston.

McKay, C. (1987): Die verkehrspolitische Konzeption der EG – Orientierungen und Konfliktpotentiale –, in: H. S. Seidenfus (Hrsg.): Der EG-Binnenmarkt als verkehrspolitische Aufgabe, Göttingen, S. 7 – 116.

McKinsey & Company (1987): Leistungsstand, Tarife und Innovationsförderung im Fernmeldewesen. Gutachten im Auftrag der Regierungskommission Fernmeldewesen, Bonn.

Meffert, H.; J. Bolz (1994): Internationales Marketing-Management, 2. Aufl., Stuttgart.

Mestmäcker, E.-J. (1994): Über das Verhältnis der europäischen Wirtschaftsordnung zu den Mitgliedstaaten, in: G. Seifert (Hrsg.): Vereinigtes Europa und nationale Vielfalt – Ein Gegensatz?, Göttingen, S. 149 – 169.

Mestmäcker, E.-J.; E. Witte (1995): Gutachten zur Zuständigkeit für die Verhaltensaufsicht nach dem dritten und vierten Teil des Referentenentwurfs für ein Telekommunikationsgesetz, Hamburg und München.

Meyer, H. (1980): Nachfrage nach Molkereiprodukten in der Bundesrepublik Deutschland, in: Agrarwirtschaft, 29. Jg., S. 105 – 116.

Michalski, H. J. (1999): Die Inszenierung von Wettbewerb. Die Liberalisierung des deutschen Telekommunikationsmarktes: Probleme, Auswirkungen, Perspektiven und Kritik der Regulierung, in: WSI Mitteilungen, 52. Jg., S. 338 – 348.

Mises, L. van (1925): Preistaxen. I. Theorie, in: Handwörterbuch der Staatswissenschaften, Bd. VI, 4. Aufl., Jena, S. 1055 –1062.

Mitchell, B.; I. Vogelsang (1991): Theory of Telecommunications Pricing, Wissenschaftliches Institut für Kommunikationsdienste, Diskussionsbeitrag Nr. 65, Bad Honnef.

Mitnick, B. M. (1980): The Political Economy of Regulation. Creating, Designing, and Removing Regulatory Forms, New York.

Moe, T. M. (1990): Political Institutions: The Neglected Side of the Story, in: Journal of Law, Economics and Organization, Special Issue, 6. Jg., S. 213 – 253.

Möschel, W. (2000): Die zukünftige Rolle des Staates in der deutschen Kreditwirtschaft, in: Die Bank. Zeitschrift für Bankpolitik und Bankpraxis, 40. Jg., S. 84 – 89.

Möschel, W. (1999): Europäisches Kartellrecht in liberalisierten Wirtschaftssektoren, in: WuW, 49. Jg., S. 832 – 841.

Möschel, W. (1997): Notwendigkeit und Potentiale der Aufgabenprivatisierung, in: J. Kruse; K. Stockmann; L. Vollmer (Hrsg.): Wettbewerbspolitik im Spannungsfeld nationaler und internationaler Kartellrechtsordnungen, Baden-Baden, S. 351 – 362.

Möschel, W. (1993): Zum Subsidiaritätsprinzip von Maastricht. Unveröffentlichter Vortrag vom 23. April auf der Tagung des Walter-Eucken-Instituts "EG 2000 – Perspektive wohin?", o. O.

Möschel, W. (1989): Postreform im Zwielicht, in: WiSt, 18. Jg., S. 173 – 179.

Möschel, W. (1988): Deregulierung der Telekommunikation. Eine vergleichende Analyse des politischen Umfeldes, in: Ordo, Bd. 39, S. 173 – 182.

Möschel, W. (1987): Telekommunikation in der Bundesrepublik Deutschland. Situation und Anforderungen, in: Computer und Recht, 3. Jg., S. 532 – 540.

Momberg, R. (2000): Theorie und Politik der Infrastruktur unter Berücksichtigung institutionen- und politökonomischer Einflußfaktoren, Frankfurt/M.

Monopolkommission (2000): Wettbewerbspolitik in Netzstrukturen. 13. Hauptgutachten 1998/99, Anlagenband, Baden-Baden.

Monopolkommission (1999): Wettbewerb auf Telekommunikations- und Postmärkten?, Sondergutachten Nr. 29, Baden-Baden.

Monopolkommission (1998): Systemwettbewerb, Sondergutachten Nr. 27, Köln.

Monopolkommission (1996): Die Telekommunikation im Wettbewerb, Sondergutachten Nr. 24, Baden-Baden.

Monopolkommission (1991): Zur Neuordnung der Telekommunikation, Sondergutachten Nr. 20, Baden-Baden.

Monopolkommission (1990): Achtes Hauptgutachten 1988/89. Wettbewerbspolitik vor neuen Herausforderungen, Baden-Baden.

Monopolkommission (1981): Die Rolle der Deutschen Bundespost im Fernmeldewesen, Sondergutachten Nr. 9, Baden-Baden.

Moore, T. G. (1976): Trucking Regulation: Lessons from Europe, Washington.

Moyer, H. W.; T. E. Josling (1990): Agricultural Policy Reform: Politics and Process in the EC and the USA, New York.

Mueller, D. C. (1997): Public Choice in Perspective, in: D. C. Mueller (Hrsg.): Perspectives on Public Choice, Cambridge, S. 1 – 17.

Müller, J. (1988): Fernmeldewesen, in: M. Horn; G. Knieps; J. Müller (Hrsg.): Deregulierungsmaßnahmen in den USA: Schlußfolgerungen für die Bundesrepublik Deutschland, Baden-Baden, S. 287 – 354.

Müller, J. (1987): Keine ausreichende Basis für eine Neuordnung, in: Wirtschaftsdienst, 67. Jg., S. 569 – 573.

Müller, J.; I. Vogelsang (1979): Staatliche Regulierung, Baden-Baden.

Müller, P. (1995): Telekommunikation in der Europäischen Union. Innovative Kommunikationstechnologien im Spannungsfeld von staatlicher Regulierung und Marktdynamik, Freiburg.

Müller-Armack, A. (1966): Die Wirtschaftsordnung des Gemeinsamen Marktes, in: A. Müller-Armack (Hrsg.): Wirtschaftsordnung und Wirtschaftspolitik. Studien und Konzepte zur Sozialen Marktwirtschaft und zur Europäischen Integration, Freiburg, S. 401 – 415.

Mummert, U. (1995): Informale Institutionen in ökonomischen Transformationsprozessen, Baden-Baden.

Mussler, W. (1998): Die Wirtschaftsverfassung der Europäischen Gemeinschaft im Wandel, Baden-Baden.

Mussler, W.; Wohlgemuth, M. (1994): Institutionen im Wettbewerb – Ordnungstheoretische Anmerkungen zum Systemwettbewerb in Europa, Max-Planck-Institut zur Erforschung von Wirtschaftssystemen, Diskussionsbeitrag 05/94, Jena.

Napp-Zinn, A. F. (1969): Die Prinzipien der Gemeinwirtschaftlichkeit in ihrer Anwendung auf die Verkehrsträger, in: Handbuch der öffentlichen Wirtschaft, Bd. 1, Stuttgart, S. 207 – 228.

Nicolaysen, G. (1991): Europarecht, Baden-Baden.

Nienhaus, V. (1998): Die internationale Dimension der Entstehung liberaler Institutionen. Zukunftsfähigkeit der Europäischen Union durch konstitutionelle Reform, in: P. Klemmer; D. Becker-Soest; R. Wink (Hrsg.): Liberale Grundrisse einer zukunftsfähigen Gesellschaft, Baden-Baden, S. 223 – 244.

Nienhaus, V. (1996): Koordinationsprobleme europäischer Fachpolitiken aus der Sicht der Neuen Politischen Ökonomie, in: H. Karl (Hrsg.): Die Koordination der Finanz-, Währungs- und Strukturpolitik in der EU, Bonn, S. 117 – 143.

Niskanen, W. D. (1974a): Bureaucracy and Representative Government, 2. Aufl., Chicago, New York.

Niskanen, W. D. (1974b/1968): Nichtmarktwirtschaftliche Entscheidungen. Die eigentümliche Ökonomie der Bürokratie, in: H. P. Widmaier (Hrsg.): Politische Ökonomie des Wohlfahrtsstaates, Frankfurt/M. u. a., S. 208 – 222.

Noll, R. G. (1989a): Economic Perspectives on the Politics of Regulation, in: R. Schmalensee; R. D. Willig (Hrsg.): Handbook of industrial organisation, Amsterdam, S. 1253 – 1287.

Noll, R. G. (1989b): Comments and Discussion to Sam Peltzmans "The Economic Theory of Regulation after a Decade of Deregulation", in: Brooking Papers on Economic Activity – Microeconomics, o. J., S. 48 – 58.

North, D. C. (1992/1990): Institutionen, institutioneller Wandel und Wirtschaftsleistung, Tübingen.

North, G. (1974): Die geschichtliche Entwicklung des Post- und Fernmeldewesens, in: Archiv für deutsche Postgeschichte, o. J., Heft 2, S. 6 – 25.

Oberliesen, R. (1982): Information, Daten und Signale: Geschichte der technischen Nachrichtenverarbeitung, Reinbeck.

OECD (1990): Performance Indicators for Public Telecommunications Operators, Report drafted by Tim Kelly, Information Computer Communications Policy Nr. 22, Paris.

OECD (1987): The Telecommunications Industry: The Challenges of Structural Change. Report Prepared for the Structural Adjustment Project, Paris.

Olson, M. (1992/1965): Die Logik des kollektiven Handelns, 3. Aufl., (2. Aufl. 1971), Tübingen.

Olson, M. (1991/1982): Aufstieg und Niedergang von Nationen. Ökonomisches Wachstum, Stagflation und soziale Starrheit, 2. Aufl., Tübingen.

Olson, M. (1990): Agricultural Exploitation and Subsidization. There is an Explanation, in: Choice, The Magazine of Food, Farm, and Ressource Issues, 4. Jg., S. 8 – 11.

Olson, M. (1985): Space, Agriculture and Organization, in: American Journal of Agricultural Economics, 67. Jg., S. 928 – 937.

O. V. (2001): BSE-Krise – Was ist noch sicher?, in: http://www.swr-online.de /special/bse/index.htm v. 31.05.2001.

O. V. (2000a): Fortschritte in der Eisenbahnpolitik?, in: Internationales Verkehrswesen, 52. Jg., S. 6.

O. V. (2000b): Bremsklotz Landwirtschaft, in: EUmagazin, o. J., Nr. 7+8/2000, S. 32.

O. V. (1999): Beschluß zur Agenda 2000: Weichenstellungen für die Landwirtschaft, in: Agra-Europe, o. J., Heft Nr. 14, Markt+Meinung v. 6.4.1999.

O. V. (1995): Genehmigung von Atlas und Phoenix wird immer wahrscheinlicher, in: Computerwoche, o. J., Nr. 39 v. 29. 9. 1995, S. 24.

O. V. (1993): Bewegung bei Corporate Networks, in: Inside Telecom, o. J., Nr. 2 v. 26. 3. 1993.

O. V.(1982): Liberalisierungspläne kontra Verkehrsordnungspolitik, in: Die Bundesbahn, 57. Jg., S. 635 – 638.

Paarlberg, D. (1988): The Backward-Bending Supply Curve: A Myth That Persists, in: Choice. The Magazine of Food, Farm, and Resource Issues, 2. Jg., S. 29 – 30.

Peltzman, S. (1989): The Economic Theory of Regulation after a Decade of Deregulation, in: Brooking Papers on Economic Activity – Microeconomics, o. J., S. 1 – 41.

Peltzman, S. (1976): Toward a More General Theory of Regulation, in: Journal of Law and Economics, 19. Jg., S. 211 – 240.

Pelzel, R. (2001): Deregulierte Telekommunikationsmärkte. Internationalisierungstendenzen, Newcomer-Dynamik, Mobilfunk- und Internetdienste, Heidelberg.

Perschau, O. D. (1997): Positive Theorien der öffentlichen Verschuldung unter rationalen Erwartungen, Berlin.

Peter, M. (1995): Altes Denken, in: Wirtschaftswoche, o. J., Nr. 35 v. 24. 8. 1995, S. 26 – 28.

Pfeifer, G. (1995): Eurolobbyismus. Organisierte Interessen in der Europäischen Union, Frankfurt/M.

Plagemann, J. (1988): Gemeinwirtschaftliche Auflagen der Deutschen Bundespost in Monopol- und Wettbewerbsbereichen, Bad Honnef.

Pompe, W. E. (2000): Die WTO-Folgeverhandlungen im Bereich Landwirtschaft aus deutscher Sicht, Vortragsmanuskript der Agrarpolitischen Gespräche der AGÖL am 21.1.2000 im Rahmen der Grünen Woche, Berlin, S. 7 – 14.

Popper, K. (1992): Die offene Gesellschaft und ihre Feinde, Bd. 2: Falsche Propheten: Hegel, Marx und die Folgen, 7. Aufl., München.

Posner, R. A. (1974): Theories of Economic Regulation, in: Bell Journal of Economics and Management Science, 5. Jg., S. 335 – 358.

Posner, R. A. (1971): Taxation by Regulation, in: Bell Journal of Economics and Management Science, 2. Jg., S. 22 – 50.

Priebe, H. (1985): Die subventionierte Unvernunft, Berlin.

Prognos (1987): Ursachen, Ausmaß und Auswirkungen unterschiedlicher Wettbewerbsbedingungen im europäischen Binnengüterkraftverkehr, Basel.

Quarck, M. (1929): Die Entwicklung des Handels, Transports und Verkehrs in Deutschland. Geschichte des Deutschen Verkehrsverbundes, Bd.1, Berlin.

Rat der Europäischen Gemeinschaften (2001a): Richtlinie 2001/12/EG des Europäischen Parlaments und des Rates vom 26.2.2001 zur Änderung der Richtlinie 91/440/EWG des Rates zur Entwicklung der Eisenbahnunternehmen der Gemeinschaft, in: Abl. L 075 v. 15.3.2001.

Rat der Europäischen Gemeinschaften (2001b): Richtlinie 2001/13/EG des Europäischen Parlaments und des Rates vom 26.2.2001 zur Änderung der Richtlinie 95/18/EG des Rates über die Erteilung von Genehmigungen an Eisenbahnunternehmen, in: Abl. L 075 v. 15.3.2001.

Rat der Europäischen Gemeinschaft (2001c): Richtlinie 2001/14/EG des Europäischen Parlaments und des Rates vom 26.2.2001 über die Zuweisung von Fahrwegkapazität der Eisenbahn, die Erhebung von Entgelten für die Nutzung von Eisenbahninfrastruktur und die Sicherheitsbescheinigung, in: Abl. L 075 v. 15.3.2001.

Rat der Europäischen Gemeinschaften (1999): Richtlinie 1999/29/EG des Rates vom 22.4.1999 über unerwünschte Stoffe und Erzeugnisse in der Tierernährung, in: ABl. L 115 v. 4.5.1999.

Rat der Europäischen Gemeinschaften (1998): Vorschläge des Rates betreffend die Reform der Gemeinsamen Agrarpolitik, in: Bulletin der EU, 28. Jg., Nr. 3, S. 15 – 18.

Rat der Europäischen Gemeinschaften (1995a): Richtlinie 95/18/EG des Rates vom 19.6.1995 über die Erteilung von Genehmigungen an Eisenbahnunternehmen, in: Abl. L 143 v. 27.6.1995.

Rat der Europäischen Gemeinschaften (1995b): Richtlinie 95/19/EG des Rates vom 19.6.1995 über die Zuweisung von Fahrwegkapazität der Eisenbahn und die Berechnung von Wegeentgelten, in: Abl. L 143 v. 27.6.1995.

Rat der Europäischen Gemeinschaften (1994a): Entschließung des Rates vom 22.12.1994 über die Grundsätze und den Zeitplan für die Liberalisierung der Telekommunikationsinfrastrukturen, in: Abl. C 379 v. 31.12.1994.

Rat der Europäischen Gemeinschaften (1994b): Verordnung 792/94/EG der Kommission vom 8.4.1994 zur Festlegung der Einzelheiten der Anwendung der Verordnung (EWG) Nr. 3118/93 des Rates auf Unternehmen, die die Beförderung von Gütern mit Kraftfahrzeugen im Werkverkehr durchführen, in: Abl. L 092 v. 9.4.1994.

Rat der Europäischen Gemeinschaften (1993a): Entschließung des Rates vom 22.7.1993 zur Prüfung der Lage im Bereich Telekommunikation und zu der notwendigen künftigen Entwicklung in diesem Bereich, in: Abl. C 213/1 v. 6.8.1993.

Rat der Europäischen Gemeinschaften (1993b): Verordnung 3118/93/EWG des Rates vom 25.10.1993 zur Festlegung der Bedingungen für die Zulassung von Verkehrsunternehmen zum Güterkraftverkehr innerhalb eines Mitgliedstaates, in dem sie nicht zugelassen sind, in: Abl. L 279 v. 12.11.1993.

Rat der Europäischen Gemeinschaften (1993c): Richtlinie 93/89/EWG des Rates vom 25.10.1993 über die Besteuerung bestimmter Kraftfahrzeuge zur Güterbeförderung sowie die Erhebung von Maut- und Benutzungsgebühren für bestimmte Verkehrswege, in: Abl. L v. 12.11.1993.

Rat der Europäischen Gemeinschaften (1992a): Richtlinie 92/44/EWG des Rates vom 5.6.1992 zur Einführung des offenen Netzzugangs bei Mietleitungen, in: Abl. L 165 v. 19.6.1992.

Rat der Europäischen Gemeinschaften (1992b): Verordnung 3577/92/EWG des Rates vom 7.12.1992 über den Zugang zum Güterkraftverkehrsmarkt in der Gemeinschaft für Beförderungen aus oder nach einem Mitgliedstaat oder durch einen oder mehrere Mitgliedstaaten, in: Abl. L 95 v. 9.12.1992.

Rat der Europäischen Gemeinschaften (1992c): Richtlinie 92/82/EWG des Rates vom 19.10.1992 zur Annäherung der Verbrauchssteuersätze für Mineralöle, in: Abl. L 316 v. 31.10.1992.

Rat der Europäischen Gemeinschaften (1991): Richtlinie 91/440/EWG des Rates vom 29.7.1991 zur Entwicklung der Eisenbahnunternehmen in der Gemeinschaft, in: Abl. L 237/25 v. 24.8.1991.

Rat der Europäischen Gemeinschaften (1990a): Richtlinie 90/387/EWG des Rates vom 28.6.1990 zur Verwirklichung des Binnenmarktes für Telekommunikationsdienste durch Einführung eines offenen Netzzugangs (Open Network Provision – ONP), in: Abl. L 192 v. 24.7.1990.

Rat der Europäischen Gemeinschaften (1990b): Verordnung 3916/90/EWG des Rates vom 21.12.1990 über Maßnahmen bei Krisen auf dem Güterverkehrsmarkt, in: Abl. L 375 v. 31.12.1990.

Rat der Europäischen Gemeinschaften (1989a): Verordnung 4058/89/EWG des Rates vom 21.12.1989 über die Preisbildung im Güterkraftverkehr zwischen den Mitgliedstaaten, in: Abl. L 390 v. 30.12.1989.

Rat der Europäischen Gemeinschaften (1989b) Verordnung 4059/89/EWG des Rates vom 21.12.1989 zur Festlegung der Bedingungen für die Zulassung von Verkehrsunternehmen zum Güterkraftverkehr innerhalb eines Mitgliedslandes, in dem sie nicht ansässig sind, in: Abl. L 390 v. 30.12.1989.

Rat der Europäischen Gemeinschaften (1988): Entschließung des Rates vom 30.6.1988 über die Entwicklung eines gemeinsamen Marktes für Telekommunikationsdienste und -endgeräte bis 1992, in: Abl. C 257 v. 4.10.1988.

Rat der Europäischen Gemeinschaften (1985a): Verordnung 3820/85/EWG des Rates vom 20.12.1985 über die Harmonisierung bestimmter Sozialvorschriften im Straßenverkehr, in: Abl. L 370 v. 31.12.1985.

Rat der Europäischen Gemeinschaften (1985b): Verordnung 797/85/EWG des Rates vom 12.3.1985 zur Verbesserung der Effizienz der Agrarstruktur, in: Abl. L 93 v. 30.5.1985.

Rat der Europäischen Gemeinschaften (1980): Entscheidung 80/48/EWG des Rates vom 20.12.1979 zur Anpassung der Kapazität für den gewerblichen Güterkraftverkehr zwischen den Mitgliedstaaten, in: ABl. L 18 v. 24.1.1980.

Rat der Europäischen Gemeinschaften (1978): Verordnung 2183/78/EWG des Rates vom 19.9.1978 zur Festlegung einheitlicher Grundsätze für die Kostenrechnung der Eisenbahnunternehmen, in: ABl. L 258/1 v. 21.9.1978.

Rat der Europäischen Gemeinschaften (1977a): Verordnung 2830/77/EWG des Rates vom 12.12.1977 über Maßnahmen zur Herstellung der Vergleichbarkeit der Rechnungsführung und der Jahresrechnung von Eisenbahnunternehmen, in: ABl. L 334/13 v. 24.12.1977.

Rat der Europäischen Gemeinschaften (1977b): Verordnung 2831/77/EWG des Rates vom 12.12.1977 über die Bildung der Beförderungsentgelte im Güterkraftverkehr zwischen den Migliedstaaten, in: ABl. L 334 v. 24.12.1977.

Rat der Europäischen Gemeinschaften (1976): Verordnung 3164/76/EWG des Rates vom 16.12.1976 über das Gemeinschaftskontingent für den Güterkraftverkehr zwischen den Mitgliedstaaten, in: ABl. L 357 v. 29.12.1976.

Rat der Europäischen Gemeinschaften (1975): Entscheidung 75/327/EWG des Rates vom 20.5.1975 zur Sanierung der Eisenbahnunternehmen und zur Harmonisierung der Vorschriften über die finanziellen Beziehungen zwischen diesen Unternehmen und den Staaten, in: ABl. L 152/3 v. 12.6.1957.

Rat der Europäischen Gemeinschaften (1970): Verordnung 1108/70/EWG des Rates vom 4.6.1970 zur Einführung einer Buchführung über die Ausgaben für die Verkehrswege des Eisenbahn-, Straßen- und Binnenschiffsverkehrs, in: Abl. L 130/4 v. 15.6.1970.

Rat der Europäischen Gemeinschaften (1969a): Verordnung 1191/69/EWG des Rates vom 26.6.1969 über das Vorgehen der Mitgliedstaaten bei mit dem Begriff des öffentlichen Dienstes verbundenen Verpflichtungen auf dem Gebiet des Eisenbahn-, Straßen- und Binnenschiffsverkehrs, in: Abl. L 156/1 v. 28.6.1969.

Rat der Europäischen Gemeinschaften (1969b): Verordnung 1192/69/EWG des Rates vom 26.6.1969 über gemeinsame Regeln für die Normalisierung der Konten der Eisenbahnunternehmen, in: Abl. L 156/8 v. 28.6.1969.

Rat der Europäischen Gemeinschaften (1968a): Verordnung 1018/68/EWG des Rates vom 19.7.1968 über die Bildung eines Gemeinschaftskontingents für den Güterkraftverkehr zwischen den Mitgliedstaaten, in: Abl. L 175 v. 23.7.1968.

Rat der Europäischen Gemeinschaften (1968b): Verordnung 1174/68/EWG des Rates vom 30.7.1968 über die Einführung eines Margentarifsystems im Güterkraftverkehr zwischen den Mitgliedstaaten, in: Abl. L 194 v. 6.8.1968.

Regierungskommission Bundesbahn (1991): Bericht vom Dezember 1991, o. O.

RegTP (2001): Ortsnetzwettbewerb 2000. Situationsbericht zum deutschen Ortsnetzwettbewerb, Bonn.

RegTP (2000a): Beschäftigte im Telekommunikationsdienstleistungsmarkt 1998 – 2000, in: http://www. regtp.de/aktuelles/in_03-06-00-00-00_m/01/index.html v. 15.8.2001.

RegTP (2000b): Jahresbericht 2000, Bonn.

RegTP (1999): Telekommunikations- und Postmarkt im Jahre 1999 – Marktbeobachtungsdaten der Regulierungsbehörde für Post und Telekommunikation, Bonn.

Rehfeld, D. (1990): Neustrukturierung der Deutschen Bundespost, Berlin.

Reich, D. O. (1999): Rechte des Europäischen Parlaments in Gegenwart und Zukunft, Berlin.

Reich, H. (1996): Verbandsstatistik – nutzlos oder notwendig?, in: G. Lorenz (Hrsg.): Wachstumsmarkt Telekommunikation. Fakten und Prognosen, Berlin, S. 29 – 39.

Ribbe, L. (2001): Die Wende in der Landwirtschaft, in: Aus Politik und Zeitgeschichte, Beilage zur Wochenzeitung Das Parlament, o. J., Nr. 24, S. 30 – 38.

Richter, R.; E. Furubotn (1999): Neue Institutionenökonomik. Eine Einführung und kritische Würdigung, 2. Aufl., Tübingen.

Richter, R.; U. Bindseil (1995): Institutionenökonomik, in: N. Berthold (Hrsg.): Allgemeine Wirtschaftstheorie. Neuere Entwicklungen, München, S. 317 – 341.

Rieger, E. (1999): Agenda 2000: Reform der Gemeinsamen Agrarpolitik. Analyse und Kritik der Vorschläge der Kommission und Grundzüge einer liberalen Agrarreform, Gütersloh.

Rieger, E. (1994): Mediatisierung und Instrumentalisierung der nationalstaatlichen Agrarpolitik. Über Veränderungen im Verhältnis zwischen Staat und Gesellschaft im System der EG-Agrarpolitik, in: K. Hagedorn et al. (Hrsg.): Gesellschaftliche Forderungen an die Landwirtschaft, Münster-Hiltrup, S. 173 – 184.

Rittershofer, W. (1976): Die Deutsche Bundespost als Teil der Gemeinwirtschaft, Frankfurt/M.

Röpke, W. (1965): Die Stellung der Landwirtschaft in der modernen Industriegesellschaft, in: Hohenheimer Hochschultag 1964, Nr. 18, Stuttgart.

Romer, T.; H. Rosenthal (1987): Modern Political Economy and the Study of Regulation, in: E. Bailey (Hrsg.): Public Regulation. New Perspectives on Institutions and Policies, Cambridge, S. 73 – 116.

Ross, S. A. (1973): The Economic Theory of Agency. The Principal's Problem, in: American Economic Review, 62. Jg., S. 134 – 139.

Rowley, C. K. (1992): The Right to Justice, Aldershot.

Rowley, C. K.; R. Elgin (1988): Government and its Bureaucracy: A Bilateral Bargaining versus a Principal-Agent Approach, in: C. K. Rowley; R. D. Tollison; G. Tullock (Hrsg.): The Political Economy of Rent-Seeking, Boston, S. 267 – 290.

Russel, M.; P. B. Shelton (1974): A Model of Regulatory Agency Behavior, in: Public Choice, 10. Jg., S. 47 – 62.

Sachverständigenrat zur Begutachtung der gesamtwirtschaftlichen Entwicklung (2000): Jahresgutachten 2000/01, Bundestags-Drucksache 14/4792, Bonn.

Sachverständigenrat zur Begutachtung der gesamtwirtschaftlichen Entwicklung (1996): Reformen voranbringen. Jahresgutachten 1996/97, Stuttgart.

Sachverständigenrat zur Begutachtung der gesamtwirtschaftlichen Entwicklung (1988): Jahresgutachten 1988/89, BT-Drucksache 11/3478, Bonn.

Sachverständigenrat zur Begutachtung der gesamtwirtschaftlichen Entwicklung (1985): Auf dem Weg zu mehr Beschäftigung. Jahresgutachten 1985/86, Stuttgart.

Salisbury, R. H. (1969): An Exchange Theory of Interest Groups, in: Midwest Journal of Political Science, 13. Jg., S. 1 – 32.

Schaden, B. (2000): Neue Informations- und Kommunikationstechnologien, Tertiarisierung und Globalisierung. Strukturberichterstattung 1996 – 1998, Berlin.

Schaps, J. (1991): Die EG und das GATT, in: M. Röttinger; C. Weyringer (Hrsg.): Handbuch der Europäischen Integration, Wien, S. 552 – 570.

Scheidemann, D. (1991): Der Begriff Daseinsvorsorge. Ursprung, Funktion und Wandlungen in der Konzeption Ernst Forsthoffs, Göttingen u. a.

Schenk, K.-E.; D. Schmidtchen; M. E. Streit; V. Vanberg (1999): Vorwort der Herausgeber, in: Jahrbuch für Neue Politische Ökonomie, Bd. 18, S. V – VI.

Scherpenberg, J. von (1996): Ordnungspolitische Konflikte im Binnenmarkt, in: M. Jachtenfuchs; B. Kohler-Koch (Hrsg.): Europäische Integration, Opladen, S. 345 – 428.

Scheuner, U. (1974): Fragen des internationalen Verkehrs in der Europäischen Gemeinschaft, in: Institut für Völkerrecht und ausländisches öffentliches Recht der Universität zu Köln (Hrsg.): Festschrift für Hermann Jahrreiß zum 80. Geburtstag, Köln, S. 209 – 227.

Schmidt, E. (1981): Handwörterbuch des Agrarrechts, Bd. 1 und 2, Berlin.

Schmitt, G. (1998): Agrarpolitik, in: P. Klemmer (Hrsg.): Handbuch europäische Wirtschaftspolitik, München, S. 141 – 218.

Schmitt, G. (1985): Ideologien, Interessenverbände, Bürokratie und die ökonomische Theorie der Agrarpolitik, in: Agrarwirtschaft, 34. Jg., S. 10 – 19.

Schmitt, G. (1972): Landwirtschaft in der Marktwirtschaft: Das Dilemma der Agrarpolitik, in: D. Cassel; G. Gutmann; H. J. Thieme (Hrsg.): 25 Jahre Marktwirtschaft in der Bundesrepublik Deutschland, Stuttgart, S. 329 – 350.

Schmitt, T. (1988): Nationale Agrarpolitik und transnationale Agrarkonflikte: Landwirtschaftspolitik in der EG und den USA und ihre Rückwirkungen auf bilateraler Ebene, Köln.

Schmitz, P. M.; T. Wronka (1999): Die Gemeinsame Agrarpolitik und die Osterweiterung, in: P. Wittschorek (Hrsg.): Agenda 2000 – Herausforderungen an die Europäische Union und an Deutschland, Baden-Baden, S. 81 – 96.

Schmoller, G. (1900): Grundriss der allgemeinen Volkswirtschaftslehre, München, Leipzig.

Schön, H.; K.-H. Neumann (1985): Mehrwertdienste (Value Added Services) in der ordnungspolitischen Diskussion, in: C. Schwarz-Schilling; W. Florian (Hrsg.): Jahrbuch der Deutschen Bundespost, Bd. 35, S. 478 – 527.

Scholz, R.; J. Aulehner (1993): Tochtergesellschaften und Unternehmensbeteiligungen der Deutschen Bundespost Telekom im Ausland, in: Archiv für Post und Telekommunikation, 45. Jg., S. 103 – 173.

Schütt-Wetschky, E. (2001): Alles Gemeinwohl?, in: Die Zeit v. 11.1.2001, S. 13.

Schulte-Braucks, R. (1986): Das "British Telecom"-Urteil: Eckstein für ein europäisches Fernmelderecht?, in: WuW, 36. Jg., S. 202 – 215.

Schulz, A. (1995): Die Telekommunikation im Spannungsfeld zwischen Ordnungs- und Finanzpolitik, Wiesbaden.

Schulz, G. (1999): Die Deutsche Bundesbahn 1949 – 1989, in: L. Gall; M. Pohl (Hrsg.): Die Eisenbahn in Deutschland. Von den Anfängen bis zur Gegenwart, München, S. 317 – 469.

Schumpeter, J. A. (1993/1942): Kapitalismus, Sozialismus und Demokratie, 7. Aufl., Tübingen.

Schumpeter, J. A. (1908): Das Wesen und der Hauptinhalt der theoretischen Nationalökonomie, Leipzig.

Schwarz-Schilling, C. (1999): Eine überfällige Reform in der Bewährung, in: L. M. Büchner (Hrsg.): Post und Telekommunikation – eine Bilanz nach zehn Jahren Reform, Heidelberg, S. 87 – 148.

Schwarz-Schilling, C. (1992): Drei Jahre nach der Postreform: Zum Stand der Realisierung einer ordnungspolitischen Konzeption , in: B. Bauer (Hrsg.): Telekommunikationspolitik in Deutschland – Perspektiven für die Zukunft, Bad Honnef, S. 1 – 12.

Scitovsky, T. (1954): Two Concepts of External Economies, in: Journal of Political Economy, 17. Jg., S. 143 – 151.

Seidenfus, H. S. (1993): Wettbewerb auf der Schiene – Bedingungen einer funktionsfähigen Konkurrenz, in: Deutsche Verkehrswissenschaftliche Gesellschaft (Hrsg.): Teilung der Verantwortung für Infrastruktur und Transport bei den Eisenbahnen, Bergisch-Gladbach, S. 38 – 45.

Seidenfus, H. S. (1984): Allokations- und Distributionsprobleme einer "Deregulierung" im Verkehrssektor der Bundesrepublik Deutschland, in: ifo-Schnelldienst, 37. Jg, Heft 31, S. 10 – 21.

Seliger, B. (1998): Grundzüge einer Theorie des Systemwettbewerbs, in: WiSt, 27. Jg., S. 263 – 266.

Senior-Nello, S. M. (1984): An application of Public Choice Theory to the question of CAP reform, in: European Review of Agricultural Economics, 11. Jg., S. 261 – 283.

Senti, R. (1986): GATT als System der Welthandelsordnung, Zürich.

Sharkey, W. W. (1982): The Theory of Natural Monopoly, Cambridge.

Shepherd, W. G. (1990): The Economics of Industrial Organization, 3. Aufl., London.

Simon, H. A. (1957): Models of Man – Social and Rational, New York.

Sinn, H.-W. (2001): Die Eisenbahntrassen gehören in die Hand des Staates, in: Handelsblatt v. 15.3.2001, S. 12.

Sobania, K. (2000): Von Regulierungen zu Deregulierungen – Eine Analyse aus institutionenökonomischer Sicht –, Volkswirtschaftliche Diskussionsbeiträge der Universität Potsdam, Nr. 37, Potsdam.

Sönnichsen, L. (o. J.): Vierzig Jahre Verkehrspolitik – Wie ich es sehe, Bonn.

Sohmen, E. (1976): Allokationstheorie und Wirtschaftspolitik, Tübingen.

Soltwedel, R. et al. (1986): Deregulierungspotentiale in der Bundesrepublik, Tübingen.

Sondhof, H. (1994): Telekommunikation nach der Privatisierung: Liberalisierung und Wettbewerb, in: Wirtschaftsdienst, 74. Jg., S. 527 – 533.

Sputek, A. (1994): Verteilungsprobleme und die Organisation von Partikularinteressen. Eine Untersuchung des Agrarsektors, Frankfurt/M. u. a.

Stamm, B. (2001): Die Entgeltregulierung im Telekommunikationsgesetz, Berlin.

Steinmetz, H. (1958): Die staats- und verfassungsrechtliche Stellung der Deutschen Bundespost, in: Archiv für Post und Fernmeldewesen, o. J., S. 1 – 19.

Steunenberg, B. (1994): Regulatory Policymaking in a Parliamentary Setting, in: Jahrbuch für Neue Politische Ökonomie, Bd. 13, S. 36 – 57.

Steunenberg, B. (1996): Agent Discretion, Regulatory Policymaking, and Different Institutional Arrangements, in: Public Choice, 86. Jg., S. 309 – 339.

Stigler, G. J. (1971): The Theory of Economic Regulation, in: Bell Journal of Economics and Management Science, 2. Jg., S. 3 – 21.

Stoetzer, M.-W. (1991): Der Markt für Mehrwertdienste: Ein kritischer Überblick, Wissenschaftliches Institut für Kommunikationsdienste, Diskussionsbeitrag Nr. 69, Bad Honnef.

Stoetzer, M.-W.; T. Wein (1997): Ordnungspolitik in der Telekommunikation: Übersicht und aktuelle Entwicklungen, in: List Forum für Wirtschafts- und Finanzpolitik, 23. Jg., S. 28 – 50.

Straubhaar, T. (1996): Standortbedingungen im globalen Wettbewerb, in: R. Biskup (Hrsg.): Globalisierung und Wettbewerb, 2. Aufl., Bern, S. 217 – 239.

Streit, M. E. (1996a): Systemwettbewerb im europäischen Integrationsprozeß, in: U. Immenga; W. Möschel; D. Reuter (Hrsg.): Festschrift für Ernst-Joachim Mestmäcker zum siebzigsten Geburtstag, Baden-Baden, S. 521 – 535.

Streit, M. E. (1996b): Systemwettbewerb und europäische Integration, in: Verein der Freiburger Wirtschaftswissenschaftler (Hrsg.): Ordnungspolitische Aspekte der europäischen Integration. Freiburgs Botschaft für ein offenes Europa, Baden-Baden, S. 11 – 22.

Streit, M. E.; W. Mussler (1995): Wettbewerb der Systeme und das Binnenmarktprogramm der Europäischen Union, in: L. Gerken (Hrsg.): Europa zwischen Ordnungswettbewerb und Harmonisierung: Europäische Ordnungspolitik im Zeichen der Subsidiarität, Berlin, S. 75 – 107.

Suntum, U. van (1986): Verkehrspolitik, München.

Swinbank, A.; C. Tanner (1997): Farm Policy and Trade Conflict: The Uruguay Round and Common Agricultural Policy Reform, Ann Arbor.

Tangermann, S. (1999): Die nächste WTO-Runde: Herausforderung und Chance für die EU-Agrarwirtschaft, in: Agrarwirtschaft, 48. Jg., S. 437 – 438.

Tangermann, S. (1998a): An Ex-post Review of the 1992 MacSharry Reform, in: K. A. Ingersent; R. C. Hine; A. J. Rayner (Hrsg.): The Reform of the Common Agricultural Policy, Basingstoke, S. 12 – 35.

Tangermann, S. (1998b): Reform der EU-Agrarpolitik und WTO-Verhandlungen, in: Agrarwirtschaft, 47. Jg., S. 443 – 452.

Tangermann, S. (1998c): Die Implementierung des WTO-Agrarabkommens und die Agrarpolitik der Europäischen Union, in: R. Herrmann; D. Kirschke; P. M. Schmitz (Hrsg.): Landwirtschaft in der Weltwirtschaft, Frankfurt/M., S. 207 – 234.

Tangermann, S. (1997): Reformbedarf in der EU-Agrarpolitik und die Agenda 2000. Expertise für den Sachverständigenrat zur Begutachtung der gesamtwirtschaftlichen Entwicklung, Göttingen.

Tangermann, S. (1984a): Dirigistische Scheinlösungen oder ehrliche Reformen?, in: Wirtschaftsdienst, 64. Jg., S. 72 – 78.

Tangermann, S. (1984b): Hat die Reform der EG-Agrarpolitik Aussichten auf Erfolg?, in: Agrarwirtschaft, 33. Jg., S. 229 – 236.

Tenzer, G. (1985): Aspekte der Endgerätepolitik in: Jahrbuch der Deutschen Bundespost, Bd. 35, S. 55 – 77.

Theurl, T. (1999): Globalisierung als Selektionsprozeß ordnungspolitischer Paradigmen, in: H. Berg (Hrsg.): Globalisierung der Wirtschaft: Ursachen – Formen – Konsequenzen, Berlin, S. 23 – 49.

Theurl, T.; E. Meyer (2001): Institutionelle Grundlagen der Europäischen Union, integrationspolitische Strategien und aktuelle Entwicklungsperspektiven, in: R. Ohr; T. Theurl (Hrsg.): Kompendium Europäische Wirtschaftspolitik, München, S. 41 – 203.

Thomas, F. (1989): Korporative Akteure in der Entwicklung des Telefonsystems in Deutschland 1877 bis 1945, in: Technikgeschichte, 56. Jg., S. 39 – 65.

Thomas, F. (1988): The Politics of Growth: The German Telephone System, in: R. Mayntz; T. P. Hughes (Hrsg.): The Development of Large Technical Systems, Frankfurt, S. 179 – 213.

Tiebout, C. M. (1956): A Pure Theory of Local Expenditures, in: Journal of Political Economy, 64. Jg., S. 416 – 424.

Tietzel, M. (1981): Die Ökonomie der Property Rights. Ein Überblick, in: Zeitschrift für Wirtschaftspolitik, 30. Jg., S. 207 – 243.

Tolksdorf, M. (1971): Ruinöser Wettbewerb. Ein Beitrag zur Phänomenologie und wettbewerbspolitischen Behandlung einer marktwirtschaftlichen Fehlentwicklung, Berlin.

Tollison, R. D. (1982): Rent Seeking: A Survey, in: Kyklos, 35. Jg., S. 575 – 601.

Truman, D. B. (1967): The Government Process. Political Interests and Public Opinion, 17. Aufl., New York.

Tuchtfeld, E. (1960): Zur Frage der Systemkonformität wirtschaftspolitischer Maßnahmen, in: H. J. Seraphim (Hrsg.): Zur Grundlegung wirtschaftspolitischer Konzeptionen, Berlin, S. 203 – 208.

Tullock, G. (1967): The Welfare Costs of Tariffs, Monopolies, and the Theft, in: The Western Economic Journal, 5. Jg., S. 224 – 232.

Tullock, G. (1965): The Politics of Bureaucracy, Washington.

Tyers, R.; K. Anderson (1992): Disarray in World Food Markets. A Quantitative Assessment, Cambridge.

Ulrich, F. (1891): Die fortschreitende Ermäßigung der Eisenbahngütertarife, in: Jahrbücher für Nationalökonomie und Statistik, Bd. 56, S. 53 – 69.

Ungerer, H. (1993): Europäische Telekommunikationspolitik, in: E. Witte (Hrsg.): Telekommunikation auf der Schwelle zum Europäischen Binnenmarkt. Vorträge des am 24./25. November 1992 in München abgehaltenen Kongresses, Berlin, S. 28 – 39.

Ungerer, H. (1990): Europäische Gemeinschaft: Die Aktivitäten der EG-Kommission im Bereich der Telekommunikation, in: F. Arnold (Hrsg.): Handbuch der Telekommunikation, Bd. 2, Köln, S. 1 – 33.

Ungerer, H. (1989): Telekommunikation in Europa, Luxemburg.

VATM (2000a): Weißbuch zur Wettbewerbssituation im deutschen Telekommunikationsmarkt, Köln.

VATM (2000b): Stellungnahme: Regulatorische Verschlechterungen für den Wettbewerb in der Telekommunikation seit Beginn der Liberalisierung, Köln.

Vaubel, R. (1994): The political economy of centralisation and the European Community, in: Public Choice, 81. Jg., S. 151 – 190.

Vaubel, R. (1992): Die politische Ökonomie der wirtschaftspolitischen Zentralisierung in der Europäischen Gemeinschaft, in: Jahrbuch für Neue Politische Ökonomie, Bd. 11, S. 30 – 65.

Vaubel, R. (1991): A Public Choice View of the Delors Report, in: R. Vaubel; T. D. Willett (Hrsg.): The Political economy of international organizations: a public choice approach, Oxford, S. 306 – 310.

Verkehrsclub der Bundesrepublik Deutschland (1988): Liberalisierung des europäischen Güterverkehrsmarktes – Chance oder Gefahr?, Seminar des Verkehrsclubs der Bundesrepublik Deutschland VCD e. V. vom 15./16. April 1988 in München, Bonn.

Vetter, H. (2001): Die meisten deutschen Bauernhöfe brauchen mehr Land, in: FAZ v. 12.2.2001, S. 19.

Voeth, M. (1996): Entmonopolisierung von Märkten – Das Beispiel Telekommunikation, Baden-Baden.

Vogt, G. (1979): Die Entwicklung der Finanzen der Deutschen Bundesbahn – Darstellung und Analyse der wirtschaftlichen und finanzpolitischen Problematik der DB unter Einbeziehung potentieller Sanierungsmaßnahmen, Berlin.

Voigt, F. (1965): Verkehr. Die Entwicklung des Verkehrssystems, Bd. 2, Berlin.

Wacker-Theodorakopoulos, C. (1988): Die Deregulierungsanstöße im Güterfernverkehr durch die EG, in: Wirtschaftsdienst, 68. Jg., S. 373 – 377.

Wagner, R. E. (1966): Pressure Groups and Political Entrepreneurs: A Review Article, in: Papers on Non-Market Decision Making, 1. Jg., S. 161 – 170.

Waldinger, P. (1985): Die organisatorische Neuorientierung der Deutschen Bundesbahn, in: Jahrbuch des Eisenbahnwesens, Bd. 36, S. 22 – 28.

Walpuski, D. (1995): Die Nachfrage im Nachrichtenverkehr – eine mikroökonomische und verkehrswirtschaftliche Analyse am Beispiel der Bundesrepublik Deutschland, München.

Ware, H. (1998): Competition and Diversification Trends in Telecommunications: Regulatory, Technological and Market Pressures, in: Journal of Regulatory Economics, 13. Jg., S. 59 – 94.

Webber, D. (1986): Die ausbleibende Wende bei der Deutschen Bundespost. Zur Regulierung des Telekommunikationswesens in der Bundesrepublik Deutschland, in: Politische Vierteljahresschrift, 27. Jg., S. 397 – 414.

Weber, A.; H. Ehlers (1988): Untersuchungen zur historischen und künftigen Entwicklung der Getreideerträge in verschiedenen Weltteilen, Institut für Agrarpolitik und Marktlehre an der Universität Kiel, Diskussionsbeitrag Nr. 61, Kiel.

Wegmann, G. (1964): Die gemeinwirtschaftlichen Grundsätze in der Tarifpolitik der Deutschen Bundespost, Heidelberg.

Wegner, G. (1998): Systemwettbewerb als politisches Kommunikations- und Wahlhandlungsproblem, in: Jahrbuch für Neue Politische Ökonomie, Bd. 17, S. 281 – 308.

Weimann, J. (2001): Deutschland mangelt es an grundlegenden Reformen, in: Wirtschaftsdienst, 81. Jg., S. 495 – 498.

Weimann, J. (1991): Umweltökonomik: Eine theorieorientierte Einführung, 2. Aufl., Berlin u. a.

Weingast, B. R. (1981): Regulation, Reregulation, and Deregulation: The Political Foundations of Agency Clientele Relationship, in: Law and Contemporary Problems, 44. Jg., S. 147 – 177.

Weinschenck, G. (1993): GAP, GATT und die Folgen für die Agrarstruktur und die Agrarpolitik in Deutschland, in: K. P. Bruns (Hrsg.): GAP, GATT und die Folgen, Göttingen, S. 30 – 46.

Weizsäcker, C. C. von (1984): Was leistet die Property Rights Theorie für aktuelle wirtschaftspolitische Fragen?, in: M. Neumann (Hrsg.): Ansprüche, Eigentums- und Verfügungsrechte, Berlin, S. 123 – 152.

Weizsäcker, C. C. von (1983): Effizienz und Gerechtigkeit, Volkswirtschaftliches Institut der Universität Bern, Abt. Angewandte Mikroökonomik, Diskussionsbeitrag Nr. 9, Bern.

Weizsäcker, C. C. von (1982): Staatliche Regulierung – positive und normative Theorie, in: Schweizerische Zeitschrift für Volkswirtschaft und Statistik, 118. Jg., S. 325 – 343.

Weizsäcker, C. C. von (1980): Wirtschaftspolitische Begründung und Abgrenzung des Fernmeldemonopols, in: E.-J. Mestmäcker (Hrsg.): Kommunikation ohne Monopole, Baden-Baden, S. 128 – 138.

Welfens, P. J. J. (2001a): Wettbewerb, Marktabgrenzung und Marktbeherrschung auf Telekommunikationsmärkten. Analyse und rationale Politikoptionen für Deutschland, Potsdam.

Welfens, P. J. J. (2001b): Landwirte müssen für ihre Produkte haften, in: Handelsblatt v. 23.2.2001, S. 6.

Welfens, P. J. J. (1999a): Direktinvestitionen als Indikator für ordnungspolitischen Reformbedarf, in: Orientierungen zur Wirtschafts- und Gesellschaftspolitik, o. J., Heft 81, S. 31 – 35.

Welfens, P. J. J. (1999b): Competition, Privatization and Foreign Direct Investment in Network Industries, in: P. J. J. Welfens; G. Yarrow; R. Grindberg; C. Graack (Hrsg.): Towards Competition in Network Industries, Berlin u. a., S. 11 – 56.

Welfens, P. J. J. (1997): Europäische Union: Wirtschaft und Wirtschaftspolitik, in: J. v. Hagen; P. J. J. Welfens; A. Börsch-Supan (Hrsg.): Springers Handbuch der Volkswirtschaftslehre, Bd. 2, Berlin u. a., S. 281 – 324.

Welfens, P. J. J. (1996a): Die Position Deutschlands im veränderten Europa: Wirtschaftliche und reformpolitische Perspektiven, Europäisches Institut für internationale Wirtschaftsbeziehungen, Diskussionsbeitrag Nr. 23, Potsdam.

Welfens, P. J. J. (1996b): Konsequenzen einer Osterweiterung für die EU und deren Reformbedarf, Europäisches Institut für internationale Wirtschaftsbeziehungen, Diskussionsbeitrag Nr. 16, Potsdam.

Welfens, P. J. J. (1995): Wirtschaftspolitische Kompetenzverteilung in der Europäischen Union, Europäisches Institut für internationale Wirtschaftsbeziehungen, Diskussionsbeitrag Nr. 13, Potsdam.

Welfens, P. J. J. (1990): Internationalisierung von Wirtschaft und Wirtschaftspolitik, Berlin u. a.

Welfens, P. J. J.; J. T. Addison; D. B. Audretsch et al. (1999): Globalization, Economic Growth and Innovation Dynamics, Berlin u. a.

Welfens, P. J. J.; G. Yarrow; R. Grindberg; C. Graack (Hrsg.) (1999): Towards Competition in Network Industries, Berlin u. a.

Welfens, P. J. J.; C. Graack (1997a): Telekommunikationsmärkte in Europa: Marktzutrittshemmnisse und Privatisierungsprobleme aus der Sicht der Neuen Politischen Ökonomie, in: Jahrbuch für Neue Politische Ökonomie, Bd. 16, S. 206 – 247.

Welfens, P. J. J.; C. Graack (1997b): Telecommunications in Western Europe: Liberalization, Technological Dynamics and Regulatory Developments, in: P. J. J. Welfens; G. Yarrow (Hrsg.): Telecommunications and Energy in Systemic Transformation, Berlin u. a., S. 9 – 84.

Welfens, P. J. J.; C. Graack (1996): Telekommunikationswirtschaft. Deregulierung, Privatisierung und Internationalisierung, Berlin u. a.

Weltbank (1986): Weltentwicklungsbericht, Washington.

Wentzel, D. (1998): Politischer Wettbewerb in der Informationsgesellschaft: Medien als Einflußträger und Kontrollinstanz der Wirtschaftspolitik?, in: D. Cassel (Hrsg.): 50 Jahre Soziale Marktwirtschaft, Stuttgart, S. 711 – 740.

Werle, R. (1990): Telekommunikation in der Bundesrepublik. Expansion, Differenzierung, Transformation, Frankfurt/M.

White, M. W. (1996): Power Struggles: Explaining Deregulatory Reforms in Electricity Markets, in: Brooking Papers on Economic Activity – Microeconomics, o. J., S. 201 – 267.

Wichmann, S. (1993): Üppiges Wesen, in: Wirtschaftswoche, o. J., Nr. 25 v. 18.6.1993, S. 18 – 26.

Wiechert, E.; J. Schmidt; T. Königshofen (1995): Europäisches Telekommunikationsrecht, Heidelberg.

Wildner, S. (2001): Quantifizierung der Preis- und Ausgabenelastizitäten für Nahrungsmittel in Deutschland: Schätzung eines LA/AIDS, in: Agrarwirtschaft, 50. Jg., S. 275 – 286.

Wilhelmi, H.-H. (1963): Staat und Staatseisenbahn. Die Entwicklung der Eisenbahnverfassung in Deutschland, in: Archiv für Eisenbahnwesen, 73. Jg., S. 377 – 459.

Willeke, R. (1997): Verkehrsmarktordnung – Die unvollendete Reform, in: Ordo, Bd. 48, S. 285 – 308.

Willeke, R. (1994): Die Bedeutung der externen Effekte für die Verkehrspolitik, in: R. H. Hasse; J. Molsberger; C. Watrin (Hrsg.): Ordnung in Freiheit. Festgabe für Hans Willgerodt zum 70. Geburtstag, Stuttgart, S. 147 – 168.

Willeke, R. (1993): Zur Frage der externen Kosten und Nutzen des motorisierten Straßenverkehrs, in: Zeitschrift für Verkehrswissenschaft, 24. Jg., S. 215 – 236.

Willeke, R. (1977): "Ruinöse Konkurrenz" als verkehrspolitisches Argument, in: Ordo, Bd. 28, S. 155 – 170.

Willeke, R. u. a. (1984): Zur Liberalisierung der Marktordnung des Straßengüterverkehrs, Kaarst.

Willgerodt, H. (1983): Die Agrarpolitik der Europäischen Gemeinschaft in der Krise, in: Ordo, Bd. 34, S. 97 – 139.

Williamson, O. E. (1990/1985): Die ökonomischen Institutionen des Kapitalismus. Unternehmungen, Märkte, Kooperationen, Tübingen.

Williamson, O. E. (1975): Markets and Hierarchies: Analysis and Antitrust implications. A Study in the Economics of International Organization, New York.

Williamson, O. E. (1973): Markets and Hierarchies: Some Elementary Considerations, in: American Economic Review, Papers and Proceedings, 62. Jg., S. 316 – 325.

Williamson, O. E. (1964): The Economics of Discretionary Behavior. Managerial Objectives in a Theory of the Firm, Englewood Cliffs.

Windisch, R. (1987): Privatisierung natürlicher Monopole: Theoretische Grundlagen und Kriterien, in: R. Windisch (Hrsg.): Privatisierung natürlicher Monopole im Bereich von Bahn, Post und Telekommunikation, Tübingen, S. 1 – 146.

Winkler, T. D. (1998): Die gegenseitige Anerkennung – Archillesferse des Regulierungswettbewerbs, Max-Planck-Institut zur Erforschung von Wirtschaftssystemen, Diskussionsbeitrag 02/98, Jena.

Wissenschaftlicher Beirat beim Bundesministerium für Ernährung, Landwirtschaft und Forsten (1998): Kompetenzverteilung für die Agrarpolitik in der EU, Bonn.

Wissenschaftlicher Beirat beim Bundesverkehrsministerium (1988): Gemeinwirtschaftlichkeit und Deutsche Bundesbahn, in: Zeitschrift für Verkehrswissenschaft, 59. Jg., S. 81 – 97.

Wissenschaftlicher Beirat beim Bundesverkehrsministerium (1961): Grundsätze zur Verkehrspolitik, Bad Godesberg.

Witte, E. (1999a): Die Entwicklung zur Reformreife, in: L. M. Büchner (Hrsg.): Post und Telekommunikation – eine Bilanz nach zehn Jahren Reform, Heidelberg, S. 59 – 85.

Witte, E. (1999b): Marktöffnung und Privatisierung, in: L. M. Büchner (Hrsg.): Post und Telekommunikation – eine Bilanz nach zehn Jahren Reform, Heidelberg, S. 155 – 184.

Witte, E. (1987): Neuordnung der Telekommunikation. Bericht der Regierungskommission Fernmeldewesen, Heidelberg.

Wittenbrink, P. (1993): Privatisierung im Schienengüterverkehr, in: H.-J. Ewers (Hrsg.): Privatisierung des Schienenverkehrs, Göttingen, S. 185 – 241.

Witzke, H. von (1986): Endogenous supranational policy decisions: The common agricultural policy of the European Community, in: Public Choice, 48. Jg., S. 157 –174.

Wöhlken, E. (1991): Einführung in die landwirtschaftliche Marktlehre, 3. Aufl., Stuttgart.

Wöhlken, E.; H. Meyer (1977): Elastizitäten der Mengennachfrage nach der Gesamtheit aller Nahrungsmittel, in: Agrarwirtschaft, 26. Jg., S. 142 – 146.

Woelker, C. (1985): Die Integrationsbestrebungen der europäischen Verkehrspolitik: Bewertung und Konsequenzen, in: F. Voigt; H. Witte (Hrsg.): Integrationsbestrebungen von Verkehrssystemen und ihre Bedeutung für die EG, Bonn, S. 35 – 49.

WSA (1980): Die Europäischen Interessenverbände und ihre Beziehungen zum WSA, Baden-Baden.

Zeeuw, A. de (1997): International agricultural trade negotiations under GATT/WTO: Experiences, future challenges and possible outcomes, in: European Review of Agricultural Economics, 24. Jg., S. 470 – 479.

Peter Lang · Europäischer Verlag der Wissenschaften

Lydia Kocar

Globale Ökonomie und nationale Politik

Die Forschungs- und Technologiepolitik der EU

Frankfurt/M., Berlin, Bern, Bruxelles, New York, Oxford, Wien, 2003.
275 S., zahlr. Abb. u. Tab.
Arbeit - Technik - Organisation - Soziales.
Herausgegeben von Wiking Ehlert und György Széll. Bd. 18
ISBN 3-631-50797-6 · br. € 45.50*

Die Autorin analysiert die Interdependenzen der Ökonomien, die Aufgaben und Potentiale des Staates und die Rolle von politischen Regulierungen auf supranationaler Ebene. Einerseits geht es ihr um das Verhältnis von Ökonomie und Politik, andererseits um das Verhältnis der nationalen zur supranationalen Politik. Dieser Fragestellung geht sie historisch anhand der europäischen Entwicklung nach und bezieht sowohl empirische Sachverhalte als auch deren theoretische Reflexion ein. Damit gelangt sie zu den Voraussetzungen der Diskussion um das Verhältnis von Politik und Ökonomie in der aktuellen Globalisierungsdebatte. Die aus dieser Diskussion gewonnenen Erkenntnisse diskutiert sie am Beispiel der europäischen Forschungs- und Technologiepolitik und bringt sie mit sozialwissenschaftlichen Steuerungstheorien in Zusammenhang.

Aus dem Inhalt: Historische Voraussetzungen der Bildung von Nationalstaaten und Nationaler Ökonomien · Zum Verhältnis von nationaler Politik und internationaler Produktion in der Gegenwart · Sozialwissenschaftliche Steuerungstheorien moderner Gesellschaften · Die Forschungs- und Technologiepolitik der EU · Zum Verhältnis von Politik und Ökonomie im europäischen Kontext

Frankfurt/M · Berlin · Bern · Bruxelles · New York · Oxford · Wien
Auslieferung: Verlag Peter Lang AG
Moosstr. 1, CH-2542 Pieterlen
Telefax 00 41 (0) 32 / 376 17 27

*inklusive der in Deutschland gültigen Mehrwertsteuer
Preisänderungen vorbehalten

Homepage http://www.peterlang.de

FSC
www.fsc.org
MIX
Papier | Fördert gute Waldnutzung
FSC® C083411

Kolibri 360 GmbH
Ferdinand-Jühlke-Straße 7
99095 Erfurt, Deutschland
produktsicherheit@kolibri360.de

Druck:
CPI Druckdienstleistungen GmbH
im Auftrag der
Kolibri 360 GmbH
Ferdinand-Jühlke-Str. 7
99095 Erfurt